U0856328

UNITED NATIONS CONFERENCE ON TRADE AND DEVELOPMENT

WORLD INVESTMENT
REPORT

世界投资报告2019

特殊经济区

WORLD INVESTMENT REPORT 2019
SPECIAL ECONOMIC ZONES

冼国明 葛顺奇 总校译

南開大學出版社

图书在版编目(CIP)数据

世界投资报告. 2019：特殊经济区 / 联合国贸易和发展组织编. —天津：南开大学出版社，2019.8
ISBN 978-7-310-05881-5

Ⅰ. ①世… Ⅱ. ①联… Ⅲ. ①对外投资—调查报告—世界—2019 Ⅳ. ①F831.6

中国版本图书馆 CIP 数据核字(2019)第 188076 号

南开大学出版社出版发行
出版人:刘运峰
地址:天津市南开区卫津路 94 号　邮政编码:300071
营销部电话:(022)23508339　23500755
营销部传真:(022)23508542　邮购部电话:(022)23502200
*
北京隆晖伟业彩色印刷有限公司印刷
全国各地新华书店经销
*
2019 年 8 月第 1 版　2019 年 8 月第 1 次印刷
285×210 毫米　16 开本　17.5 印张　2 插页　403 千字
定价:158.00 元

如遇图书印装质量问题,请与本社营销部联系调换,电话:(022)23507125

目 录

说 明

United Nations Publications,
300 East 42nd Street,
New York, New York 10017,
United States of America

电子邮件：publications@un.org
网站：un.org/publications

在这项报告中使用的名称和在任何地图上提供的材料，并非意味着联合国就任何国家、领土、城市或地区或其当局的法律地位、边界的划定表达任何意见。

该联合国出版物由联合国贸易和发展组织发布
UNCTAD / WIR/2019

ISBN 978-92-1-112949-6
eISBN 978-92-1-004158-4
Print ISSN 1020-2218
eISSN 2225-1677
Sales No. E.19.II.D.12

序 言

《世界投资报告》通过监测全球和区域外国直接投资趋势以及记录国家和国际投资政策的发展来支持政策制定者。2019 年报告的政策章节评估了为改革国际投资协定和调查新措施所做的努力。

包容性可持续发展取决于有利于跨境投资的全球政策环境。2018 年，全球外国直接投资流量下降了 13%，降至 1.3 万亿美元，这是全球金融危机以来的最低水平。加速寻求符合与可持续发展目标相关的投资需求尚不明显。我们需要提升应对气候变化的信心，解决债务脆弱性问题，减少贸易紧张局势，促进有利于扩大长期投资和可持续投资的环境。

特殊经济区作为吸引投资最重要的工具，十年间，世界各地的特殊经济区数量迅速增至 5000 多个，还有更多的特殊经济区已经规划完成。《世界投资报告 2019》概述了全球特殊经济区的现状，并就如何应对可持续发展的迫切需要、新工业革命和国际生产格局的不断变化给特殊经济区带来的根本挑战提供了建议。

我赞扬《世界投资报告 2019》，它既为工业决策者，也为投资决策者提供指导，同时也是国际发展的重要工具。

安东尼奥·古特雷斯

联合国秘书长

前　言

这段时期以来，贸易和投资的全球政策环境并非像出口导向型增长的全盛时期那样发展良好。但是，对于发展中国家、特别是最不发达国家而言，这段时期以支持工业化、经济多样性和结构转型为目的的投资需求和出口的增加与以前一样表现良好。

近年来，发展中国家和发达国家采用的许多新产业政策几乎在很大程度上依赖于吸引投资的重要程度。与此同时，我们也正在观察跨境生产性投资的下降趋势。

因此，在建设工业能力方面国际流动投资的市场正变得越来越困难和具有竞争性。对投资的需求与以往一样强劲，供应仍在逐渐减少，市场也不像以前那么良好。

正是在这种背景下，我们看到特殊经济区（SEZs）作为吸引工业发展投资的关键政策工具数量越来越多。在过去五年中，全球已经开发了 1 000 多个特殊经济区，并且依据联合国贸发组织的统计，未来几年至少还有 500 多个正在筹备。

特殊经济区在促进经济结构转型、促进更高全球价值链参与度和促进产业升级方面发挥了关键作用，这样的例子数不胜数。但是对于每一个成功案例而言，很多特殊经济区并没有吸引预期的投资者涌入，有些已经成为代价高昂的失败案例。

值得一提的是，在拥有特殊经济区投资组合的国家或对特殊经济区发展项目信心十足的国家中负责工业、贸易和投资部委的政策制定者和实践者、特殊经济区当局以及出口和投资促进机构，他们都正在寻求扭转形势，并确保新建的特殊经济区符合预期。

在此过程中，他们不仅要应对更加困难的贸易和与投资环境相关的挑战，还要应对其他挑战。其中之一就是新工业革命，它可能会削弱大多数特殊经济区的传统竞争优势，即低劳动力成本的重要性。因此，特殊经济区需要预测区内目标行业的趋势和适应性。

但如今，体现在联合国可持续发展目标中的可持续发展更为重要，可持续发展必须指导特殊经济区的战略和行动。在过去的一段时间里，特殊经济区采用最高层次的社会、环境和治理标准逐渐成为一种竞争优势。

《世界投资报告 2019》调查了特殊经济区的现状，概述了特殊经济区的法律和法规，并评估了特殊经济区的可持续发展影响。报告提出了三个方面建议：从历史中吸取经验教训、拥有前瞻性的视角和以“特殊经济区 SDG 示范区”的形式提出开创性想法。

我希望这份报告能够激励和重振全球通过特殊经济区发展扩大投资的努力，联合国贸发组织随时准备在这一努力中支持利益攸关方。

穆希萨·基图伊

联合国贸发会议秘书长

致 谢

《世界投资报告 2019》由 James X. Zhan（詹晓宁）领导的工作组编写。工作组成员包括 Richard Bolwijn, Bruno Casella, Hamed El Kady, Kumi Endo, Thomas van Giffen, Kálmán Kalotay, Joachim Karl, Isya Kresnadi, Oktawian Kuc, Jing Li, Anthony Miller, Kyoungho Moon, Abraham Negash,Shin Ohinata, Diana Rosert, Astrit Sulstarova, Claudia Trentini, Elisabeth Tuerk, Joerg Weber 和 Kee Hwee Wee。

研究支持和投入由 Jorun Baumgartner，Faicel Belaid, Magdalena Bulit Goni, Juan Carlos Castillo, Tiffany Grabski, Yulia Levashova, Luisa Sande Lemos, Sergey Ripinsky 和 Linli Yu 提供。同时得到了 Zahra Ejehi, Robert Kuhn, Alina Nazarova 和 Mxolisi Artwell Ngulube 的支持。

意见和建议由 Stephania Bonilla, Joseph Clements, Chantal Dupasquier, Ariel Ivanier, Mathabo Le Roux, Massimo Meloni, Jason Munyan, Yongfu Ouyang, Ian Richards, Christoph Spennemann 和 Paul Wessendorp 提供。

数据统计支持由 Bradley Boicourt、Mohamed Chiraz Baly 和 Lizanne Martinez 提供。

Caroline Lambert 和 Lise Lingo 担任编辑，Pablo Cortizo 负责报告图片、表格、信息图的设计，他和 Laurence Duchemin 共同负责报告的内容排版。《世界投资报告 2019》的出版和发行得到了 Elisabeth Anodeau-Mareschal，Nathalie Eulaerts，Rosalina Goyena，Jovan Licina，Sivanla Sikounnavong 以及 Katia Vieu 的支持。

《世界投资报告 2019》得益于 François Bost and Rajneesh Narula 关于第四章的广泛建议。在报告准备过程中的不同阶段，尤其是在本报告起草初期的专家研讨会阶段，工作组得益于外部专家的评论和建议，他们是 Aradhna Aggarwal, Xiangming Chen, Teresa Cheng, Manjiao Chi, Riccardo Crescenzi, Stefan Csordas, Thomas Farole, Masataka Fujita, Yeseul Hyun, N. Jansen Calamita, Markus Krajewski, Alexey Kuznetsov, Olga Kuznetsova, Guangwen Meng, Maria Camila Moreno, Shree Ravi, Emily Sims, Ilan Strauss, Juan Torrents 和 Giovanni Valensisi。

该报告还得益于与联合国区域委员会同事合作编写的关于第二章 FDI（外国直接投资）地区趋势的章节。 输入和评论由 Wafa Aidi, Joseph Baricako, Mohamed Chemingui, Martin Kohout, Laura Páez Heredia, José Palacín, Maria Cecilia Plottier, Marc Proksch, Giovanni Stumpo 和 Heather Taylor 提供。

同时，感谢来自 UNCTAD 其他部门同事的意见，作为内部同行评议过程的一部分，以及来自秘书长办公室的意见。联合国制图部门在地区地图方面提供了建议。

众多中央银行、政府机构、国际组织和非政府组织的工作人员也对《世界投资报告 2019》做出了积极贡献。

缩 略 词

ACIA	东盟综合投资协定
ACP	非洲、加勒比和太平洋国家集团
ADOZONA	多米尼加共和国
AfCFTA	非洲大陆自由贸易区
AGOA	非洲增长与机会法
ASEAN	东南亚国家联盟
BEZA	孟加拉国经济区管理局
BIT	双边投资协定
BRICS	金砖国家（巴西、俄罗斯、印度、中国、南非）
CEPA	全面经济伙伴关系协定
CETA	全面经济和贸易协定
CFTA	大陆自由贸易协定
CFIUS	美国外国投资委员会
CIS	独立国家联合体
CJEU	欧盟法院
CLMV	柬埔寨、老挝、缅甸、越南
CNZFE	国家自由区委员会
COCZ	中国对外经济合作区
COMESA	东南部非洲共同市场
CPTPP	跨太平洋伙伴关系全面进步协定
CSR	企业社会责任
EPA	经济伙伴关系协定
EPZ	出口加工区
ESA	东部和南部非洲国家
ESG	环境、社会和治理
FET	公平和公正待遇
FTA	自由贸易协定

FTZ	自由贸易区
GVC	全球价值链
HTDZ	高技术开发区
ICT	信息和通信技术
ICSID	国际投资争端解决中心
IIA	国际投资协定
ILO	国际劳工局
IMMEX	制造业、加工出口业和出口服务业
IOSCO	国际证券委员会组织
IPA	投资促进机构
ISDS	投资者东道国争端解决机制
IT	信息技术
LDC	最不发达国家
LLDC	内陆型发展中国家
M&As	跨境并购
MNE	跨国公司
NAFTA	北美自由贸易协定
ODA	政府开发援助
OECD	经济合作与发展组织
OIC	伊斯兰合作组织
OFDI	对外投资
PPP	公私合作伙伴关系
R&D	研究与开发
RCEP	区域全面经济伙伴关系
RTA	区域贸易协议
SCM	供应链管理补贴和反补贴措施（世贸组织协定）
SDGs	可持续发展目标
SEZ	特殊经济区
SIDS	小岛屿发展中国家
SMEs	中小企业
SO-MNE	国有跨国公司
SOE	国有企业
SSE	可持续证券交易倡议
TAD	先进发展领域（区域型）
TIFA	贸易和投资框架协议

TIP	投资协定条款
TPP	跨太平洋伙伴关系
TRIMs	与贸易有关的投资措施（世贸组织协定）
UIC	最终投资国
UNCITRAL	联合国国际贸易法委员会
WFE	世界交易所联合会
WTO	世界贸易组织

内容提要

投资趋势及预测

全球外国直接投资（FDI）流量在2018年继续下滑，较2017年下降13%，降至1.3万亿美元。这是FDI连续第三年下降，主要是由于继2017年底实施税制改革后，美国跨国公司（MNEs）在2018年前两个季度的累积国外收入大幅度汇回。

流入发达经济体的FDI达到2004年以来的最低点，下降了27%。流向欧洲的流量减少了一半以上，低至2 000亿美元以下，这是由于一些大型东道国因资金汇回而出现了流入下降，以及流入英国FDI的大幅下降。美国的FDI流入量也下降了9%，降至2 520亿美元。

流入发展中经济体的FDI依然稳定，增长2%。由于发展中国家FDI流入的增加和发达国家FDI流入的异常下降，发展中国家在全球FDI中的份额增加到54%，创历史新高。

- 尽管许多较大的FDI受援国在减少，但流入非洲的FDI却增长了11%，达到460亿美元。这一增长得益于资源寻求类投资的延续、少数经济体的多元化投资的缓慢扩张以及南非在经过数年低水平流入后出现的FDI复苏。
- 作为FDI流入的最大接受区域的亚洲发展中国家，2018年FDI增长4%。该地区继续保持活力的迹象显示，其披露的绿地投资项目价值翻了一番，从2017年的停滞中恢复过来。
- 2018年，拉丁美洲和加勒比地区的FDI下降了6%，在2017年停止了长期下滑的增长之后未能继续保持增长势头。该区域的FDI流入仍比大宗商品繁荣时期的峰值低27%。
- 流入结构脆弱型经济体的FDI继续占全球总量的不到3%。流向最不发达国家的FDI从2017年的下降中弹性复苏，回到十年来的平均水平240亿美元。

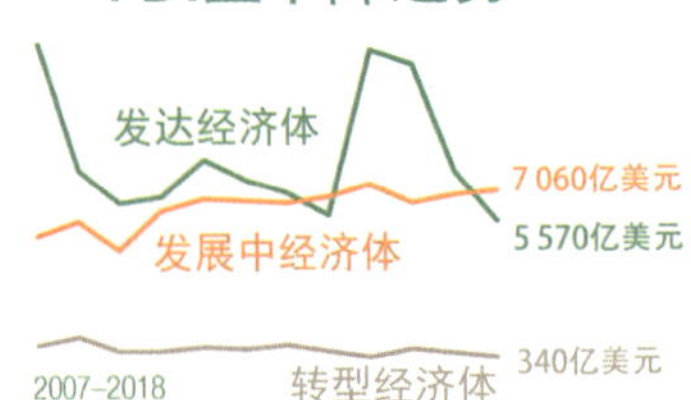

流入转型经济体的 FDI 在 2018 年继续呈下滑趋势，下降了 28%，降至 340 亿美元，主要驱动因素是俄罗斯联邦的流入量下降了 49%。

2018 年下半年并购交易活动的增加弥补了税收驱动型 FDI 的下降。跨境并购（M&A）的价值增长了 18%，主要驱动力为美国跨国公司利用其不再受税收负债影响的国外子公司的流动资产。

随着税制改革的效果逐渐减弱，预计 2019 年发达经济体 FDI 流入会出现反弹。未来支出计划表明的已披露绿地投资项目也指向增长，因为 2018 年项目支出较 2017 年的低水平增长了 41%。尽管如此，对全球 FDI 的预测仅有 10%的温和复苏，约为 1.5 万亿美元，低于过去 10 年的平均水平。潜在的 FDI 趋势仍然疲弱。贸易紧张局势也对 2019 年及以后的经济增长构成下行风险。

自 2008 年以来，潜在的 FDI 趋势呈现疲弱增长。由诸如税制改革、超大规模交易和起伏的资金流动等一次性因素引起的 FDI 净值变化，近十年间平均每年仅增长 1%，而 2000—2007 年为 8%，2000 年以前这一比例超过 20%。这些解释包括 FDI 收益率下降、轻资产投资形式日益增加以及投资政策环境不利。

制造业绿地投资的长期下滑趋势在 2018 年停止，已披露的项目价值比 2017 年的低价值增加了 35%。在发展中国家，制造业投资是工业发展的关键，其增长主要集中在亚洲，并被自然资源加工行业的高价值项目所推动。

国有跨国公司（SO-MNEs）数量稳定，境外并购放缓。与 2017 年类似，有近 1 500 个国有跨国公司。其在全球 100 强跨国公司中的存在增量从增加 1 家升至 16 家。其并购活动的价值继 2008—2013 年平均下降超 10%后，在 2018 年继续缩减至总并购额的 4%。

国际生产的持续扩张大部分是由无形资产推动。国际生产的非股权投资模式增长速度快于 FDI，这从特许权使用费、许可费和服务贸易的相对增长率可以看出。2018 年，跨国公司前 100 强排名证实了工业跨国公司排名正在下滑，其中一些已掉出前 100 强。

前 100 强跨国公司研发资助力度占全球企业的 1/3 以上。技术、制药和汽车跨国公司是最大的支出者。发展中国家前 100 强的研发强度（相对于销售额）明显较低。研发项目方面的国际绿地投资规模庞大且不断增加。

前100强跨国公司研发资助占全球企业的

1/3 以上

发展中国家（南–南 FDI）之间的很大一部分投资最终归发达国家的跨国公司所有。有关直接和间接双边投资关系的全球网络最新数据显示，区域投资中心对区域内 FDI 和南–南 FDI 至关重要。间接投资也会影响国际投资协定的覆盖范围。

投资政策发展

新增国家投资政策措施对外国投资影响更加重要。2018 年，约 55 个经济体引入了至少 112 项与外国投资相关的政策措施，超过三分之一的措施与新增的 FDI 限制或监管相关，创下了近二十年来的新高。其主要反映了对与关键基础设施、核心技术和其他敏感业务资产的外资所有权相关的国家安全的担忧。此外，至少有 22 项大型并购交易因监管或政治原因被撤回或阻止——是 2017 年的两倍。

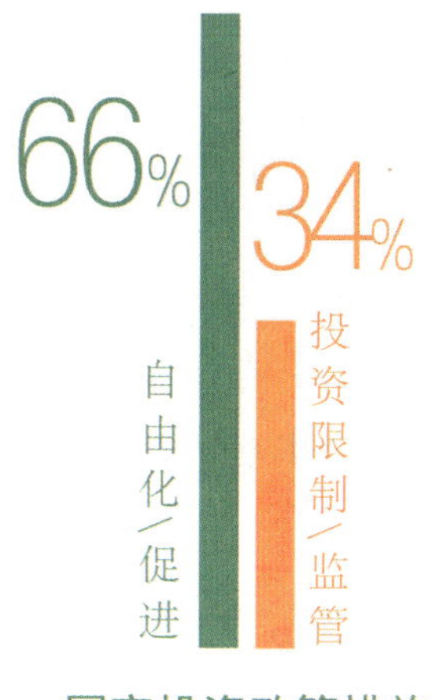

国家投资政策措施

外国投资的审查机制越来越重要。自 2011 年以来，至少有 11 个国家引入了新的审查框架，至少有 41 项对现存投资体制进行了修订。变化包括增加对行业或投资对象的审查、降低触发投资审查的门槛或扩大外国投资的定义。其他新政策扩大了外国投资者的披露义务、延长了审查程序依法惩处的时间段，或因规避通知义务而引入新的民事、刑事或行政处罚。

然而，吸引投资仍然属于优先事项。大多数新增投资政策仍然朝着自由化、促进和便利化的方向发展。许多国家取消或降低了各行业外国投资者的入境限制。继续简化外国投资监管程序。此外，一些国家还为特定行业或地区的投资提供了新的财政激励措施。

国际投资决策正处于动态发展阶段，具有深远影响。2018 年，各国签署了 40 项国际投资协定（IIAs），均已生效。新签协定（包括与主要投资国签订的一些大型区域条约）的新特点对全球 IIA 体制产生重大影响。许多国家也以塑造未来的条约规制为目的制定新的示范条例和指导原则。

IIAs总数

2 658

IIA 改革正在顺利进行，但仍有许多工作要做。大部分新签协定包含许多符合联合国贸发组织国际投资体制一揽子改革方案的要素。联合国贸发组织的政策工具也激励了旧一代条约进行现代化改革的初步行动。各国越来越多地解释、修改、替换或终止过时条约。然而，旧一代条约的存量是现代化改革导向条约的 10 倍。投资者会继续诉诸旧一代条约；2018 年，其引发了至少 71 起新增投资者诉国家的争端解决（ISDS）案例。

71 项新增 ISDS案例

IIA 改革行动也带来了新的挑战。新签协定旨在完善平衡性和灵活性，但也使 IIA 体制不那么同质化。从传统的特别法庭到常设法庭再到未设 ISDS，不同的 ISDS 改革方法增加了更广泛的系统复杂性。此外，改革工作正在努力同步且孤立进行。有效治理国际投资关系以实现可持续发展需要通过包容和透明化流程进行全面和同步性改革。联合国贸发组织在这方面具有重要的促进作用。

可持续资本市场趋势

旨在促进可持续发展融入商业和投资实践的资本市场政策和工具正在从利基市场向主流市场过渡。越来越多的投资者将 ESG（环境、社会和治理）因素整合到投资决策中，以提高业绩并降低风险。以可持续发展为主题的产品的良好业绩正在强化资产管理人和证券监管机构的观点，即这些因素对长期投资绩效至关重要。随着这些可持续投资趋势的生根发芽，其对跨国公司的经营政策和实践会产生更大的影响。

特殊经济区

特殊经济区（SEZ）广泛用于大多数发展中经济体和许多发达经济体。在这些地理位置划分的区域，政府通过财政和监管激励措施以及基础设施建设来促进工业活动。目前，147 个经济体中有近 5 400 个特殊经济区，相比五年前的约 4 000 个区域有所增加，还有 500 多个新特殊经济区正在筹划中。特殊经济区的繁荣是新一轮产业政策浪潮的一部分，也是对国际流动投资竞争日益激烈的回应。

5 400
个特殊经济区

147
个经济体

特殊经济区类型多样。以贸易物流便利化为重点的基本免税区在发达国家最为常见，发展中经济体则倾向于采用以工业发展为目标的综合园区，这些区域可以是多行业、专业化或侧重于发展创新能力的园区。伴随着特殊经济区的阶梯式发展，其专业化程度和类型与各国的工业化水平密切相关。

许多新型特殊经济区和创新驱动型特殊经济区正在发展规划中。一些特殊经济区侧重于新兴产业，例如高科技、金融服务或旅游业，这些产业超越了传统特殊经济区的贸易和劳动密集型制造业活动。另一些则侧重于环境绩效、科学商业、地区开发或城市再生。

特殊经济区发展方面的国际合作日益普遍。发展中国家的许多区域正在通过双边伙伴关系或作为发展合作方案的一部分建立，跨越两三个国家的地区开发区和跨境开发区正在成为区域经济合作的一大特征。

特殊经济区可以为增长和发展做出重要贡献。其可以助力吸引投资、创造就业、促进出口——无论直接还是间接，都能成功地与更广泛的经济领域建立联系。特殊经济区还可以支持全球价值链（GVC）参与、产业升级和多样化发展。但是，这些效益并非自动产生。

事实上，许多特殊经济区的表现仍低于预期。特殊经济区不是FDI和全球价值链参与表现高于平均水平的前提条件或保证。在特殊经济区促进经济增长方面，激励措施往往是暂时的：过了建设周期后，大多数特殊经济区的增长速度与国民经济相同。而且太多的特殊经济区作为飞地运营影响范围有限，超出其运作范围。

只有少数国家定期评估特殊经济区的绩效和经济影响。由于需要及时诊断没有转变成功的特殊经济区，尤其是在特殊经济区开发过程中需要公共投资水平很高时，这样的定期评估更加重要。联合国贸发组织的特殊经济区可持续发展损益表（P&L）可以指导政策制定者设计全面的监测和评估系统。

特殊经济区数十年的经验为现代区域发展提供了重要的经验教训：

- 特殊经济区政策框架和发展项目的战略规划至关重要。特殊经济区政策制定不应脱离广泛的政策背景，包括投资、贸易和税收政策。特殊经济区类型及其专业化程度应建立在现有竞争优势和能力的基础上。而且长期的区域发展规划应以特殊经济区阶梯式发展为指导。

- 特殊经济区开发项目应采取节俭的方法。可持续发展损益表强调了区域金融和财政可持续发展的必要性，源于其更广泛的经济增长影响不确定且需要花时间来判断。超规格发展导致的高额前期成本，对特殊经济区范围内企业的补贴以及增加对已运营企业重新适应区域制度的成本都会对财政可行性构成最大的风险。
- 个别特殊经济区的成功依赖于拥有的基本要素权利。大多数失败的案例可以追溯到如下问题：选址不当导致需要大量资本支出，或者选址远离基础设施中心或劳动力充足的城市；电力供应不可靠；特殊经济区设计不佳、设施或维护不足；行政程序过于烦琐。
- 积极支持促进集群化发展和联动发展是保证特殊经济区收益最大化的关键。特殊经济区内的运营公司具有更大的合作范围，可以集中资源且共享设施，在专业化特区更是如此，而在多种生产活动的特殊经济区却可以通过协同定位获得一些益处。积极主动地在特区内企业和特区外企业之间识别机遇、协调工作、实施培训计划，能显著提高影响力。
- 稳固的监管框架、强有力的管理机构和良好的治理水平是特殊经济区成功的关键。特殊经济区的法律基础设施应稳定地保证特殊经济区政策可以连贯、透明并在预期下实施。应明确界定特殊经济区管理机构的职责。由公共部门和私营部门代表共同组成董事会的独立机构更有利于特殊经济区的发展。

展望未来，特殊经济区面临新的挑战：

- 可持续发展议程日益推动跨国公司的战略决策和运营，这应反映在特殊经济区向投资者开放的价值主张中。现代化特殊经济区可以为各国工业基础的环境、社会和治理（ESG）绩效做出积极贡献，可以在特殊经济区的范围内更加容易且低廉地提供控制、执法和服务（例如检验检测、卫生服务、废物管理和可再生能源安置）。
- 传统上来讲，特殊经济区是女性雇员的大雇主，女性雇员平均比例约 60%。一些现代化特殊经济区正在实施性别平等法规，例如反歧视法规，以及儿童保育和教育设施等后勤工作，为可持续发展目标制定新标准。
- 新工业革命和数字经济正在改变原有制造业——特殊经济区的主要对象。特殊经济区需要调整其价值主张，包括获取高技能资源、高度的信息通达性和相关技术服务的提供能力。特殊经济区将在数字化企业上迎来新的机遇。
- 当前，贸易和投资全球政策环境面临挑战，保护主义抬头、贸易优惠政策不断变化、区域经济合作普遍存在，导致国际生产和全球价值链格局发生变化。这些变化可以显著影响特殊经济区作为全球价值链中心节点的竞争力。特殊经济区发展方面的国际合作变得越来越重要。

新一代特殊经济区：可持续发展目标（SDG）示范区

最后，2030 年日程计划旨在实现联合国可持续发展目标，该计划将给新一代特殊经济区（SDG 示范区）的发展带来契机。这些区域旨在吸引与 SDG 相关的投资，遵从最高级别的 ESG 标准和合规执行，并通过联动和溢出效应促进包容性增长。

本报告旨在为政策制定者努力振兴和升级现有特殊经济区提供指导，让新一代特殊经济区建设避免重蹈覆辙以及为迎接未来的挑战做好准备。关键目标是使特殊经济区服务于可持续发展目标：从特权飞地向普遍利益来源地转变。

全球投资趋势及预测

第一章

第一节　目前 FDI 趋势

一、全球趋势

全球外国直接投资（FDI）流量在 2018 年继续下滑，从 2017 年的 1.5 万亿美元下降 13%，至 1.3 万亿美元（见图 1.1）[1]。这是 FDI 连续第三次下降，主要是由于继 2017 年底实施税制改革后，美国跨国公司（MNEs）在 2018 年前两个季度的累积国外收入大幅度汇回，且 2018 年下半年的回升趋势也不足以弥补上半年的下滑幅度。

跨境并购（M&A）尽管增长了 18%（从 2017 年的 6 940 亿美元增加到 2018 年的 8 160 亿美元），但仍然出现了下滑。这种下降趋势也与已披露的绿地投资价值的大幅上升 41%（从 6 980 亿美元增加到 9 810 亿美元）形成鲜明对比。

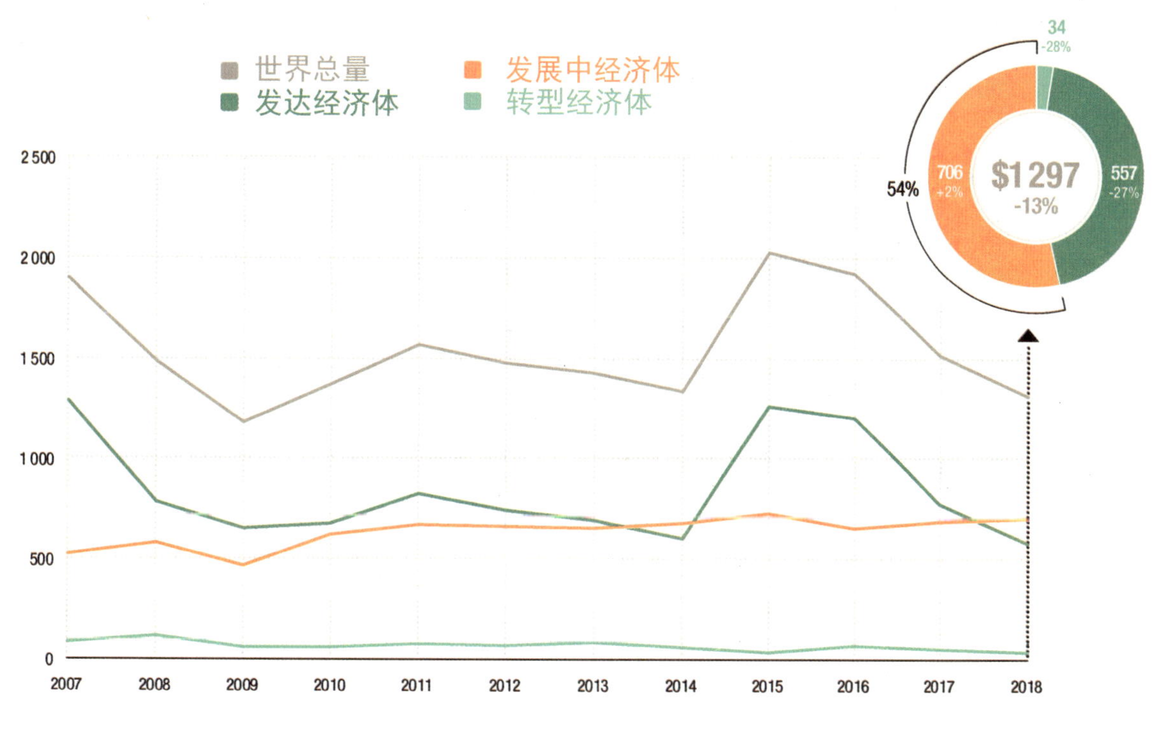

图 1.1　2017—2018 年 FDI 流入：全球及各经济体组别（十亿美元，%）

资料来源：UNCTAD， FDI/MNE 数据库（www.unctad.org/fdistatistics）。

发达国家和转型经济体的FDI流入量急剧下降，而发展中国家的FDI流入量则保持稳定，增长率为2%。因而，发展中经济体占全球FDI的份额也在持续增长，从2017年的46%增长到54%。

2018年下半年美国跨国公司的国外收入汇回有所减少。美国跨国公司累积国外收入的税务负债的免除可能助长了最后一个季度的并购热潮，从而遏制了2018年的全球FDI下降，而此前根据前六个月的预测估计全年流入量将有超过40%的下跌。

即使不考虑美国税制改革和跨境并购增加所带来的波动，FDI的基本趋势仍然是下降的。这种基本趋势低估了由于一次性交易和公司内部资金流动所带来的波动性。十年前，基本趋势下的平均年增长率一直居于10%以上，此后则处于停滞，不足1%。这种下降的基本趋势将继续影响FDI前景（见章节1.2）。

二、按地理区位划分的趋势

（一）FDI流入

流入发达经济体的FDI达到2004年以来的最低点，下降了27%（见图1.2）。流向欧洲的流量减少了一半以上，达到1720亿美元，而流向北美的流量则较具弹性，下降了4%，达到2910亿美元。虽然跨境并购交易依然活跃，价值上升了21%，但这还不足以弥补税收改革带来的美国对外投资（outward FDI）的下降趋势。

在欧洲，一些重要的东道国，如爱尔兰和瑞士，分别出现了-660亿美元和-870亿美元的负流入量。随着新股权投资减半，流入英国的FDI也下降了36%，降至640亿美元。尽管有资金汇回，但一些超大型交易的完成也导致了荷兰（增加20%，至700亿美元）和西班牙（流入量增加一倍，达到440亿美元）的流入量增加。

在美国，FDI流入量下降了9%，降至2520亿美元，主要原因在于跨境并购销售额下降了三分之一。澳大利亚的FDI流入量达到600亿美元的创纪录水平，原因在于外国子公司在该国的收益再投资达到有史以来的最高水平（250亿美元）。

流入发展中经济体的FDI依然稳定，增长2%，达到7060亿美元，且各区域之间差异显著。2018年亚洲和非洲的发展中国家的FDI流入量增加，而拉丁美洲和加勒比地区的FDI流入量则缩减。

已经是FDI流入的最大接受区域的亚洲发展中国家，2018年登记的FDI增长4%，达到5 120亿美元，所有次区域均出现正增长。中国是这个发展中经济体最大的FDI接受国，吸引了1 390亿美元的外资，增长了4%。流入东南亚的FDI连续第三年上升3%，达到创纪录的水平（1 490亿美元）。

流入非洲的FDI增长了11%，达到460亿美元，仍低于过去10年的年均水平(约500亿美元)。流入量增加主要是由于资源寻求类投资的延续，少数经济体的多元化投资的缓慢扩张，以及流入南非的FDI（从20亿美元增加到53亿美元）增加了一倍以上。

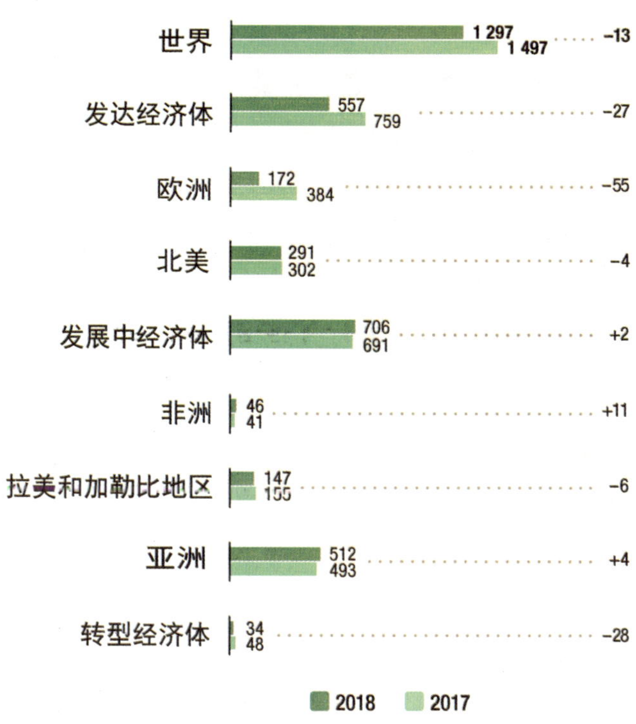

图 1.2 2017—2018 年按地区划分的 FDI 流入（十亿美元，%）

资料来源：UNCTAD，FDI/MNE 数据库（www.unctad.org/fdistatistics）。

拉丁美洲和加勒比地区的 FDI 在 2018 年下降了 6%（1 470 亿美元），在 2017 年（在这之前经历 5 年的负增长）增长后未能保持增长势头。在南美洲，由于巴西和哥伦比亚的流入量减少，FDI 下降；中美洲的流入量保持稳定。

在 2017 年暴跌之后，流入转型经济体的 FDI 在 2018 年继续呈下滑趋势，下降了 28%，降至 340 亿美元。缩减的原因是，转型经济集团中迄今为止最大的经济体和最大的 FDI 接受国俄罗斯联邦的流入量减少了一半，从 260 亿美元减少到 130 亿美元。下降的部分原因是持有俄罗斯联邦资产的海外实体的重新定址。

2017 年及 2018 年 FDI 流入世界前 20 大东道国（地区）经济体中有一半依然是发展中经济体和转型经济体（见图 1.3）。尽管美国的 FDI 下降，但仍是最大的 FDI 接受经济体，接下来是中国。

从流向特定的区域内的和区域间的经济集团的 FDI 来看，流量保持相对稳定（见图 1.4）。

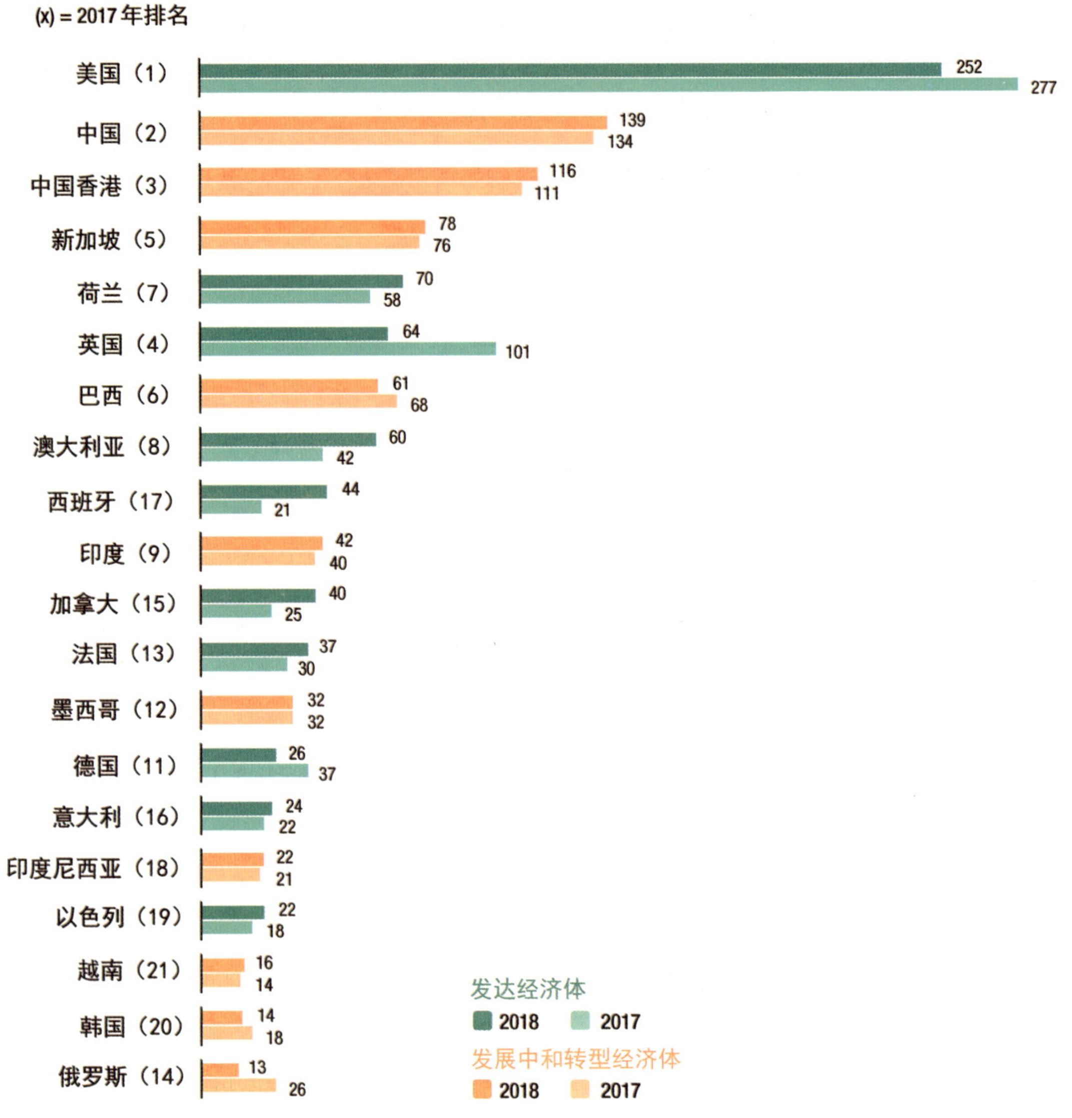

图 1.3 2017 年及 2018 年 FDI 流入前 20 的东道国（地区）经济体（十亿美元）

资料来源：UNCTAD，FDI/MNE 数据库（www.unctad.org/fdistatistics）。

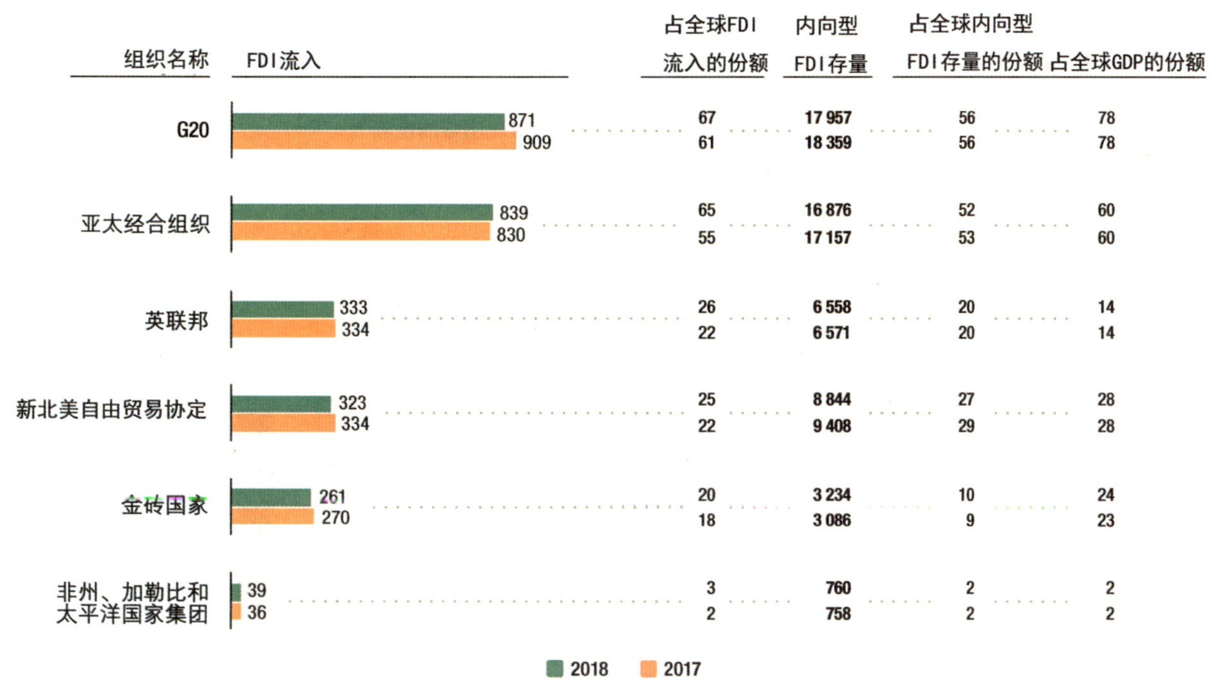

图 1.4　2017 年及 2018 年有关经济集团的 FDI 流入量（十亿美元，%）

资料来源：UNCTAD，FDI/MNE 数据库（www.unctad.org/fdistatistics）。

注：G20 国家的数据不包含欧盟。

（二）FDI 流出

2018 年，发达国家跨国公司的海外投资减少了 40%，降至 5 580 亿美元。结果，它们在全球对外 FDI 中的份额下降到 55%，为有记录以来的最低值（见图 1.5）。这种显著下降，不是实际投资意图的反映，更多是因为美国跨国公司所积累的国外收入的大规模汇回，从而导致负的外流量。在 2018 年上半年，美国跨国公司收益再投资净损失 3 670 亿美元，与 2017 年同期的正的 1 680 亿美元相比，急剧转变为负，接近-2 000 亿美元。虽然下半年收益再投资回归正值，然而美国全年 FDI 流出量与 2017 年的 3 000 亿美元相比，仍大幅下降至-640 亿美元。除了立即的汇款回流效应外，美国税收改革还解决了海外资产的税务过剩问题，这可能导致美国跨国公司跨境并购的购买量升至 2 530 亿美元，创历史新高。这些并购中有近一半是在 2018 年第四季度登记的。大部分收购不仅发生在欧盟（主要是在英国和德国），也发生在印度和日本。

欧洲跨国公司的 FDI 流出量增长了 11%，达到 4 180 亿美元。法国跨国公司在 2018 年投资超过 1 000 亿美元，均为股权投资，成为全球第三大投资国。在 2017 年对外流量记录为负的爱尔兰和瑞士的 FDI 流出量均转变为正，分别达到 130 亿美元（增加 520 亿美元）和 270 亿美元（增加 620 亿美元）。

相比之下，英国尽管跨境并购显著增加，但流出量从 2017 年的 1 180 亿美元下降至 500 亿美元。德国跨国公司的投资也下降了 16%，降至 770

亿美元。虽然由于拜耳与孟山都（美国）合并（此为 2018 年最大的并购交易），德国净并购价值增加了一倍以上，达到 730 亿美元，但公司内部贷款的大量负流量抵消了许多股权投资的增长。

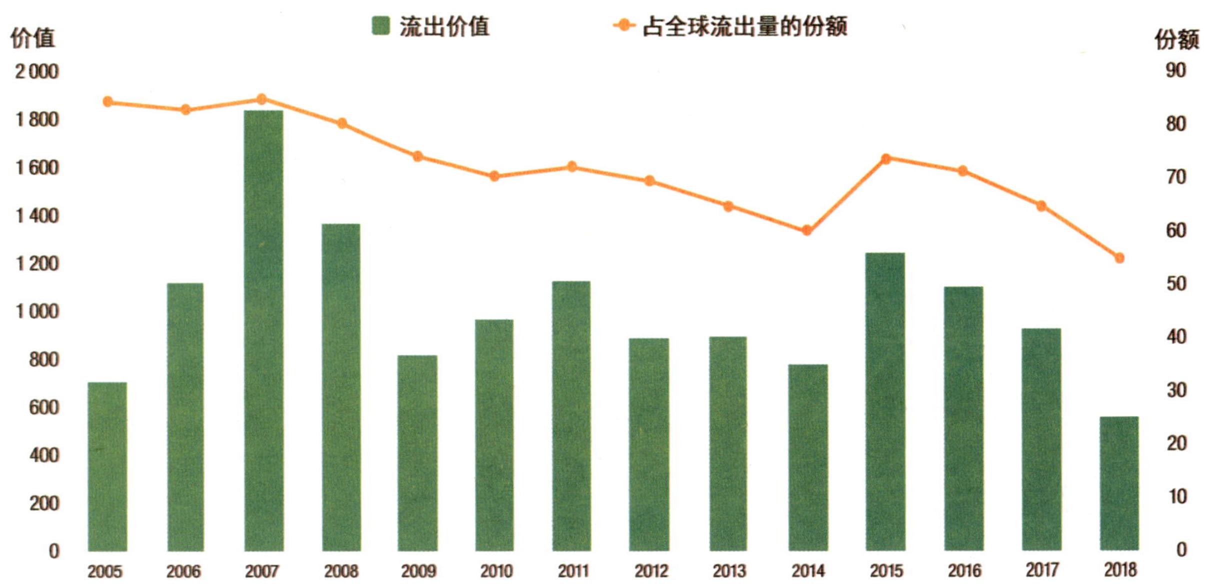

图 1.5 2005—2008 年发达经济体的 FDI 流出量及占全球流出量的比重（十亿美元，%）

资料来源：UNCTAD，FDI/MNE 数据库（www.unctad.org/fdistatistics）。

尽管对外 FDI 下降了 11%，达到 1 430 亿美元，但日本跨国公司依然是世界上最大的投资者。日本跨国公司总体并购活动放缓的原因是它们在发达国家的外向 FDI 下降了 40%，主要是在美国和英国的对外投资下降。他们在亚洲的投资增加了 31%，达到 490 亿美元，主要是在中国、印度和韩国。

发展中经济体的跨国公司的对外投资减少了 10%，降至 4 180 亿美元。亚洲发展中国家跨国公司的 FDI 流出量下降 3%，至 4 010 亿美元。中国跨国公司的投资连续第二年下降，减少 18%，降至 1 300 亿美元，这是由于政府出台政策遏制海外投资，以及美国和欧洲加强了入境投资的审查。尽管如此，中国仍是仅次于日本的世界第二大投资国（见图 1.6）。

来自西亚的对外 FDI 在 2018 年达到了 490 亿美元的历史新高，这主要得益于沙特阿拉伯、阿拉伯联合酋长国和土耳其的跨国公司。沙特阿拉伯的 FDI 几乎增长了 3 倍，达到 210 亿美元，主要投资于技术、金融和基础设施活动。土耳其公司越来越多地在非洲投资。

拉丁美洲跨国公司的对外投资在 2018 年暴跌至 70 亿美元的历史最低水平，这是受到巴西负流出和智利投资减少的严重影响。随着外国子公司继续将财务资源（通常是在海外资本市场所筹集到的资金）汇回其母国，巴西的流出量下降至 -130 亿美元。墨西哥的跨国公司的对外 FDI 增加到 69 亿美元。

2018 年，转型经济体的 FDI 流出量为 380 亿美元，未发生变化。俄罗斯联邦占据该经济集团对外 FDI 的大部分（95%）。该国的流出量增加了 7%，达到 360 亿美元，这主要得益于收益再投资和公司内部对子公司贷款的递延。

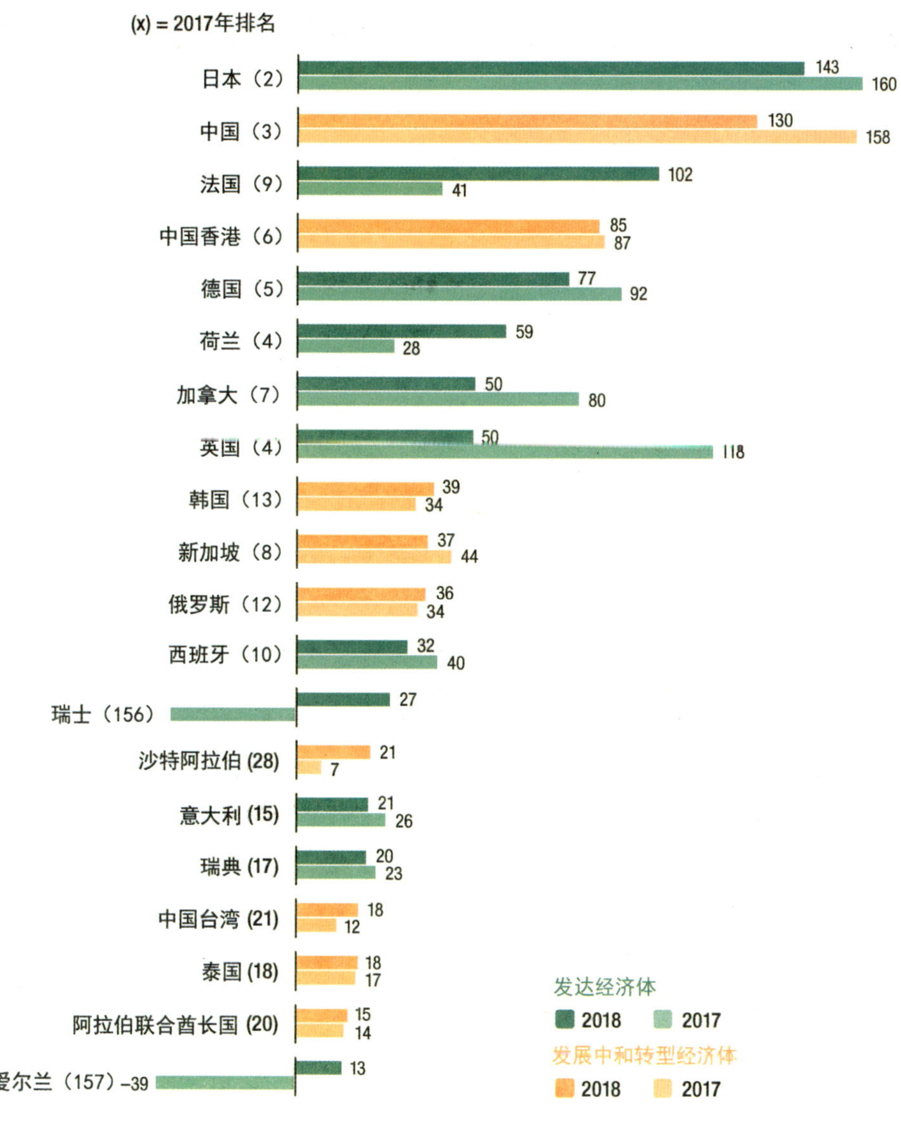

图 1.6　2017 年及 2018 年 FDI 流出前 20 的母国（地区）经济体（十亿美元）

资料来源：UNCTAD，FDI/MNE 数据库（www.unctad.org/fdistatistics）。

三、按部门划分的跨境并购和绿地投资项目的趋势

2018 年，净跨境并购和已披露的 FDI 绿地项目的价值增加（见图 1.7）。净跨境并购价值上涨 18%，至 816 亿美元，在 2017 年下跌 22%之后复苏。这一增长主要受到大笔并购交易规模的推动，

尤其是化工行业和服务业，而并购交易的数量实际上有所下降。

已披露的绿地项目价值增长了 41%，达到 9 810 亿美元。此外，项目的平均规模是增长的主要驱动因素，而以项目数量衡量的投资活动仅增加了 7%。价值的增长主要来自采掘业、加工业以及建筑业。

（一）跨境并购趋势

全球净并购的价值占 FDI 流入量的百分比达到了 62%，这是自 2000 年互联网热潮以来的最高水平。在发达经济体，净并购销售额增长了 21%，达到 6 890 亿美元，占全球总净并购销售额的 84%。在发展中国家和转型经济体，净并购销售额稳定在 1 270 亿美元。

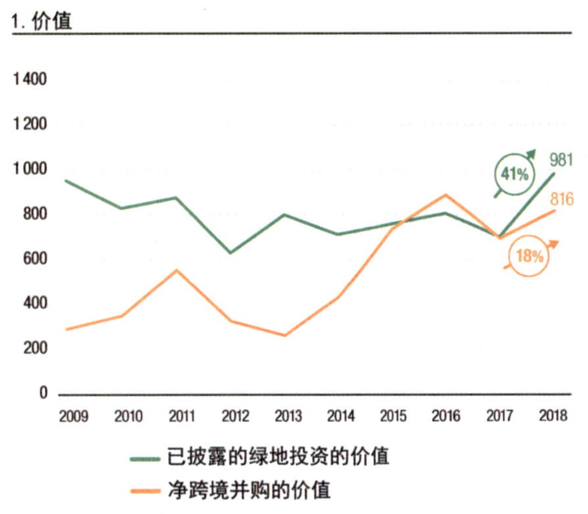

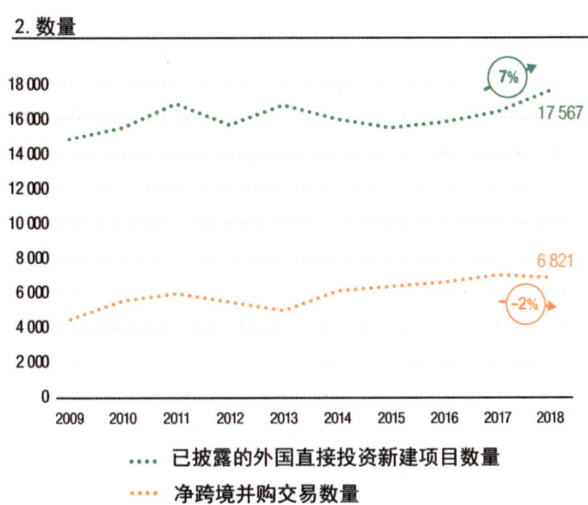

图 1.7 2009—2018 年净跨境并购及已披露的绿地项目的价值及项目数（十亿美元，项目数）

资料来源：UNCTAD，FDI/MNE 数据库（www.unctad.org/fdistatistics）；已披露的绿地项目信息来自金融时报有限公司 fDi Markets 数据库（www.fDimarkets.com）。

这一增长主要是由于美国跨国公司的收购翻了一倍，而且这一大幅上升主要集中在 2018 年下半年。2017 年税收改革后，取消海外累积留存收益的税务负债可能促成了这一激增。与跨境并购相比，美国境内并购活动的增长速度甚至更快。

在初级品部门，最大的交易是托塔尔石油公司（法国）以 74 亿美元收购石油和天然气生产商马士基石油股份有限公司（丹麦），作为在该行业持续进行的重组的一部分。

在制造业，全球的净并购销售额仍接近 2017 年的水平。制药行业的交易额在 2015 年达到 1 130 亿美元后，连续第三年下降至 280 亿美元。由于化学工业的一些巨额交易导致该行业内的并购销售额增加一倍以上，达到 1 490 亿美元，才弥补了这种下滑。这包括拜耳（德国）与孟山都（美国）合并，价值 570 亿美元，普拉克斯（美国）合并工业天然气集团林德（德国），价值 320 亿美元。

在服务行业，净并购销售额增长超过三分之一，达到 4 690 亿美元（见表 1.1）。主要推动因素是金融业并购价值的增长，几乎翻了一番，达到 1 080 亿美元。在这个行业中，涉及房地产投资信托的并购特别多。另外，房地产活动的净并购销售额在 2018 年为 570 亿美元。因此，房地产相关投资在 2018 年构成了跨境并购中相当大的一部分。几乎所有的房地产投资信托交易和四分之三的房地产交易均以发达经济体的资产为并购目标。

（二）绿地投资趋势

已披露的初级品部门的绿地项目的全球总价值翻了一番，达到 410 亿美元（见表 1.2），主要是由于金属采矿项目的价值在 2018 年增加了三倍，为 200 亿美元，是 2011 年以来的最高水平。卡罗资源（塞浦路斯）宣布了一项由非洲金融公司支持的价值 43 亿美元的津巴布韦铂金矿项目。智利和秘鲁也公布了大型项目。

表 1.1　2017—2018 年跨境净并购价值和数量：按部门和特点行业划分

	价值（十亿美元）		增长率	数量		增长率
	2017	2018	（%）	2017	2018	（%）
总行业	694	816	18	6 967	6 821	-2
初级品部门	24	39	60	550	406	-26
制造业	327	307	-6	1 690	1 600	-5
服务业	343	469	37	4 727	4 815	2
价值排名前十的行业部门：						
化学品及化学产品	65	149	129	198	211	7
商业服务	107	112	5	1 817	1 848	2
金融和保险活动	59	108	84	617	599	-3
信息和通信	39	90	131	611	612	0.2
食品、饮料和烟草	88	55	-37	227	205	-10
运输及仓储	23	47	109	306	269	-12
电气和电子设备	26	42	65	307	257	-16
采矿、采石和石油	23	38	70	466	329	-29
电力、天然气和水	54	38	-30	171	191	12
贸易	12	35	188	486	501	3

资料来源：UNCTAD，跨境 M&A 数据库（www.unctad.org/fdistatistics）。

表 1.2　2017—2018 年已披露的 FDI 绿地投资价值和数量：按部门和特点行业划分

	价 值（十亿美元）		增长率	数 量		增长率
	2017	2018	（%）	2017	2018	（%）
总行业	698	981	41	16 350	17 567	7
初级品部门	21	41	101	83	122	47
制造业	345	466	35	7 855	8 049	2

续表

	价值（十亿美元）		增长率（%）	数量		增长率（%）
	2017	2018		2017	2018	
服务业	332	473	43	8 412	9 396	12
价值排名前十的行业部门：						
建筑	61	113	84	279	475	70
电力、天然气和水	90	111	23	302	429	42
焦炭和精炼石油产品	15	86	480	75	87	16
商业服务	61	78	28	4 419	4 686	6
机动车和其他运输设备	61	74	20	1 123	1 131	1
化学及化学产品	54	66	21	588	569	-3
电气和电子设备	60	58	-3	996	1 046	5
酒店和餐馆	17	49	189	163	422	159
运输、仓储及通信	39	48	24	936	1 018	9
采矿、采石和石油	20	41	102	79	118	49

资料来源：UNCTAD，来自金融时报有限公司的 fDi Markets 数据库（www.fDimarkets.com）。

制造业已披露的绿地项目增加了 35%，达到 4 660 亿美元。随着采掘业投资的增加，自然资源的加工是制造业投资增加的重要推动力。焦炭、石油产品和核燃料项目增加了六倍，达到 860 亿美元。由壳牌的合资企业壳牌加拿大、马来西亚国家石油公司、中石油、三菱商事股份有限公司和韩国天然气公司在加拿大建立液化天然气出口设施的项目是最大的项目，计划资本支出总额达 300 亿美元。

在发展中经济体，已披露的对工业发展至关重要的制造业项目的价值增长了 68%，达到 2 710 亿美元，止住了近年来的下滑趋势（见图 1.8）。然而，项目仍然集中在亚洲，该地区已披露的制造业的绿地投资翻了一番，达到 2 120 亿美元。非洲的制造业投资也跃升了 60%，达到 330 亿美元。然而，拉丁美洲和加勒比地区的绿地投资下降了。

发展中国家的制造业项目数量温和地增长了 12%，这说明项目价值的增长来自相对较少的披露的大型项目。例如，中国前五大制造业项目的总价值为 330 亿美元，占中国已披露项目价值的很大一部分，同时，中国已披露项目的价值比 2017 年翻了一番，达到 800 亿美元。最大的已披露项目是巴斯夫（德国）计划在湛江投资 100 亿美元建设一个新的化学品生产基地。在同一行业，埃克森美孚（美国）宣布了在舟山建设一个价值 70 亿美元的乙烯工厂。

在东亚，绿地项目增幅最大的是技能含量较高的产业。除了化学工业的大型项目外，汽车制造以及电气和电子设备领域的一系列项目也使中国已披露项目的价值得到提升。在整个东亚地区，化学工业项目的价值增加了三倍，达到 240 亿美元，电子电气设备项目的价值增加了一半，达到 250 亿美元，机动车和其他运输设备的价值也增加了三倍，达到 250 亿美元。

自然资源的加工是西亚和东南亚以及少部分

南亚绿地投资反转的关键部分。例如，在沙特阿拉伯，托塔尔石油公司（法国）与沙特阿美公司签署了一份谅解备忘录，在朱拜勒开发一个价值为 90 亿美元的石化综合设施项目。在印度，台湾中油（中国台湾）宣布计划投资 66 亿美元于巴拉迪布的一个石化项目。因而，这个行业的项目在西亚几乎增加了四倍，达到 250 亿美元，在南亚的项目增加到 80 亿美元。在东南亚，金属加工吸引了超出 2017 年价值一倍以上的投资，已披露项目价值达到 120 亿美元。

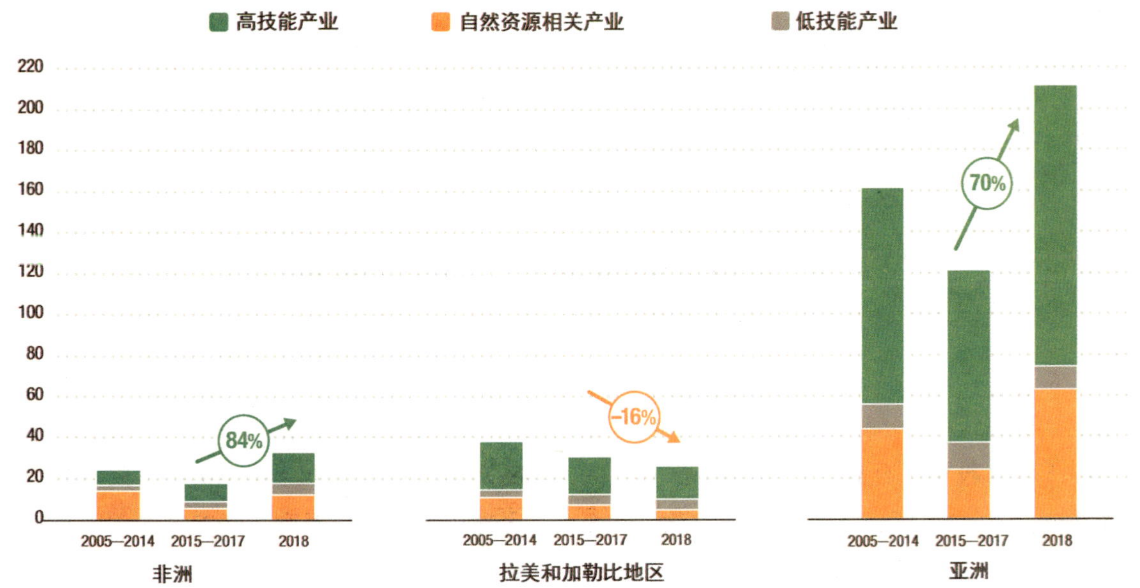

图 1.8　2005—2018 年已披露的绿地项目总额及制造业在总行业中的占比（十亿美元，%）

资料来源：UNCTAD，已披露的绿地项目信息来自金融时报有限公司的 fDi Markets 数据库（www.fDimarkets.com）。

注：与自然资源有关的行业包括：1）焦炭、石油产品和核燃料；2）金属和金属产品；3）非金属矿物产品；4）木材和木材产品。低技能行业包括：1）食品、饮料和烟草；2）纺织品、服装和皮革。高技能产业包括所有其他制造业。

与高技能和自然资源相关的行业相比，低技能行业已披露项目的走势普遍低迷，不仅在亚洲，在其他发展中地区也是如此。虽然发展中经济体的食品、饮料和烟草项目价值增长了 29%，达到 160 亿美元，但纺织品项目的价值却下降了 36%，降至 70 亿美元。对于低收入国家，特别是非洲的低收入国家，典型的早期工业化产业项目的下降是一个值得关注的问题。发展中国家迫切需要在这些行业吸引更多的 FDI 以支持其结构转型，这也说明了为什么产业政策（《世界投资报告 2018》）和特殊经济区（SEZs；见第四章）需要得到推广。

已披露的全球服务业绿地投资项目总数增加了 43%，金额达到 4730 亿美元。建筑和发电都有大幅增加。建筑项目增长 84%，达到 1 130 亿美元。在 2008 年经济危机之后，工业建筑项目减弱，但自 2010 年中期以来一直在复苏。其中一些项目与特殊经济区的建设有关。例如，2015 年，泰国的罗哈纳工业园区、新日本钢铁公司的一个子公司和住金物产株式会社（日本）宣布了在缅甸开发大围特殊经济区的项目。2016 年，伟宇工程（中国台湾）宣布了在越南的翁昂经济区投资 25 亿美元建设物流区和农业区码头的计划。2018 年，纺织品制造商山东如意科技（中国）宣布投资 8.3 亿美元，在埃及苏伊士运河经济区建立纺织工业区。

发电的绿地项目在 2018 年增长了 23%，达到 1 100 亿美元，几乎公用事业的所有项目均为发电项目。虽然发电的总投资（包括国内投资）只是缓慢地减少对化石燃料的依赖，但通过绿地 FDI 的国际投资主要还是集中在可再生能源上。在过去十年中，每年可再生电力的绿地项目的价值超过化石燃料发电的价值。 2018 年，已披露的可再生电力资本支出总额为 780 亿美元，而基于化石燃料的电力支出仅为 270 亿美元（见章节 2.3）。本行业国际绿地投资的积极趋势应与具体背景联系起来看待。在发展中经济体，已披露的发电项目（所有类型）的绿地资本支出达到 700 亿美元。按照《世界投资报告 2014》的估算，实现联合国可持续发展目标的年度投资缺口超过 5 000 亿美元，这个数据与该缺口数形成对照。

四、FDI 和其他跨境资本流动

全球 FDI 流量的下降符合其他跨境资本流动的趋势。FDI、投资组合流量和其他投资（主要是银行贷款）合计总额达 5 万亿美元，占 2018 年全球国民生产总值的 5.9%，比 2017 年下降 20% 以上（见图 1.9）。

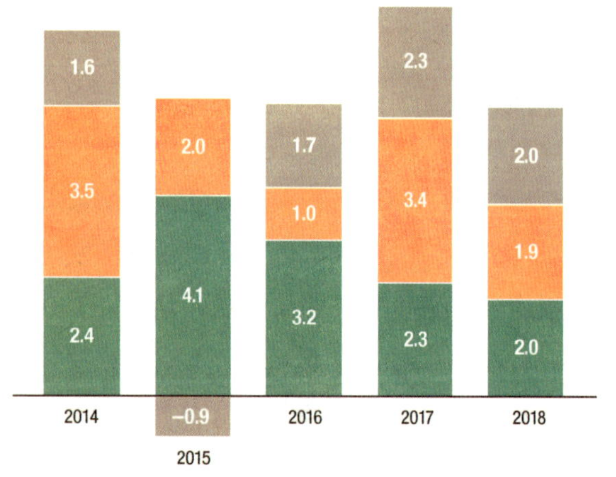

图 1.9 2014—2018 年全球跨境资本流动（%）

资料来源：UNCTAD，基于 IMF 世界经济展望 WEO 数据库。

注：这里展示的百分比是基于 187 个经济体的数据计算得出。IMF 的世界经济展望数据库追踪 FDI 流量，而该流量则根据资产/负债原则来估算。因此，FDI 流量的价值与本报告的其他部分所展示的 UNCTAD 的 FDI 数据不能直接进行比较。

虽然三类资本流量均下降，但投资组合投资的下降幅度最大（下降 40%）。投资组合流量与金融市场表现以及利率和汇率变动密切相关。它们对地缘政治的紧张局势和国家特定的政治不确定性也较为敏感。

流入发展中经济体的跨境资本流量超过三分之一。与发达经济体流入量相比，流向发展中经济体的流量更具弹性，仅下降 8%，而发达经济体流量下降 27%，因为作为更稳定的资金类型，FDI 在三种资本流量中占有较大的份额。发展中经济体的投资组合流入量和其他投资分别下降了 30%和 14%。拉丁美洲和西亚的投资组合流量下降幅度特别大。主要的投资组合流入国（包括阿根廷、墨西哥和土耳其）的政策不确定性和货币不稳定性导致了这种下降。在这些国家，FDI 流入量再次被证明更加稳定，并且实际上在 2018 年是增加了（见第二章）。

FDI 的规模和相对稳定性使其成为发展中经济体最重要的外部资金来源（见图 1.10）。官方发展援助（ODA）（双边和多边）的初步数据显示增加了 1.5%，达到 1 490 亿美元。汇款的初步数据显示增加了 9.6%，达到 5 290 亿美元。

但是，流向发展中经济体的资本仍然集中在相对少数的国家。流入发展中经济体的资本流量有四分之三流入到了亚洲。投资组合投资和其他投资流动更偏向于该地区。最不发达国家（LDCs）的总人口为 10 亿，仅接收到这些跨境资本流量的 3%。对这些国家而言，汇款仍大大高于 FDI。与 240 亿美元的 FDI 流入价值相比，汇款在 2018 年增加了 11%，达到 400 亿美元。

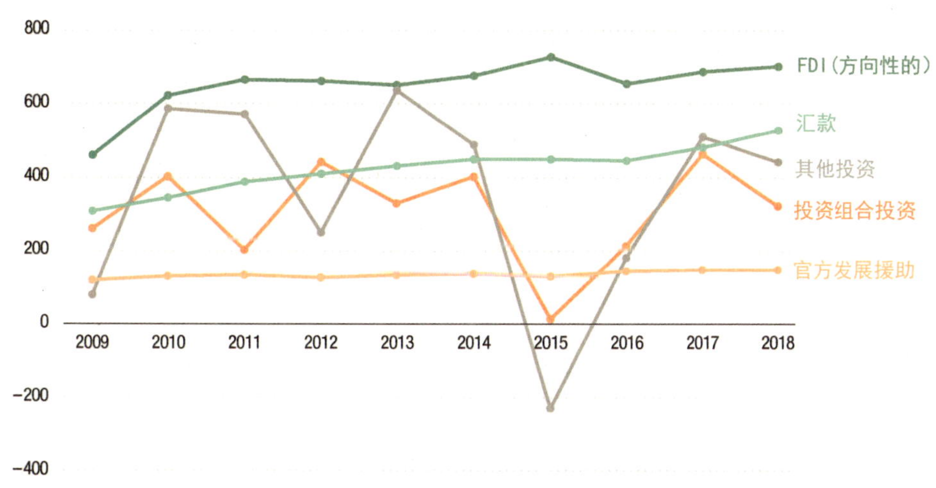

图 1.10 2009—2018 年发展中经济体外部资金来源（十亿美元）

资料来源：UNCTAD，基于 KNOMAD（汇款数据来源）、UNCTAD（FDI 数据来源）、IMF 经济数据库（投资组合投资和其他投资数据来源）和 OECD（官方发展数据来源）整理。

注：汇款和官方发展援助按流入低收入和中等收入国家的资金流入量的近似值来计算，而低收入和中等收入国家则参照世界银行的方法进行划分。

第二节 FDI 展望

全球投资预计将在 2019 年实现 10%的适度复苏。这一预期不仅基于若干宏观经济指标的当前预测，还基于 UNCTAD 的 FDI 流入量的计量经济预测模型及其基本趋势分析，以及跨境并购和已披露绿地项目的 2019 年初步数据得出。该预期还根据 UNCTAD 对投资促进机构（IPAs）所做的调查做了补充。

一、短期展望

对 2019 年 FDI 的预测指出，FDI 将增长 10%，达到近 1.5 万亿美元，仍低于过去 10 年的平均水平。推高预期的主要因素是，2018 年发达国家的 FDI 异常低，可能会有反弹。继 2018 年下半年美国跨国公司的国外收入汇回减少后，发达国家的资金流入量可能会恢复到之前的水平，这意味着一些通常会获得大量流入的国家预期出现 FDI 的大幅增长。2019 年 FDI 流量的预期增长也表明，披露的绿地项目（计划的支出）从 2017 年的低水平增加了 41%。

尽管有这些上行的迹象，但是 FDI 预期增长的规模相对有限，因为长期的 FDI 基本走势依然疲软。2019 年前四个月的并购数据证实了投资更加谨慎；跨境并购的价值约为 1 800 亿美元，比 2018 年同期低 10%。

一系列风险因素进一步抑制了全球 FDI 增加的可能性。地缘政治风险、贸易紧张局势以及保护主义倾向可能对 2019 年的 FDI 产生负面影响。而且，宏观经济变量的长期预测中还包含一些消极方面（见表 1.3）。

发达经济体的 FDI 流量增幅预测将是最高的，其中预计欧洲的增长将超过 60%（处于恢复中但仅保持 2016 年价值的一半左右）（见表 1.4）。发展中经济体的流量预计将保持稳定，预测显示约有 5%的微小增加。在发展中区域，鉴于经济增长的加速预期和区域一体化所取得的进展，非洲的 FDI 可能增加 15%。亚洲发展中国家的前景谨慎乐观，特别是在东南亚和南亚，由于良好的经济前景和逐步得到改善的投资环境，流量略微增加（达 5%）。拉丁美洲和加勒比地区的流量预计将保持相对稳定，预计下降约 5%，而转型经济体的流量可能在 2019 年出现复苏，达到 500 亿美元。

表 1.3 2016—2020 年 GDP 和固定资本形成总额（GFCF）的实际增长率（%）

变量	地区	2016	2017	2018	2019	2020
GDP 增长率	世界	3.4	3.8	3.6	3.3	3.6
	发达经济体 a	1.7	2.4	2.2	1.8	1.7
	新兴和发展中经济体 a	4.6	4.8	4.5	4.4	4.8
GFCF 增长率	世界	2.8	4.1	4.0	3.7	4.1
	发达经济体 a	2.0	3.8	3.1	2.5	2.4
	新兴和发展中经济体 a	3.3	4.3	4.6	4.5	5.3

资料来源：UNCTAD，IMF（2019）。

注：GFCF 为固定资本形成总额。

a: IMF 对发达经济体、新兴与发展中经济体的分类不同于联合国对发达经济体和发展中经济体的分类。

表 1.4 2016—2018 年按经济集团和地区划分的 FDI 流入与 2019 年预测（十亿美元，%）

经济体集团/地区	2016	2017	2018	2019
世界	**1 919**	**1 497**	**1 297**	**1 370～1 500**
发达经济体	**1 198**	**759**	**557**	**640～720**
欧洲	612	384	172	330
北美	508	302	291	310

续表

经济体集团/地区	2016	2017	2018	2019
发展中经济体	**656**	**691**	**706**	**700～740**
非洲	46	41	46	52
亚洲	473	493	512	530
拉丁美洲和加勒比地区	135	155	147	140
转型经济体	**65**	**48**	**34**	**45～55**
注：年增长率（%）				
世界	**-6**	**-22**	**-13**	**（5～15）**
发达经济体	**-6**	**-37**	**-27**	**（15～30）**
欧洲	-14	-37	-55	～65
北美	-1	-41	-4	～5
发展中经济体	**-10**	**5**	**2**	**（0～5）**
非洲	-18	-11	11	～15
亚洲	-8	4	4	～5
拉丁美洲和加勒比地区	-13	15	-6	～-5
转型经济体	**78**	**-26**	**-28**	**（40～50）**

资料来源：UNCTAD，FDI/MNE 数据库（www.unctad.org/fdistatistics）。

注：百分比四舍五入。

二、长期趋势

关于 2019 年全球 FDI 相对温和增长的预测，与近几年缓慢增长的基本趋势相符。自全球金融危机以来，当去除由税收改革、超大规模交易和起伏的 FDI 资金流量等一次性因素引起的波动后，这一趋势所显示的是疲软的增长（见图 1.11）。FDI 长期放缓的关键动因包括政策、经济和商业因素。

（1）政策因素。到 21 世纪初期，曾经刺激了 FDI 增长的全球范围的新兴市场逐渐开放，不再为 FDI 提供同等程度的推动力。在过去几年中，基于国家安全考虑或战略技术而对外国所有权的限制再次成为决策者的首选之策（见第三章）。贸易和投资的国际政策框架发展的不确定性也影响了投资者的信心。

（2）经济因素。FDI 收益率下降是长期发展放缓的关键因素（见表 1.5）。2018 年，全球内向型 FDI 的回报率从 2010 年的 8%降至 6.8%。尽管发展中国家和转型经济体的回报率的平均水平仍然较高，但大多数地区并不能幸免低收益。例如，在非洲，投资回报率从 2010 年的 11.9%下降到 2018 年的 6.5%。

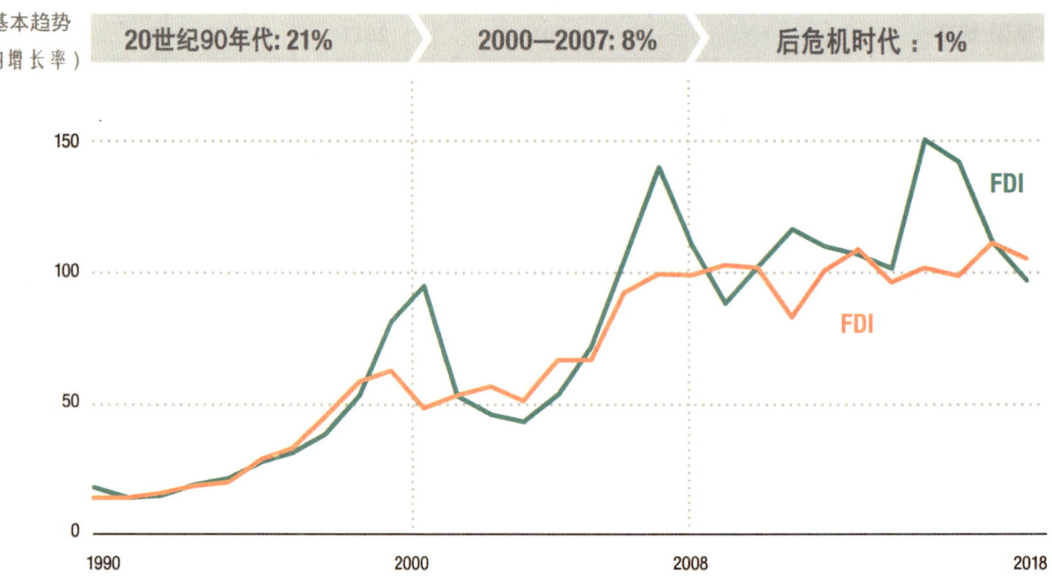

图 1.11 1990—2018 年 FDI 流入量与基本趋势（指数）

资料来源：UNCTAD，FDI/MNE 数据库 www.unctad.org/fdistatistics；UNCTAD 估算。

注：基本趋势是综合指数（纳入国际收支和其他变量），是通过恰当的平滑技术，移除了并购、公司内部贷款和离岸资金流动的波动对 FDI 的影响后而构建的。

表 1.5 2010—2017 年 FDI 流入的投资回报率（%）

地区	2010	2011	2012	2013	2014	2015	2016	2017	2018
世界	**8.0**	**8.5**	**7.7**	**7.5**	**7.6**	**6.9**	**6.8**	**6.8**	**6.8**
发达经济体	**6.4**	**6.7**	**6.1**	**5.9**	**6.4**	**6.0**	**5.9**	**5.9**	**6.0**
发展中经济体	**11.0**	**11.5**	**10.1**	**9.9**	**9.5**	**8.4**	**8.2**	**8.1**	**7.8**
非洲	11.9	12.0	11.7	11.4	9.6	6.5	5.0	6.0	6.5
拉丁美洲和加勒比海地区	9.7	9.8	8.5	7.0	6.3	4.5	5.4	6.2	6.2
亚洲	11.4	12.2	10.6	10.8	10.7	10.0	9.6	9.0	8.5
东亚和东南亚	12.5	13.4	11.6	11.9	11.8	11.1	10.4	9.9	9.4
南亚	8.9	7.6	7.2	6.7	6.1	5.5	6.4	5.6	5.3
西亚	6.0	6.8	5.6	5.5	5.0	4.7	4.8	3.5	3.4
转型经济体	**12.1**	**14.8**	**14.6**	**13.2**	**13.2**	**9.0**	**10.2**	**11.6**	**12.4**

资料来源：UNCTAD，FDI/MNE 数据库（www.unctad.org/fdistatistics）。

注：年回报率是用 t 年的 FDI 收入除以 t 年和 t-1 年 FDI 头寸账面价值的平均值计算而得。

（3）商业因素。国际生产内涵的结构变化也在起作用。数字技术在许多行业的全球供应链中的采用导致国际生产形式转变为无形资产和日益增加的轻资产，因为利用跨境业务进入全球市场从而攫取效益不再需要重资产的参与(《世界投资报告 2017》)。从主要国际生产指标的有形到无形规模的差异可以看见这一趋势——FDI和货物贸易趋势实质上持平，而服务贸易和无形资产国际支付（特许权使用费和许可费）却增长很快（见图1.12）。

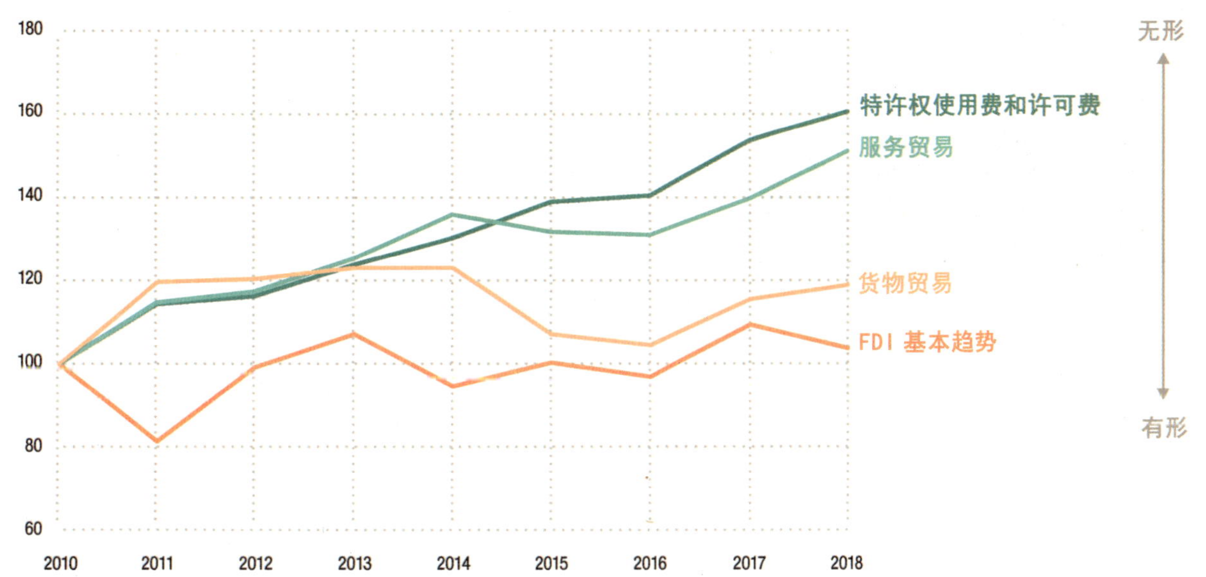

图 1.12　2010—2018 年有形和无形国际生产指标（指数，2010=100）

资料来源：UNCTAD。

三、投资促进机构预期

尽管在2018年全球FDI连续第三次下降且基本趋势疲软，但UNCTAD对投资促进机构（IPAs）的调查显示，投资促进机构仍持乐观态度。到2021年，他们对流入本国的FDI的预期仍然很高。然而，对全球层面的FDI的预期较低（见图1.13）。只有45%的受访者预计全球FDI流量将增加，这表明投资促进机构认识到在当前的全球投资氛围下吸引FDI所面临的挑战和竞争。

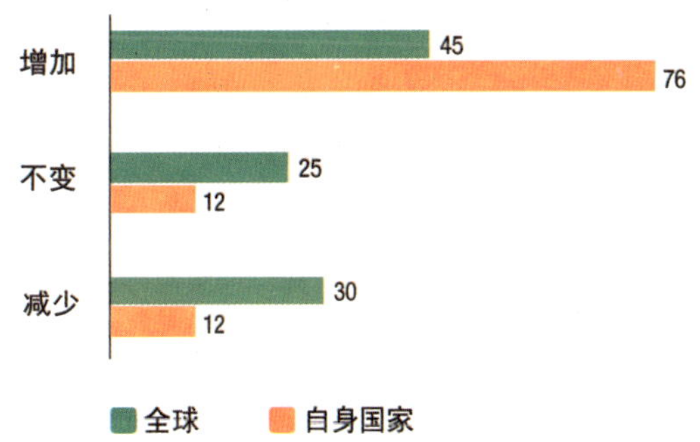

图 1.13　2019—2021 年投资促进机构（IPAs）对 FDI 变化的预期（占受访者的百分比）

资料来源：UNCTAD针对投资促进机构所做的调查。

注：调查于2019年2月至4月进行。结果是基于114个受访者所提供的信息得出。

对比2016—2019年投资促进机构对全球FDI前景调查的数据，发现预期越来越不乐观（见图1.14）。

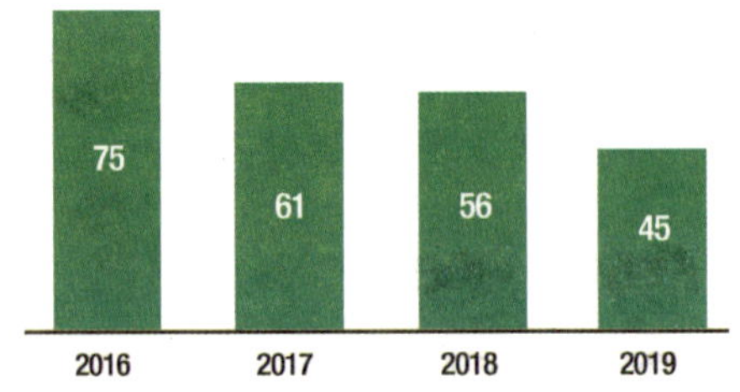

图 1.14 2016—2019 年预期 FDI 增长的投资促进机构（IPAs）（占受访者的百分比）

资料来源：UNCTAD 针对投资促进机构所做的调查（2016—2019）。

注：百分比反映的是每年的调查结果。

投资促进机构将美国和中国（联合排名第一）列为最有可能的FDI来源国。欧洲三大经济体——英国、德国和法国——被认为是美国和中国之后最重要的 FDI 来源国。传统上不是前 20 大对外投资国的印度和阿拉伯联合酋长国也被认为是 2019—2021 年前十大最重要的 FDI 来源国之一。

发达经济体的投资促进机构预计大部分投资将进入信息和通信行业，其次是专业服务、金融和保险业。在发展中经济体和转型经济体，投资促进机构预期在农业会有较多投资，其次是食品和饮料，以及信息和通信（见图 1.15）。越来越多的国家着眼于把投资吸引到数字技术和创新领域，将二者作为经济增长的主要推动力。信息和通信技术产业在 FDI 前景中的高排名，也反映了投资促进机构在该行业为促进投资所做的努力。农业和食品加工被看作发展中经济体和转型经济体中最具发展潜力的行业，这表明这些经济体的投资促进机构预计，在可预见的未来，FDI 的很大份额依然将与自然资源相关联。

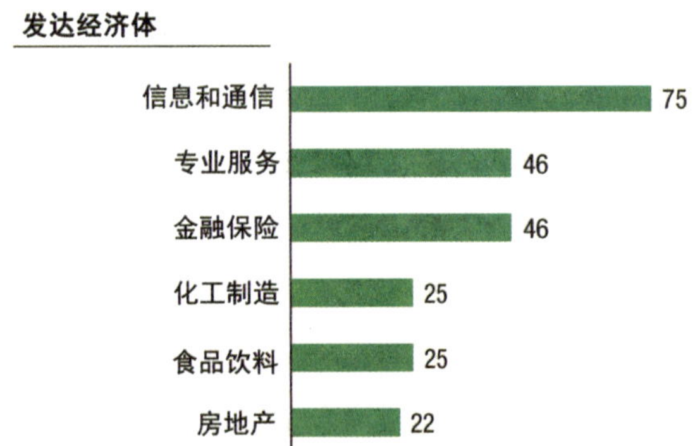

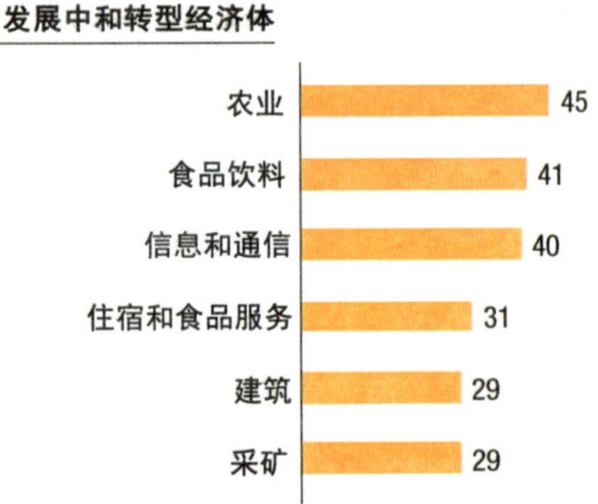

图 1.15 2018 年按地区划分的投资促进机构（IPAs）选择出的在其本国经济中最具潜力吸引 FDI 的行业（占受访者百分比）

资料来源：UNCTAD 针对投资促进机构所做的调查。

第三节　国际生产

一、国际生产的关键指标

表 1.6　2018 年和特定年份 FDI 和国际生产指标（以当前价格水平计价）（十亿美元）

项目	1990	2005—2007（危机前均值）	2015	2016	2017	2018
FDI 流入	205	1 414	2 034	1 919	1 497	1 297
FDI 流出	244	1 451	1 683	1 550	1 425	1 014
内向 FDI 存量	2 196	14 475	26 313	28 243	32 624	32 272
外向 FDI 存量	2 255	15 182	26 260	27 621	32 383	30 975
内向 FDI 的总收入 [a]	82	1 028	1 513	1 553	1 691	1 799
内向 FDI 的回报率 [b]	5.3	8.6	6.9	6.8	6.8	6.8
外向 FDI 的总收入 [a]	128	1 102	1 476	1 478	1 661	1 792
外向 FDI 的回报率 [b]	8.0	9.6	6.3	6.1	6.3	6.4
净跨境并购	98	729	735	887	694	816
外国子公司的销售	7 136	24 621	26 019	25 649	26 580[c]	27 247[c]
外国子公司的增值（产品）	1 335	5 325	6 002	5 919	6 711[c]	7 257[c]
外国子公司的总资产	6 202	50 747	91 261	95 540	104 915[c]	110 468[c]
外国子公司的雇佣人数（千）	28 558	59 011	69 533	70 470	73 571[c]	75 897[c]
备注						
GDP[d]	23 439	52 366	74 664	75 709	80 118	84 713
固定资本形成总额 [d]	5 820	12 472	18 731	18 781	20 039	21 378
特许权使用费和许可费收入	31	174	321	325	355	370

资料来源：UNCTAD。

注：本表数据不包含外国子公司在全球与其母公司之间非股权关系的销售额以及母公司的销售额。外国子公司的全球销售额、生产总值、资产总额、出口和雇佣人数等数据通过各国或地区跨国公司数据估计，以来自澳大利亚、奥地利、比利时、加拿大、捷克、芬兰、法国、德国、希腊、以色列、意大利、日本、拉脱维亚、立陶宛、卢森堡、葡萄牙、斯洛文尼亚、瑞典和美国的跨国公司数据估计销售额；以来自捷克、法国、以色列、日本、葡萄牙、斯洛文尼亚、瑞典和美国的数据估计增值（产品）；以来自奥地利、德国、日本和美国的跨国公司数据估计资产；以来自澳大利亚、奥地利、比利时、加拿大、捷克、芬兰、法国、德国、意大利、日本、拉脱维亚、立陶宛、卢森堡、中国澳门、葡萄牙、斯洛文尼亚、瑞典、瑞士和美国的数据估计雇员数据，而且基于这些国家或地区在全球 FDI 存量中份额的三年平均值。

a：根据 2018 年 165 个国家或地区的内向 FDI 收入和 144 个国家或地区的外向 FDI 收入的数据，两数据分别代表了内向和外向 FDI 的 90% 以上。b：仅计算具有 FDI 收入和存量数据的国家或地区。c：2017 年和 2018 年的数据是通过对每个变量对外向 FDI 存量和 1980—2016 年期间滞后因变量的固定效应面板回归估算的。d：国际货币基金组织数据（2019 年）。

国际生产继续扩大。跨国公司外国子公司的销售额和增加值的估计值在 2018 年分别上升了 3%和 8%。外国子公司的就业人数达到 7 600 万，年增长率约为 3%（见表 1.6）。

与销售额相比，增加值增长相对更快，表明跨国公司的外国子公司能够从其运营中获取越来越多的价值。与此同时，雇员增长率较为温和表明增加值在生产要素之间的分配逐渐转向资本而非劳动力。这与国际生产转向数字化和无形化活动的持续趋势是一致的（见 WIR17）。

在过去几十年中，无形资产在国外资产的显著增长中发挥着重要作用。WIR17 中记录的向轻资产运营转变的趋势，以及日益增长的非股权国际运营模式（包括许可证和委约生产）的重要性，表明固定资产不是这种增长的驱动力。过去十年中总资产/销售额增长率与标准普尔 500 指数的资产/销售比率趋势一致。

外国子公司在东道国经济体产生的 FDI 回报率在 2018 年保持在 6.8%，自 2010 年以来经历了逐步下降后，过去三年似乎达到了一个高水平，占 FDI 总存量的 6.8%。

二、最大跨国公司的国际化趋势

2018 年，七家公司进入了 UNCTAD 排名前 100 强的跨国公司。其中三家公司通过参与跨境并购进入名单：意大利基础设施金融投资公司亚特兰蒂斯（Atlantia Spa）收购了西班牙竞争对手阿尔贝蒂斯（Albertis）公司；由两家工业气体公司美国普莱克斯（Praxair）和德国林德公司（Linde AG）合并而新设的英国林德公司（Linde Plc）；收购爱尔兰夏尔公司（Shire Plc）的日本武田制药公司（Takeda Pharmaceuticals）。来自发展中国家的四家跨国公司进入名单：三家中国国有跨国公司（SO-MNEs）——中国化工（Chem China）、国家电网（State Grid）和中国五矿（China MinMetals），以及来自印度的塔塔汽车公司（Tata Motors）。博通公司（Broadcom Inc）因其决定将其总部从新加坡迁至美国而掉出前 100 强，该公司的大部分业务都在美国。另一家跨国公司由于陷入财务困境掉出前 100 强：中国海航集团（HNA Group）在 2017 年下半年陷入严重的流动性危机，此后已经累计减少了超过 400 亿美元的资产，用于偿还前几年收购过程中积累的债务。排名垫底的其他公司随着境外资产总额的门槛继续上升而下滑出列表。

2018 年，前 100 强跨国公司的国际化平均水平（国外与国内资产比率）下降（见表 1.7）。这是由于一些新的中国企业（有大规模国内业务）通过一系列并购促进了国内业务的开展，以及一些跨国公司剥离海外业务所致。

出现在前 100 强跨国公司中来自发展中国家的技术公司数目在增加。2017 年新晋的公司包括电器制造商美的集团（Midea Group），该公司在 2016 年进行了三次重大收购：收购了日本东芝（Toshiba）的家电业务、德国库卡机器人（KUKA），以及从瑞典的伊莱克斯公司（Electrolux）收购的地板护理品牌（Eureka）。在 2018 年期间，许多来自新兴经济体的半导体跨国公司参与组建合资企业或增加对产能的投资，其中一些下一年会进入名单（例如海力士（SK Hynix），日月光控股公司（ASE Technologies），时代华纳有线电视

（TWC））。韩国海力士计划在未来 10 年内向其半导体业务投资近 1 500 亿美元，以维持其全球最大芯片制造商之一的地位。此外，2018 年中国台湾的日月光半导体公司（Advanced Semiconductor Engineering）和中国台湾矽品精密工业股份有限公司（Siliconware Precision Industries）组建了一家新的控股公司，也是全球半导体行业整合的一部分。

尽管来自发展中国家和转型经济体的前 100 强跨国公司的海外销售额、资产和员工数量的绝对增长率仍远高于全球前 100 强企业，但平均而言其海外业务相对增长缓慢。对于以上两组前 100 强企业，随着无形资产、轻资产运营和非股权国际生产方式的重要性日益增加，其海外销售额增长速度将超过海外资产和员工数量。

表 1.7　2016—2017 年全球及发展中和转型经济体前 100 强非金融跨国公司国际化统计数据（十亿美元，千名员工，%）

变量	全球 100 强跨国公司					来发展中国家和转型经济体 100 强跨国公司		
	2016[a]	2017[a]	2016—2017 的变化（%）	2018[b]	2017—2018 的变化（%）	2016[a]	2017	变化（%）
资产（十亿美元）								
国外	8 337	8 996	7.9	9 231	2.8	1 895	2 119	11.8
国内	4 894	5 538	13.2	6 262	14.8	5 100	5 613	10.1
总共	13 231	14 534	9.8	15 492	7.2	6 995	7 732	10.5
国外占总体的比重(%)	63	62	-1.1	60	-2.3	27	27	0.3
销售（十亿美元）								
国外	4 765	5 200	9.1	5 587	8.1	1 535	1 897	23.6
国内	2 737	2 817	2.9	3 790	35.5	2 066	2 537	22.8
总共	7 502	8 017	6.9	9 377	18.1	3 601	4 433	23.1
外国占总体的比重（%）	64	65	1.3	60	-5.3	43	43	0.2
雇员（千人）								
国外	9 535	9 662	1.3	9 611	0.8	4 618	4 521	-2.1
国内	6 920	7 037	1.7	7 876	13.8	8 622	8 652	0.4
总共	16 455	16 699	1.5	17 488	6.3	13 240	13 174	-0.5
外国占总体的比重（%）	58	58	-0.1	55	-2.9	35	34	-0.6

资料来源：UNCTAD。

注：数据是自基年 4 月 1 日至次年 3 月 31 日的财年结果报告。发展中国家和转型经济体的前 100 强跨国公司完整的 2018 年数据尚不完整。

a：修订后结果。

b：初步结果。

自 2010 年以来，前 100 强（非汽车）工业跨国公司的数量下降一半，从 20 家减少至 2018 年的 10 家。图 1.16 显示了 2010 年前 100 强工业公司的收购和撤资（不包括汽车公司，名单变化不大），包含仍然在前 100 强中的企业（标准线以上）和掉出前 100 强的企业（标准线以下）。

排名中工业跨国公司数量的下降部分原因是技术和数字公司的增加，另外也受到工业集团规模缩减的影响。从排名中消失或排名下降的工业企业通常正在进行重组以专注发展核心业务。在排名中，德国蒂森克虏伯（ThyssenKrupp）经过一系列撤资后宣布将剥离其电梯业务。同样，瑞士工程公司 ABB 公司（Asea Brown Boveri Ltd.）于 12 月宣布将其电网部门出售给日本日立公司（Hitachi）。

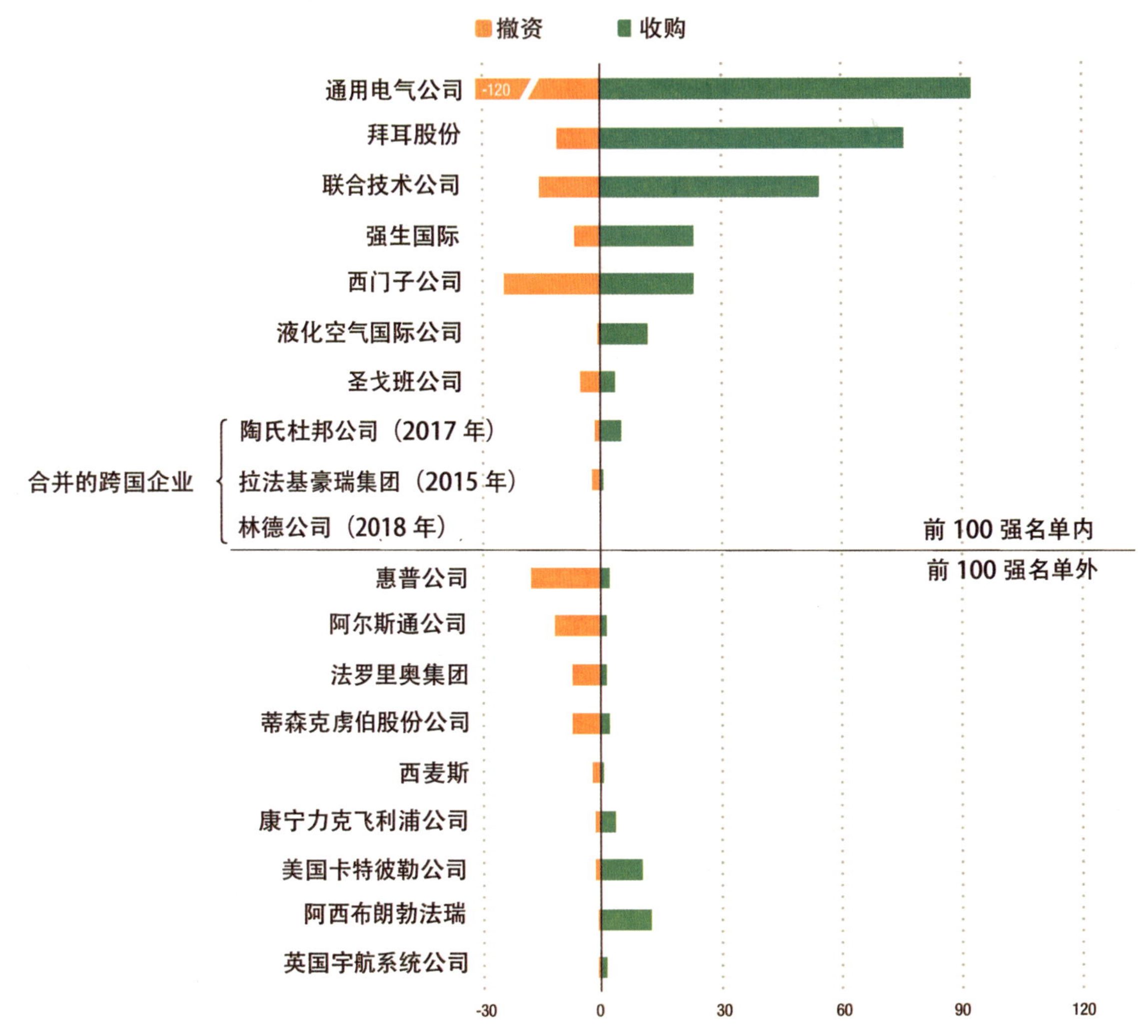

图 1.16　2010—2018 年顶级工业跨国公司（国外和国内）累计总撤资和总投资（十亿美元）

资料来源：UNCTAD，基于 Refinitiv Eikon 的信息整理。

注：该图列出了 2010 年全球 100 强跨国公司排名中的非汽车工业企业。中间线以上的公司仍处于 2019 年前 100 强中。2010 年，在合并的三家公司的位置，是其中一家公司（Dow Chemical，Linde AG）或另两家公司（Lafarge 和 Holcim）。美国卡特彼勒公司（Caterpillar）和瑞士工程公司 ABB 公司（Asea Brown Boveri）退出了排名，尽管它们有并购行为，但这些并购均是国内并购或规模不足以保持在前 100 名的门槛水平之上的国外资产并购。

其他工业跨国公司仍在 2018 年前 100 强榜单中，通常是并购的结果。有众多传统工业公司之间合并的案例，包括新的英国林德公司（Linde Plc）、美国陶氏杜邦公司（Dow Du Pont）和瑞士拉法基豪瑞公司（Lafarge Holcim）。另外也有公司收购了其主要竞争对手：2018 年德国拜耳公司

（Bayer Ag）收购了美国孟山都公司（Monsanto），美国联合技术公司（United Technologies Corp）收购了美国罗克韦尔柯林斯公司（Rockwell Collins）。而合并之后，旨在摆脱非核心业务或实现协同效应的决策可能会对这些公司前 100 强的排名产生负面影响。例如，美国联合技术公司已宣布将分拆为三家公司，其中航空业务仍是其最大部分。类似的，陶氏杜邦公司（2017 年合并）将在 2019 年分拆为三家更加专业化的公司。瑞士拉法基豪瑞公司（2015 年合并）已经出售其在印度尼西亚的业务，并计划在未来五年内以 20 亿美元的价格出售其在东南亚的资产。

工业跨国公司规模的缩小似乎是一种普遍趋势。例如，德国西门子公司（Siemens）通过提升其医疗设备业务，为其核心的工业工程以外的业务吸引投资者，并将其风电业务分离。2018 年，西门子宣布将其天然气和电力业务分拆为一家独立公司，并将于 2019 年上市。最引人注目的重组则是常年排名第一位的美国通用电气（General Electric），其在 2018 年底进行了一系列总计超过 1 200 亿美元的资产剥离之后，目前排名正在下滑。资产剥离始于 2016 年金融服务部门，直到剥离前该部门贡献了该集团大约一半的利润，并最终将公司的运营部门从十多个减少到仅剩两个——航空和电力。

工业集团排名前 100 强的非核心业务剥离也是股东压力的结果。集团的股票不再像过去那样获得溢价，而是折价交易。积极的对冲基金经理一直扮演着这一趋势背后的关键角色，比如赛瓦资本（Cevian）推动蒂森克虏伯（Thyssen Krupp）、瑞士工程公司 ABB 公司（Asea Brown Boveri）、以及影响联合技术的第三点基金公司（Third Point）的解体。

2018 年，全球顶级公司在研发方面的投资超过 3 500 亿美元，占全球企业资助研发（R&D）的三分之一以上。前 100 强名单包含了为研发做出贡献的关键行业全球领导者：信息通信技术（ICT）、制药和汽车。三大研发投资者全部来自技术和数字行业：2018 年美国亚马逊公司支出近 290 亿美元，其次是美国字母表公司（Alphabet）210 亿美元，以及韩国三星电子（Samsung Electronics）170 亿美元。在样本中包含来自发展中国家和转型经济体的前 100 强跨国公司，列出了前 20 名研发投资者，这些投资者占据了全球创新支出的相当大一部分。顶级创新者集中在美国和少数新兴经济体（主要是韩国和中国）的科技跨国公司，其次是发达经济体的制药和汽车公司（见表 1.8）。在顶级跨国公司中，全球国际贸易商、公用事业和采掘公司在研发方面投入最少。来自新兴经济体的高研发投资者为中国华为技术有限公司（Huawei Technologies），研发投资 150 亿美元，仅次于韩国三星电子（Samsung Electronics），其次是中国移动（China Mobile），研发投资 60 亿美元[2]。

由于跨国公司之间的规模有差异，研发支出的绝对值水平并不能可靠地代表研发在维持公司竞争优势方面的重要性。例如，石油公司中石化（Sinopec）在 2018 年投入 12 亿美元用于研发，仅占其收入的 0.3%。因此，特别是对于来自发展中国家和转型经济体的跨国公司的排名而言，研发支出占总收入的百分比（即研发强度）更具代表性。这就改变了行业间研发强度的排名，其中药品行业显示出最高的研发强度。

表 1.8 2018 年前 100 强跨国公司的前 20 名研发投资者

（十亿美元，按支出计算，研发强度）

排名	企业	国家	行业	R&D 支出（十亿美元）	R&D 强度
1	亚马逊公司	美国	ICT 技术	28.8	12.4
2	字母表公司	美国	ICT 技术	21.4	15.7
3	三星电子有限公司	韩国	ICT 技术	16.5	7.5
4	华为技术	中国	ICT 技术	15.3	14.1
5	微软公司	美国	ICT 技术	14.7	13.3
6	苹果公司	美国	ICT 技术	14.2	5.4
7	英特尔公司	美国	ICT 技术	13.5	19.1
8	罗氏控股股份公司	瑞士	制药	12.3	20.3
9	强生公司	美国	制药	10.8	13.2
10	丰田汽车	日本	汽车	10.0	3.6
11	大众汽车公司	德国	汽车	9.6	3.4
12	诺华公司	瑞士	制药	9.1	16.5
13	罗伯特博世有限公司	德国	汽车	8.7	9.2
14	福特汽车公司	美国	汽车	8.2	5.1
15	辉瑞公司	美国	制药	8.0	14.9
16	通用汽车公司	美国	汽车	7.8	5.3
17	戴姆勒股份公司	德国	汽车	7.5	3.9
18	本田汽车有限公司	日本	汽车	7.3	5.1
19	赛诺菲	法国	制药	6.7	16.0
20	西门子公司	德国	工业	6.4	6.7

资料来源：UNCTAD，根据 Refinitiv Eikon 和 Orbis 的资料整理。

注：a 为 2017 年数据。

在发展中经济体和转型经济体排名前 100 强的跨国公司中，只有少数几家公司在研发/销售额的比重超过 5%。主要是因为该名单的行业构成以及大型工业或采掘业集团的普遍存在（见表 1.9）。然而，即使在相似行业中，来自发展中经济体公司的研发支出仍然相对较少。例如，对比汽车行业的研发强度，发展中经济体名单上的两家公司（现代（Hyundai）和塔塔汽车（Tata Motors））平均研发强度为 1.2%，而全球名单上的 11 家公司平均研发强度为 4.7%。

表 1.9 2017 年发展中经济体和转型经济体前 100 强跨国公司排名前 15 位的研发投资者

（百万美元，研发强度）

排名	企业	国家/地区	行业	R&D 支出（十亿美元）	R&D 强度
1	华为技术有限公司	中国	ICT 技术	15 300	14.1
2	联合微电子公司	中国台湾	ICT 技术	424	8.5
3	三星电子有限公司	韩国	ICT 技术	16 451	7.5
4	腾讯控股有限公司	中国	ICT 技术	3 465	7.3
5	中国移动有限公司	中国	电信	6 421	5.9
6	SK 海力士公司	韩国	ICT 技术	2 047	5.6
7	诚信橡胶工业有限公司	中国台湾	工业	173	4.8
8	先进半导体工程公司	中国台湾	ICT 技术	394	4.0
9	美的集团有限公司	中国	工业	1 218	3.1
10	联想集团有限公司	中国	ICT 技术	1 274	2.8
11	青岛海尔股份有限公司	中国	工业	739	2.7
12	石油天然气股份有限公司	印度	采掘	1 236	2.2
13	宝成（POU Chen）集团	中国台湾	工业	203	2.1
14	中国交通建设股份有限公司	中国	施工	1 457	2.0
15	纬创公司	中国台湾	ICT 技术	469	1.6

资料来源：UNCTAD，根据 Refinitiv Eikon 和 Orbis 的资料整理。

与研发相关的 FDI 不断增加。跨国公司在境外建立研发活动，靠近市场，获取高技术资源，或集中在知识中心附近，与研发相关的绿地投资项目数量和增长都很显著。在过去五年中，披露的研发项目有 5 300 个，约占所有投资项目的 6%，而之前五年为 4 000 个。对于制药公司而言，与研发相关的项目占所有新建项目的 17%（见图 1.17），其次是软件和 IT 服务类公司，约 15%的绿地项目与研发相关。

大多数与研发相关的 FDI 项目通常是增加值相对较低的设计、开发和测试活动，而非基础研究活动，这些活动也是国外研发项目增长的大部分原因。这些项目可能是寻求获得低成本的技术资源，或是将研发阶段设在更接近目标市场的地方，以使产品适应不同消费者的需求。

发展中和转型经济体的创新型 FDI 占所有经济体创新型 FDI 的 45%。亚洲发展中经济体的项目正从包括新加坡、中国香港、印度和马来西亚在内的经济体向全球应用研究中心转变。而面向其他发展中地区的研发项目所占份额较小（见图 1.18）。

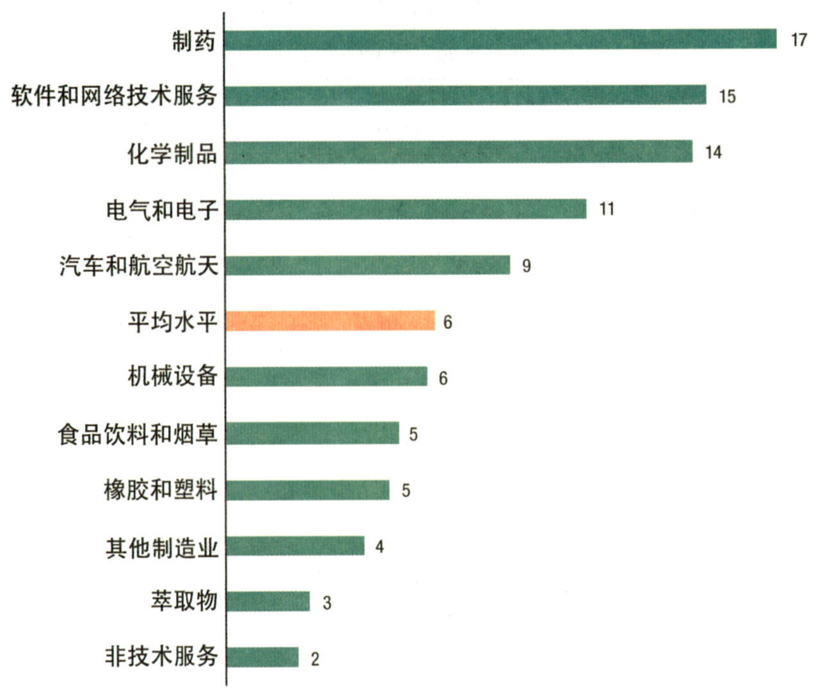

图 1.17　2010—2018 年研发相关项目占已披露的投资项目的比例（%）

资料来源：UNCTAD，根据金融时报有限公司 fDi Markets 的信息（www.fdimarkets.com）整理。

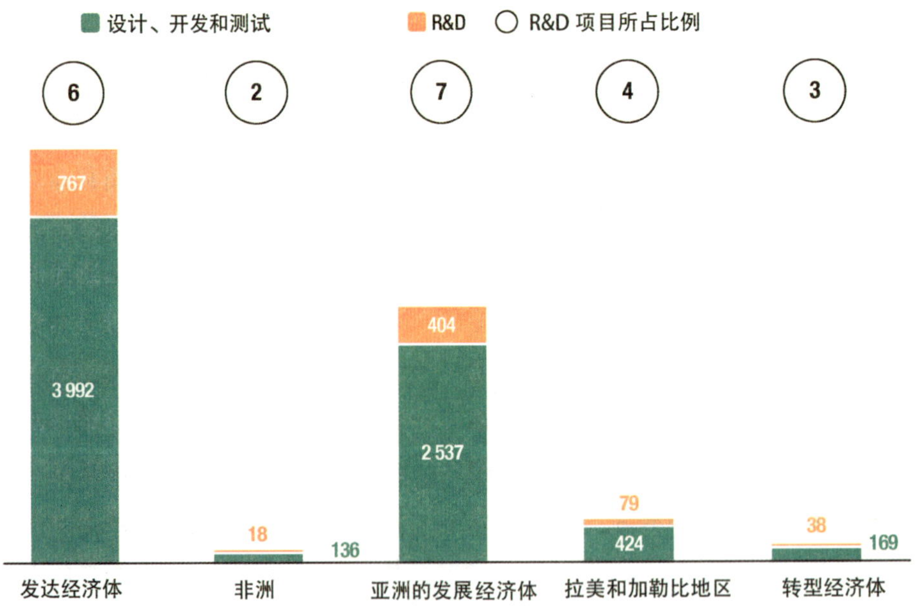

图 1.18　2010—2018 年按类型和地区划分与研发相关的已披露绿地 FDI 项目累计（个，%）

资料来源：UNCTAD，根据金融时报有限公司 fDi Markets 的信息（www.fdimarkets.com）整理。

三、国有跨国公司（SO-MNEs）

国有跨国公司（SO-MNEs）[3] 的总数保持稳定。2019 年更新的 UNCTAD 国有跨国公司数据库包括截至 2017 年的近 1 500 家公司。2018 年，三家新的国有跨国公司：中国化工集团（Chem China）、中国国家电网（State Grid of China）和中国五矿（China Minmetals）进入了前 100 强跨国公司，使得前 100 强国有跨国公司数量升至 16 家，比 2017 年多 1 家。这些国有跨国公司中有 5 家来自中国，11 家来自发达国家（见表 1.10）。

总体而言，数据库中约有 10%的公司是新进公司，多数情况下，新进公司来自主要新兴市场的国有跨国公司，这些企业在海外开设了新的子公司。由于以下各种原因，这些新进的国有跨国公司替代了原有相同数量的国有跨国公司：

- 国家所有权下降至 10%以下。例如法国公用事业公司威立雅环境集团（Veolia Environment）。
- 国有跨国公司解散或破产。例如意大利航空服务公司（Alitalia Servizi）和俄罗斯飞机企业俄罗斯国防工业（Oboronprom）。
- 国有跨国公司被合并或被其他公司接管。例如，巴西的 CPFL 能源公司（CPFL Energia）被中国国家电网（State Grid of China）收购；中国省级国有跨国企业三环集团（Tri-ring Group）被一家私营公司武汉金都工业集团（Wuhan Kingold Industrial Group）收购。

与 WIR17 报告相比，国有跨国公司的地理分布没有显著变化，欧洲国有跨国公司的数量略超总国有跨国公司的三分之一，另有 45%的国有跨国公司分布在中国和其他发展中亚洲经济体。

表 1.10　2017 年和 2019 年 UNCTAD 数据库中前 100 强跨国公司中的国有跨国公司

在 WIR19 排名	在 WIR17 排名	企业	东道国	行业
6	6	大众汽车集团	德国	机动车
18	18	Enel SpA	意大利	电、煤气和水
28	27	Deutsche Telekom AG	德国	电信
30	33	EDF SA	法国	电、煤气和水
32	23	Eni SpA	意大利	石油炼制及相关产业
40	81	中国远洋运输股份有限公司	中国	运输和储存
42	54	日本电报电话公司	日本	电信
50	46	空客 SE	法国	飞机
51	37	法国天然气苏伊士集团	法国	电、煤气和水
52	52	橙色 SA	法国	电信
56	44	中国海洋石油总公司（CNOOC）	中国	采矿、采石和石油

续表

在 WIR19 排名	在 WIR17 排名	企业	东道国	行业
59	55	Equinor ASA	挪威	石油炼制及相关产业
62	—	中国国家电网公司	中国	电、煤气和水
67	—	中国化工集团公司（中国化工）	中国	化学品和相关产品
69	68	雷诺 SA	法国	机动车
97	—	中国五矿集团公司（CMC）	中国	金属和金属制品

资料来源：UNCTAD。

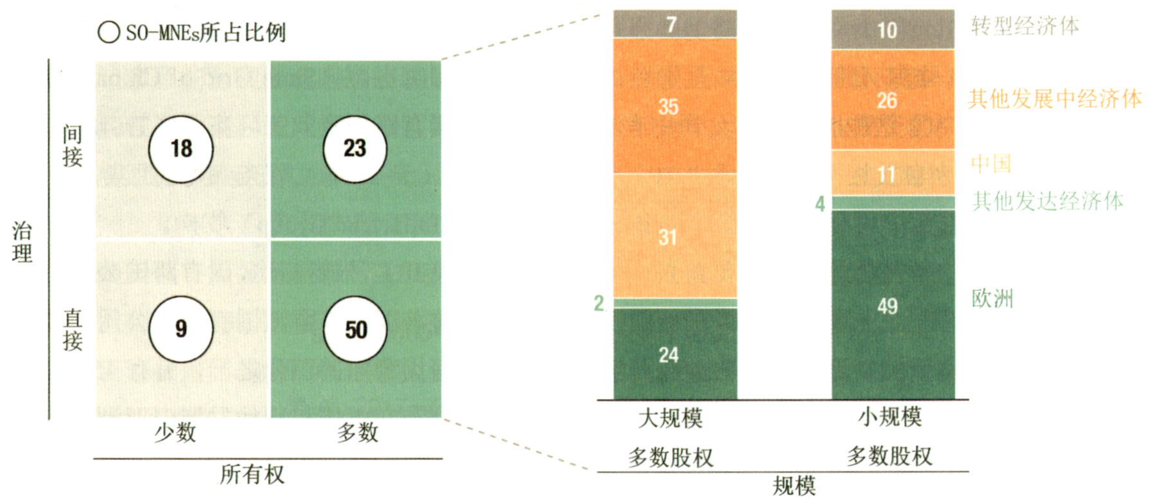

图 1.19 2018 年以持有股份、治理模式和规模分类的国有跨国公司分布

资料来源：UNCTAD。

注：多数股权的投票权超过 50%；少数股权包含持有的黄金股；大规模企业为总资产超过 50 亿美元的企业。

国有跨国公司差异很大。

所有权：从少数股权参与（或黄金股）到多数控股（或完全控股），政府可以对公司施加的影响根据其持股情况而有很大差异。虽然政府可能通过仅持有少数股权或黄金股份就对国有企业享有重大控制权，但当他们持有多数股权时，他们的影响力会更大；73%的国有跨国公司是国有多数控股的（见图 1.19）。

治理：国有权可以通过政府的股权直接行使，也可以通过主权财富基金、政府养老基金或中央银行等国有实体持有股份来间接行使，间接参与的方式通常股权比例较小。在某些情况下，例如在马来西亚、新加坡和西亚国家，主权财富或投资基金可以拥有多数股权。一些主权财富基金，例如挪威的政府全球养老基金，即使通过少量持股也可以产生非常大的影响力（Cuervo-Cazurra，2018）。最后，国有权越来越多地通过多个股东行使，即通过将主权财富基金、养老基金和其他国有实体结合起来行使国有权。

规模和跨国性：许多较小的国有跨国公司拥有较少的海外子公司，且通常在邻国，其海外业务随着时间的推移保持稳定。而近年来大型国有跨国公司在国外的投资和扩张都更加活跃。国有跨国公司的地理分布根据其规模和国有程度不同有很大变化，平均而言，来自新兴经济体的国有跨国公司多为多数控股且规模较大，而前 100 强中政府拥有少数股权的 9 个国有跨国公司都来自发达国家。在欧洲，由于经济体一体化的性质和小国家领土性质等因素，通常被次区域一级控股的相对较小的公用事业、运输或银行国有企业仅在邻国拥有一些附属公司。这些资产低于 50 亿美元的国有企业几乎占多数控股国有跨国公司数量的一半。在发达国家，许多大型国有跨国公司在 20 世纪 90 年代进行了（部分或全部）私有化，因此发达经济体的国有跨国公司拆分为规模小但多数控股的 SO-MNEs 和一些规模大但少数控股的 SO-MNEs。

国有跨国公司的并购活动正在放缓。截至 2012 年，跨境并购交易的增长与国有跨国公司数量的增长一致，新兴市场的国有跨国公司数量不断增加，业务更加国际化（见图 1.20）。然而，在过去五年中，来自新兴市场的跨境收购一直处于下降趋势，主要是由于对竞争以及外资持有国内资产的担忧日益增加、对收购的严格审查，特别是在美国和欧洲（另见第三章，涉及国家安全的投资措施）。

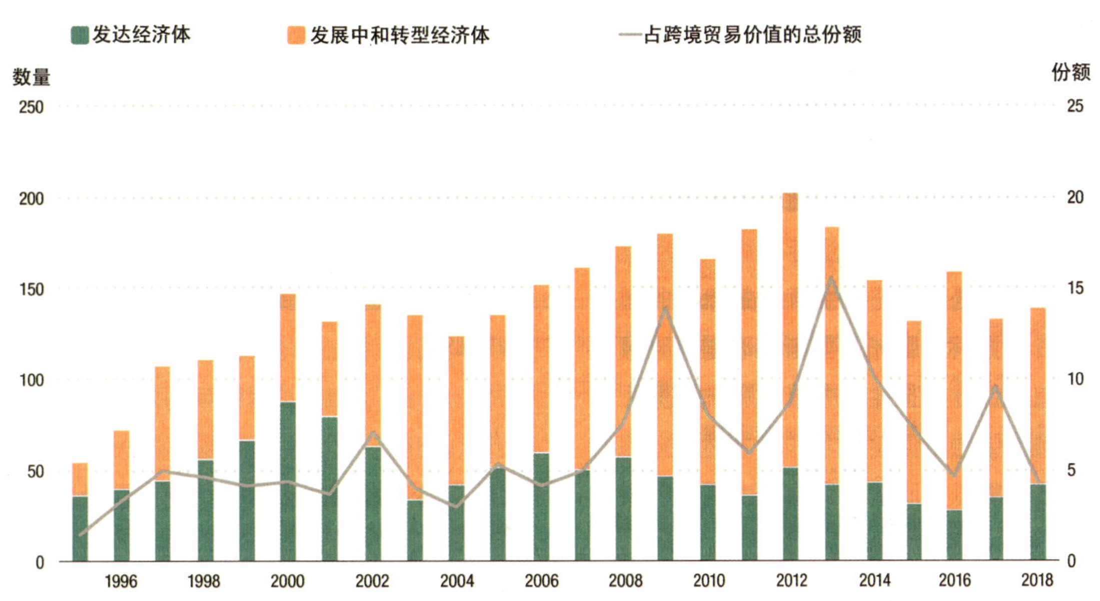

图 1.20 1995—2018 年按来源地划分的多数控股国有跨国公司的跨境并购交易数和金额（笔，%）

资料来源：UNCTAD，基于 Refinitiv Eikon 的信息整理。

国有跨国公司的跨境收购交易数量从未超过跨境交易总数的 2%，但此类交易金额通常大于国际交易的平均价值。国有跨国公司跨境收购的价值在过去五年中不到总收购价值的 7%，低于 2009—2013 年 10%的比值。2009 年比值的飙升是由于所有跨境交易的普遍下降，而 2002 年、2013 年和 2017 年的历史峰值都是因为非常大的单笔交易。2002 年，瑞典多数控股的国有企业特利亚电信（Telia AB）与芬兰多数控股的国有企业芬兰电信（Sonera Corp）合并，成立了一个价值 63 亿美元的电信集团。2013 年，俄罗斯石油公司（Rosneft Oil）以 550 亿美元收购了秋明英国石油公司（TNK-BP）。2017 年，中国化工巨头中国化工集团（ChemChina）以近 420 亿美元的价格收购了瑞士先正达集团（Syngenta）。

2010—2018 年期间，国有跨国公司收购数量最多的是公用事业，其次是碳氢化合物行业和采矿业，这三个行业吸引了近一半的交易（见图 1.21）。其他有吸引力的行业是金融服务和房地产业。包括硬件供应商、软件和 IT 服务业在内的高科技行业收购数量占收购总数的 5%。这一行业的并购大多发生在国有跨国公司的母国总部，而采矿业例外，来自新兴市场的采矿业 SO-MNEs 往往比来自发达经济体的 SO-MNEs 更频繁地瞄准国外矿业公司。

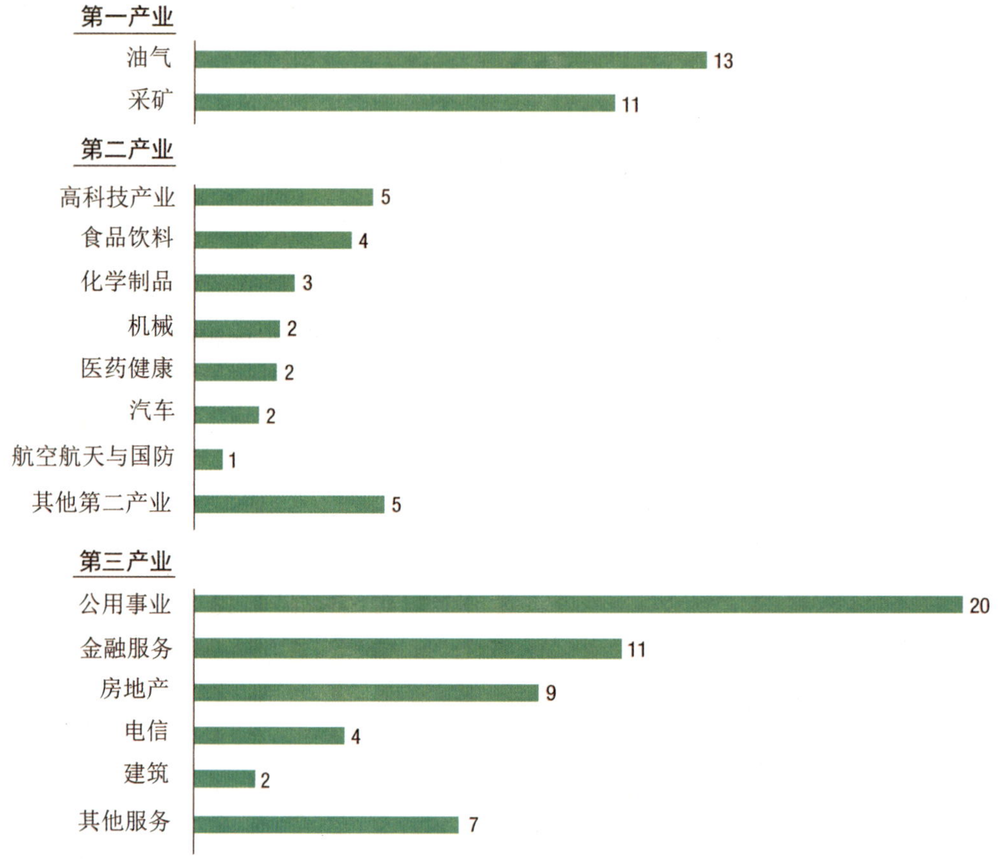

图 1.21　2010—2018 年分行业国有跨国公司跨境并购累计（占总 SO-MNEs 交易百分比）

资料来源：UNCTAD，基于 Refinitiv Eikon 的信息。

第四节　全球 FDI 网络

关于双边投资关系的新视角。国际收支中的双边 FDI 存量数据侧重于各国之间的直接投资关系，它们提供了全球投资网络中各国相对位置的详细地图，同时也显示了金融债权和债务的所在地和持有地（UNCTAD 统计数据可查阅双边 FDI 数据）。

直接投资者的视角受到金融中心和投资中心的显著影响，这些中心在全球 FDI 中发挥着系统性作用。而另一种最终投资国视角则揭示了一些关键的基本模式：投资决策地点、资本来源、风险承担者及投资获益者，这在分析国际生产时更为重要。在往返投资的特殊情形下，最终投资国的视角揭示了 FDI 的潜在国内性质。

UNCTAD 为 100 多个国家的最终投资国建立了一个新的双边投资头寸数据库，占 FDI 总存量的 95%，包括许多发展中国家（专栏 1.1）。除了有对国际生产信息的分析价值之外，最终投资国对全球 FDI 网络的全面了解可以帮助提供重要的政策见解。这些资料可以为政策领域提供信息，例如资料包括国际投资协定的涵盖范围、吸引和促进外国投资的国家政策以及持续的国际税收制度改革（WIR15 和 WIR16）。

UNCTAD 以最终投资国（地区）（UIC）估计的 FDI 数据强调了大型工业经济体在全球投资中的主导作用（见表 1.11）。基于最终投资国（地区）与基于直接投资者的 FDI 双边关联度的排名有很大不同：2017 年前十大 FDI 双边关联度排名中，基于最终投资国（地区）的排名榜单只有两国出现在基于直接投资者的榜单中。这一差异凸显了投资中心作为投资者工具的突出作用。

将基于最终投资国（地区）的当前情况与截至 2005 年的直接投资者情况进行比较，发现差异并不明显，这说明在过去十年中投资者进行 FDI 时对投资中心的中转依赖变得更加明显。然而，由于采取解决避税问题措施的倡议，这两种排名方式（以直接投资者或最终投资国（地区）排名）之间的差异可能会在未来几年缩小。

表 1.11 显示，从美国到中国的跨境投资远比直接投资数据所表明的要显著得多。根据以最终投资国（地区）进行的估计，美国跨国公司在中国的 FDI 是全球十大双边投资存量之一，约占中国内向 FDI 总额的 10%。然而，根据官方 FDI 数据，这一比例仅为 3%，因为美国跨国公司的 FDI 大部分来自（主要是区域性）投资中心，包括新加坡和中国香港。因此，基于最终投资国（地区）的 FDI 估计可以更准确地反映美国与中国之间的双边投资关系，以及美国跨国公司与其中国子公司之间的公司内部贸易。

表 1.11 2017 年基于最终投资国（地区）估计的前十大双边 FDI 流入存量关联度排名

基于最终投资国（地区）的双边 FDI（估计）			基于直接投资者的双边 FDI（数据）	
2017 年排名	投资者	接受者	2017 年排名	2005 年排名
1	英国	美国	**6**	**1**
2	中国香港	中国	**1**	**2**
3	日本	美国	**11**	**5**
4	加拿大	美国	**12**	**7**
5	美国	英国	**15**	**3**
6	德国	美国	**20**	**6**
7	美国	加拿大	**18**	**4**
8	瑞士	美国	**21**	**12**
9	法国	美国	**27**	**13**
10	美国	中国	**30+**	**30+**

资料来源：基于最终投资国（地区）的双边 FDI：UNCTAD 估计数，基于直接投资者的双边 FDI：UNCTAD 双边 FDI 数据库（补充了特殊目的的实体的双向投资数据）整理。

当将基于最终投资国视角的标准具体应用于从欧盟到英国的 FDI（与当前关于英国脱欧的讨论相关）时，结果是相反的。欧盟公司作为英国最终投资者的比例仍然很大，为 33%，但仍低于标准双边 FDI 数据所测量的 47%。官方数据受到欧盟内部主要投资中心的影响，这些投资中心将来自其他地方最终投资国 FDI 导入欧盟内部。

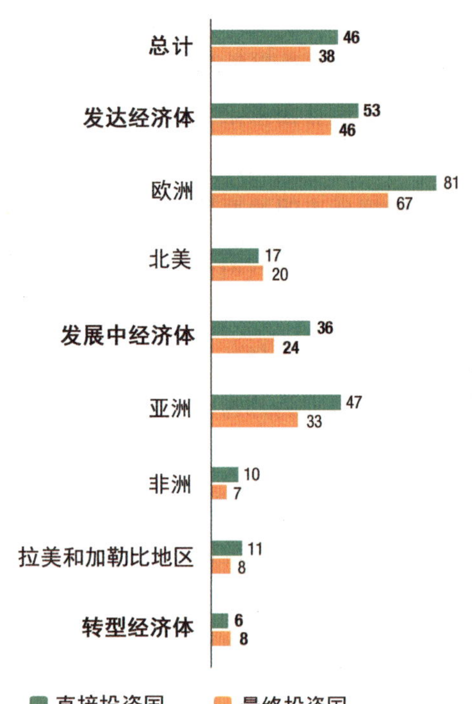

图 1.22 2017 年区域集团内双边 FDI 流入存量（区域 FDI 占总 FDI 百分比）

资料来源：基于最终投资国的双边 FDI，UNCTAD 估计数。基于直接投资者的双边 FDI：UNCTAD 双边 FDI 数据库（补充了特殊目的实体的双向投资数据）整理。

区域一体化。根据标准的双边 FDI 数据，同一地理区域内的跨境投资约占 FDI 总存量的一半（见图 1.22）。这一比例自 2005 年以来一直保持稳定（2017 年为 46%，2005 年为 49%）。这种区域内的投资在欧洲和亚洲金额特别高，分别占这些区域内向 FDI 总额的 81%和 47%。在非洲，这一比例仅为 10%，与拉丁美洲和加勒比地区（11%）比例相近。非洲以及拉丁美洲和加勒比地区的全球价值链流量比例也很低（见 WIR13，图 4.10）[4]。这些区域内适度的 FDI 和全球价值链流动表明，区域经济合作举措仍有促进区域贸易和投资联系的巨大潜力。

然而，当双边 FDI 基于最终投资国（地区）统计时，区域内投资占全球 FDI 的比重从 46%降至 38%，这说明区域投资中心在区域内投资流动中发挥的作用巨大。例如，欧洲的荷兰和卢森堡，以及亚洲的中国香港和新加坡，通常是该地区投资的门户。在非洲，毛里求斯扮演着相同的区域枢纽角色，虽然规模较小。

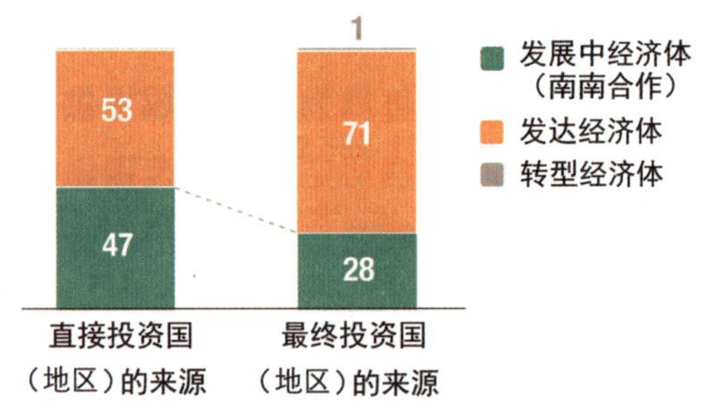

图 1.23 2017 年流入发展中经济体的双边 FDI 存量（区域 FDI 占总 FDI 百分比）

资料来源：基于最终投资国（地区）的双边 FDI：UNCTAD 估计数。基于直接投资国（地区）的双边 FDI：UNCTAD 双边 FDI 数据库（补充了特殊目的的实体的双向投资数据）整理。

在发达经济体中，由于北美和欧洲的情况相互平衡，因此修正相对较小（从 53%降至 46%）。在欧洲，区域中心将官方数据中的区域内 FDI 扩大。相比之下，在北美基于最终投资国的 FDI 显示出比官方数据更强的区域化，突显美国和加拿大之间的部分投资是通过投资中心进行的。然而，在发展中国家，这种方法的修正作用更加显著：区域内投资的比例从 36%（根据官方 FDI 数据）下降到 24%（根据 UNCTAD 基于最终投资国的估计），主要原因是亚洲发展中国家的下降（由 47%降至 33%）。然而，非洲（从 10% 降到 7%）以及拉丁美洲和加勒比（从 11% 降到 8%）相对而言减少幅度巨大。相反，转型经济体在考虑了最终投资国后，区域内投资比例更高。

南南 FDI。通向发展中经济体的区域投资门户背后通常是来自发达国家的最终投资国。在基于最终投资国的情况下，南南投资对发展中经济体总投资的比例从近 50%（基于标准 FDI 数据衡量）降至 28%（见图 1.23）。尽管来自中国或印度等其他发展中经济体的投资增长是全球投资格局中的一个重要趋势，但基于最终投资国的 FDI 估计显示，该增长没有官方数据显示得那么重要。因此，南南 FDI 可能需要比预期更长的时间才能重塑全球生产格局。在布宜诺斯艾利斯南南合作会议上，对发展中经济体之间投资联系的全面评估尤为重要。

国际投资协定的涵盖范围。间接 FDI 产生的直接投资者与最终投资国之间的差异对国际协议和区域经济合作框架的覆盖范围有影响（另见 WIR16）。根据不同视角，协定所涵盖的成员国内部投资占总投资的比例可能会发生显著变化（见图 1.24）。最终投资国视角强调间接 FDI 的多边化影响，对于一些协定团体和经济团体，如非洲大陆自由贸易区（AfCTA）和东南亚国家联盟（东盟），其区域中心（毛里求斯和新加坡）发挥了作用，使得协定覆盖的直接投资份额高于基于最终投资国视角计算的投资份额。对于另一些情况而言，情况正好相反：在最终投资国的视角下，协定的分量更为重要，当协定包括主要工业伙伴时，就会出现这种情况，例如美墨加协议（USMCA）和全面与进步跨太平洋伙伴关系协定（CPTPP）。

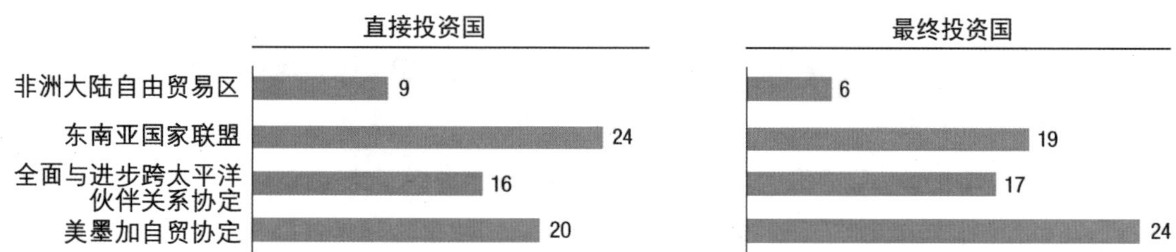

图 1.24 2017 年特定经济集团区域内的 FDI 流入存量占比（%）

资料来源：基于最终投资国的双边 FDI：UNCTAD 估计数；直接投资国的双边 FDI：UNCTAD 双边 FDI 数据库（补充了特殊目的实体的双向投资数据）整理。

专栏 1.1 UNCTAD 基于最终投资国估计的双边 FDI

直接投资者（由标准双边 FDI 数据报告的）和最终投资国持有的双边 FDI 头寸之间的巨大差距不断增加是影响 FDI 数据统计的主要问题之一。例如，根据德国报告的 2016 年 FDI 统计数据，卢森堡和荷兰占德国双边 FDI 总额的 41%，而美国只占 8%。基于最终投资国的 FDI 头寸（由德国和其他一些发达国家报告）从根本上改变了这种情况：美国的份额增加到 21%，卢森堡和荷兰的总和只占德国内向直接投资存量的 14%。类似差异可以在其他国家中发现，只要该国家所报告数据允许直接比较。

在这种情况下，标准的双边 FDI 数据无法正确揭示最终投资国关系。目前，国际社会普遍认可了最终投资国数据作为对双边 FDI 统计数据的补充（经合组织 FDI 基准定义，2008 年版，第 110 页，第 i 项）。尽管如此，基于最终投资国报告 FDI 情况的进展缓慢，目前只有 14 个发达国家提供最终投资国的统计数据。在国际层面上开展统计和分析以弥合这一差距的工作仍在进行中（Damgaard 和 Elkjaer，2017；Borga 和 Caliandro，2018）。

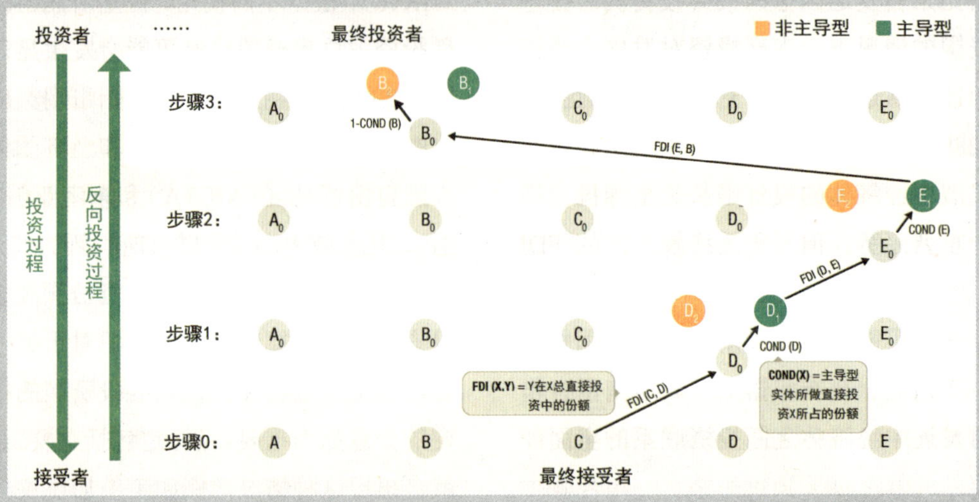

专栏图 1.1.1　UNCTAD 寻找最终投资国方法图示

资料来源：UNCTAD。

UNCTAD 估算最终投资国持有投资头寸的概率方法将大量国家可用的标准双边 FDI 数据与中转 FDI 进行合理假设结合起来。这为将最终投资国与接受国关联起来提供了转换的规则，能够更有效地判断中转辖区。更具体地说，基于直接投资国的 FDI 分布显示了直接投资国 Y 对接受国 X 的投资情况；同时，对中转 FDI 的假设定义了直接投资者是中间投资者还是最终投资者。如果投资者是中间投资者，则一直搜寻到投资过程出现最终投资国为止。专栏图 1.1.1 说明了这种方法背后的逻辑。在马尔可夫链的概率设定下构建图中所示的动态过程后，可以分析得出最终投资国的分布。UNCTAD 办法最后可以得出一个新的双边矩阵，为 100 多个国家的最终参与双方提供了内向投资头寸，占 FDI 总存量的 95%，包括许多发展中国家。

资料来源：UNCTAD。

注：完整的方法细节和经验验证可以在 UNCTAD 的 UIC 数据集技术背景文件中找到，该文件刊登于 UNCTAD 的 *Transnational Corporations* 刊物（Casella，2019 年）。

注释

[1] FDI 数据可能因 WIR 问题的不同而不同，因为中央银行和统计局等（向 UNCTAD 提供 FDI 数据的国家当局）不断修订、更新和纠正数据。

[2] 发展中和转型经济体排名前 100 强的跨国公司中只有大约三分之一报告了研发支出，因为大多数来自采掘业或工业部门的国有跨国公司都是私营企业，并且在这方面没有报告足够的信息。然而，这些企业并不是位于前列的研发投资者。

[3] 国有跨国公司在此定义为从事商业活动（包括通过外国子公司进行 FDI 业务）的独立法人实体。此外，政府实体应至少占 10%的资本，成为最大的股东，或持有“黄金股”，即一种赋予

政府特殊投票权以阻止关键战略决策的股权，尤其是收购其他股东的权利。在拥有联邦政府但在州一级或市一级具有显著职能的国家的地方实体（例如德国各州、俄罗斯联邦各共和国、美国各州的联邦主体）都被视为国有。

[4] 更新的 UNCTAD-Eora GVC 数据库可在 http://worldmrio.com/unctadgvc 找到。

FDI 地区趋势

第二章

发展中经济体

非洲

2018年前五位东道国经济体FDI流量（值和变化率）

前五位东道国经济体	2018 年流入量	2018 年变化率
埃及	68 亿美元	-8.2%
南非	53 亿美元	+165.8%
刚果	43 亿美元	-2.1%
摩洛哥	36 亿美元	+35.5%
埃塞俄比亚	33 亿美元	-17.6%

2018年流入
459亿美元
2018年增幅
+10.9%
占世界的比重
3.5%

前五位东道国经济体
经济体名称
流入量
2018年变化率

流出：前五位母国经济体
（十亿美元和2018年增长率）

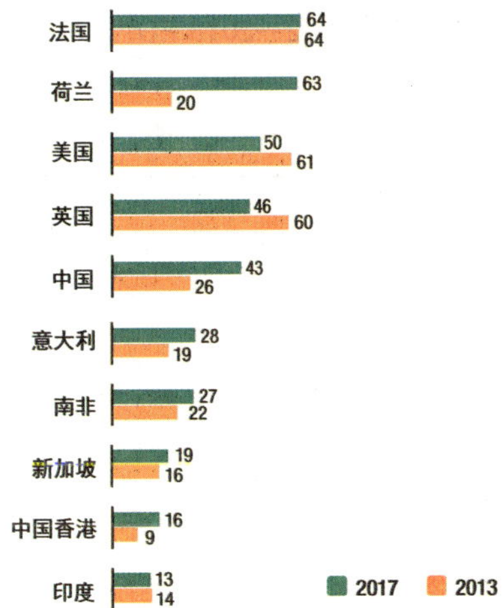

图A　2013年和2017年按FDI存量排名前十的投资来源国和地区（十亿美元）

资料来源：UNCTAD。

重点内容

- FDI流量增长了11%
- 除一些多元化经济体外，FDI流量仍主要以资源为导向
- 更好的增长前景和非洲大陆自由贸易区可能推动2019年FDI流量

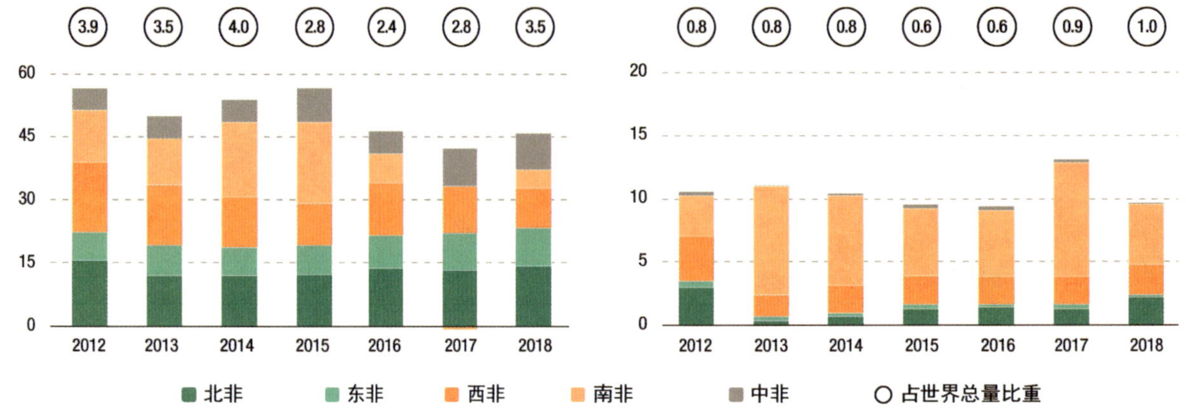

图 B 2012—2018 FDI 流入（十亿美元，%）

图 C 2012—2018 FDI 流出（十亿美元，%）

表 A 2017—2018 年跨境并购行业分布（百万美元）

产业/行业	净卖出额		净买入额	
	2017 年	2018 年	2017 年	2018 年
总计	**3 452**	**1 570**	**1 967**	**3 651**
初级产业	**30**	**-59**	**2 136**	**205**
采矿、采石和石油	30	-59	2 136	205
制造业	**284**	**-247**	**316**	**-67**
食品、饮料和烟草	9	426	55	-73
焦炭和精炼石油产品	—	-973	-10	—
机动车辆和其他运输设备	—	215	—	—
服务业	**3 137**	**1 876**	**-485**	**3 513**
贸易	80	—	383	-253
住宿和餐饮服务活动	45	-50	26	—
信息和通信	-373	37	-5 254	497
金融和保险活动	506	1 615	3 542	2 970
商业活动	2 699	215	231	274

表 B 2017—2018 年跨境并购地区/经济体分布（百万美元）

地区/经济体	净卖出额		净买入额	
	2017 年	2018 年	2017 年	2018 年
世界	**3 542**	**1 570**	**1 967**	**3 651**
发达经济体	**1 780**	**-1 606**	**556**	**2 266**
欧盟	-7 227	1 483	-928	2 455
英国	700	1 840	1 685	1 535
瑞士	480	-1 713	—	—
美国	5 674	-1 405	1 330	—
发展中经济体	**527**	**2 914**	**1 410**	**1 386**
非洲	796	1 175	796	1 175
毛里求斯	—	74	28	6
南非	417	1 033	7	31
中国	1 248	554	-10	—
印度	-715	26	494	134
阿联酋	-6	1 158	—	15

表 C 2017—2018 年已披露的绿地 FDI 项目行业分布（百万美元）

产业/行业	非洲作为投资目的地		非洲作为投资者	
	2017 年	2018 年	2017 年	2018 年
总计	**83 044**	**75 722**	**5 278**	**8 579**
初级产业	**10 587**	**16 795**	—	**2**
采矿、采石和石油	10 587	16 778	—	2
制造业	**20 583**	**32 996**	**2 864**	**2 890**
化学品和化学制品	6 175	11 006	1 229	1 128
焦炭和精炼石油产品	1 472	6 480	9	—
食品、饮料和烟草	1 990	4 982	124	65
金属和金属制品	1 078	3 919	—	195
服务业	**51 874**	**25 932**	**2 414**	**5 687**
商业服务	2 539	5 291	680	1 306
建筑	5 667	4 789	192	1 420
电力、燃气和水	37 073	5 697	29	969
运输、仓储和通信	3 656	4 243	444	342

表 D 2017—2018 年已披露的绿地 FDI 项目地区/经济体分布（百万美元）

合作伙伴地区/经济体	非洲作为投资目的地		非洲作为投资者	
	2017 年	2018 年	2017 年	2018 年
世界	**83 044**	**75 722**	**5 278**	**8 579**
发达经济体	**31 162**	**38 232**	**1 741**	**2 247**
欧盟	21 674	25 462	1 457	1 469
英国	2 226	5 626	59	124
美国	3 347	10 275	197	245
瑞士	2 418	992	14	16
发展中经济体	**20 385**	**35 094**	**3 531**	**6 149**
非洲	1 658	5 096	1 658	5 096
南非	745	2 074	106	292
中国	8 705	11 930	261	81
阿联酋	1 816	3 931	150	84
沙特阿拉伯	3 746	2 314	5	44
转型经济体	**31 497**	**2 396**	**6**	**183**

在2016年和2017年连续两年下滑之后，2018年，逆全球趋势而动，流入非洲的 FDI 增长 11%，至 460 亿美元。尼日利亚、埃及和埃塞俄比亚等非洲主要经济体 FDI 流入的减少被其他国家的大幅增加所抵消，其中最明显的是南非。部分商品需求和价格的不断上涨，以及对少数国家持续的非资源寻求型投资，是非洲 FDI 流入增加的主要原因。然而，低于预期的全球经济增长速度、贸易紧张局势的加剧和撒哈拉以南非洲地区缓慢的经济增长限制了 FDI 增加的程度。尽管来自发达国家的投资者仍然是主要参与者，但发展中经济体的跨国公司在非洲越来越活跃。非洲的 FDI 流出量降至 100 亿美元，其主要原因是安哥拉和南非的对外投资减少。2019 年，非洲经济增长的加速预期、实施非洲大陆自由贸易区协定取得的进展以及一些已披露的大型绿地投资落地的可能性可能导致更多的 FDI 流入非洲。

流入量

由于该次区域大多数国家的投资增加，流入北非的 FDI 增加了 7%，达到 140 亿美元。尽管流入量减少 8%，至 68 亿美元，埃及仍然是 2018 年非洲最大的 FDI 接受国。埃及的外国投资倾向于石油和天然气行业，这是由于海上天然气储量的重大发现吸引了跨国公司的投资，而且该国于 2019 年 1 月成为天然气净出口国。例如，在过去两年中，英国石油公司增加了其在埃及的绿地和并购投资，使其在该国的投资存量超过了 300 亿美元。2018 年，埃及与国际石油公司签署了至少 12 项勘探和生产协议。其他行业也披露了一些大型国外项目，例如大型粮食出口商尼布隆（Nibulon，乌克兰）投资 20 亿美元升级埃及的粮食储存基础设施，以及阿尔塔巴（Artaba）综合控股公司（沙特阿拉伯）投资 10 亿美元建设医疗城市。此外，山东如意科技集团（中国）已签署协议，将投资 8.3 亿美元在苏伊士运河特殊经济区（SEZ）建设纺织区。

流入摩洛哥的 FDI 增长了 36%，达到 36 亿美元。该国继续受益于相对稳定的经济表现和多元化经济，相比其他国家，其更能吸引外国投资进入金融、可再生能源、基础设施和汽车工业等领域。其中最大的投资项目是南非最大保险商桑兰姆（Sanlam）新兴市场公司以 10 亿美元收购摩洛哥最大的保险公司萨哈姆金融（Saham Finances）剩余 53%的股份。

2018 年，苏丹的 FDI 流入增加了 7%，达到 11 亿美元，主要集中于石油、天然气勘探和农业领域。尽管美国取消了制裁，但政治不稳定、外汇短缺和较高的银行收费限制了该国的 FDI 流入。然而，在 2018 年，有小规模投资流入了非传统行业。例如，共享出行公司卡里姆（Careem，总部设在阿联酋；现为优步科技公司所有）开始在首都喀土穆运营，并计划在未来二到三年内进一步扩张。

在突尼斯，FDI 流入量增加了 18%，达到 10 亿美元。最大的投资流入了工业部门（3.75 亿美元），其次是能源（3 亿美元）和服务业（2 亿美元）。法国是突尼斯 2018 年最大的投资国，其次是卡塔尔。此外，中国公司披露了重点绿地投资项目。例如，中国汽车制造商上汽集团与突尼斯一家集团（Meninx）签署协议，拟建立一家面向非洲和欧洲市场的汽车制造厂。

流入阿尔及利亚的 FDI 增加了 22%，达到 15 亿美元。2018 年，除了石油和天然气行业，阿尔及利亚的汽车行业也接受了大量投资。例如，北汽国际公司（中国）开设了一家面向国内和区域市场的汽车制造厂，投资额超过 1 亿美元。现代集团（韩国）和福特公司（美国）建立制造工厂的计划也获得阿尔及利亚投资委员会的批准。

在经历了两年的大幅萎缩之后，2018 年流入撒哈拉以南非洲的 FDI 增加了 13%，达到 320 亿美元。这一增长主要归因于资源寻求型 FDI 的增长和非洲第二大经济体南非 FDI 的恢复流入。该增长幅度远远超过了该次区域一些国家 FDI 流入的大幅下降，而下降的部分原因是政治不确定性和不利的经济基本面。

西非的 FDI 流入下降 15%，至 96 亿美元，为 2006 年以来的最低水平。这主要是由于尼日利亚连续两年的大幅下降。该国的 FDI 流入下降 43%，至 20 亿美元，因此它不再是西非最大的 FDI 接受国。考虑到与尼日利亚选举有关的不稳定性风险以及政府与一些大型跨国公司之间的纠纷，外国投资者可能采取谨慎态度并撤回计划内的投资。2018 年，汇丰集团（英国）和瑞银集团（瑞士）都关闭了在该国的办事处，电信巨头 MTN 集团（南非）仍旧陷在与利润汇回相关的诉讼当中。此外，国际石油公司已被责令支付 200 亿美元的退税。尽管如此，石油公司的投资在 2018 年仍然很突出，其中包括现有投资者的大量利润再投资。将合资石油企业中政府所持股份减少到 40%的新政策可能会在未来几年推高尼日利亚的 FDI。

加纳成为西非最大的 FDI 接受国，尽管其 FDI 流入量减少了 8%，降至 30 亿美元。大多数 FDI 流入了天然气和矿产行业，最大的绿地投资项目来自意大利埃尼集团，其将扩大桑科法气田的规模。最大的并购是金田有限公司（南非）以 1.85 亿美元收购阿桑科黄金加纳有限公司（一家总部位于大阿克拉的金矿运营商）50%的股份。

2018 年，流入东非的 FDI 仍保持在 90 亿美元的水平。流入埃塞俄比亚的 FDI 减少 18%，至 33 亿美元。尽管如此，该国仍然是东非最大的 FDI 接受国，投资分布在石油加工、矿产开采、房地产、制造业和可再生能源行业。该国的 FDI

流入在行业分布和来源国方面都是多样化的。由于经济自由化、投资便利化措施和投资型特殊经济区（见第四章）的设立，FDI 前景依然乐观。最近，现代汽车公司（韩国）在该国开设了其东非第一家制造厂，计划每年生产 10 000 辆汽车。

在肯尼亚，FDI 流量增加了 27%，达到 16 亿美元。投资分布于各种行业，包括制造业、化工业、酒店业以及石油和天然气行业等。该国一直在努力促进私营企业和外国投资的发展，这有助于增加 FDI。它提升了其“营商便利度”排名，并持续推介其出口加工区（EPZs），以成为有吸引力的制造导向型外国投资目的地。乌干达和坦桑尼亚联合共和国的 FDI 流入分别增加了 67%和 18%（分别达到 13 亿美元和 11 亿美元）。对乌干达的 FDI 在 2018 年达到历史最高水平，主要是由于对石油和天然气行业以及制造业和酒店业的投资增加。由道达尔公司（法国）、中海油集团（中国）和图洛石油公司（英国）组成的财团所主导的油田开发势头正劲。加大对上游和下游石油设施投资的计划可能会在未来几年内推动乌干达的 FDI 流入大幅增加。

2018 年流入中非的 FDI 基本停滞在 88 亿美元的水平。刚果是该地区 FDI 水平最高的国家（43 亿美元），大部分投资流向了石油勘探和生产行业。其中，现有投资者的公司内部贷款占据了很大比例。此外，刚果海上石油勘探许可证招标第一阶段产生的一些投资已于 2018 年落地。第二阶段将于 2019 年生效，预计未来几年将产生更多的投资。

对刚果民主共和国的 FDI 增加了 11%，达到 15 亿美元。对矿产勘探行业（特别是钴，该国拥有世界已知储量的 60%）的持续投资支撑起该国的 FDI 流入。包括嘉能可集团（瑞士）和洛钼集团（中国）在内的国际矿业公司在 2018 年扩大了在该国的业务。采掘业的投资者现在将根据修订后的采矿法进行运营，新的条款提高了开采许可费，取消了对现有矿企 10 年内不受财政和海关制度变化影响的保护，并征收超额利润税。

流入南部非洲的 FDI 从 2017 年的负 9.25 亿美元回升至 2018 年的近 42 亿美元。2018 年，流入南非的 FDI 增加了一倍多，达到 53 亿美元，这有助于政府到 2023 年吸引 1 000 亿美元 FDI 目标的实现。流入量激增主要归因于公司内部贷款，但股权流入也出现了相当大的增长。2018 年，总部位于中国的汽车制造商北京汽车工业控股有限公司投资 7.5 亿美元在库哈工业开发区开设了一家工厂，而汽车制造商宝马（德国）和日产（日本）也扩大了它们在该国现有工厂的规模。此外，爱尔兰的主流可再生能源公司开始建设一个 110 兆瓦的风电场，计划投资约 1.86 亿美元。

2018 年流入安哥拉的 FDI 继续为负值（负 57 亿美元）。依赖其石油和天然气行业，安哥拉历来是一个有吸引力的 FDI 目的地；然而，外国母公司的利润汇回和该国石油产量的下降导致新投资受到影响，过去两年该国的 FDI 流入一直为负值。目前的 FDI 负流入与该国 2014 年至 2015 年期间平均每年近 70 亿美元的投资形成鲜明对比。最近，政府推出了一项投资法以鼓励 FDI，取消了绿地投资中 35%股权国家强制性所有的规定和最低投资要求。

莫桑比克的 FDI 流入量从 2017 年的 23 亿美元增加到 2018 年的 27 亿美元。然而，新股权投资所占的比重不足 20%。流入的原因是公司内部转移，即母公司向该国现有子公司进行贷款和其他转移，主要用于天然气勘探和生产。

在非洲，来自发展中经济体的跨国公司越来越活跃，但发达国家的投资者仍然是主要参与者。根据 2017 年的 FDI 存量数据，法国仍然是非洲最大的外国投资者，这是因为它与非洲大陆许多国家的历史渊源以及对主要碳氢化合物生产经济体的大量投资，特别是对尼日利亚和安哥拉的投资。然而，2017 年法国的 FDI 总存量与 2013 年相比并没有显著差异。荷兰拥有非洲第二大外国投资存量，其中三分之二以上仅集中在埃及、尼日利亚和南非三个国家。由于撤资和利润汇回，过去四年来美国和英国在非洲的 FDI 总存量有所减少。相比之下，中国在非洲的 FDI 存量在 2013 年至 2017 年间增长了 50%以上。

流出量

2018 年非洲国家的 FDI 流出量下降了 26%，至近 100 亿美元。安哥拉和南非流出量的大幅减少是导致该下降的主要原因。在安哥拉，FDI 流出几乎停顿，而 2017 年为 14 亿美元。在南非，流出量减少近 40%，至 46 亿美元。少数几个大额交易占非洲对外投资的绝大部分。例如，南非的第一兰德有限公司以 14 亿美元的价格从英国一家主要投资于欧洲金融服务行业的私募股权公司（AnaCap Financial Partners LLP）手中收购了一家银行（Aldermore Group Plc）。

展望

2019 年，一些因素可能会促进更多的 FDI 流向非洲。尽管 2019 年商品价格预计将保持稳定，但非洲作为主产地的一些矿产以及石油和天然气的价格预计将适度上涨。这种预测以及对新发现的矿藏和油气田的开发将刺激对非洲大陆一些国家的进一步投资。制造业和服务业投资预计仍然主要集中在北非和南部非洲的少数几个经济体，以及东非新兴的制造业基地。

美国于 2018 年底通过的《更好利用投资引导发展法案》可能对非洲 FDI 流入产生积极影响。该法案设立了国际发展金融公司，该公司被授权进行股权投资并管理 600 亿美元的年度预算。通过减少美国私营公司投资大型项目的风险，以及提供技术援助和管理特别基金，该公司预计将帮助美国对非洲和其他发展中地区的 FDI 发挥更积极的作用。

非洲大陆自由贸易区协定的批准也可能对 FDI 产生积极影响，特别是在制造业和服务业领域。协定规定的关税取消可以支持市场寻求型 FDI，因为外国投资者冒险进入的是一个拥有 12 亿人口的市场，并且其国内生产总值超过 2.2 万亿美元。此外，区域一体化可以鼓励旨在为当地商品和自然资源增值的外国投资，并增加非洲大陆内部投资。

未来投资前景充满潜在积极因素，与之相反的是已披露的绿地投资计划的趋势，2018 年其金额下降 9%，至 760 亿美元。这主要是由于服务业投资从 2017 年的 520 亿美元降至 2018 年的 260 亿美元。

亚洲发展中国家（地区）

2018年前五位东道国（地区）经济体FDI流量（值和变化率）

前五位东道国（地区）经济体	2018 年流入量	2018 年变化率
中国	1 390 亿美元	+3.7%
中国香港	1 157 亿美元	+4.5%
新加坡	776 亿美元	+2.5%
印度	423 亿美元	+6.0%
印度尼西亚	220 亿美元	+6.8%

2018年流入额

5117亿美元

2018年增幅

+3.9%

占世界比重

39.4%

前5位东道国（地区）经济体

经济体名称

流入量

2018年变化率

流出：前5位母国（地区）经济体

（十亿美元和2018年增长率）

经济体	流出量	增长率
中国	$129.8	−18.0%
中国香港	$85.2	−1.8%
韩国	$38.9	+14.2%
新加坡	$37.1	−15.0%
沙特阿拉伯	$21.2	+191.5%

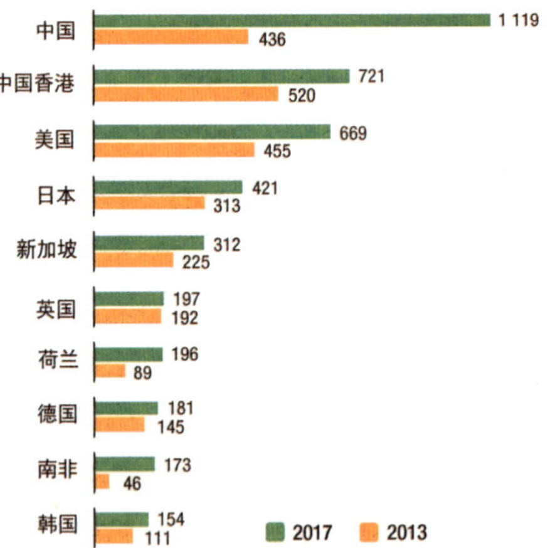

图A 2013年和2017年外国直接投资存量排名前十的投资来源国和地区（十亿美元）

资料来源：UNCTAD。

重点内容

- FDI流量上升，该地区仍然是最大的投资接受地
- FDI流出平稳，仍然是全球投资的主要来源
- 前景看好，预计流入量增加

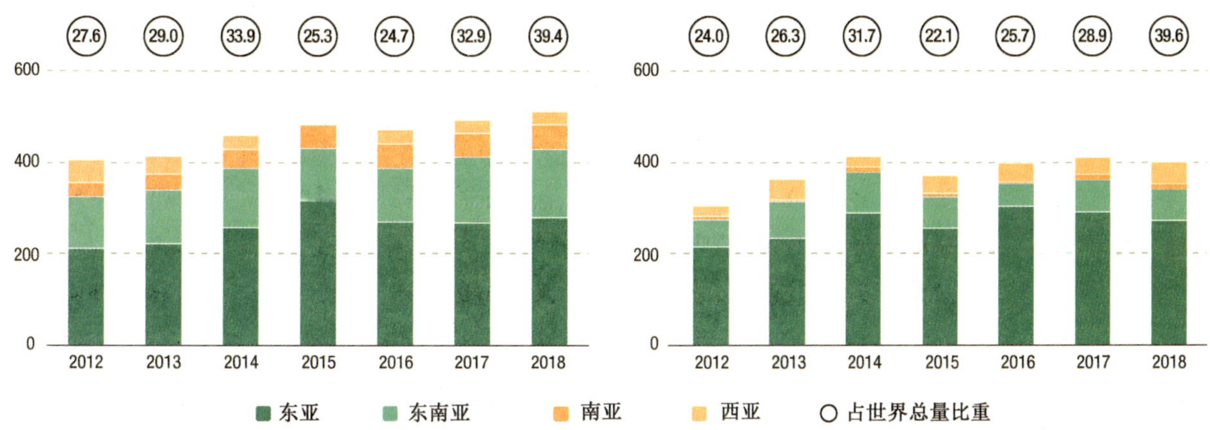

图 B 2012—2018 FDI 流入（十亿美元，%）

图 C 2012—2018 FDI 流出（十亿美元，%）

表 A 2017—2018 年跨境并购行业分布（百万美元）

产业/行业	净卖出额		净买入额	
	2017 年	2018 年	2017 年	2018 年
总计	**79 363**	**83 769**	**193 789**	**89 256**
初级产业	**18 489**	**3 670**	**4 829**	**4 640**
采矿、采石和石油	17 551	3 575	5 568	6 338
制造业	**17 146**	**13 854**	**61 052**	**12 563**
食品、饮料和烟草	6 780	6 008	1 794	1 136
化学品和化学制品	2 790	2 099	44 816	4 093
计算机、电子、光学产品和电气设备	1 851	2 011	8 686	3 174
机械和设备	437	492	596	1 097
服务业	**43 727**	**66 515**	**127 907**	**72 053**
贸易	47	17 291	-95	239
信息和通信	18 317	14 074	14 572	1 479
金融和保险活动	7 824	1 256	74 082	54 827
商业活动	6 597	16 133	21 374	2 588

表 B 2017—2018 年跨境并购地区/经济体分布（百万美元）

地区/经济体	净卖出额		净买入额	
	2017 年	2018 年	2017 年	2018 年
世界	**79 363**	**83 769**	**193 789**	**89 256**
发达经济体	**26 410**	**43 311**	**141 676**	**39 930**
欧盟	8 100	16 478	40 061	28 026
美国	5 676	20 668	44 825	1 380
日本	9 562	6 523	1 832	1 503
发展中经济体	**38 510**	**38 308**	**50 936**	**48 208**
非洲	588	191	528	1 739
拉丁美洲和加勒比地区	190	−715	12 792	7 643
亚洲	37 800	38 826	37 800	38 826
中国	23 001	31 959	9 872	5 395
中国香港	8 826	6 658	15 177	13 618
新加坡	1 687	−257	4 450	13 313
转型经济体	**12 598**	**273**	**1 176**	**1 119**

表 C 2017—2018 年已披露的绿地 FDI 项目行业分布（百万美元）

产业/行业	亚洲发展中国家作为投资目的地		亚洲发展中国家作为投资者	
	2017 年	2018 年	2017 年	2018 年
总计	**207 730**	**417 874**	**180 665**	**315 901**
初级产业	**656**	**5 309**	**2 208**	**11 854**
采矿、采石和石油	527	5 230	2 079	11 759
制造业	**109 470**	**211 556**	**106 340**	**140 597**
焦炭和精炼石油产品	8 600	41 689	2 277	18 503
化学品和化学制品	17 504	39 124	25 153	22 218
电气和电子设备	27 374	36 019	30 211	28 653
机动车和其他运输设备	16 474	38 345	12 158	14 509
服务业	**97 604**	**201 008**	**72 117**	**163 450**
电力、燃气和水	22 096	55 829	20 359	43 429
建筑	25 352	59 164	25 462	60 562
酒店和餐饮	4 803	22 224	1 468	16 592
商业服务	16 613	22 907	8 201	14 632

表 D 2017—2018 年已披露的绿地 FDI 项目地区/经济体分布（百万美元）

合作伙伴地区/经济体	亚洲发展中国家作为投资目的地		亚洲发展中国家作为投资者	
	2017 年	**2018 年**	**2017 年**	**2018 年**
世界	**207 730**	**417 874**	**180 665**	**315 901**
发达经济体	**112 195**	**200 540**	**54 209**	**56 891**
欧盟	49 305	88 023	12 455	20 706
美国	31 205	59 080	32 463	24 398
日本	22 988	37 568	2 158	3 511
发展中经济体	**88 273**	**205 507**	**112 492**	**241 365**
中国	17 035	51 458	23 777	40 137
印度尼西亚	86	4 327	7 733	31 597
新加坡	10 528	18 677	5 212	5 386
印度	2 403	7 353	6 295	26 575
土耳其	1 037	705	1 417	6 035
沙特阿拉伯	6 185	22 185	2 581	5 085
转型经济体	**7 263**	**11 827**	**13 964**	**17 645**

2018 年，亚洲发展中经济体的 FDI 流入增长了 4%，达到 5 120 亿美元。增长主要发生在中国、中国香港、新加坡、印度尼西亚和其他东盟国家，以及印度和土耳其。亚洲仍然是世界上最大的 FDI 接受地区，2018 年流入量占全球总量的 39%，高于 2017 年的 33%。亚洲的 FDI 流出量下降 3%，至 4 010 亿美元。尽管如此，该地区仍然是重要的投资来源地，占 2018 年全球 FDI 流出总量的 40%。这一下降主要是由于中国（连续两年）和新加坡的投资流出减少。相比之下，韩国、沙特阿拉伯、阿联酋和泰国的对外投资增加。由于有利的经济前景和几个主要经济体改善投资环境的不断努力，该地区的 FDI 流入前景谨慎乐观。这些前景得益于该地区已披露的绿地项目价值翻倍，显示出 FDI 持续增长的潜力。然而，全球贸易紧张局势造成的不确定性可能会对该前景构成压力。

流入量

2018 年流入东亚的 FDI 增加了 4%，达到 2 800 亿美元，但仍远低于 2015 年 3 180 亿美元的峰值。中国的 FDI 流入增加了 4%，达到 1 390 亿美元的历史最高水平——占世界总量的比重超过 10%。尽管中美贸易关系紧张，但 2018 年外国投资者在中国新成立了超过 6 万家公司，比 2017 年增加了 70%。[1] 2018 年 7 月以来对汽车、电网、船舶和飞机制造等行业外资持股限制的取消或放宽，推动制造业 FDI 增长了 20%，占中国总流入量的三分之一。

中国继续吸收来自亚洲发展中经济体不断增加的投资，包括中国香港、韩国和新加坡。一些发达国家的 FDI 流入也显著增加：由于大额并购数量的增加，来自英国和德国的投资分别增加了 150%和 79%。例如，帝亚吉欧公司（英国）以

90 亿美元的价格收购了中国知名品牌四川水井坊的多数股权。此外，宝马（德国）于 2018 年 10 月向其中国合资企业追加 40 亿美元投资，将股权比例增至 75%；这是在取消外商持股限制后全球汽车制造商试图控制中国当地合作伙伴的第一步。相比之下，从美国流入中国的投资从 2017 年的 100 亿美元下降到 2018 年的仅 60 亿美元。

2018 年中国香港的 FDI 流入增加了 4%，达到 1 160 亿美元，主要投资于服务业运营（包括促进间接 FDI 流量的区域总部和财务部门）。2018 年对韩国的 FDI 下降了 19%，为 140 亿美元，部分原因是公司内部贷款大幅减少。

2018 年，流入东南亚的 FDI 增加了 3%，达到 1 490 亿美元的历史最高水平。因此，该次区域在全球资本流入中的比重从 2017 年的 10%上升到 2018 年的 11%。FDI 的增长主要是由于对新加坡、印度尼西亚、越南和泰国的投资增加。制造业和服务业，特别是金融、零售和批发贸易，包括数字经济（专栏 2.1）继续促进更多的资本流入该次区域。东盟内部和其他亚洲经济体的强劲投资也促成了这一趋势。但是，一些国家（马来西亚和菲律宾）的 FDI 流入量有所减少。

新加坡仍是该次区域最大的 FDI 接受国，2018 年流入 780 亿美元，比 2017 年增加 3%。欧盟国家是最大的投资来源地，尤其是荷兰和英国。FDI 增长主要是由于对服务业的强劲投资以及跨国并购增加了 94%。2018 年，并购总额达 190 亿美元，主要集中在房地产、能源和金融领域。其中有两笔重要的大额交易：内斯塔投资公司（中国）以 110 亿美元收购了普洛斯集团（亚洲最大的仓储运营商），美国一家基础建设投资公司（Global Infrastructure Partners）以 50 亿美元收购了艾贵能源。

流入印度尼西亚的 FDI 增长了 7%，达到 220 亿美元。新加坡的东盟内部投资占该流量的 50%以上。来自中国和日本的投资增长进一步促成了其 FDI 流入。制造业、基础设施、房地产和数字经济行业的投资流入强劲。2018 年，涉及外国跨国公司的重大基础设施项目竣工，比如雅加达轻轨新路段的铺设工程。新的特殊经济区也推动了 FDI 流入，比如卡朗巴唐和塞芒吉，二者都处于建设阶段并且吸引了新投资（见第四章）。

继 2017 年上升之后，泰国的 FDI 流入在 2018 年又增长了 62%，达到 100 亿美元，在东盟国家中排名第一，这表明该国的 FDI 正从前期的下降趋势中恢复过来。泰国的增长归因于由日本、香港（中国）和新加坡的投资者所主导的亚洲投资流入。泰国现有跨国公司的再投资增加了一倍，达到 74 亿美元，这大大增加了 FDI 流量。

尽管老挝和缅甸的流入量下降，对柬老缅越四国（柬埔寨、老挝、缅甸和越南）的投资依然强劲。这些国家继续吸引着东盟内部和其他亚洲经济体（中国、日本、韩国）的积极投资。从中国转移来的服装和鞋类制造等劳动密集型业务正在促进这些国家的投资流入。中国企业参与基础设施建设以及“一带一路”倡议的影响也推动着投资流入。

中国对东盟的投资变得越来越重要：2013 年至 2017 年，几乎翻了一番，达到 140 亿美元。2018 年，中国跨国公司的并购买入额增长了两倍多，其披露的东盟绿地项目价值增长了五倍。来自曾是该次区域主要投资者的美国的投资一直呈下降趋势，在 2013—2017 年期间萎缩了 33%，降至 150 亿美元。

专栏 2.1 对东盟数字经济的投资增长

受到东盟数字潜力和电子商务增长的鼓舞，数字化跨国公司和初创企业继续投资于数字化基础设施、数据中心和电子商务业务。截至 2018 年 6 月，该地区 50 家最大的数字化初创企业已经筹集资金 138 亿美元，而 2015 年仅为 10 亿美元。全球风险投资以及阿里巴巴（中国）、腾讯（中国）、软银（日本）、金门创投（新加坡）和祥峰投资（新加坡）等亚洲公司是这些初创企业的重要投资来源。例如，印度尼西亚电子商务平台（Tokopedia）从以阿里巴巴（中国）和软银愿景基金（日本）为首的投资者手中筹集了 11 亿美元。该次区域最大的初创企业正在迅速扩张到本国市场以外。50 家最大初创企业中的大多数至少在一个其他的东盟国家开展业务，这强化了区域内投资。几乎有一半初创企业涉及电子商务或金融科技领域，其余的主要集中在娱乐、营销、社交媒体、物流和食品配送行业。此外，谷歌、脸书和阿里巴巴等主要技术型跨国公司正在新加坡建立更多的数据中心。

资料来源：AIR18。

流入南亚的 FDI 在 2018 年增长了 4%，达到 540 亿美元。印度的 FDI 流入历来占该次区域流入量的 70%至 80%，在 2018 增加了 6%，达到 420 亿美元。对制造业、通信业和金融服务业的投资强劲——它们是前三大行业接受者。跨境并购额从 2017 年的 230 亿美元增加到 2018 年的 330 亿美元，其增长主要归因于包括电子商务和电信行业（130 亿美元）在内的零售业（160 亿美元）的交易。值得注意的大额交易包括沃尔玛（美国）收购印度最大的电子商务平台（Flipkart）。此外，涉及沃达丰（英国）和美国电塔（美国）的电信交易金额达 20 亿美元。

流入孟加拉国的 FDI 增长了 68%，达到创纪录的 36 亿美元。这是由对发电和劳动密集型产业如成衣的大量投资以及日本烟草公司以 15 亿美元收购联合达卡烟草（见最不发达国家部分）所推动的。受到来自中国、印度和新加坡的强劲亚洲投资的推动，流入斯里兰卡的 FDI 也达到创纪录的 16 亿美元。基础设施行业，特别是港口和电信，吸收了流入该国的大部分投资。

巴基斯坦作为该次区域第四大 FDI 接受国，2018 年的投资流入减少 27%，至 24 亿美元。这主要是由于与中巴经济走廊有关的一些项目已经完成，以及国际收支平衡挑战可能推迟了新的投资流入。中国仍然是该国唯一的最大投资国，主要归因于与中巴经济走廊相关的建设和发电项目。由于其他走廊项目也接近完成，巴基斯坦的 FDI 流入可能在 2019 年进一步放缓。[2]

流入西亚的 FDI 在 2018 年增长了 3%，达到 290 亿美元，中止了几乎连续十年的下降趋势。但流入量仍然只是 2008 年 850 亿美元峰值的三分之一。FDI 的小幅增长可归因于土耳其较多的资金流入以及沙特阿拉伯的投资流入回升，这抵消了其他国家的下降。美国对西亚的投资增长到 50 亿美元，从过去两年的低水平中得以恢复。中国也在巩固其作为该次区域投资国的地位，且投资不再仅仅局限于过去的石油购买。

该次区域的 FDI 流入分布仍然不平衡。四个国家——土耳其、阿联酋、沙特阿拉伯和黎巴嫩——吸收了西亚约 90%的 FDI。尽管经济增长速度低于往常，土耳其里拉又面临不确定性，但土耳其仍然是最大的 FDI 接受国，其流入量增加了 13%，达到 130 亿美元。来自亚洲经济体的投资在土耳其 FDI 流入中的比例从 12%增加到 27%，并且在推动 FDI 及其多样化方面发挥了重要作用。由阿塞拜疆共和国国家石油公司建造的价值 63 亿美元的炼油厂（Star）于 2018 年底开始运营，它是土耳其最大的外国投资项目之一。最大的并购交易是联合轮船公司（丹麦）以 12 亿美元收购深海货运服务提供商（UN Ro-Ro Isletmeleri）98.8%的股权。

流入沙特阿拉伯的 FDI 从 2017 年的 14 亿美元增加到 2018 年的 32 亿美元，仍远低于 2008 年 390 亿美元的峰值。政治因素和较低的石油价格在很大程度上导致流入沙特阿拉伯的 FDI 低于往常。然而，最近该国旨在实现经济多样化的努力已将 FDI 确定为发展的关键。石油和天然气行业以外的一些新项目已经产生。2018 年，石油和天然气行业化学解决方案的领先开发商和供应商奥宾（Aubin）集团（英国）投资 7.43 亿美元在沙特阿拉伯建立了一家化学品生产工厂。杜邦(美国）在该国开设了美国境外第一家反渗透水处理工厂，而阿尔法特公司（美国）开始在该国建立多个数据中心。

流入阿联酋的 FDI 在 2018 年基本保持不变，为 100 亿美元。投资标的从石油和天然气到数字技术的各行业。黎巴嫩的 FDI 流入从 25 亿美元增加到 29 亿美元，而巴林的流入量增加了 6%，达到 15 亿美元，这主要是由于外资对制造业活动的兴趣日益增加。2018 年，亿滋国际（美国）和阿里斯顿热能集团（意大利）在特殊经济区巴林国际投资园区（见第四章）建立了生产设施。

流出量

亚洲的 FDI 流出下降 3%，至 4 010 亿美元。这主要是由于中国连续两年的投资流出减少。相比之下，韩国、沙特阿拉伯、阿联酋和泰国的对外投资增加。亚洲发展中国家是发达经济体和发展中经济体日益重要的全球 FDI 来源。2018 年，该区域占全球 FDI 流出量的约 40%。目前，联合国贸发会发布的发展中国家和转型经济体跨国公司前 100 强之中，有超过 75 个来自亚洲发展中国家，其中大多数公司的总部设在中国。

2018 年东亚的 FDI 流出量连续第二年下降，为 2 710 亿美元。这主要是由于中国的投资流出下降了 18%，估计为 1 300 亿美元。2018 年，通过收紧外汇管制，政府继续在房地产、娱乐和体育俱乐部等行业实施海外投资控制政策。投资政策的不确定性和严格的投资审查规定也打压了中国对美国和欧盟的 FDI 流出，导致其显著下降。[3] 尽管如此，FDI 流出仍包含制造企业的新战略股权投资和技术密集型行业的收购等投资类型。例如，中国汽车制造商吉利分别以 90 亿美元和 40 亿美元的价格收购了戴姆勒（德国）和沃尔沃（瑞典）的股份。由中国远大医药健康控股有限公司等组成的投资集团以 14 亿美元的价格收购了位于悉尼的一家医疗设备制造商（Sirtex）。

尽管中国对外 FDI 总体下降，但中国对东盟国家的投资在 2018 年继续增加。部分原因是发生在新加坡、印度尼西亚和菲律宾服务业的几项大型并购交易。中国对“一带一路”国家的 FDI 也在扩大：对非金融业的投资增加了 8.9%，达到 160 亿美元，约占中国对外 FDI 总额的 13%。[4]

中国香港的 FDI 流出保持稳定，为 850 亿美元。相比之下，韩国的流出量增加了 14%，达到 390 亿美元，这主要归因于 LG、三星电子、现代和起亚等韩国主要跨国公司的海外投资。这些跨国公司正在通过新项目和扩建项目投资于新的增长领域，如人工智能和 5G 技术。例如，三星于 2018 年在剑桥（英国）、多伦多和蒙特利尔（加拿大）、莫斯科（俄罗斯）以及硅谷和纽约（美国）等地开设了海外人工智能中心。[5]

东南亚的 FDI 流出平稳，为 700 亿美元。该次区域占 2018 年全球总流出量的 7%。其中最大投资者新加坡的对外投资下降 15%，至 370 亿美元，导致东盟的对外投资停滞不前。然而，东盟内部（尤其是印度尼西亚和柬老缅越四国）强有力的区域内投资正在帮助区域建立更紧密的生产和产业联系。2015—2017 年间，区域内投资在总流入量的占比超过 19%，成为该次区域 FDI 流量的一个关键特征（AIR17，AIR18）。区域内投资主要来自新加坡，其中包括途经新加坡的投资（见第一章）。例如，2018 年，新加坡公司在印度尼西亚的投资金额超过 100 亿美元。但是，来自其他东盟国家（泰国和印度尼西亚）的投资也在增加。

2018 年西亚的对外 FDI 达到了 490 亿美元的历史最高水平，高于 2017 年的 390 亿美元。沙特阿拉伯、阿联酋和土耳其对外投资增加是这一增长的主要原因。2018 年，投资非洲的土耳其公司日益增多，将其对外 FDI 增加了 37%，达到 36 亿美元。来自沙特阿拉伯的 FDI 几乎增加了两倍，达到 210 亿美元，主要投资于技术、金融和基础设施活动。这是由该国主权财富基金（公共投资基金）以及大型私人投资者（如王国控股公司）的投资增加所推动的。2018 年的重要交易包括公共投资基金对一家公司（Lucid Motors）投资 10 亿美元，后者是一家位于加利福尼亚州的电动汽车初创公司。该基金还对一家增强现实初创公司（Magic Leap，美国）投资了 4 亿美元。

展望

由于投资环境改善、区域内投资增加和较强的经济基本面，2019 年该地区的投资前景谨慎乐观。该地区已披露的绿地投资项目价值从 2017 年的 2 070 亿美元增加到 2018 年的 4 180 亿美元，增幅达到 100%，反映了该地区良好的投资前景。然而，贸易紧张局势可能会影响流入量的增加，或者也可能导致进一步的投资转移。

中国的 FDI 流入预计将继续增长。2019 年初，中国通过了新的《外商投资法》，宣布放宽对数个服务业领域的外国投资限制。尽管贸易紧张局势存在，2019 年第一季度来自美国的投资仍有所上升。[6]

由于该次区域各国继续采取措施改善投资环境，东南亚的前景也很乐观。[7] 该次区域强劲的经济基本面将继续吸引市场寻求型 FDI。此外，低成本和资源丰富的国家仍将对效率寻求型和资源寻求型 FDI 有吸引力。预计数字经济以及汽车、电子、服务、零售贸易、房地产和工业地产等产业仍对外国投资者具有特别的吸引力。发展和升级信息通信技术（ICT）、运输和电力设施的需求和承诺不断增加，这将继续刺激 FDI 流入。该次区域已披露的绿地投资项目金额在 2018 年翻了一番，达到 1 390 亿美元，印证了其前景仍充满希望。

南亚的 FDI 流入前景在很大程度上取决于对印度投资增长的预期。2018 年，该国披露的绿地投资翻了一番，达到 560 亿美元，这些项目分布在包括汽车在内的多个制造行业。

由于一些国家推出了新政策和投资便利化措施，西亚的 FDI 前景适度乐观。一些经济体也在放宽外国投资管制。沙特阿拉伯的 2030 年愿景包括开放经济和摆脱石油依赖并转向多元化。2018 年，该国开始允许外资在运输、招聘、视听和房地产行业持有 100%股权。阿联酋也开始在特定行业允许外资 100%持股。卡塔尔新的外国直接投资法为所有行业实现外资 100%持股铺平了道路，只有少数需要特殊许可的行业例外，例如银行业。卡塔尔也可能从即将举行的国际足联世界杯带来的外国投资增加中受益。2019 年 2 月，中国-科威特丝绸之城项目（估计价值 860 亿美元）第一阶段开发协议签署，从中期来看，这可能进一步推动对该地区的 FDI 流入。该次区域其他国家的 FDI 前景将继续受到持续不稳定因素和地区冲突的影响。石油出口国的增长预期也已下调，这可能对未来的 FDI 流量产生负面影响。

亚洲的 FDI 流出将继续保持高位。基于已披露的绿地投资项目的增长以及 2019 年初在欧洲待批准的总额超过 200 亿美元的并购交易，中国的对外投资预计将保持平稳或略有增长。[8]“一带一路”倡议下的双边合作有望继续支持沿线国家的 FDI，尤其是在基础设施方面。在 2019 年中国举行的第二届“一带一路”国际合作论坛上，超过 640 亿美元的投资项目得以签署。据估计，该倡议提出的“互联互通”网络可以促进相关国家的总 FDI 流入量增加 5%（Chen 和 Lin，2018）。

拉丁美洲和加勒比地区

2018年前五位东道国经济体FDI流量（值和变化率）

前五位东道国经济体	2018 年流入量	2018 年变化率
巴西	612 亿美元	-9.4%
墨西哥	316 亿美元	-1.5%
阿根廷	122 亿美元	+5.6%
哥伦比亚	110 亿美元	-20.4%
智利	72 亿美元	+4.4%

2018年流入

1467亿美元

2018年降幅

–5.6%

占世界比重

11.3%

前5位东道国经济体

经济体名称
流入量
2018年变化率

流出：前5位母国经济体
（十亿美元和2018年增长率）

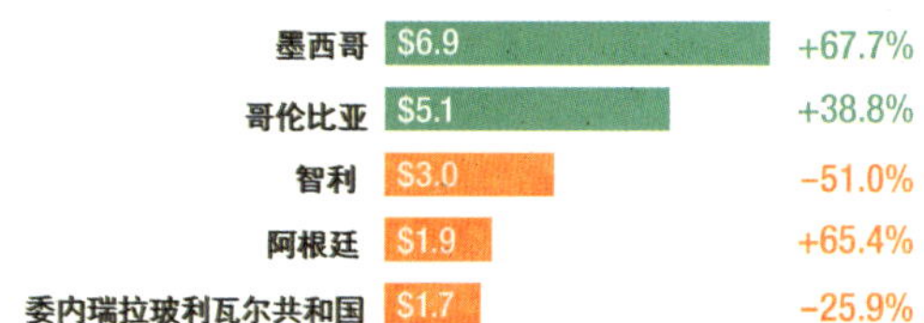

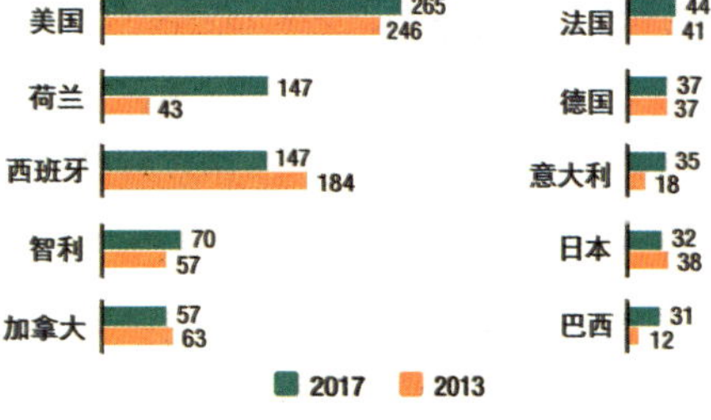

图A　2013年和2017年按FDI存量排名前十的投资来源国和地区（十亿美元）

资料来源：UNCTAD。

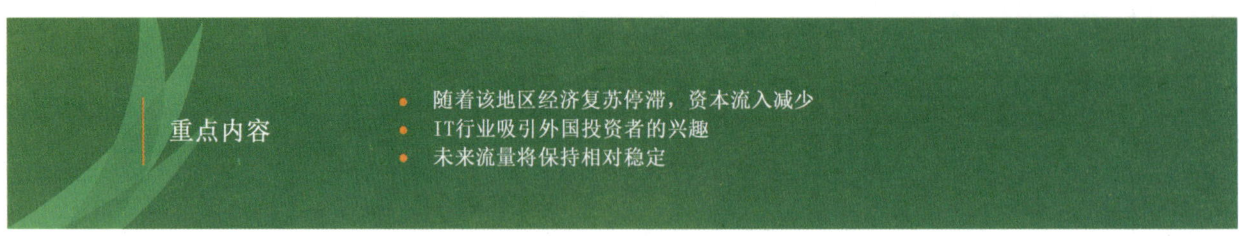

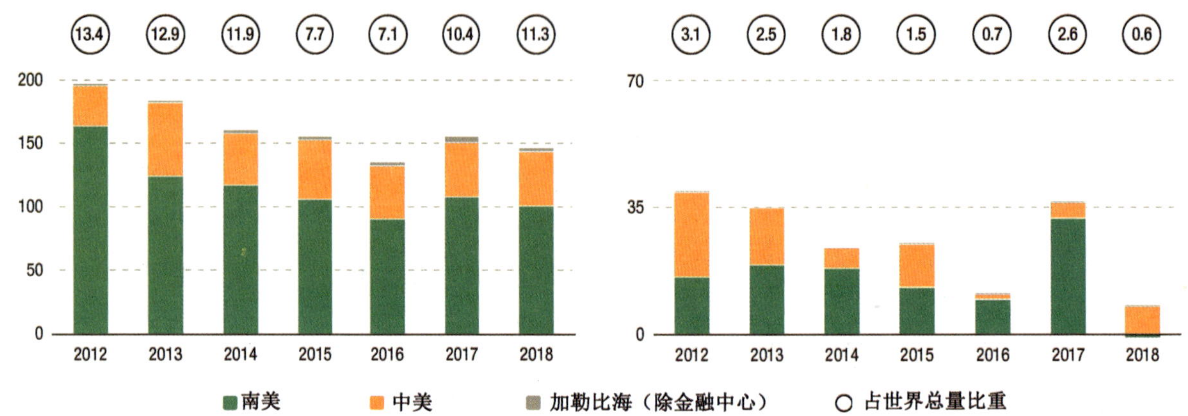

图 B 2012—2018 年 FDI 流入（十亿美元，%）

图 C 2012—2018 年 FDI 流出（十亿美元，%）

表 A 2017—2018 年跨境并购行业分布（百万美元）

产业/行业	净卖出额		净买入额	
	2017 年	2018 年	2017 年	2018 年
总计	**29 535**	**39 148**	**5 426**	**3 469**
初级产业	**1 809**	**6 237**	**-2 060**	**547**
制造业	**5 207**	**9 429**	**3 390**	**348**
食品、饮料和烟草	2 923	2 063	3 203	-757
化学和化工产品	195	6 987	1 116	1 930
药品、药用化学和植物性产品	430	108	—	258
服务业	**22 519**	**23 482**	**4 096**	**2 573**
电、煤气和水	18 726	9 040	324	57
贸易	-736	483	1	1 317
住宿和餐饮服务	-206	140	162	806
运输和储存	996	2 019	1 739	59
信息和通信	510	8 384	232	4
金融和保险	345	2 265	1 542	1 554

表 B　2017—2018 年跨境并购地区/经济体分布（百万美元）

地区/经济体	净卖出额		净买入额	
	2017 年	2018 年	2017 年	2018 年
世界	**29 535**	**39 148**	**5 426**	**3 469**
发达经济体	**14 193**	**28 612**	**3 586**	**1 361**
法国	1 278	2 229	—	—
意大利	563	2 738	—	—
西班牙	-416	-2 963	36	-596
英国	-587	2 252	1 100	-13
加拿大	6 313	5 728	2	—
美国	2 841	12 704	2 605	-418
以色列	33	316	11	1 895
发展中经济体	**15 127**	**10 486**	**1 701**	**2 108**
中国	12 273	5 731	—	—
墨西哥	1 872	1 645	-27	118
秘鲁	—	21	19	910

表 C　2017—2018 已披露的绿地 FDI 项目行业分布（百万美元）

部门/行业	拉丁美洲和加勒比地区作为投资目的地		拉丁美洲和加勒比地区作为投资者	
	2017 年	2018 年	2017 年	2018 年
总计	**67 092**	**78 124**	**7 362**	**19 016**
初级产业	**4 456**	**12 440**	**62**	**5 950**
制造业	**30 949**	**26 073**	**3 401**	**4 937**
纺织品、服装和皮革	562	984	180	472
化学和化工产品	1 375	2 565	322	363
电气和电子设备	1 427	1 598	54	57
金属和金属制品	4 354	2 174	285	1 321
机动车辆和其他运输设备	8 855	7 024	359	918
服务业	**31 686**	**39 611**	**3 900**	**8 129**
建筑	232	2 207	94	531
酒店和餐饮	2 855	6 916	370	2 867
金融	1 525	3 305	69	304
商业服务	3 164	6 957	1 101	1 007

表 D　2017—2018 年已披露的绿地 FDI 项目地区/经济体分布（百万美元）

合作伙伴区域/经济	拉丁美洲和加勒比地区作为投资目的地		拉丁美洲和加勒比地区作为投资者	
	2017 年	2018 年	2017 年	2018 年
世界	**67 092**	**78 124**	**7 362**	**19 016**
发达经济体	**55 138**	**58 854**	**2 612**	**6 771**
德国	3 746	4 527	5	3
意大利	3 303	3 626	14	29
西班牙	10 506	10 091	45	403
加拿大	1 615	3 993	57	2 302
美国	14 920	18 335	1 809	3 133
发展中经济体	**11 848**	**18 445**	**4 707**	**12 191**
中国	3 745	1 545	36	798
智利	672	1 986	130	270
哥伦比亚	658	259	593	1 063
秘鲁	14	262	1 461	4 114
墨西哥	1 582	3 297	174	1 940

由于始于 2017 年的经济复苏开始停滞，加之外部因素的影响，2018 年拉丁美洲和加勒比地区的 FDI 流入量减少 6%，至 1470 亿美元。巴西和哥伦比亚的 FDI 降幅最大；除了巴拿马和厄瓜多尔由于采矿业的大量投资而保持繁荣外，该地区其他国家的 FDI 保持稳定。信息技术（IT）行业吸引了大型投资者的兴趣，促使 FDI 流入原本相对疲弱的投资环境中。软银（日本）正在设立一项针对拉丁美洲的 50 亿美元的科技基金。由于巴西的负流出和智利对外投资的减少，拉丁美洲跨国公司的对外投资在 2018 年暴跌至 65 亿美元的创纪录低点。展望未来，由于投资者对自然资源、基础设施和消费品（特别是与信息和通信技术相关的产品和服务）的持续兴趣，预期该区域 FDI 将趋于稳定。

流入量

在南美洲，由于巴西和哥伦比亚的流入减少，FDI 下降 6%，至 1 010 亿美元。流向巴西的 FDI 减少至 610 亿美元，这是由严峻的经济形势和并购交易大幅下降导致的。2018 年，中国企业仅进行了六宗收购，是 2017 年数量的一半，其中只有两宗交易的金额达到 10 亿美元以上：继 2017 年的多数股权收购之后，中国国家电网最终以 10 亿美元收购了巴西最大私营电力企业（CPFL 能源公司）剩余的少数股权；先正达（现在是中国化工的子公司）以约 14 亿美元收购了一家农作物生产服务提供商（Nidera Sementes Ltda）。尽管新股本流入总额（不包括利润再投资和公司内部贷款）下降了 23%，仍有一些行业吸引了越来越多的资金流入：采掘业（石油、天然气和采矿业）增长了 45%；在制造业领域，非金属矿产品的 FDI 流入增加了一倍，而汽车工业保持了过去几年所观测到的增长轨迹，投资额达到了创纪录的 45 亿美元；在服务业领域，流入信息和通信技术以及金融服务的 FDI 增加了一倍多，分别达到 20 亿美元和 35 亿美元。外国投资的前景在很大程度上取决于巴西新政府改革方案的进展。迄今为止，外国（直接）投资者还没有（从股市反映出来的）国内投资者那样的信心，他们似乎在等待更有力的信号。得益于积极的经济预测、支持性的投资政策[9]以及 2018 年已披露的绿地项目价值增长逾 50%，预计 2019 年的 FDI 流入将会增加。

尽管存在汇率动荡，但流向阿根廷的 FDI 迅速恢复到 120 亿美元，这得益于流入瓦卡穆尔塔气田页岩天然气生产项目的 FDI 激增，仅该气田就吸引了约三分之一的流入[10]。外国投资者（不包括证券投资）未受到阿根廷国内经济状况的影响，利润再投资仍然保持在总流量的 62%，而新股权投资增加了 66%，达到 33 亿美元。尽管最近出台了诸如出口税和降低电力生产补贴等限制性措施，2019 年该国的 FDI 仍可能受到能源和采矿业的推动，这是由于以下三个因素：瓦卡穆尔塔气田的快速扩张、政府（RenovAr）可再生能源拍卖项目的持续，以及外国公司对在该国开发锂项目的兴趣日益浓厚。

在哥伦比亚，FDI 流入下降 20%，至 110 亿美元。石油工业的 FDI 流入减少 24%，至 24 亿美元，对制造业的投资则骤减 70%，至 8 亿美元。同样，贸易和物流服务行业的流入量减少了一半，降至 15 亿美元。这些减少的流入部分被采矿业（增长 78%，达到 17 亿美元）以及贸易和旅游业（增长 60%，达到 13 亿美元）流入的不断增加所抵消。政府正在尝试推动外国投资以激活其停滞不前的原油和天然气生产，并加大勘探力度以确保能源独立。除了向勘探近海油田的公司提供自由贸易区地位（见第四章）外，国家碳氢化合物管理局正在改进合同制度并增加可供勘探的区块数目。然而，2018 年取消的勘探权拍卖影响了投资流入。得益于经济稳固增长、国内需求上涨、国家基础设施投资计划的持续效应以及石油勘探方面的新法规和激励措施，短期内该国 FDI 流入前景乐观。

流入智利的 FDI 小幅增长 4%，至 72 亿美元，这得益于较高的铜价以及采矿、健康服务和电力行业的并购，这些并购交易规模创下了纪录。除了旨在增加 FDI 的干预措施以外，政府还颁布了相关的法律，并与中国签署了一份谅解备忘录，将与该地区其他国家一道参与中国“一带一路”倡议。2018 年，中国在电力、可再生能源、农业综合企业和采矿业方面的投资大幅增加。2018 年最大的外国投资来自总部位于中国的天齐锂业公司，该公司以 40 亿美元收购了智利锂矿巨头（SQM）24%的股权（与“一带一路”倡议无关）。

在秘鲁，尽管经济增长稳定、采矿业投资巨大，FDI 流入仍减少了 9%，至 62 亿美元。资产出售达到逾 32 亿美元的历史新高，这得益于大型基础建设投资基金公司（I Squared，美国）以近 20 亿美元收购了发电设施运营商（Inkia 能源）在拉丁美洲和加勒比地区的业务。在积极的经济增长预测和投资环境改善的支持下，预计该国 2019 年的 FDI 流入有所上升[11]。此外，政府上一年宣布了 6 个新的采矿项目，截至 2018 年底，能源和矿产部已有 26 个项目处于开发阶段。

受采矿业投资激增的推动，流入厄瓜多尔的 FDI 增加了一倍多，达到 14 亿美元。大量的投资流向了将于 2019 年底投产的米拉多（铜矿）和弗鲁塔北（金矿）。这得益于政府将工业列为优先发展产业的政策，该政策转向为支持市场化改革和放宽外商投资限制措施。政府改革采矿业税收制度的努力，包括取消对采矿业利润征收 70%的暴利税，可能进一步推动采矿业 FDI 的前景趋向良好。

尽管经济增长强劲，但玻利维亚的 FDI 流入骤降至 2.55 亿美元。相对于其经济规模而言，该国的 FDI 流入一直较小，因为限制性规定阻碍了对锂矿等高潜力行业的私人投资。因此，锌和天然气价格的上涨不足以吸引新的 FDI 流入。玻利维亚与智利、阿根廷同属于“南美锂三角”，其锂储量估测为 2 100 万吨。然而 2018 年，该国仅生产了 250 吨碳酸锂（相比之下，智利和阿根廷分别生产了 7 万吨和 3 万吨）。政府的合资模式已令投资者望而却步，增加的矿产开采税和特许权使用费是投资者的另一个顾虑[12]。未来该行业的外国投资可能会增加：2019 年初，玻利维亚国有锂电公司与一家中国企业集团签署了一项合作协议，拟建立一家由玻利维亚政府控股 51%的合资企业，在科伊帕萨盐湖和大帕斯托斯盐湖建设加工厂和开发高原盐湖矿床。

在中美洲，2018 年 FDI 流入量下降了 1%，稳定在 430 亿美元。墨西哥获得了 320 亿美元的外来投资，与上一年持平。修订后的北美自由贸易协定（现在称为美国-墨西哥-加拿大协定，简称 USMCA）的最终签署让外国投资者感到放心。大部分 FDI 流入来自现有外国子公司的利润再投资（增长了 27%，达到 120 亿美元），新的股权投资仍稳定维持在 110 亿美元，公司内部贷款则出现下降。制造业以 155 亿美元吸收了近一半的 FDI 流入（49%），相当于增长了 16%。公用事业行业的 FDI 增加了 3 倍多，超过 40 亿美元。其他同样呈现增长的行业包括采矿业（增长 38%，至 14 亿美元）以及信息和通信技术行业（增长 96%，至 12 亿美元），流向经济领域的 FDI 有所减少。来自该国主要投资者美国的投资占流入量的 39%，减少了约 12%。这一下降并非由于预计的留存收益汇回，而是由于较低的股权投资和公司内部贷款[13]。2019 年，FDI 流入可能有所收缩，主要源于国内相关政策的不确定性[14]。新政府正在考虑一系列政策逆转[15]，包括取消 2016 年启动的特殊经济区计划和停止向外国投资者开放石油行业的规定。

在创纪录的并购交易推动下，巴拿马的流入量增加 21%，至 55 亿美元。其中包括卢森堡的米雷康姆国际移动通信公司以 10 亿美元收购位于巴拿马城的付费电视和互联网服务提供商（Cable Onda）80%的股权。其他资金主要流入了价值 63 亿美元之多的巴拿马科布雷铜矿和在科隆自贸区以外运营的公司，这部分投资增加了 68%。不过，大部分的 FDI 流入还是来自利润再投资（33 亿美元）。

在哥斯达黎加，大规模抗议和下半年经济增长缓慢是导致 FDI 流入减少 22%（至 21 亿美元）的部分原因。旅游业投资的突然停止是造成流入减少的主要原因。不过，对特殊经济区（自由区）的投资具有弹性，仅小幅下降（6%）至 12 亿美元，占该国 FDI 流入量的 57%。信息和通信技术行业的流入量增加了一倍多，达到 3.47 亿美元。亚马逊投资 1 000 多万美元在圣何塞开设了一个新的服务中心，以支持中小企业在该平台上销售产品[16]。受益于该国充满活力的特殊经济区（见第四章），该国 FDI 前景仍然乐观。

在加勒比地区（不包括离岸金融中心），FDI 流入量下降 32%，至 30 亿美元。原因在于，尽管 2018 年多米尼加经济增长较为强劲，但作为该次区域的主要投资接受国，该国的 FDI 下降（为 25 亿美元）。百威英博集团（比利时）分两阶段收购本土最大啤酒生产商（Cerveceria Nacional Dominicana）的交易完成，推动了 FDI 在 2012 年和 2017 年创下新高，这是 2018 年 FDI 流入下降的原因。作为加勒比地区的另外两个主要投资接受国，海地和牙买加的资金流入量也分别下降到 1.05 亿美元和 7.75 亿美元。

纵观拉丁美洲和加勒比地区的 FDI 来源地，该地区最重要的投资者仍然是美国，其 2017 年的 FDI 存量约为 2 650 亿美元。美国投资者持有的

FDI在过去5年里增长了8%。相比之下，该地区另一个长期合作伙伴西班牙同期的投资存量减少了约20%，已被荷兰赶超。智利作为主要区域内投资者，FDI存量在2013—2017年的五年内迅速增长（增幅20%），达到700亿美元。由于连锁零售商（法拉贝拉和桑科萨）以及木浆和造纸公司（CMPC和阿劳科）等企业在该地区的扩张，智利在该地区的存量是巴西的两倍多。

流出量

拉丁美洲跨国公司的对外投资在2018年暴跌至历史低点（65亿美元），这主要受巴西的负流出和智利对外投资减少的影响。来自阿根廷、哥伦比亚和墨西哥的对外投资有所增加。

由于外国子公司继续将金融资源（通常是在海外资本市场筹集的资金）输送回母公司，巴西的流出量降至负130亿美元。除了公司内部贷款为负外，由于全球食品公司马夫瑞从其位于美国的子公司基斯顿食品撤资，跨境并购净买入额也转为负20亿美元。公司内部贷款为负也减少了来自该区域最重要投资者智利的FDI流出（降至30亿美元）。

相比之下，墨西哥跨国公司的FDI流出量增加到69亿美元。最重要的收购是墨西哥化工集团以19亿美元收购以色列供水系统运营商（Netafin）80%的股权。

展望

随着大宗商品价格和主要经济体的经济状况趋于稳定，预计2019年该区域的投资流入和流出将保持稳定。自然资源、基础设施和消费品（特别是与信息和通信技术相关的产品和服务）将继续吸引外国投资者。多数国家已降低了外国投资进入基础设施行业的壁垒，且已披露的正在建设中的绿地项目已恢复到大宗商品繁荣时期的水平。总体而言，在采矿、旅游、金融、信息技术、化工和制药以及电子等行业的带动下，已披露的绿地项目总额增长了16%，支持了对未来的积极预期。

然而，与2018年的预期相比，该区域的增长预期较低，而且容易受到外部因素的影响，比如美国的货币政策和主要贸易伙伴之间的贸易紧张关系，这些都给该地区的经济和预期FDI流入带来了风险。例如，中国经济增长放缓或对汽车行业征收关税，将对作为该区域主要出口产品之一的铜的价格构成重大风险。

转型经济体

2018年前五位东道国经济体FDI流量（值和变化率）

前五位东道国经济体	2018 年流入量	2018 年变化率
俄罗斯	133 亿美元	−48.6%
塞尔维亚	41 亿美元	+43.7%
哈萨克斯坦	38 亿美元	−18.3%
乌克兰	24 亿美元	−9.5%
土库曼斯坦	20 亿美元	−4.8%

2018年流入

342亿美元

2018年降幅

−28.0%

占世界比重

2.6%

前五位东道国经济体

经济体名称
流入量
2018年变化率

流出：前五位母国经济体
（十亿美元和2018年增长率）

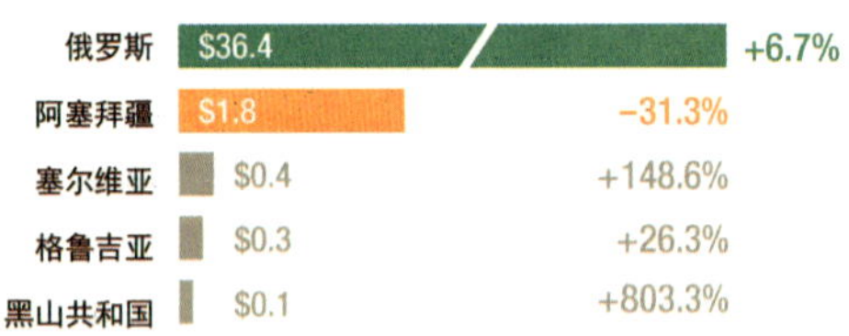

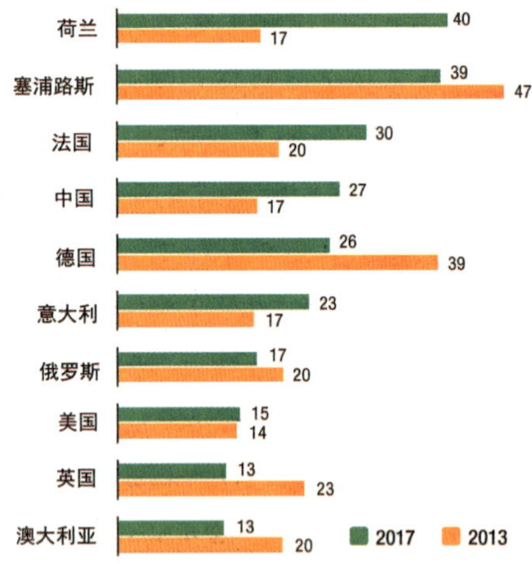

图A 2013年和2017年按FDI存量排名前十位投资来源国和地区（十亿美元）

资料来源：UNCTAD。

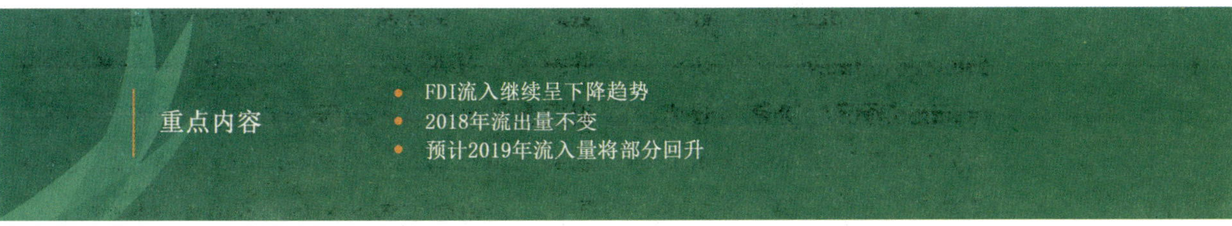

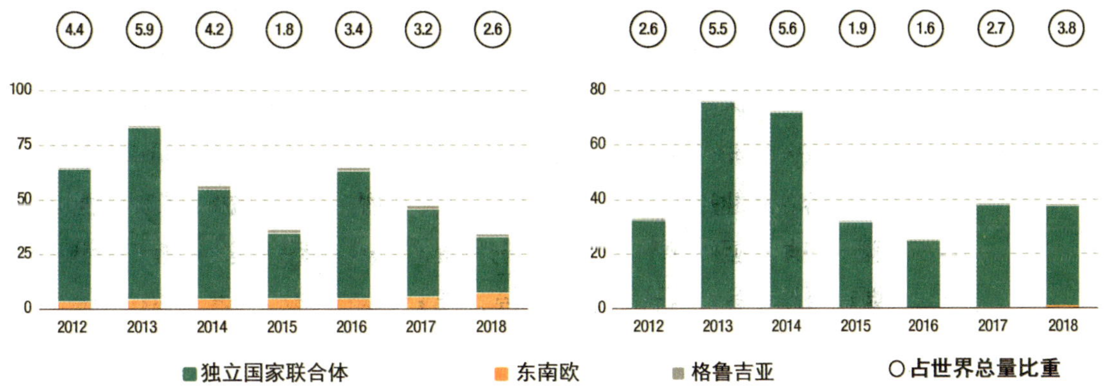

图 B 2012—2018 年 FDI 流入（十亿美元，%）

图 C 2012—2018 年 FDI 流出（十亿美元，%）

表 A 2017—2018 年跨境并购行业分布（百万美元）

产业/行业	净卖出额		净买入额	
	2017 年	2018 年	2017 年	2018 年
总计	**12 703**	**2 602**	**13 948**	**1 914**
初级产业	**13 235**	**610**	**13 989**	**-34**
制造业	**104**	**2 275**	**4**	**653**
食品、饮料和烟草	48	1 914	—	—
计算机、电子、光学产品和电气设备	10	16	—	—
汽车和其他运输设备	2	358	—	—
机械工具	-11	—	85	654
服务业	**-635**	**-282**	**-44**	**1295**
电力、燃气、水和废物处理	-124	40	—	—
贸易	46	242	—	3
运输和仓储	344	61	—	—
信息和通信	9	-795	-187	275
金融和保险活动	-118	166	161	1 012

表 B　2017—2018 年跨境并购地区/经济体分布（百万美元）

地区/经济体	净卖出额		净买入额	
	2017 年	2018 年	2017 年	2018 年
世界	**12 703**	**2 602**	**13 948**	**1 914**
发达经济体	**11 143**	**458**	**143**	**663**
欧盟	496	-1295	163	8
塞浦路斯	-571	-1182	132	8
德国	100	320	—	—
日本	—	1 741	—	—
瑞士	10 788	1	—	654
发展中经济体	**1 316**	**1 119**	**13 721**	**273**
中国	1 152	542	9	—
印度	-6	—	12 589	—
土耳其	2	-599	—	273
转型经济体	**84**	**978**	**84**	**978**
俄罗斯联邦	-24	972	—	1 004

表 C　2017—2018 年已披露的绿地 FDI 项目行业分布（百万美元）

产业/行业	转型经济体作为投资目的地		转型经济体作为投资者	
	2017 年	2018 年	2017 年	2018 年
总计	**34 378**	**51 051**	**42 478**	**21 003**
初级产业	**595**	**1 729**	**21**	**1 266**
制造业	**22 995**	**30 802**	**9 608**	**11 656**
食品、饮料和烟草	3 278	3 501	315	2 465
纺织品、服装和皮革	1 040	3 836	8	72
焦炭和精炼石油产品	2 217	4 050	7 489	6 832
化学品和化学制品	4 989	4 657	117	355
机动车辆和其他运输设备	3 823	4 718	1 019	407
服务业	**10 789**	**18 520**	**32 850**	**8 080**
电力、燃气和水	1 309	7 390	31 309	3 718
建筑	4 047	2 198	160	1 240
酒店和餐饮	226	2 814	—	819
运输、仓储和通信	1 181	2 521	482	935

表 D 2017—2018 年已披露的绿地 FDI 项目地区/经济体分布（百万美元）

伙伴地区/经济体	转型经济体作为投资目的地		转型经济体作为投资者	
	2017 年	2018 年	2017 年	2018 年
世界	**34 378**	**51 051**	**42 478**	**21 003**
发达经济体	**18 146**	**29 244**	**1 393**	**2 029**
欧盟	12 798	17 962	1 331	968
法国	1 858	2 607	20	2
德国	1 710	3 992	88	53
日本	951	5 613	—	102
美国	3 118	2 297	16	325
发展中经济体	**14 014**	**17 882**	**38 866**	**15 048**
中国	8 990	9 204	1 016	1 778
韩国	1 420	1 517	7	—
土耳其	879	1 635	3 022	6 347
转型经济体	**2 219**	**3 925**	**2 219**	**3 925**
俄罗斯联邦	1 768	1 886	95	359

2018 年，东南欧和独联体的转型经济体 FDI 流入延续了急剧下降的趋势。对该地区的投资下降了 28%，至 340 亿美元。FDI 收缩的主要原因是，目前最大的经济体和接受国俄罗斯的流量减少了一半，从 260 亿美元降至 130 亿美元。阿塞拜疆、哈萨克斯坦和乌克兰等该地区其他较大接受国的流入量也出现了下降。但东南欧尤其是塞尔维亚和北马其顿的流量却逆势上升，该次区域除了黑山外所有国家的流入量均出现增长。流出量依然维持在 380 亿美元，使得该地区 2018 年成为 FDI 资本净输出地区。2019 年及以后的 FDI 流入前景适度乐观。

流入量

2018 年，流入转型经济体的 FDI 再次出现下降，主要原因是俄罗斯、阿塞拜疆和哈萨克斯坦的流入量减少。独联体和格鲁吉亚的流入量减少了 36%，至 270 亿美元。下降波及了独联体 12 个国家中的 7 个（亚美尼亚、白俄罗斯、摩尔多瓦、塔吉克斯坦和乌兹别克斯坦除外）。

俄罗斯的 FDI 流入量下降超过一半，至 130 亿美元。投资者态度依然谨慎，部分原因是地缘政治和 GDP 增长缓慢。由于外商撤资（外国分公司被出售给俄罗斯投资者）[17] 和俄罗斯跨国公司的去离岸化，股权投资出现前所未有的负值（-60 亿美元，如图 2.1 所示）。去离岸化是俄罗斯政府 2012 年以来的政策目标（Kheyfets，2018），目的是抑制某些俄罗斯企业将总部和（或）部分股本置于塞浦路斯、爱尔兰和荷兰等商务服务业规模较大的经济体。自 2015 年 1 月 1 日首部《反离岸法》生效以来，已通过了各种各样的税法修正案以奖励资本回流并减弱离岸的吸引力。2018 年，291-FZ 号联邦法案批准在加里宁格勒 [18] 和普里莫尔斯克建立“内部离岸区”，以尝试取代海外离岸中心。这些措施促进了 2018 年部分俄罗斯离岸资本的回流，很大程度上导致了来自塞浦路斯和爱尔兰的负流入。2018 年，一直以来该国 FDI 流入最稳定的部分——海外分公司的利润再投资仍然未发生变化。俄罗斯公司的跨境并购卖出额下降了 79%，至 27 亿美元。

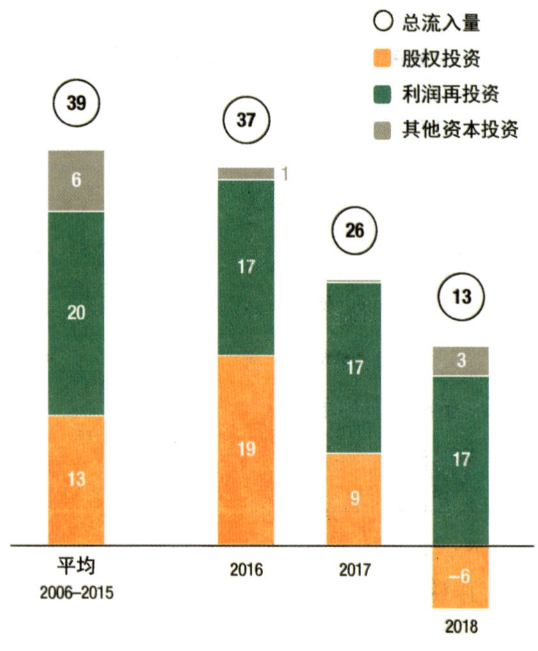

图 2.1　2006—2018 俄罗斯联邦 FDI 流入总量及构成（十亿美元）

资料来源：UNCTAD，外国直接投资/跨国公司数据库。

作为 9 个内陆独联体国家中最大的国家同时也是转型经济体中第三大投资接受国，哈萨克斯坦的 FDI 流量再次下降。大规模撤资导致 FDI 下降了 18%，至 38 亿美元。部分撤资是公开宣布的，例如，瑞典电信巨头（Telia）和土耳其电信运营商（Turkcell）退出了该国的移动通信服务业。其他的（大部分是石油公司）则多半未公布。FDI 流入大部分由利润再投资和公司内部贷款组成。跨境并购净卖出额仍然微不足道，最大的一笔交易额不足 1 亿美元，是由乐天糖果公司（韩国）收购阿拉木图本土巧克力制造商拉哈特糖果公司。

乌克兰 FDI 流入连续第二年出现下降，下降了 9%，至 24 亿美元。政治和政策的不确定性持续影响着投资者。跨境并购卖出额停滞，但已披露的绿地项目投资额却翻了一番，达到 33 亿美元，显示出好转的可能性。

相比之下，2018 年白俄罗斯的 FDI 出现显著增长。流入量增长了 15%，达 15 亿美元。由于新的和原有的投资者都发掘了新的商业机会，股权投资和利润再投资双双出现猛增。一些投资者把项目落户到了该国的特殊经济区（见第四章）。中白巨石工业园吸引了中国企业成都新筑丝绸之路发展有限责任公司电动汽车零配件项目和中联重科多功能车辆制造项目的入驻。明斯克自由经济区吸引了美国公司（EnergoTech）投资电力工程和机械制造项目。在特殊经济区之外，可耐福（德国）投资了建筑材料生产项目。

随着国家逐步对外资开放，2018 年流入乌兹别克斯坦的 FDI 增长了四倍，超过 4 亿美元。俄罗斯跨国公司几年前就开始投资，集中于石油和天然气行业。2018 年，新投资者包括来自中国、印度、韩国、土耳其以及俄罗斯非石油天然气行业（靠近阿富汗边境地区的农业综合企业）的跨国公司。投资者也对该国的替代能源和可再生能源表现出极大的兴趣。[19]

东南欧的 FDI 流量逆势增长了 17%，达 74 亿美元。这种增长遍布该次区域的几乎所有国家。

2018 年，由于股权投资激增，塞尔维亚的流入量增长了 44%，达 41 亿美元，成为转型经济体中第二大 FDI 接受国。塞尔维亚是该次区域中规模最大的而且相对多元化的经济体。其战略位置促进了物流业的投资，例如万喜机场公司（法国）参股贝尔格莱德尼古拉斯特拉机场。该国的自然资源（尤其是铜）也吸引着资源寻求型企业。例如，紫金矿业（中国）收购了博尔公司的铜冶炼厂。进入塞尔维亚不断发展的汽车产业集群的国外投资者（例如，英国轮胎制造商埃塞克斯和日本电缆制造商矢崎）获益于该国熟练的劳动力。最后，该国的知识基础正在吸引诸如德国轮胎制造商大陆集团在诺维萨德的开发中心之类的研发中心进驻。

北马其顿的流入量翻了两倍多，达到创纪录的 7.37 亿美元。大部分的 FDI 瞄准了位于该国技术工业开发区的、以汽车制造为主的出口导向型投资集群（见第四章）。大宗交易之一是斯科普里第二自由区吸引了美国汽车零部件制造商杜拉汽车系统公司。

转型经济体国家企业的跨国并购卖出额降至 26 亿美元，这是十几年来除了 2013 年净撤资之外的最低值。俄罗斯的并购额降低了 79%，日本烟草公司收购顿河烟草是该地区 2018 年唯一的大额交易。[20] 食品、饮料和烟草行业的交易在跨境并购中占比约为四分之三（见表 A），而日本的并购额则在所有投资来源国中占比超过三分之二（见表 B）。较小的交易发生在采矿业，然后是贸易以及金融和保险服务行业。采矿业的最大一笔收购是由紫金矿业（中国）在塞尔维亚发起的。在贸易行业，麦德龙（德国）收购了莫斯科一家计算机和软件零售商的少数股权。在金融行业，一家中国投资者集团收购了哈萨克斯坦阿尔金银行 60%的股权。

转型经济体中主要投资者的特征在过去几年中已经发生了显著变化。荷兰和塞浦路斯仍是第三国 FDI 以及俄罗斯资本的重要中转站。截至 2017 年，荷兰和塞浦路斯分别以 400 亿美元和 390 亿美元的 FDI 存量成为该地区第一大和第二大投资国。2017 年，德国在该地区的存量下降到 270 亿美元。与此同时，来自法国和中国的跨国公司的 FDI 存量显著上升（分别达 300 亿美元和 270 亿美元）。中国跨国公司持续瞄准转型经济体的所有东道国，而法国 FDI 的激增则大部分集中于哈萨克斯坦大型自然资源项目。

流出量

2018 年，转型经济体的 FDI 流出量维持在 380 亿美元。与 2017 年相同，俄罗斯占据了 FDI 流出的绝大部分（95%）。该国的流出量增长了 7%，达 360 亿美元，几乎是其流入量（130 亿美元）的 3 倍多。然而，流出量的增长主要是由于项目利润再投资和建立分支机构引起的公司内部贷款的增多。新绿地企业的股权投资以及海外并购几乎减半，反映出俄罗斯跨国公司对于海外扩张以及俄罗斯政府鼓励去离岸化政策持谨慎态度。俄罗斯投资者在国际市场的谨慎也与影响某些大型俄罗斯跨国公司的国际制裁有关（Kheyfets，2018）。大部分的俄罗斯海外投资是由少数大型跨国公司实施的。截至 2017 年底，15 家最大的跨国公司（不包括类似俄罗斯外贸银行和联邦储蓄银行等大型国有银行；见表 2.1）在该国 FDI 流出存量中占比达 28%。这其中的许多跨国公司（包括占据前三位的卢克石油、俄罗斯天然气工业公司和俄罗斯石油公司）都致力于自然资源价值链，且 15 家公司中有 6 家是国有企业（见第一章）。

表 2.1　2017 年俄罗斯按海外资产排名最大的非金融跨国公司

排名	企业	行业	海外资产（十亿美元）	外国资产占总资产的比例（%）	国家所有权（%）
1	卢克石油公司	石油天然气	24.3	27	—
2	俄罗斯天然气工业公司	石油天然气	19.5	6	50.2

续表

排名	企业	行业	海外资产（十亿美元）	外国资产占总资产的比例（%）	国家所有权（%）
3	俄罗斯石油公司	石油天然气	17.6	8	69.5
4	现代商业舰队公司	交通运输	5.7	78	100.0
5	Severgroup	综合企业	5.4	—	—
6	En+	综合企业	5.0	23	—
7	俄罗斯原子能工业股份公司	核能	4.7	9	100.0
8	耶弗拉兹集团	钢铁	3.7	36	—
9	俄罗斯铁路公司	交通运输	3.5	5	100.0
10	TMK	钢铁	2.0	36	—
11	欧洲化学公司	化学制品	1.7	17	—
12	SISTEMA	综合企业	1.5	8	—
13	俄罗斯新利佩茨克钢铁公司	钢铁	1.5	14	—
14	俄罗斯海外石油公司	石油天然气	1.2	38	100.0
15	波利金属公司	有色金属	1.0	32	—
总计/平均数			**105.1**	**12**	—

资料来源：UNCTAD，基于 Kuznetsov（2018）和 UNCTAD 数据整理。

注：该表不包括金融跨国公司（例如俄罗斯外贸银行和俄罗斯联邦储蓄银行）。该表包括总部设在海外但俄罗斯拥有多数股权的跨国公司（En+、欧洲化学公司、耶弗拉兹集团和波利金属公司）。

展望

宏观经济和政策发展为 2019 年 FDI 的温和回升奠定了基础。预计 2018—2020 年，该地区最大的经济体俄罗斯的 GDP 将保持平缓增长（2%以下），国际政治环境的不确定性将持续阻碍 FDI 的增长。但是政府增加新经济活动投资的政策和计划用于解除基础设施瓶颈的额外支出将对外国投资产生积极影响。

哈萨克斯坦和乌克兰等其他大型独联体经济体的经济增长很有可能仍然较为迟缓。东南欧的增长预计更为强劲，远高于 3%。此外，与欧盟的密切联系赋予了该次区域额外的竞争优势。

作为未来投资者意愿的指标，已披露的绿地项目令人振奋。2018 年，绿地项目承诺增长了 48%，达 510 亿美元。该地区几乎所有的国家都出现了增长。东南欧翻了一番多(至 110 亿美元)，独联体和格鲁吉亚增长了 35%（至 400 亿美元）。俄罗斯和哈萨克斯坦的增长较为温和（分别为仅增长 8%、至 180 亿美元以及增长 7%、至约 70 亿美元），但土库曼斯坦、乌克兰和乌兹别克斯坦则增长较多。2019 年第一季度，转型经济体的跨境并购卖出额从 2018 年同期的负 0.53 亿美元增长到 4.44 亿美元。这些数据预示着 2019 年 FDI 的发展前景曲折。

从绿地项目承诺中可以看出，转型经济体的 FDI 流出预期将出现增长。2018 年已披露的交易额为 210 亿美元，其中 7%投资于焦炭、石油产品和核燃料，俄罗斯跨国公司在这些领域具有较强的竞争优势。转型经济体跨国公司已披露的绿地项目中超过 70%涉及发展中国家（150 亿美元）。

发达经济体

重点内容

- 美国跨国公司的累积收益汇回减少了外国直接投资流量
- 跨国并购激增，主要来源是美国跨国公司
- 前景乐观：预计欧洲投资会反弹

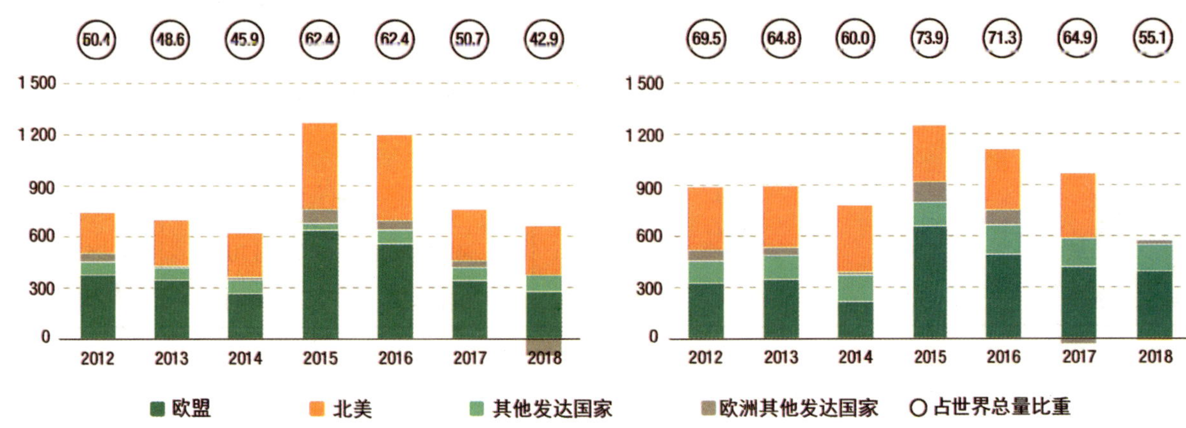

图 A 2012—2018 年 FDI 流入（十亿美元，%）　　图 B 2012—2018 年 FDI 流出（十亿美元，%）

表 A 2017—2018 年跨国并购行业分布（百万美元）

产业/行业	净卖出额		净买入额	
	2017 年	2018 年	2017 年	2018 年
总计	**568 909**	**688 859**	**463 956**	**701 976**
初级产业	**-9 082**	**28 632**	**-21 068**	**24 253**
制造业	**304 070**	**282 163**	**206 077**	**228 778**
食品、饮料和烟草	78 005	44 451	70 186	40 008
化学和化工产品	62 291	140 207	28 327	107 250
药品、药用化学品和植物性产品	69 428	27 149	15 531	43 906
计算机、电子、光学产品和电气设备	23 678	40 186	34 981	7 216
机械工具	51 146	3 907	52 775	6 176
服务业	**273 921**	**378 065**	**278 947**	**448 945**
运输存储	17 412	37 325	41 685	17 451
信息和通信	20 484	68 345	18 542	78 646
金融保险	50 304	103 091	152 932	261 181
商业活动	96 877	94 852	40 637	42 499

表 B 2017—2018 年跨国并购地区/经济体分布（百万美元）

地区/经济体	净卖出额		净买入额	
	2017 年	2018 年	2017 年	2018 年
世界	**568 909**	**688 859**	**463 956**	**701 976**
发达经济体	**410 246**	**631 423**	**410 246**	**631 423**
欧洲	176 491	317 220	136 638	340 902
北美	165 869	278 564	238 099	213 650
其他发达国家	67 887	35 640	35 510	76 871
发展中经济体	**146 008**	**43 556**	**42 567**	**70 095**
非洲	556	2 266	1 780	−1 606
拉美和加勒比地区	3 586	1 361	14 193	28 612
亚洲和大洋洲	141 866	39 930	26 595	43 089
中国	93 201	18 611	−1 752	1 247
印度	1 868	470	5 518	32 492
新加坡	10 753	4 206	5 170	5 727
转型经济体	**143**	**663**	**11 143**	**458**

表 C 2017—2018 年已披露的绿地 FDI 项目行业分布（百万美元）

产业/行业	发达经济体作为投资目的地		发达经济体作为投资者	
	2017 年	2018 年	2017 年	2018 年
总计	**304 894**	**357 139**	**461 950**	**616 137**
初级产业	**4 212**	**4 933**	**18 215**	**22 134**
制造业	**161 346**	**164 065**	**223 152**	**305 920**
焦炭和精炼石油产品	1 351	33 220	5 003	60 849
化学和化工产品	32 554	17 924	35 786	51 212
电子和电气设备	30 018	18 509	29 706	29 243
机动车辆和其他运输设备	30 678	21 226	47 715	57 949
服务业	**139 336**	**188 140**	**220 582**	**288 083**
电、煤气和水	20 161	33 156	38 013	62 789
建筑	25 949	44 542	35 339	49 147
贸易	21 200	19 576	28 105	25 614
运输、存储和通信	12 607	20 291	30 374	34 833
商业服务	37 797	41 694	50 706	60 115

表 D　2017—2018 年已披露的绿地 FDI 项目地区/经济体分布（百万美元）

地区/经济体	发达经济体作为投资目的地		发达经济体作为投资者	
	2017 年	2018 年	2017 年	2018 年
世界	**304 894**	**357 139**	**461 950**	**616 137**
发达经济体	**244 937**	**289 201**	**244 937**	**289 201**
欧洲	139 604	187 934	143 957	172 187
北美	75 399	75 751	70 703	90 488
其他发达国家	29 933	25 517	30 277	26 526
发展中经济体	**58 563**	**65 909**	**198 867**	**297 692**
非洲	1 741	2 247	31 162	38 232
亚洲和大洋洲	54 210	56 891	112 567	200 607
中国	11 892	18 335	28 808	67 766
新加坡	2 835	7 687	11 875	10 959
印度	5 552	3 778	18 807	28 487
拉丁美洲和加勒比地区	2 612	6 771	55 138	58 854
转型经济体	**1 393**	**2 029**	**18 146**	**29 244**

2018 年发达经济体 FDI 流入趋势异常。随着欧洲流入量的减半，发达经济体的 FDI 流入下降了四分之一，至 5 570 亿美元。其主要原因在于美国税制改革，导致本国跨国公司将累积的海外利润（尤其是来自欧洲的利润）汇回本国。虽然并购交易增长了 21%，但仍不足以抵消 FDI 的总体下降，发达国家的 FDI 流入量降至 2004 年以来的最低水平，远低于 2009 年（6 490 亿美元）和 2014 年（6 230 亿美元）的低点。美国海外利润汇回带来的大量 FDI 负流出导致发达经济体 FDI 流出量下降 40%，至 5 580 亿美元。2018 年下降后的反弹预期将影响 2019 年的 FDI 流量。

流入量

流入欧洲的 FDI 减半，至 1 720 亿美元。美国税制改革导致本国跨国公司累积利润汇回，这对承担美国跨国公司财务职能的爱尔兰（-660 亿美元）和瑞士（-870 亿美元）等国家产生重大冲击。然而，FDI 的急剧下降仅是公司内部资金流动的结果，并不能反映美国跨国公司资产的抛售或影响实际投资趋势。

事实上，由于美国跨国公司的强力收购，欧洲资产的并购净卖出额反弹至 3 780 亿美元。2017 年并购卖出额大幅下降，主要是由于欧洲内部并购交易减少。2018 年，此类并购交易激增至 1 370 亿美元，主要是由法国（增加 300 亿美元，至 400 亿美元）、英国（增加 290 亿美元，至 350 亿美元）和意大利（增加 330 亿美元，至 310 亿美元）的跨国公司的收购行为引起的。

尽管欧洲资产对美国跨国公司的并购净卖出额增加了一倍多，达到创纪录的 1 720 亿美元，但在采用更严格的投资审查程序后，对中国跨国公司的并购净卖出额从2017年的660亿美元下降到140亿美元（见第三章）。最大的交易包括电讯集团康卡斯特公司（美国）以400亿美元收购天空公司（英国），以及工业气体公司普莱克斯（美国）和林德（德国）320亿美元的合并。

流入英国的FDI下降36%，至640亿美元。即将到来的脱欧对FDI的影响尚不明确。股权投资减半，至400亿美元，但利润再投资增长73%，至330亿美元，并购交易净卖出额增长两倍，至940 亿美元。针对英国资产（总卖出额）的跨境收购数量也增加了 8%。欧盟公投前后，英国此类交易的平均数量显示出稳定的上升趋势（与2012—2016 年的 822 笔年度交易相比，2017—2018 年有 953 笔年度交易）。作为未来 FDI 趋势的指标，英国已披露的跨境绿地项目的平均数量在公投后也增加了 20%（从 2012—2016 年期间的每年 1 192 个项目增加到2017—2018年期间的每年 1 428 个项目），相比之下，欧盟其他国家则增长了 24%。

710 亿美元的并购净卖出额推动流入西班牙的FDI增加了一倍多，达到440亿美元，这是2008年以来的最高水平。最大的交易是由亚特兰蒂亚集团（意大利）、ACS 建筑集团（西班牙）和豪赫蒂夫（德国）组成的财团以230亿美元收购西班牙公路运营商（Albertis）。2014 年以来的经济增长使外国投资者重新关注西班牙房地产行业相关资产。例如，私募股权公司黑石以60亿美元收购了已破产的西班牙人民银行51%的房地产资产权益。另一家美国私募股权公司塞尔伯吕以 47 亿美元收购了西班牙对外银行 80%的房地产业务。

流入荷兰的FDI增加了20%，至700亿美元。利润再投资稳定在260亿美元，但2018年公司内部贷款上升较快，达到了170亿美元。并购净卖出额增长一倍多，达到400亿美元。其中最大的交易是私募投资集团凯雷、新加坡国有政府投资公司和其他投资合作伙伴以130亿美元收购了阿克苏诺贝尔公司的特殊化学品业务。

流入意大利的FDI增加了11%，达到240亿美元。历史上，意大利吸引的FDI比其他主要欧洲经济体要少（见图2.2）。为了促进投资，2019年3月意大利政府与中国政府签署了参与“一带一路”倡议的谅解备忘录。

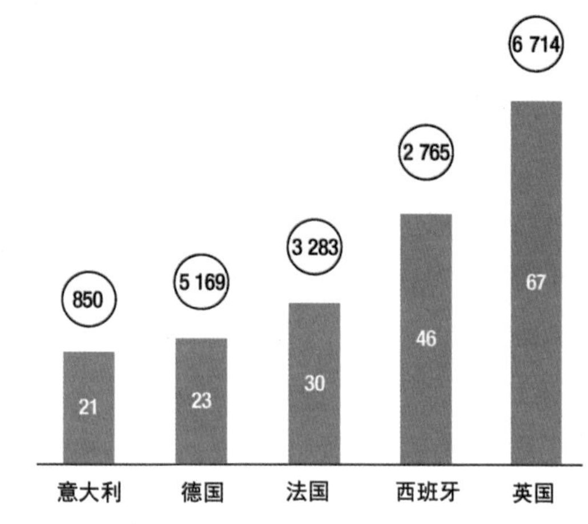

图 2.2 2014—2018 年发达经济体的 FDI 流入存量占 GDP 百分比和绿地项目数量

资料来源：UNCTAD，基于英国金融时报的外国直接投资市场（www.fDimarkets.com）和外国直接投资/跨国公司数据库（www.unctad.org/fdistatistics）整理。

在美国，FDI 流入减少了 9%，至 2520 亿美元。其下降原因主要是美国公司内部贷款（从负160 亿美元降至负 620 亿美元）和股权投资（下降 3%，至 1 950 亿美元）的收缩。然而，美国内向 FDI 的投资收入增至 2 000 亿美元，其中 119 亿美元（较 2017 年增长 28%）保留为利润再投资，这反映出经济稳步增长的势头。

由于 2018 年没有大宗跨境交易（见图 2.3），美国资产对外国投资者的并购净卖出额下降了三分之一，至 1990 亿美元。这与美国国内活跃的并购活动形成鲜明对比。2018 年已完成的全球十大交易中，有八笔是美国国内交易，只有一笔（拜耳收购孟山都）是跨境交易。2017 年英国跨国公司收购总额高达 1 180 亿美元，2018 年则收缩至 210 亿美元。与此同时，在严格的审查以及紧张的贸易和投资关系背景下，2018 年，美国对中国跨国公司的并购净卖出额从2016年的308亿美元和 2017 年的 246 亿美元锐减至 6 亿美元。

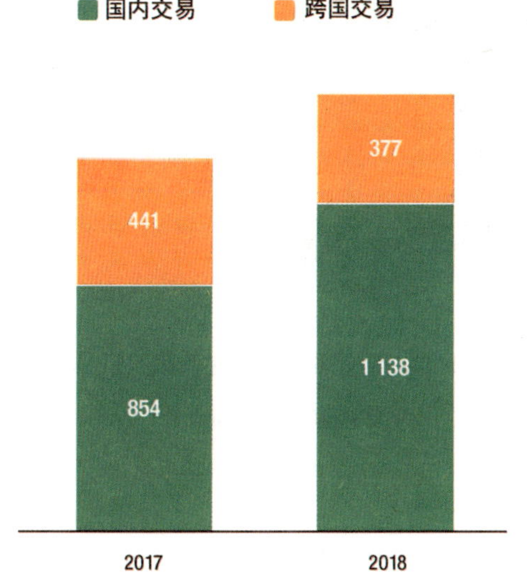

图 2.3 2017 年和 2018 年美国按并购企业国籍分类的并购交易金额（十亿美元）

资料来源：UNCTAD，基于汤森路透和跨境并购数据库（www.unctad.org/fdistatistics）整理。

注：包括撤资。所有的交易数据来自汤森路透。为了使这些数字具有可比性，本表中的跨境交易包括所有并购交易，涵盖撤资、低于 10%的股权收购以及加勒比金融中心公司的收购。

流入加拿大的 FDI 恢复到 400 亿美元，比 2017 年增长了 60%。2017 年流入量下降的主要原因是石油和天然气行业撤资 250 亿美元。2018 年，只有一笔 7 亿美元的类似撤资。流入澳大利亚的 FDI 增加了 43%，达到 600 亿美元。不断增长的投资收入将利润再投资提升至 250 亿美元。2018 年澳大利亚并购净卖出额的一半以上（190 亿美元）与金融和保险活动有关，大部分是收购房地产投资信托。在 2008 年前后曾达到顶峰的澳大利亚采掘业投资仍然低迷。2014—2018 年期间，采掘业绿地项目年平均投资金额为 15 亿美元，低于 2008 年的 130 亿美元。同一时期，并购净卖出额平均每年仅为负 2 亿美元，而 2008 年为 260 亿美元。然而以前的大量投资已经转化为不断增长的商品出口，推动采掘业获取更高的投资收入。

流出量

欧洲经济体的流出量为 4 180 亿美元，比 2017 年增长 11%。法国成为最大 FDI 来源国，流出额上升至 1 020 亿美元。德国的流出减少了 16%，降至 770 亿美元。由于拜耳（德国）以 570 亿美元的价格收购孟山都（美国），德国跨国公司的并购净买入额增加了一倍多，达到 730 亿美元。然而，公司内部贷款的大量负流动抵消了股权投资的大量增长。爱尔兰和瑞士在 2017 年都出现了巨大的负流出，现在都变为正值，分别达到 130 亿美元（增加 520 亿美元）和 270 亿美元（增加 620 亿美元）。

自 2017 年以来，美国的流出量从 3 000 亿美元下降到负 640 亿美元（表现为净撤资），因为美国公司选择将资金汇回国内，以迎合促进资本回流的美国政府税制改革。来自美国的 FDI 暴跌不仅发生在欧洲（下降 1 500 亿美元），也发生在加勒比地区的离岸金融中心（下降 1 930 亿美元，该下降不包含在联合国贸发会的 FDI 总数据中）。在亚洲，美国对新加坡的流出也下降了 380 亿美元。[21]

2018 年之前，几乎美国所有的 FDI 流出都是利润再投资。但是 2018 年，利润再投资从 2017 年的 3 070 亿美元下降至负 1 570 亿美元。其中大部分负流动发生在前两个季度。2017 年的税制改革减轻了海外流动资产的税负，使其可用于汇回和支出（包括并购支出）（有关税制改革对 FDI

影响的详细说明，见联合国贸发会（2018a，2019a）。这直接导致美国跨国公司跨境并购净买入额迅速增长到 2 530 亿美元，创下历史新高，其中近一半的增长是在第四季度完成的。

日本的流出下降了 11%，但仍高达 1 430 亿美元。2018 年并购净买入额为 360 亿美元，低于 2017 年的 650 亿美元和 2016 年的 730 亿美元。相对低迷的并购活动导致日本流入美国的 FDI 减少了一半。相比之下，流入亚洲的 FDI 增加了 31%，达到 490 亿美元，对包括中国（增长 12%，至 100 亿美元）、印度（增长一倍，至 32 亿美元）和韩国（增长两倍，至 48 亿美元）在内的地区主要经济体的流出增加。流入东盟地区的资金增加了 26%，达到 250 亿美元。

2018 年，一批有关核电站建设的日本海外投资项目被取消，主要是因为 2011 年福岛核电站发生泄露后，更严格的安全标准导致建造成本上升。2018 年 11 月，东芝宣布退出英国的一个核电站项目并清算其子公司（NuGen）。作为东芝在美国的核电站建设公司，西屋已于 2017 年申请破产，并在 2018 年 8 月被出售给私募股权集团布鲁克菲尔德。据报道，2018 年 12 月，三菱重工公司与法马通（法国）宣布放弃拟合作的土耳其核电站项目。2019 年 1 月，日立退出了英国的核电站建造项目。

2018 年，80%以上的跨境并购交易面向发达国家，交易总数量为 8 500 笔，总金额略超一万亿美元。其中大部分交易是由私募股权公司推动的，这些公司贡献了近三分之一的交易额和 40% 的交易数量，这也使得私募股权公司在全球 FDI 蓝图中发挥愈加重要的作用。

展望

尽管大多数发达经济体的经济增长正在放缓，但投资活动仍在扩大。2018 年披露的发达经济体的绿地项目数量与 2017 年持平，但计划资本支出上升 17%，至 3 570 亿美元。欧洲的项目公告支出增长了 23%，北美地区则增长了 13%。2018 年已披露的面向发达经济体的跨境并购交易金额达 1.4 万亿美元，较 2017 年增长 17%。

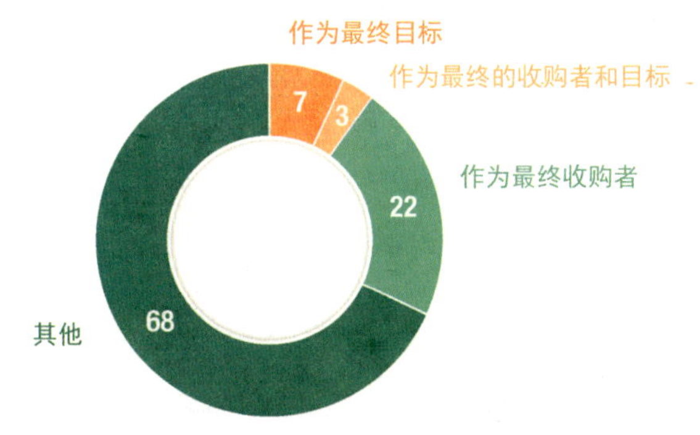

图 2.4 2018 年按照交易额分类的私募股权公司参与的跨境并购（十亿美元）

资料来源：UNCTAD，根据跨境并购数据库（www.unctad.org/fdistatistics）整理。

由于 2018 年发达地区 FDI 异常低迷，预计 2019 年该地区 FDI 可能出现反弹。随着美国跨国公司利润汇回的高峰已过，流入量下降幅度最大的发达经济体可能会反弹到平均流入水平，这说明这些在发达国家 FDI 流入中占重要位置的国家流入量会大幅度上升。

关于 FDI 流出，2018 年发达经济体跨国公司已披露的海外绿地项目总额为 6 160 亿美元，较 2017 年增长 33%。发达经济体跨国公司也披露了金额 1.4 万亿美元的海外收购。仅日本跨国公司的收购金额就达 1 690 亿美元，是 2017 年交易金额的两倍多。

结构脆弱、易受冲击的小型经济体

最不发达国家

2018年前五位东道国经济体FDI流量（值和变化率）

前五位东道国经济体	2018 年流入量	2018 年变化率
缅甸	36 亿美元	-18.1%
孟加拉国	36 亿美元	+67.9%
埃塞俄比亚	33 亿美元	-17.6%
柬埔寨	31 亿美元	+11.3%
莫桑比克	27 亿美元	+18.2%

2018年流入

238亿美元

2018年增幅

+15.1%

占世界比重

1.8%

前五位东道国经济体

经济体名称
流入量
2018年变化率

流出：前五位母国经济体
（十亿美元和2018年增长率）

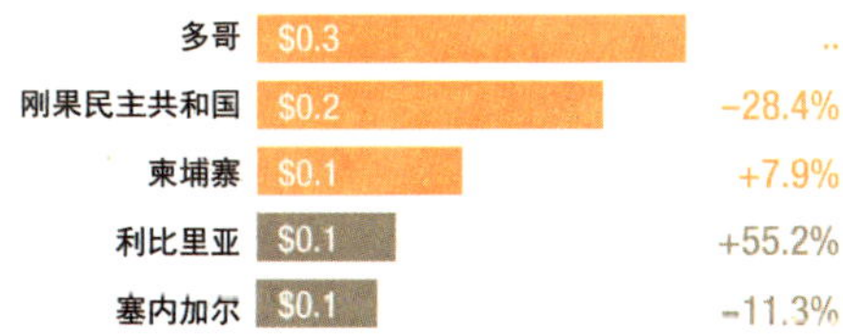

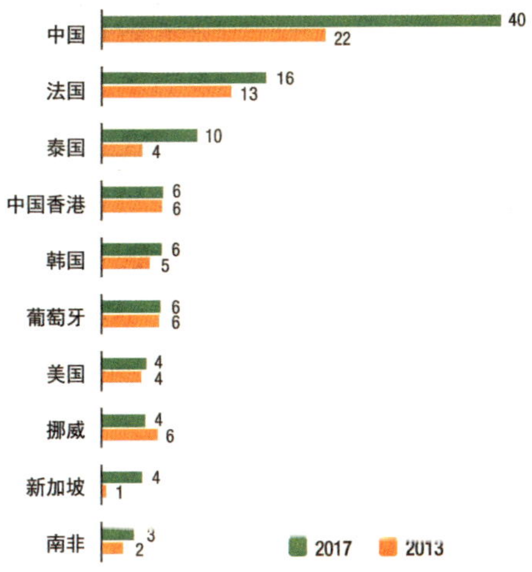

图A 2013年和2017年按FDI存量排名前十的投资来源国和地区（十亿美元）

资料来源：UNCTAD。

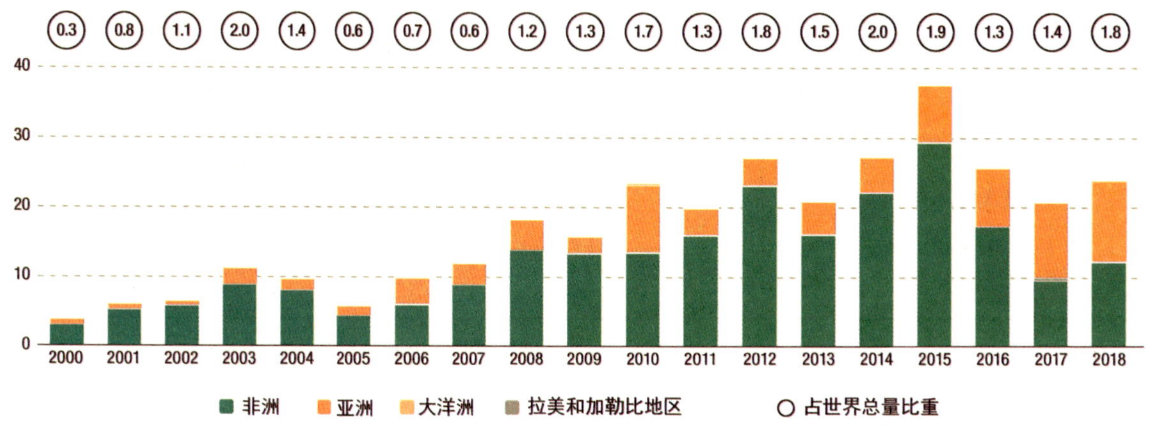

图 B　2000—2017 年 FDI 流入（十亿美元，%）

表 A　2017—2018 年跨国并购行业分布（百万美元）

产业/行业	净卖出额		净买入额	
	2017 年	2018 年	2017 年	2018 年
总计	**327**	**1 342**	**9**	**130**
初级产业	**13**	**-310**	—	—
农业、林业和渔业	—	20	—	—
采矿、采石和石油	13	-329	—	—
制造业	**11**	**1 501**	**-30**	**77**
食品、饮料和烟草	10	1 474	—	—
纺织品、服装和皮革	—	7	—	77
化学和化工产品	1	6	—	—
药品、药用化学品和植物性产品	—	14	—	—
服务业	**304**	**150**	**39**	**53**
金融和保险活动	234	83	38	30
商业活动	5	64	—	—
人类健康和社会工作活动	0	14	—	—

表 B 2017—2018 年跨国并购地区/经济体分布（百万美元）

地区/经济体	净卖出额		净买入额	
	2017 年	2018 年	2017 年	2018 年
世界	**327**	**1 342**	**9**	**130**
发达经济体	**-233**	**1 157**	**2**	—
欧盟	-2 912	-10	1	—
北美	2 043	19	2	—
澳大利亚	114	-338	—	—
日本	952	1 486	—	—
发展中经济体	**560**	**185**	**6**	**130**
非洲	-153	80		—
亚洲	1 511	105	6	130
中国	1 243	—	—	—
中国台湾	—	81	—	—
新加坡	256	-13	—	23
越南	10	20	—	—

表 C 2017—2018 年已披露的绿地 FDI 项目行业分布（百万美元）

产业/行业	最不发达国家作为投资目的地		最不发达国家作为投资者	
	2017 年	2018 年	2017 年	2018 年
总计	**23 899**	**39 653**	**742**	**1 619**
初级产业	**2 315**	**7 324**	—	—
采矿、采石和石油	2 315	7 324	—	—
制造业	**12 421**	**12 890**	**91**	**195**
纺织品、服装和皮革	1 492	960	—	4
焦炭和精炼石油产品	1 430	5 601	—	—
金属和金属制品	419	1 196	—	—
服务业	**9 163**	**19 439**	**651**	**1 423**
电、煤气和水	1 582	9 695	—	953
商业服务	623	1 566	271	170
建筑	2 502	1 971	—	—
酒店和餐饮	225	3 217	—	—
运输、储存和通信	2 877	1 824	83	195

表 D 2017—2018 年已披露的绿地 FDI 项目地区/经济体分布（百万美元）

地区/经济体	最不发达国家作为投资目的地		最不发达国家作为投资者	
	2017 年	2018 年	2017 年	2018 年
世界	**23 899**	**39 653**	**742**	**1 619**
发达经济体	**13 359**	**18 385**	**7**	**14**
意大利	1 202	4 494	—	—
美国	2 243	9 833	—	—
发展中经济体	**10 357**	**21 150**	**717**	**1 522**
非洲	819	2 182	222	295
亚洲和大洋洲	9 448	18 968	325	1 058
中国	3 446	8 408	81	—
中国香港	588	1 083	—	—
菲律宾	—	1 265	—	—
泰国	693	2 456	—	—
阿拉伯联合酋长国	1 394	1 547	—	15
转型经济体	**183**	**118**	**18**	**82**

最不发达国家的 FDI 流入量反弹至 240 亿美元（较 2017 年增长 15%），占全球 FDI 流入的 1.8%。埃塞俄比亚和缅甸的 FDI 增长放缓，孟加拉国则吸纳了主要的 FDI 流入。发生在孟加拉国的单笔交易提高了该类国家跨国并购交易总额。就 FDI 存量而言，中国仍是最不发达国家最大的投资者。面向最不发达国家的投资仍主要集中在一些较大的接受国。2018 年，由于采矿、焦炭和石油产品以及电力等行业大型项目的推动，作为前瞻性指标的绿地 FDI 项目金额出现反弹。

流入量

33 个非洲最不发达国家的 FDI 流入量增加了 27%，达到 120 亿美元，但比 2012—2016 年期间的年均水平低 44%。在 2017 年 FDI 流入量创下新高后，非洲最不发达国家中最大的 FDI 东道国埃塞俄比亚的流入减速（下降 18%，至 33 亿美元）。在莫桑比克，2016 年隐藏的公共债务曝光后，投资者信心仍未恢复，2018 年 FDI 流入量出现 5 年来的首次上升（增长 18%，达到 27 亿美元）。在新的石油和天然气投资推动下，乌干达的 FDI 流入量创纪录地达到 13 亿美元（增长 67%）。

采矿业跨国公司主导的投资是布基纳法索（从 2017 年的低点 260 万美元增至 2018 年的 4.8 亿美元）和塞拉利昂（增长 365%，达到 5.99 亿美元，利润再投资创纪录地高达 5.62 亿美元）FDI 流动异常增长的主要原因。相比之下，在 2017 年出现复苏迹象后，赞比亚的 FDI 降至 13 年来的最低水平（下降 49%）。流入毛里塔尼亚的 FDI 也大幅减少（下降 88%，至 7 100 万美元）。

在石油出口国乍得，FDI 流入量翻了一番，达到 6.62 亿美元，是 15 年以来的最高水平。为这一增长做出积极贡献的是新的石油项目，以及应国际货币基金组织的要求，将国有的乍得棉花公司 60%的股份（2 200 万美元）出售给奥兰国际（新加坡）。关于重组来自嘉能可（瑞士）和商业银行的 14 亿美元石油支持贷款的协议的签署也缓解了财政限制。

三个相对较大投资接受国的 FDI 流入仍处于逐步复苏阶段——刚果（金）（增长 11%，至 15 亿美元）、苏丹（增长 7%，至 11 亿美元）以及坦桑尼亚（增长 18%，至 11 亿美元）。由于石油和天然气行业利润的大量转移，安哥拉的 FDI 流入仍然为负值。

在海地，FDI 流入在 2017 年创下历史新高后开始下降。该国可免税进入美国市场刺激了 FDI 进入轻工业领域，特别是出口导向型纺织业。[22] 2017 年海地的 FDI 流入在纺织和服装跨国公司的推动下增长强劲，但 2018 年由于跨国公司活动放缓，该国 FDI 流入量（下降 72%）降至 1.05 亿美元，与 2014—2016 年期间 FDI 流入水平相近。

亚洲和大洋洲 13 个最不发达国家的 FDI 流入量达到创纪录的 120 亿美元（增长 8%）。孟加拉国和柬埔寨两个制造业出口国分别创下 36 亿美元（增长 68%）和 31 亿美元（增长 11%）的新纪录。在孟加拉国，这一增长主要得益于一项 15 亿美元的烟草业并购交易和发电行业的新投资。此外，该国的利润再投资增长了两倍多，至 13 亿美元，其中大部分是跨国公司在银行业、纺织业和服装业的利润再投资。在柬埔寨，金融服务和房地产项目的 FDI 增长强劲。新股权投资和利润再投资连续第三年扩大。

在缅甸，FDI 流入减少了 18%，至 36 亿美元。在若开邦的人道主义危机影响下，主要外国投资者放缓了投资速度。根据已批准的项目，2018 年初，在该国第一个特殊经济区迪拉瓦港（Thilawa）（目前处于第二建设阶段）的外国投资已超过其累计投资 60 亿美元的目标。[23] 老挝的最大投资者一直是中国，其 FDI 流入量在 2017 年达到顶峰后也开始减少（下降 17%，至 13 亿美元）。但 2018 年的 FDI 流入量仍比 2016 年高出 30%。也门的 FDI 流入量仍然为负值（负 2.82 亿美元）。

在大洋洲，FDI 流入停滞不前。2018 年，由于流入批发和零售业的 FDI 下降，以及没有新的大型 FDI 项目，所罗门群岛的 FDI 流入锐减了 73%，至 1 200 万美元，是 14 年来的最低水平。瓦努阿图公布了过去 6 年最高的 FDI 流入（3 800 万美元，增长 56%），其预计将于 2020 年 12 月脱离最不发达国家。

在孟加拉国，单笔交易推动跨境并购交易额创下了四年新高，达到 13 亿美元。日本烟草公司以 15 亿美元收购了达卡联合烟草公司。这是该日本跨国公司近三年来在最不发达国家完成的第二次重大收购。[24] 尽管最不发达国家的交易额创下历史新高，但交易数量较上年下降了 17%。与 2012—2017 期间不同，中国投资者在 2018 年没有参与最不发达国家的任何并购交易。

另一项重要的跨境并购交易发生在东帝汶，但这是一笔价值 3.5 亿美元的撤资交易。政府收购了一家跨国石油天然气开采合资企业 30%的股份。

最不发达国家的前 10 位投资者与全球前 10 位投资者截然不同。根据选定母国经济体的 FDI 存量报告，最不发达国家的前 10 名投资者中有一半来自新兴亚洲经济体（见图 A）。2013—2017 年，中国在最不发达国家的 FDI 存量几乎翻了一番，其中非洲和亚洲的最不发达国家几乎各占一半。然而，在这一时期，中国在亚洲最不发达国家 FDI 存量的累积速度（增长 113%）远快于非洲（增长 41%）。2017 年，中国流入最不发达国家的 FDI 的 45%以上发生在三个东盟经济体：老挝（67 亿美元）、缅甸（55 亿美元）和柬埔寨（54

亿美元）。

对少数邻国投资的增长，使得其他发展中经济体投资者在最不发达国家的 FDI 存量也在增加。例如，2017 年，泰国对东盟经济体的投资推动其在最不发达国家的 FDI 存量增长了 131%，特别是缅甸（42 亿美元）和老挝（34 亿美元）。同样，新加坡投资者在缅甸的 FDI 从 2013 年的 2.63 亿美元增长至 2017 年的 35 亿美元，推动了其在最不发达国家 FDI 存量的增长。在 2013 年和 2017 年，南非在邻国莫桑比克的 FDI 存量占其在最不发达国家 FDI 存量的一半以上。

展望

流入最不发达国家的 FDI 仍将集中在较大的 FDI 接受国和少数领域。已披露的绿地 FDI 项目趋势表明，更大规模的投资将瞄准非洲的自然资源和亚洲的发电项目。已披露的绿地 FDI 项目金额自 2017 年创下 5 年新低（240 亿美元）后，增长至 2018 年的近 400 亿美元。跨国公司，大多数来自美国（占最不发达国家已披露项目总金额的 25%）和中国（占总金额的 21%），恢复了在电力基础设施、资源开采及加工领域的大规模投资计划（表 2.2）。大多数已披露的绿地投资集中在最不发达国家中较大的 FDI 接受国，如孟加拉国、埃塞俄比亚和缅甸。

中国和菲律宾投资者在缅甸的两个项目提升了已披露的电力项目总金额（总计 97 亿美元）（表 2.2）。孟加拉国还吸引了一项价值 30 亿美元的石油和液化天然气终端建设项目，这一项目是由通用电气（美国）[25]、三菱公司（日本）和森美（新加坡）共同发起的。

就采矿业而言，主要的跨国能源公司一直关注安哥拉和莫桑比克。几内亚最大的贸易伙伴是中国，中国企业特变电工公布了一个综合铝土矿开采项目，包括铝生产和物流，总计 29 亿美元。自中国政府与几内亚政府于 2017 年签署了一项 200 亿美元的框架协议以来，中国投资者对这一最不发达国家越来越重要。根据该协议，几内亚向中国投资方授予采矿权，以换取 20 年内每年获得 10 亿美元的基础设施开发资金。[26]

在最不发达国家中，相较于发达经济体的跨国公司，发展中国家投资者所具有的优势依然存在。2018 年，发展中国家投资者在这些国家已披露绿地 FDI 项目金额中的占比达到 53%，相比之下，2015—2017 年的平均值为 62%，2012—2014 年的平均值为 47%。

得益于特殊经济区和自然资源投资，预计未来几年，大部分非洲和亚洲主要投资接受国的 FDI 将回升。通过政府和社会资本合作，孟加拉国和其他亚洲最不发达国家推动其特殊经济区不断发展，这可能有助于吸引和保留更多的 FDI，这些投资不仅来自制造业的潜在特区入驻者，也来自从事基础设施建设的特区开发者或服务运营商（见第四章）。孟加拉国投资发展局预计，在政策改革的影响下，2019 年的 FDI 流入将达到 37 亿美元。埃塞俄比亚新建的工业园区有望在 2019 年吸引超过 50 亿美元的 FDI 流入。赞比亚也预计，由于多个农业区和经济区的发展，农业和能源项目的 FDI 流量将增加。[27] 在莫桑比克，石油和天然气的新投资预计将推动该国 2019 年的 FDI 流入回升至 2012—2013 年的 50 亿～60 亿美元的水平。在缅甸，新的石油和天然气项目有望在未来 5 年将 FDI 提高到近 60 亿美元。[28]

表 2.2　最不发达国家：2018 年已披露的 10 个最大的绿地项目

东道国	产业部门	母公司	母国	预计资本支出（百万美元）
埃塞俄比亚	原油冶炼	费尔法克斯非洲基金	美国	4 000
孟加拉国	火力发电	通用电气	美国	3 000
安哥拉	石油天然气开采	埃尼石油	意大利	2 236
莫桑比克	天然、液化和压缩气体	埃克森美孚	美国	1 400
几内亚	其他金属矿开采	特变电工	中国	1 160
缅甸	火力发电	云南投资控股集团	中国	1 147
缅甸	火力发电	阿沃伊蒂斯风险投资	菲律宾	1 147
孟加拉国	火力发电	中国华电集团	中国	984
马拉维	商业和公共建筑施工	安徽外经建设集团	中国	668
赞比亚	工业建筑施工	埃尔西维迪电气公司	埃及	668

资料来源：UNCTAD，英国金融时报 fDi Markets（www.fDimarkets.com）数据库。

内陆发展中国家

2018年前五位东道国经济体FDI流量（值和变化率）

前五位东道国经济体	2018 年流入量	2018 年变化率
哈萨克斯坦	38 亿美元	-18.3%
埃塞俄比亚	33 亿美元	-17.6%
蒙古国	22 亿美元	+45.5%
土库曼斯坦	20 亿美元	-4.8%
阿塞拜疆	14 亿美元	-51.1%

2018年流入

226亿美元

2018年降幅

-2.2%

占世界比重

1.7%

前五位东道国经济体

经济体名称
流入量
2018年变化率

流出：前五位母国经济体
（十亿美元和2018年增长率）

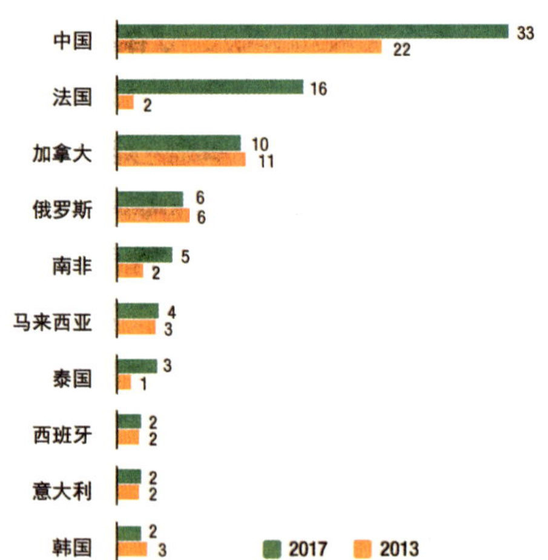

图A 2013年和2017年按FDI存量排名前十的投资来源国和地区（十亿美元）

资料来源：UNCTAD。

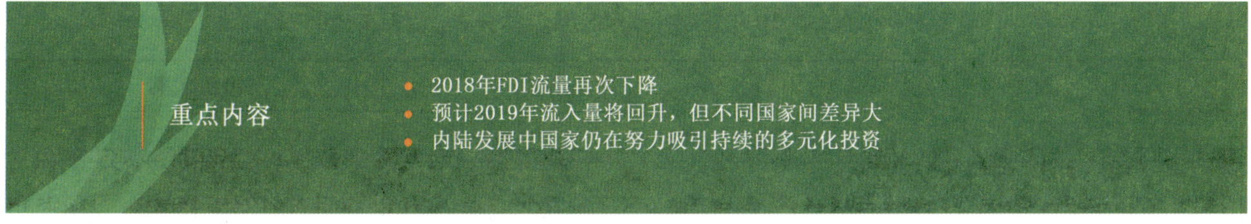

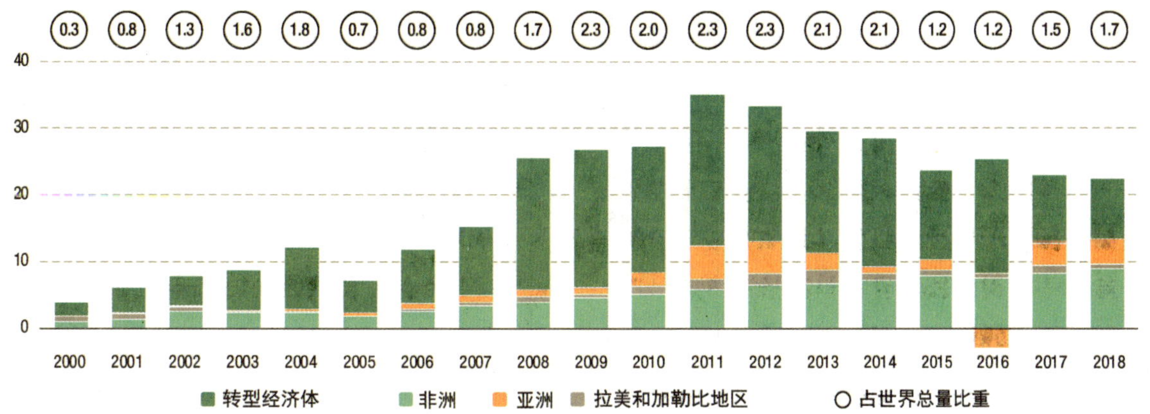

图 B　2000—2018 年 FDI 流入（十亿美元，%）

表 A　2017—2018 年跨国并购行业分布（百万美元）

产业/行业	净卖出额		净买入额	
	2017 年	**2018 年**	**2017 年**	**2018 年**
总计	**15**	**-236**	**1**	**323**
初级产业	**5**	**130**	**-2**	—
农业、林业和渔业	—	20	—	—
采矿、采掘和石油业	5	111	-2	—
制造业	—	**93**	—	—
食品、饮料和烟草	—	79	—	—
药品、药用化学品和植物性产品	—	14	—	—
服务业	**10**	**-459**	**3**	**323**
电力、燃气和水	—	37	—	—
交通和仓储	11	—	—	—
信息和通信	—	-630	—	274
金融和保险活动	-1	113	-4	45
人类健康和社会工作活动	—	14	—	—

表 B 2017—2018 年跨国并购地区/经济体分布（百万美元）

地区/经济体	净卖出额		净买入额	
	2017 年	2018 年	2017 年	2018 年
世界	**15**	**-236**	**1**	**323**
发达经济体	**8**	**-116**	**2**	—
欧盟	-399	-101	—	—
澳大利亚	158	9	—	—
加拿大	467	22	2	—
美国	124	-46	—	—
发展中经济体	**-2**	**-115**	**1**	**319**
中国	-45	190	—	—
智利	—	85	—	—
韩国	—	—	—	30
南非	-91	31	7	12
土耳其	—	-446	—	273
转型经济体	**-1**	**-34**	**-2**	**3**

表 C 2017—2018 年已披露的绿地 FDI 项目行业分布（百万美元）

产业/行业	内陆发展中国家作为投资目的地		内陆发展中国家作为投资者	
	2017 年	2018 年	2017 年	2018 年
总计	**16 434**	**40 099**	**4 416**	**8 002**
初级品部门	**1 343**	**5 012**	**6**	—
采矿、采掘和石油业	1 343	5 012	6	—
制造业	**10 080**	**19 586**	**3 746**	**6 458**
纺织品、服装和皮革	1 526	3 550	—	7
焦炭和精炼石油产品	946	8 110	3 625	6 327
化学和化学制品业	4 388	1 287	30	2
非金属矿产品	984	1 387	72	34
服务业	**5 011**	**15 501**	**664**	**1 544**
电力、燃气和水	2 333	6 478	—	—
建筑业	664	2 275	45	—
酒店和餐饮	151	2 858	76	819
商业服务	675	1 669	14	3

表 D 2017-2018 年已披露的绿地 FDI 项目地区/经济体分布（百万美元）

地区/经济体	内陆发展中国家作为投资目的地		内陆发展中国家作为投资者	
	2017 年	2018 年	2017 年	2018 年
世界	**16 434**	**40 099**	**4 416**	**8 002**
发达经济体	**5 472**	**20 641**	**667**	**119**
欧盟	4 112	8 683	667	119
塞浦路斯	—	4510	—	—
英国	2 067	1 289	—	14
日本	151	4 354	—	—
美国	974	5 574	—	—
发展中经济体	**9 605**	**17 779**	**3 534**	**6 884**
中国	5 166	7 832	143	—
韩国	223	1 355	—	—
新加坡	1 037	1 259	—	—
泰国	37	2 050	—	—
转型经济体	**1 357**	**1 679**	**214**	**1 000**

经过了 2017 年短暂的复苏后，32 个内陆发展中国家（LLDCs）的 FDI 流入量在 2018 年再次下降，降幅为 2%，至 230 亿美元，占全球流入量的 1.7%。转型经济体内陆发展中国家的 FDI 下降较为温和，但拉丁美洲的内陆发展中国家则出现了更为明显的下降。FDI 流入仍集中在少数几个经济体，前五大接受国（哈萨克斯坦、埃塞俄比亚、蒙古国、土库曼斯坦和阿塞拜疆）占内陆发展中国家总流入量的 56%。中国跨国公司成为越来越积极的投资来源，几乎出现在了所有的内陆发展中国家。由于内陆发展中国家发展和工业化水平的差异，各国 FDI 前景不同，预计经济多元化潜力大的国家 FDI 增长最快。

流入量

流向 16 个非洲内陆发展中国家的 FDI 增长 9%，至 89 亿美元。非洲非内陆经济体则增长了 11%，至 370 亿美元。尽管两个主要东道国埃塞俄比亚和赞比亚的投资流入出现下降，但非洲内陆发展中国家的流入量仍然增长。埃塞俄比亚的流入量下降了 18%，至 33 亿美元。赞比亚的流入量下降了 49%，至 5.69 亿美元，主要原因是采矿业新项目的缺乏，而制造业投资的增加不足以弥补采矿业投资的下降。与之相反的是，其他 12 个非洲内陆发展中国家的流入量出现增长。在乌干达和津巴布韦，少数几个项目带来了 FDI 流入量的快速增长，但这两个国家的基数极低。一些自然资源加工的新项目将推进两国的工业化进程和价值链提升，例如，中钢集团（中国）投资津巴布韦的金属加工，从中期来看有大幅扩张的潜力。[29] 其他与发展相关的投资，比如对数字经济和新产业的投资，也很有前景。例如在乌干达，法能集团（法国）[30] 建立了太阳能设备供应商（Fenix International 公司），柔亚公司（美国）[31] 建立了（Raxio）数据处理中心。

经过了 2017 年的短暂停滞后，四个亚洲内陆国家 FDI 流入[32]下降了 8%，至 16 亿美元。下降的大部分原因是中国新投资的放缓，导致四国中最大的接受国老挝的 FDI 流入量下降了 17%，至 13 亿美元。尼泊尔的 FDI 流入量增长了 24%，至 1.61 亿美元。投资承诺的增加预示着未来更高流量的可能性。[33]流入这四个内陆发展中国家的投资量下降与该地区的整体趋势背道而驰，因为流入整个亚洲发展中国家的 FDI 增长了 4%，达 5120 亿美元。这一对比显示出，与该地区更大的经济体以及与市场具有更好的海路连接相比，内陆发展中国家投资吸引潜力较弱并且具有结构性劣势。

两个拉美内陆发展中国家 FDI 流入大幅减少了 39%，至 7.09 亿美元，这与整个拉丁美洲和加勒比地区仅 6%的下降（至 1 470 亿美元）形成了鲜明对比。大幅下降的主要原因是流入玻利维亚的 FDI 暴跌了 64%，至 2.55 亿美元，该国在 2017 年由于运输和信息通信行业的投资以及一宗重要的矿业跨境并购交易（见《世界投资报告 2018》），FDI 流入量达到了罕见的高点。流入巴拉圭的投资依然维持在 4.5 亿美元，几乎未发生变化。108 家出口加工企业仍在该国的 FDI 战略中发挥重要的作用。这些出口加工企业旨在克服当地市场狭小的障碍，但是其成功也依赖于国际物流的发展。

流入九个内陆转型经济体和蒙古国的 FDI 连续第二年出现下降。2018 年下降了 5%，至 110 亿美元，但与转型经济体整体（下降了 28%，至 340 亿美元）相比，下降幅度有限。北马其顿的 FDI 流入量从其出口加工区外国企业产品的良好国际需求和其在国名争端中积极谋求政治发展上可见端倪。这有助于促进北马其顿和其主要出口市场欧盟间的合作。股权投资增长了 2.5 倍，公司内部贷款在经过 2017 年的负值后转正。除了传统强势的汽车产业集群，新投资也进入了其他领域。例如，英国食品和饮料公司（Caffè di Artisan）在该国投资了高端食品生产。

2018 年，流入蒙古国的 FDI 增长了 45%，达到 22 亿美元，主要是由于对世界最大的铜矿之一——奥尤陶勒盖地下矿的开发。该项目正由蒙古国政府（拥有 34%股权）和澳大利亚-英国力拓集团的一个分公司（拥有 66%股权）组建的一家合资企业进行开发。除了计划中的和正在进行的价值 53 亿美元的地下矿井扩建项目，2018 年，力拓集团还在当地投资建设了一家发电厂并在乌兰巴托成立了新的办事处。

相比之下，三个较大的主要依赖石油和天然气开采加工的转型经济体的 FDI 流入量连续第二年下降：阿塞拜疆下降 51%，至 14 亿美元；哈萨克斯坦下降 18%，至 38 亿美元；土库曼斯坦下降 5%，至 20 亿美元。下降的主要原因是新项目的缺乏和已有项目的撤资。例如在土库曼斯坦，一些天然气行业投资者（比如德国莱茵集团）正在关闭其在当地的公司。[34]

2017 年，中国跨国公司的 FDI 存量为 330 亿美元，成为内陆发展中国家最大的投资者。由于公共支持，尤其是在"一带一路"倡议之下，中国的投资者涉足了所有大陆的内陆发展中国家，尤其是那些自然资源丰富的经济体。截至目前，超过三分之二（32 个中的 22 个）的内陆发展中国家，包括玻利维亚等与中国相距遥远的国家都加入了"一带一路"倡议。2017 年，随着投资的快速增长，法国跨国公司在内陆发展中国家的 FDI 存量达到 160 亿美元。这一增长主要来自哈萨克斯坦（主要的跨国公司，如道达尔公司投资石油和天然气开采以及阿尔斯通投资交通运输领域），其次是尼日尔（阿海珐集团投资铀矿）、玻利维亚（泰雷兹集团的交通运输项目）和阿塞拜疆（例如道达尔公司正在运营的石油和天然气勘探、提取、冶炼、发电、营销和运输）的大型项目。[35]

展望

在 2019 年和接下来的几年中，内陆发展中国家的 FDI 流入预计将出现温和复苏，但不同国家间差异较大，反映出内陆发展中国家的异质性。流入 32 个内陆发展中国家的 FDI 预计将受益于活跃的南南 FDI（尤其是来自中国的投资）和从自然资源（主要是下游加工）到制造业活动的投资领域的潜在多样化。但是，32 个内陆发展中国家在自然资源禀赋、发展和增长轨迹上存在较大差异，且处于四种迥异的地区环境之中。埃塞俄比亚、老挝、北马其顿、摩尔多瓦和巴拉圭等国主要致力于吸引制造业 FDI，受制于当地市场规模，这些制造业必须是出口导向型。阿塞拜疆、玻利维亚、哈萨克斯坦、蒙古国和土库曼斯坦等的发展主要基于其丰富的自然资源。这些国家在某些年份能够吸引到大型项目，但受投资和价格周期的影响较大。最后，其余的内陆发展中国家通常经济体量很小且不发达，高度脆弱的经济环境使得吸引 FDI 面临重大挑战。这些国家的投资潜力还与其邻国的发展状况密切相关。

尽管存在差异，但内陆发展中国家都在通过一系列持续的措施努力吸引多样化的 FDI。作为未来 FDI 流入的主要指标，已披露的绿地项目显示 2019 年将可能出现好转。2018 年，绿地项目投资额翻了一番多，达到 400 亿美元。增长最快的投资领域是采矿业（几乎增加了 3 倍，达到 50 亿美元），这表明外国投资者对自然资源具有持续的兴趣，其中较大的项目是费尔法克斯非洲基金（美国）在埃塞俄比亚的炼油厂（见表 2.3）。大部分已披露的绿地项目投资于制造业，计划的项目投资金额几乎翻番，达到 200 亿美元，显示出经济更加多元化的前景。其中，石油产品是最大和最活跃的产业（比如日本川崎重工在土库曼斯坦的天然气加工厂等一些大型项目），其次是纺织和皮革产业（中国凯赛生物产业公司在哈萨克斯坦投资 25 亿美元的服装项目）。在服务业领域，已披露的绿地投资增长了 2 倍，达到 150 亿美元。其中，电力仍然是最重要的产业，其次是旅游、建筑以及新的活跃领域（商业服务业）。总的来说，流入内陆发展中国家的 FDI 能够显著获益于区域一体化项目，同时也能从“一带一路”等寻求改善运输能力和连通性的倡议中受益。

表 2.3　2018 年内陆发展中国家已披露的十大绿地项目

东道国经济体	行业分类	母公司	母国经济体	预计资本支出（百万美元）
津巴布韦	其他金属矿开采	卡罗资源有限公司	塞浦路斯	4 200
埃塞俄比亚	石油加工	费尔法克斯非洲基金会	美国	4 000
哈萨克斯坦	纺织品和纺织厂	凯赛生物产业生物技术有限公司	中国	2 500
土库曼斯坦	天然、液化和压缩气体	川崎重工	日本	1 700
土库曼斯坦	化石燃料电力	住友集团	日本	950
蒙古国	化石燃料电力	力拓集团	英国	950
哈萨克斯坦	石油加工	新加坡瑞威解决方案有限公司	新加坡	940
乌兹别克斯坦	石油加工	川崎重工	日本	940
马拉维	商业和公共建筑施工	安徽外经建设集团	中国	668
赞比亚	工业建筑施工	埃尔西维迪电气公司（埃尔西维迪电缆有限公司）	埃及	668

资料来源：UNCTAD，《金融时报》fDi markets 数据信息（www. fDi markets.com）。

小岛屿发展中国家

2018年前五位东道国经济体FDI流量（值和变化率）

前五位东道国经济体	2018 年流入量	2018 年变化率
巴哈马	9 亿美元	-9.1%
牙买加	8 亿美元	-12.8%
马尔代夫	6 亿美元	+12.0%
毛里求斯	4 亿美元	-16.1%
斐济	3 亿美元	-10.9%

2018年流入
37亿美元
2018年降幅
-9.7%
占世界比重
0.3%

前五位东道国经济体

流出：前五位母国经济体
（十亿美元和2018年增长率）

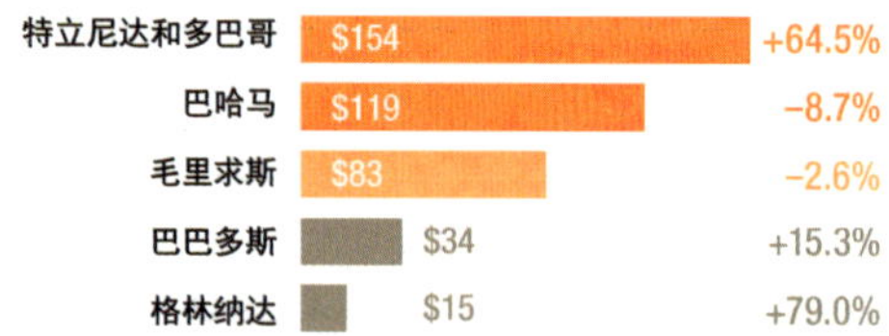

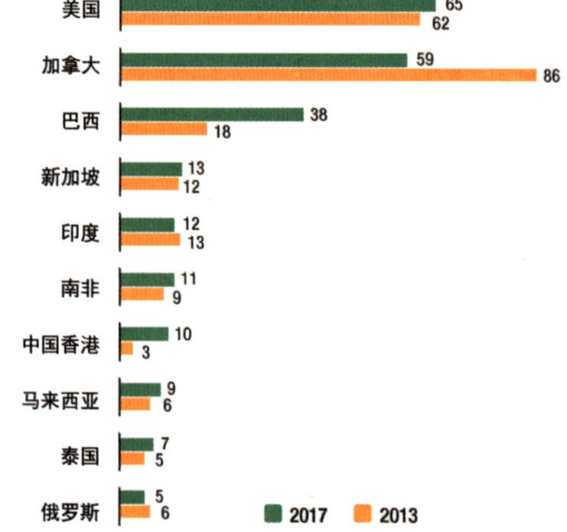

图A 2013年和2017年按FDI存量排名前十的投资来源国和地区（十亿美元）

资料来源：UNCTAD。

重点内容

- FDI流量连续第二年减少
- 加勒比小岛屿发展中国家的流量降至五年来的最低点
- 酒店和旅游业已披露的绿地项目投资总额达到三年来的最高值

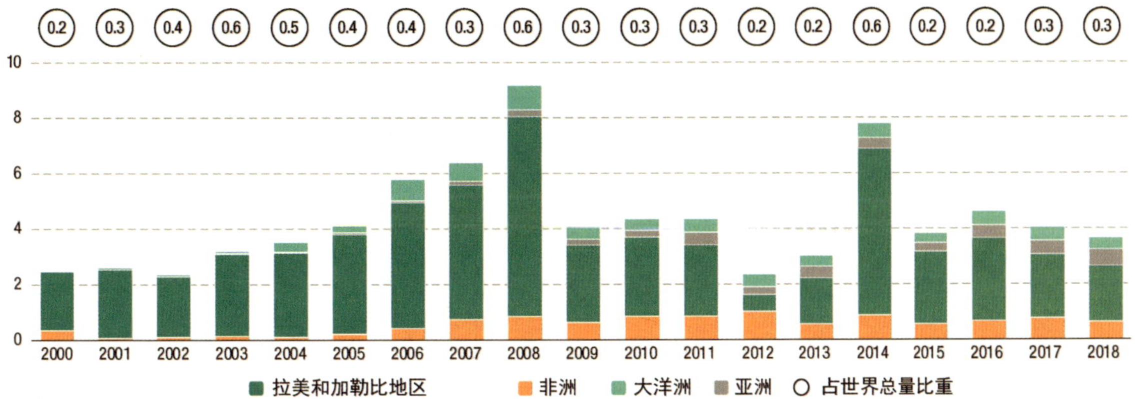

图 B 2000—2018 年 FDI 流入（十亿美元，%）

表 A 2017—2018 年跨境并购行业分布（百万美元）

产业/行业	净卖出额		净买入额	
	2017 年	2018 年	2017 年	2018 年
总计	**2 615**	**834**	**4 127**	**1 793**
初级产业	**144**	**219**	**2 314**	**822**
采矿、采石和石油	144	219	2 314	813
制造业	**100**	—	**-30**	—
非金属矿物制品	100	—	—	—
服务业	**2 371**	**615**	**1 843**	**971**
电、煤气和水	—	—	—	103
贸易	—	—	—	583
住宿和餐饮服务	45	-131	—	—
信息和通信	—	-91	—	—
金融和保险活动	4	510	2 016	279
商业活动	2 322	326	120	6
人类健康和社会工作活动	—	—	-293	—

表 B　2017—2018 年跨境并购地区/经济体分布（百万美元）

地区/经济体	净卖出额		净买入额	
	2017 年	2018 年	2017 年	2018 年
世界	**2 615**	**834**	**4 127**	**1 793**
发达经济体	**2 652**	**323**	**198**	**30**
欧盟	334	478	25	21
北美	—	195	-1	9
澳大利亚	25	-350	—	—
发展中经济体	**-38**	**511**	**3 928**	**1 763**
非洲	28	6	—	74
南非	28	5	—	19
拉美和加勒比地区	140	—	—	663
亚洲	-206	505	3 928	1 026
中国	-25	505	—	103
中国香港	-181	-18	-1	-36
印度	-300	—	3 925	946

表 C　2017—2018 已披露的绿地 FDI 项目行业分布（百万美元）

产业/行业	小岛屿发展中国家作为投资目的地		小岛屿发展中国家作为投资者	
	2017 年	2018 年	2017 年	2018 年
总计	**1 838**	**1 652**	**681**	**1 060**
初级产业	—	—	—	—
制造业	**179**	**44**	—	—
金属和金属制品	165	2	—	—
服务业	**1 659**	**1 608**	**681**	**1 060**
电、煤气和水	219	—	—	—
建筑	278	93	—	—
贸易	59	22	—	—
酒店和餐饮	787	992	—	—
运输、储存和通信	91	159	70	94
金融	37	87	76	402
商业服务	129	256	535	564
社区、社交和个人服务活动	59	—	—	—

表 D 2017—2018 年已披露的绿地 FDI 项目地区/经济体分布（百万美元）

合作伙伴地区/经济体	小岛屿发展中国家作为投资目的地		小岛屿发展中国家作为投资者	
	2017 年	2018 年	2017 年	2018 年
世界	**1 838**	**1 652**	**681**	**1 060**
发达经济体	**901**	**1 035**	**104**	**26**
法国	5	208	16	—
瑞士	—	112	—	16
美国	510	569	—	7
发展中经济体	**937**	**618**	**578**	**1 034**
非洲	10	2	10	471
拉美和加勒比地区	49	96	534	266
亚洲和大洋洲	879	520	34	298
中国	165	93	—	—
中国香港	337	—	34	—
斯里兰卡	—	112	—	—
阿拉伯联合酋长国	63	179	—	15

2018 年，对小岛屿发展中国家（SIDS）的 FDI 连续第二年下降，降至 37 亿美元，该类国家在所有流入发展中经济体的 FDI 中所占份额仍然很小（0.5%）。多数小岛屿发展中国家的小幅增长被发生在特立尼达和多巴哥的撤资所抵消。2018 年跨境并购净卖出额总计仅 8.34 亿美元，约为 2017 年的三分之一。FDI 存量数据显示，对这类国家的投资继续高度集中在两个加勒比海地区的小岛屿发展中国家。大多数小岛屿发展中国家的前景仍然堪忧且不确定。但同时，在已披露的绿地 FDI 项目中，酒店行业和旅游业的资本支出预计增至 9.92 亿美元，为三年来的最高水平。特殊经济区的发展可能会创造新的机遇。

流入量

加勒比地区 10 个小岛屿发展中国家的 FDI 降至 20 亿美元，为 5 年来的最低水平。巴哈马作为所有小岛屿发展中国家中最大的 FDI 东道国，其 FDI 流量连续第二年下降（下降 9%，至 9.43 亿美元）。尽管在建筑业项目的推动下，巴哈马 FDI 的股权投资部分增长了 42%，但是由于旅游业 FDI 的减少，流入牙买加的 FDI 也下降了 13%，为 7.75 亿美元。牙买加的股权投资枯竭，公司内部贷款降至 5.93 亿美元，为三年来的最低点。相比之下，圣卢西亚在公民投资计划的支持下，实现了 1.35 亿美元的 FDI 流入（增长 3%），为九年来最高点。由于建筑和旅游活动的增加，流入格林纳达的 FDI 也增加了 14%，达到三年来的最高水平，为 1.27 亿美元。流入特立尼达和多巴哥的 FDI 仍然为负（-4.36 亿美元）。较高的利润再投资不足以抵消该国能源类跨国公司子公司要偿还的公司内部贷款。从多米尼加的撤资加剧，为负 3 700 万美元，但该国经济正努力从飓风玛丽亚的破坏中恢复过来。

5个非洲小岛屿发展中国家的FDI下降22%，为6.2亿美元。2018年，除科摩罗外，对所有非洲小岛屿发展中国家的FDI均下降了。毛里求斯的流入量下降16%，至3.72亿美元，这主要是由于建筑以及金融和保险项目的严重削减。来自卢森堡的FDI流量减少最为显著，其次是法国。在塞舌尔，FDI流入减少了35%，至1.24亿美元。新FDI项目的实施放缓，以及2015—2020年大型新酒店项目的暂停，对利润再投资（下降59%，为4年来最低点）和公司内部贷款（下降44%，为5年来最低点）产生了不利影响。

流入亚洲和大洋洲13个小岛屿发展中国家的FDI停滞在10亿美元。该区域大多数小岛屿发展中国家的FDI流入额低于前一年。在旅游业新股权投资的推动下，马尔代夫的FDI增长了12%，达到5.52亿美元。流入东帝汶的FDI达到四年来的最高（4 800万美元）。相反，在斐济，由于主要建筑项目的完成，FDI连续第二年减少，至3.44亿美元（下降11%）。FDI中股权部分缩水逾60%，而利润再投资下降了9%。

虽然无任何一笔巨额交易，小岛屿发展中国家的跨境并购净卖出额从2017年的26亿美元暴跌至2018年的8.34亿美元。两笔大额交易记录出现在塞舌尔的金融服务行业（5.05亿美元）[36]以及特立尼达和多巴哥的石油与天然气行业（5.69亿美元）[37]。这些交易的结果导致英国（5.69亿美元，高于2017年的3.29亿美元）和中国（与2017年净撤资2 500万美元相比，达到5.05亿美元，）成为小岛屿发展中国家最大的投资者。

另外两笔大额卖出出现在亚洲和大洋洲，但它们对FDI流量的影响是消极的（跨国公司撤资）。在东帝汶，政府投资3.5亿美元，收购了一家生产原油和天然气的合资企业30%的股份，该合资企业由皇家壳牌（荷兰）、大阪天然气（日本）、康菲石油（美国）和伍德赛德石油（澳大利亚）共同拥有。在斐济，万豪国际集团以1.31亿美元的价格将其在一个度假胜地的全部股份出售给了斐济国家公积金。

小岛屿发展中国家的FDI存量仍然高度集中在巴哈马和巴巴多斯。迄今为止，北美跨国公司是小岛屿发展中国家最大的投资者。FDI的前10位来源经济体中有5个是亚洲发展中经济体（见图A）。美国在小岛屿发展中国家中所持有的FDI存量占美国在所有发展中经济体所持有FDI总存量的5%～6%。在所有加拿大投资者对发展中经济体的对外FDI存量中，约有30%～40%是在小岛屿发展中国家。在28个小岛屿发展中国家中，北美地区的FDI存量在地理分布上高度偏向于巴哈马和巴巴多斯。[38]

同样的，2013—2017年，巴西和中国香港持有的FDI存量的显著增长，几乎都归功于对巴哈马和巴巴多斯或两者兼而有之的投资。相比之下，印度、马来西亚、新加坡、南非和泰国在小岛屿发展中国家的FDI存量几乎全部集中在毛里求斯，部分原因是毛里求斯是进入其他非洲市场的门户。这凸显了其他小岛屿发展中国家吸引更多FDI具有很大的挑战性。

展望

小岛屿发展中国家的FDI前景仍然堪忧，并且仅仅依赖少数几个资本密集型项目。已披露绿地项目的趋势表明，未来FDI将进一步集中在小范围的一些服务产业（例如商业活动、酒店和餐饮业）中。这些国家的投资前景仍受到建筑业、酒店和旅游业等资本密集型项目的严重影响。制造业的前景依然疲弱，2018年公布的新项目投资额为4 400万美元，再创新低（较2017年下降75%）。

在非洲和加勒比地区的数个小岛屿发展中国家，预计将有新的对酒店和旅游项目的重大投资

（见表 2.4）。2018 年公布的酒店行业和旅游业的绿地 FDI 项目金额达到 9.92 亿美元，为三年来的最高值，占预计资本支出总额的 60%。在马尔代夫，亚洲发展中国家（即新加坡、斯里兰卡、泰国和阿拉伯联合酋长国）的投资者公布了若干项目，投资额从 1 500 万美元至 7 000 万美元不等。

美国以 5.69 亿美元（增长 11%）成为绿地项目的最大潜在投资者，其次是法国（2.08 亿美元，2017 年仅为 500 万美元）和阿拉伯联合酋长国（1.79 亿美元，2017 年为 6 300 万美元）。中国的跨国公司不如前几年活跃，它们公布的在小岛屿发展中国家的项目金额下降 44%，为 9 300 万美元，仅投资于牙买加的一个建筑项目（见表 2.4）。

考虑到该类国家有限和脆弱的经济基础，跨国公司对资本密集型的绿地项目（持续 5～10 年）或对少数小岛屿发展中国家大宗跨境交易的投资决策将继续对其国内经济，同时对流入所有小岛屿发展中国家的 FDI 的整体流向产生巨大影响。

特殊经济区的发展可能创造新的投资机会。一些小岛屿发展中国家正在开展新的特殊经济区项目，以加速经济的多样化和促进可持续增长（见第四章，专栏 4.2）。例如，马尔代夫试图吸引外国投资者投资多个主题特殊经济区项目。

牙买加的经济已经比其他小岛屿发展中国家更加多元化，正在过渡到一种新的特殊经济区体制（见第四章）。除了几个正在开发的多用户区和特区，三个特殊经济区大型项目也正在推进中：卡曼纳斯特殊经济区（涉及轻工业、知识流程外包和物流的综合特区）、牙买加-甘肃工业园区（涉及制造、农产品加工和物流的综合特区）以及（Vernamfield）航空城（物流和航空货运枢纽）。[39] 这些大型项目的资本需求估计为 80 亿美元——接近该国国内总产值的 60%——这可能会对 FDI 流入产生相当大的影响。

表 2.4 小岛屿发展中国家 2018 年披露的最大的绿地项目

东道国经济体	行业分类	母公司	母国经济体	预计资本支出（百万美元）
佛得角	酒店和旅游住宿	希尔顿酒店（希尔顿全球）	美国	104
毛里求斯	酒店和旅游住宿	地中海俱乐部	法国	104
塞舌尔	酒店和旅游住宿	地中海俱乐部	法国	104
塞舌尔	酒店和旅游住宿	Dutco 集团公司	阿拉伯联合酋长国	104
牙买加	商业支持服务	萨瑟兰全球服务公司	美国	101
牙买加	运输支持活动	太平洋航空	墨西哥	96
毛里求斯	数据处理、托管和相关服务	云火炬	美国	94
牙买加	商业和公共建筑施工	中国交通建设公司	中国	93

资料来源：UNCTAD，基于金融时报有限公司 fDi Market（www.fDimarkets.com）数据库整理。

注释

[1]中国商务部有关数据。www.mofcom.gov.cn/article/ae/sjjd/201901/20190102826598.shtml。

[2]巴基斯坦国家银行，2017—2018 年第三季度报告。

[3]“2018 年，中国对北美和欧洲的 FDI 下降 73%，至 300 亿美元，为 6 年低点”，https://www.bakermckenzie.com/en/newsroom/2019/01/chinese-

fdi。

[4]中国商务部。http://www.mofcom.gov.cn/article/ae/sjjd/201901/20190102827466.shtml。

[5]“三星在英国、加拿大和俄罗斯开设全球人工智能中心”。https://news.samsung.com/global/samsung.opens-glob-ai-centers-in-k-Canada-and-Russia。

[6]“商务部长表示：尽管存在贸易战，美国投资者仍‘信心十足’地将资金投入中国。”《南华早报》，2019 年 4 月 29 日。

[7] 例如，缅甸将农业外资持股比例上限从49%提高到 80%。2018 年 11 月，缅甸又新设了投资与对外经济关系部。菲律宾通过 2018 年 11 月生效的最新负面清单放宽了部分投资限制。详情见第三章和联合国贸发会政策监测。

[8]“2018 年，中国对北美和欧洲的 FDI 下降 73%，至 300 亿美元的 6 年低点”。https://www.bakermckenzie.com/en/newsroom/2019/01/chinese-fdi。

[9] 联合国贸发会，《投资政策监测》，第 21 期，2019 年 3 月。

[10]《墨西哥经济学家报》，“洛佩特吉表示，瓦卡穆尔塔在 2018 年的投资额为 40 亿美元”，2019 年 3 月 15 日。

[11]联合国贸发会，《投资政策监测》，第 21 期，2019 年 3 月。

[12]经济学人智库，“中国投资将资助新的矿产开采项目”，2019 年 2 月 26 日。

[13]公共财政研究中心，“对墨西哥 FDI 活动统计报告的评论（2018 年 1 月至 12 月）”。

[14]墨西哥银行，“私营部门经济专家期望调查：2019 年 2 月”。

[15]2018 年年底前，新总统安德烈斯·曼努埃尔·洛佩斯·奥夫拉多尔决定停止修建一座新机场（价值 130 亿美元），导致比索大幅贬值和国家信用评级下降。为避免棘手的违约，机场债券持有人不得不在年底前达成偿付协议。特斯科机场的建设仍在继续，而总统的团队正在与债权人谈判。彭博社 2018 年 12 月 12 日报道，“AMLO 解决机场债券纠纷，墨西哥比索上涨”。

[16] CentralAmericanData.com，“哥斯达黎加的新业务流程外包投资”，2018 年 2 月 14 日。

[17]其中一项大型撤资交易涉及俄罗斯铜业公司从自由港麦克莫兰公司（美国）及其俄罗斯合资伙伴那里购买阿穆尔矿业公司。

[18]加里宁格勒地区发展公司（2018），“特别行政区——加里宁格勒地区”（http://sar.kgd-rdc.ru/en/）。

[19]布洛克，尼尔（2018），“2018 年对乌兹别克斯坦的 FDI 呈上升趋势”。fDi Belfast，12 月 17 日，https://www.fdiintelligence.com/Trend-Tracker/FDI-into-Uzbekistan-on-the-rise-in-2018。

[20]日本烟草公司以 17 亿美元收购了顿河烟草公司，这是该国唯一一笔大额交易。

[21]这些数字包括流入离岸金融中心和特殊目的实体的 FDI，但不包括在联合国贸发会的流入量数据内。

[22]根据 2008 年《海地半球机会伙伴关系激励法案》和 2010 年《海地经济振兴计划》，在海地生产的特定产品，主要是服装产品，可以免税进入美国。2015 年《贸易优惠延期法案》将该法案中向海地提供的贸易优惠延期至 2025 年 9 月（资料来源：美国国务院（2018），《美国与海地关系》，西半球事务局情况说明书，3 月 16 日，www.state.gov/r/pa/ei/bgn/1982.htm）。

[23]“缅甸投资委员会 2017—2018 财年（4 月 1 日至 3 月 31 日）年度投资报告摘要”。www.dica.gov.mm/sites/dica.gov.mm。

[24] 2016 年，日本烟草公司在埃塞俄比亚完成了 5.1 亿美元的收购（世界投资报告 2017）。

[25] 2018 年，通用电气签署协议，在孟加拉国投资另一个价值 44 亿美元的发电项目。

[26]“中国向几内亚提供 200 亿美元贷款以获取铝矿”，2017 年 9 月 6 日，www.reuters.com。

[27] 2017 年，外国投资者的投资承诺已超过 170 亿美元，其中能源投资 80 亿美元，农业投资近 70 亿美元。资料来源：赞比亚共和国银行（2018），《2018 年赞比亚外国私人投资和投资者观念：加强对出口促进和工业化的投资以实现包容性增长》，www.boz.zm。

[28]《缅甸时报》（2018），“缅甸吸引东亚 FDI 的长期投资计划”，10 月 19 日，www.mmtimes.com/news/myanmar-targets-FDI-East Asia-long-term investment plan.html。

[29]中钢集团（2018）“中钢集团与津巴布韦政府签署投资谅解备忘录”。中钢集团新闻，5 月 17 日，http://en.sinosteel.com/art/2018/5/17/art_314_15776.html;Marawanyika, Godfrey（2018），“中钢集团将投资 10 亿美元提高津巴布韦矿产产量”。彭博社，5 月 14 日。https://www.bloomberg.com/news/articles/2018-05-14/sinosteel-boosts-zimbabwe-ferrochrome-output-in-1-billion-deal。

[30]参见公司网站：https://www.fenixintl.com。

[31]参见公司网站:https://www.raxio.co.ug。

[32]蒙古国作为内陆发展中国家转型经济体进行分析。

[33]《加德满都邮报》（2018），“FDI 承诺前 8 个月增加 34.9 亿卢比：调查”，5 月 29 日。https://kathmandupost.ekantipur.com/news/2018-05-29/fdi-pledges-up-rs349b-in-first-8-months-survey.html。

[34]美国驻土库曼斯坦大使馆（2018），《美国国家商业指南:土库曼斯坦 2018》。https://tm.usembassy.gov/wp-content/uploads/sites/124/TurkmenistanCountryCommercialGuide2018.pdf。参见 Auyezov, Olzhas 和 Ece Toksabay（2018），“外国公司在资金紧缺的土库曼斯坦挣扎”，路透社，6 月 3 日。https://www.reuters.com/article/us-turkmenistan-economy/foreign-companies-struggle-in-cash-strapped-turkmenistan-idUSKCN1IZ0Q4。

[35]道达尔（n.d.），“我们在阿塞拜疆的业务”。https://www.total.com/en/azerbaijan（2019 年 5 月 7 日访问）。

[36]惠盈集团（中国）是一家服装装饰和纺织品印染服务提供商，收购了盈喜产业链集团的多数股权，后者是一家专注于纺织品和服装行业的供应链管理咨询公司。惠盈集团计划开发其新的业务部门：协助客户在中国各地开设纺织品和服装销售网点（https://sec.report/Document/0001493152-18-003260/#c_005）。

[37]通过股票掉期交易，哥伦布能源资源公司（Columbus Energy Resources）（英国）以预计的 5.69 亿收购了原油和天然气生产商 Steeldrum Oil。

[38] 2017 年，加拿大在小岛屿发展中国家的 FDI 存量的 98%来自巴哈马（33%）和巴巴多斯（65%）。美国投资者在小岛屿发展中国家的 FDI 存量的三分之二也在这两个国家：巴哈马为 36%（2013 年超过 50%），巴巴多斯为 31%（2013 年为 20%）。毛里求斯是第三大投资目的地，占美国在小岛屿发展中国家 FDI 存量的 16%（2013 年为 12%）。

[39]来自牙买加特殊经济区管理局的资料。

近期政策发展和关键议题

第三章

第一节 国别投资政策

一、总体趋势

2018 年，据 UNCTAD 统计，55 个国家和经济体引入 112 项与外国投资相关的政策措施——较上年数据降幅超过 11%。在这些措施中，三分之一与新增的 FDI 限制或监管相关，其中 65 项涉及投资促进、自由化和便利化。其余 16 项措施的效果属于中性或不确定（见表 3.1）。与此相应，引入的更具限制或监管倾向的政策措施占比从 2017 年的 21%上升至 34%——增幅超过 60%。这一比例也创下 2003 年以来的新高（见图 3.1）。

针对外国投资者的新增投资限制或监管措施主要基于与关键基础设施、核心技术、国防部门、敏感商业资产或住宅物业外资所有权相关的国家安全担忧。尤其是大量并购被政府基于国家安全考虑而阻止，所涉交易总额约为 1 530 亿美元。与此同时，众多国家引入与投资促进、自由化和便利化相关的政策措施。促进与投资自由化相关的措施散见于包括农业、媒体、物流、采矿、能源、零售、金融、运输、基础设施和互联网商业在内的各类行业。此外，若干国家努力精简管理流程，而其他的一些国家则扩充了自身的投资激励体系。

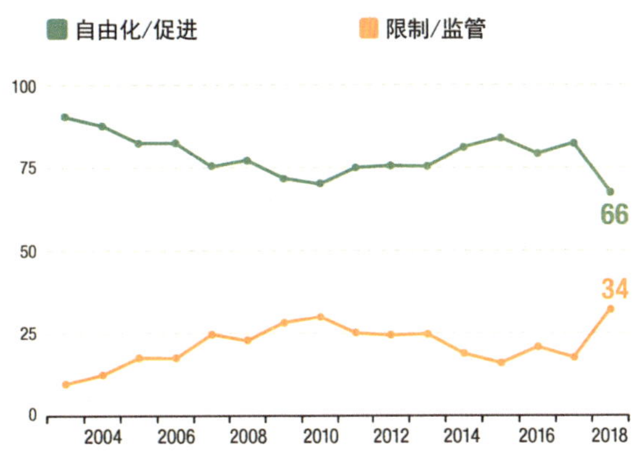

图 3.1 2003—2018 年国别投资政策变化幅度（%）

资料来源：UNCTAD，投资政策监测数据库。

表 3.1 2003—2018 年国别投资政策变化（措施数量）

类别 \ 年份	2003	2004	2005	2006	2007	2008	2009	2010	2011	2012	2013	2014	2015	2016	2017	2018
引入政策有变化的国家数量	59	79	77	70	49	40	46	54	51	57	60	41	49	59	65	55
监管变化数量	**125**	**164**	**144**	**126**	**79**	**68**	**89**	**116**	**86**	**92**	**87**	**74**	**100**	**125**	**126**	**112**
自由化/促进	113	142	118	104	58	51	61	77	62	65	63	52	75	84	98	65
限制/监管[a]	12	20	25	22	19	15	24	33	21	21	21	12	14	22	23	31
中性/待定	—	2	1	—	2	2	4	6	3	6	3	10	11	19	23	16

资料来源：UNCTAD，投资政策监控数据库。

a：“限制”是指一项政策措施引入外国投资设立的限制；“监管”是指对已设立的投资（无论是国内控股还是国外控股）引入相关义务的政策措施。

从地区看，亚洲发展中国家在引入投资政策措施方面继续领先，随后是发达国家和非洲国家（见图 3.2）。然而，地区间新增措施的实质却显著不同。亚洲地区的发展中国家引入的政策措施中，三分之二涉及投资促进、自由化和便利化，而仅有 2 项与限制或监管有关。相反，发达国家引入旨在强化限制或监管的 21 项政策措施，仅有 7 项更有利于投资。在非洲，上述政策措施的数量更为均衡，14 项措施有利于投资而 8 项措施更为不利。

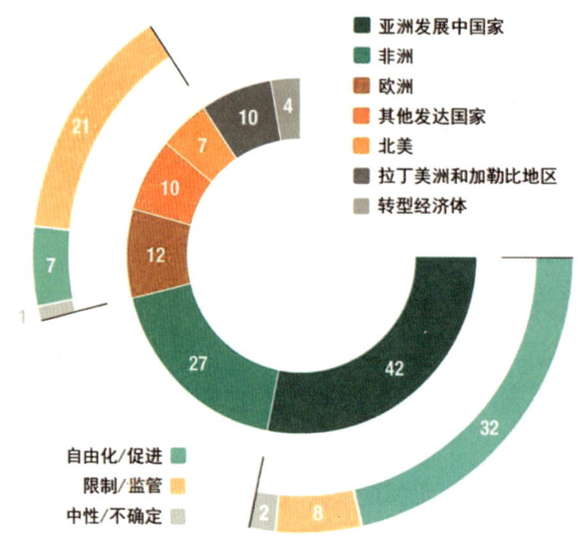

图 3.2　2018 年国家投资政策的区域分布

资料来源：UNCTAD。

（一）国家安全成为主要关切

1. 与国家安全有关的担忧日益增加

大多数新近引入的投资限制或监管措施体现了东道国对国家安全的关切，尤其是对位于战略性产业和关键基础设施领域的外国投资而言。例如，澳大利亚收紧电力行业的投资审查程序，并加强对外国投资者购买农业用地的监管。比利时佛兰德斯政府建立了一个新的审查机制，以在特定情形下对外国并购进行干预。中国针对外国投资者收购国内企业以及技术出口背景下的知识产权跨境转让制定了国家安全审查程序。法国和德国将其外国投资审查范围扩大至若干新的战略性技术领域。匈牙利制定一部新法律，在国防、两用产品、加密、公用事业、金融、电子通信和公共通信系统等政治敏感领域引入与国家安全有关的外国投资审查机制。立陶宛修订了《国家安全战略重要性企业和设施法》，旨在寻求维护军事装备、能源和信息技术等特定行业的国家安全。英国和美国扩大了与国家安全有关的外国投资审查机制的适用条件或适用范围。在地区层面，欧盟（EU）在 2019 年 4 月建立了 FDI 审查框架（有关日益增加的国家安全担忧的更多信息可参见专栏 3.3）。

2. 新的当地成分要求

一些国家为投资者引入了新的当地成分要求。例如，尼日利亚颁布了总统行政令，要求所有公共采购部门在签订合同时优先考虑本土公司。其还禁止内政部向那些与国内劳动力拥有同等熟练技能的外国劳工发放签证。南非要求国防部门满足60%的当地成分要求，并对黑人控股引入了更高比例的要求。坦桑尼亚联合共和国通过了一些法规以促进本土专业知识、商品和服务、商业和融资在采矿价值链中的应用，其还要求坦桑尼亚本土公司在提供商品和服务的强制性合资安排中持有至少20%的股权。2019年1月，塞内加尔修改了石油法以加强对国家利益和当地成分的保护。

3. 有关获得土地以及其他行业的新规定

一些国家通过了有关外国投资者土地所有权的新规定。例如，加拿大增加了向外国实体转让住宅房产的财产转让税。新加坡增加了适用于外国人获得住宅物业的额外买方印花税。2019年2月，印度对电子商务的FDI政策进行若干限制性调整以维护国内线下零售商的利益。

（二）投资便利化和投资促进凸显

投资便利化和投资促进继续成为新引入的投资政策措施的主要部分。34项措施——约占总数的1/3——属于这一类别。就其中的部分而言，便利化和促进措施也被纳入新通过的法律当中。

1. 简化行政程序

一些国家采取措施以确保投资者快速获得有关部门的行政许可。例如，澳大利亚设立了一个新的在线申请门户网站以促进外国投资申请流程。科特迪瓦重构投资申请审批程序并决定向农业、农业综合经营行业（agribusiness）、医疗保健和旅游业公司提供额外的税收抵免。印度尼西亚将外国投资者使用在线单一窗口提交申请的最低股权要求从100亿卢比降至25亿卢比，其还取消了涉及外国投资者若干商业交易的批准要求——如股东变动、资本结构变化以及国内公司转变为外国公司等。沙特阿拉伯将外国投资者的许可期限从此前的一年延长至五年。坦桑尼亚联合共和国建立了在线注册系统，大大缩短了时间，降低了成本，进而简化了投资注册程序。乌兹别克斯坦启动了一个项目，通过多语言版本的门户网站提供有关签证、居留许可、注册和税务系统等的信息。

2. 简化工作和居留许可程序

一些国家采取措施为外国人发放工作和居留许可提供便利。例如，中国增加了外商投资建筑和工程设计企业的外国技术人员配额，放宽了对招聘机构的限制。泰国推出了新的签证制度（智能签证）以吸引外国高技能人才。乌兹别克斯坦增加了为高素质外国专家发放工作许可证的配额。

3. 财税激励仍然是一项重要的投资促进工具

许多国家扩大了有关投资的财税激励体系。例如，布基纳法索将投资战略部门的激励措施门槛降低了1/4。中国增加了海外投资者的所得税优惠，免除了其在中国进行利润再投资的所得税。厄瓜多尔修订了投资法，为促进FDI制定了新的激励措施，并为解决投资合同产生的争议提供了新的仲裁途径。意大利针对旨在获取资产或增加就业的利润再投资降低了税率。毛里求斯为企业合作开发特殊经济区基础设施提供了五年免税期。波兰将此前只在特殊经济区实施的财政激励计划扩展到整个国家。泰国颁布了《东部经济走廊法案》，为走廊投资者提供财税激励。乌干达推出了税收激励，促进以工业化、出口和旅游业为重点的国内和外国投资。

2019年1月，喀麦隆为促进灾区经济恢复，引入若干税收优惠政策。2019年2月，危地马拉为在其新的特殊经济区（即特殊公共经济开发区）经营的公司制定了财税激励措施。其所提供的税收优惠包括10年免征所得税以及暂停与进口相关的征税。为促进对酒店和娱乐活动的投资，2019年2月，巴拿马将对旅游业的财税激励措施延长至 2025 年。同样在 2019 年 2 月，波兰推出了旨在促进音像产业发展的财税激励措施。

4. 其他与投资便利化和投资促进相关的措施

许多国家采取了其他政策措施来促进投资及其便利化。阿根廷颁布了一项包含 170 条措施的法令，旨在废除被认为会降低国家竞争力的规则和条例。埃及不再要求有限责任公司必须任命埃及籍管理人员。印度修订了关于港口部门公私伙伴关系的特许协议范本。除此之外，新协议为开发商提供了更加容易的退出方式，并降低了土地的标准租金。缅甸设立了投资和对外经济关系部以促进国内和外国投资。该国还允许外国银行的所有分支机构提供商业服务。在南非，《投资保护法案》在该国终止了一系列投资协定后生效。阿拉伯联合酋长国在经济部内设立了一个 FDI 机构，其任务是出台并实施 FDI 政策。

2019 年 1 月，厄瓜多尔制定了新的法规以阐明《生产发展法》，简化环境规则并提供额外的税收激励。哈萨克斯坦放宽了仲裁框架，允许投资者在涉及国家的争端中选择适用外国法律，并使其执行条款符合《纽约公约》。2019 年 3 月，中国通过了新的《外国投资法》，该法将于 2020 年 1 月 1 日生效，旨在提高 FDI 政策的透明度并加强投资保护。

（三）FDI 自由化继续

32 项政策措施——约占引入措施的 30%——涉及各行业的部分或全部投资自由化，包括农业、传媒、物流、采矿、能源、零售贸易、金融、运输、基础设施和互联网业务等。

2018 年，亚洲发展中国家率先采取投资自由化措施，约占此类措施的 60%。例如，中国对 11 个自由贸易试验区的外国投资负面清单进行修订，放宽或取消了对若干行业的外国投资限制。印度放开了若干行业的内向投资规则，包括单一品牌零售贸易、航空公司和电力交易所等。科威特改变原有做法，允许外国投资者拥有和交易科威特银行股份。缅甸转而允许批发零售业和采矿业百分之百外资控股以及农业部门百分之八十外资控股，在国内公司不丧失现有国内地位的前提下，其还允许外国投资者持有高达 35%的国内公司股份。菲律宾对其“负面清单”进行了修订，放宽了外资在本土融资的公共工程项目建设和维修、私人无线电通信网络、互联网业另外四个行业（招聘和就业服务、房地产经纪、视听和媒体服务以及陆路运输服务）。阿拉伯联合酋长国制定了一个框架，允许外国人在被列入“正面清单”的行业中拥有高达 100%的股权。越南允许为建立商品交易所提供资金的外国投资者持有不超过 49%的注册资本。外国投资者现在也可以作为客户在商品交易所进行商品交易，并且可以成为交易所（经纪人或交易商）成员而不受任何所有权限制。2019 年 1 月，印度取消了外国公司在国防、电信和私人安保等行业中的批准程序，使其在特定情形下得以开设分支机构。截至 2019 年 1 月，卡塔尔原则上允许除银行和保险外的所有经济部门存在百分之百的外国所有权。

亚洲以外的国家也采取了投资自由化措施。例如，安哥拉引入了一项新的私人投资法，废除了某些行业或交易活动的当地伙伴关系要求，并将农业、纺织、旅游和基础设施等列为优先发展行业。加拿大将其航空公司的外国所有权上限从 25%扩大到 49%，前提是单个外国人不能拥有或控制超过 25%的加拿大航空公司投票权，以及外国航空公司不能拥有超过 25%的加拿大航空公司投票权。埃塞俄比亚废除了对物流业的投资限制并启动了主要国有企业的私有化进程。纳米比亚废除了获取采矿勘探许可证的企业需要被此前处于劣势的纳米比亚人部分拥有和管理的要求。乌克兰通过了一项关于公共财产私有化的法案，旨在促使私有化进程对投资者而言更加透明快捷。

二、影响外国投资者的并购管控

2018 年，诸多东道国政府阻止了大量外国并购案，特别是那些与向外国公司出售关键基础设施或其他战略性国内资产有关的并购（见表 3.2）。在价值超过 5 000 万美元的所有跨境并购中，UNCTAD 发现至少有 22 项交易因监管或政治原因被迫撤回，是 2017 年的两倍。

表 3.2　2018 年基于监管或政治原因被迫撤回的外国并购（例示清单）

基于国家安全原因	
蚂蚁小微金融服务集团股份有限公司－速汇金国际公司（Moneygram International Inc）[a]	2018 年 1 月 2 日，蚂蚁金服（阿里巴巴集团旗下的一家公司）撤回了其以 12 亿美元收购美国金融交易服务提供商速汇金的要约。根据速汇金的一份声明，当事人被告知美国外资投资委员会（CFIUS）将不会对并购案予以批准，双方同意终止交易。
海南航空（HNA）股份有限公司－澳新银行旗下新西兰汽车金融公司（UDC 金融）[b]	2018 年 1 月 17 日，在新西兰海外投资办公室阻止该交易后，海航（中国）撤回收购 UDC 金融（澳新银行新西兰有限公司的子公司）的计划。根据海外投资办公室提供的解释，这笔 4.6 亿美元的交易被阻止的原因在于“海航集团所有权结构的不确定性，反映了国际社会越发担心航空运输集团的透明度和治理问题”。
蓝色光标（BlueFocus）国际有限公司－科进（Cogint）公司[c]	2018 年 2 月 20 日，数据解决方案提供商科进（美国）和蓝色光标（中国香港）同意终止价值 1 亿美元的业务合并协议。科进宣称 CFIUS 表示不愿意批准该交易。
中青芯鑫资产管理有限公司（Unic）－美国半导体测试设备厂商（Xcerra 公司）[d]	2018 年 2 月 22 日，美国芯片测试设备厂商 Xcerra（美国）终止与华芯投资旗下基金中青芯鑫（Unic 资本管理）达成的 5.8 亿美元并购协议。Xcerra 表示，在仔细考量 CFIUS 提供的反馈后，其认为并购被批准的可能性很小。
博通（Broadcom）有限公司－高通（Qualcomm）公司[e]	2018 年 3 月 12 日，由于国家安全原因，美国总统禁止博通（新加坡）收购芯片制造商高通（美国）。2018 年 2 月，博通提出以 1 170 亿美元收购高通。
意大利基础设施运营商亚特兰蒂亚公司－西班牙收费公路运营商（Atlantia SpA-Abertis Infraestructuras SA）[f]	2018 年 10 月，意大利著名的基础建设金融投资公司 Atlantia 撤回了对西班牙同行 Abertis Infraestructuras 的收购要约。由于西班牙政府担心这笔交易可能使该国最重要的道路完全由外资控股，因此该交易面临政治方面的反对。此后，该交易（165 亿欧元）被重新安排为 Atlantia 和 Hochtief（西班牙 ACS 建筑公司 Actividades de Construccion y Servicios 的德国子公司）发起的联合收购。
中国交通建设公司国际控股有限公司（CCCI）－加拿大第三大建筑公司阿肯（Aecon）集团有限公司[g]	2018 年 5 月 23 日，加拿大政府阻止 CCCI 以 15 亿美元收购加拿大建筑公司 Aecon，CCCI 是一家中国国有企业，也是世界上最大的工程和建筑公司之一。根据加拿大创新科学和经济发展部长的官方声明，交易损害了国家安全，该部长表示，加拿大政府“对创造就业机会并促进繁荣的国际投资持开放态度，但不能牺牲国家安全”。

续表

长江基建（CK）资产控股有限公司-澳大利亚天然气运输（APA）集团[h]	2018年11月20日，由CK资产控股有限公司牵头的财团撤回了对APA集团全部股权的收购，APA集团是一家总部位于悉尼的天然气基础设施业务所有者和运营商。澳大利亚联邦财务主管证实了禁止这项98亿美元收购要约的决定，并表示"外国投资审查委员会（FIRB）未能达成一致意见，表达了对这一外国参与者在天然气和电力领域的优势地位及其对行业集中度和国家利益长远影响的担忧"。
广田（Grandland）控股集团有限公司-日本骊住（Lixil）集团[i]	2018年11月27日，房地产开发商Grandland Holdings Group撤回了其以4.67亿欧元收购Lixil建筑业务的要约，在美国外资投资委员会（CFIUS）基于国家安全理由拒绝批准该交易之后。
基于竞争原因	
新西兰媒体娱乐有限公司（NZME）-新西兰费尔法克斯传媒公司（Fairfax）[j]	2018年3月3日，新西兰媒体娱乐集团NZME放弃了与新西兰费尔法克斯传媒公司达成的3 900万美元的收购协议，此前新西兰商务委员会阻止了该交易，理由是该交易会提升行业集中度。
安普朗不锈钢集团（Aperam SA）-原蒂森克虏伯子公司德国金属控股公司（VDM）[k]	2018年4月11日，安普朗不锈钢集团宣布终止与Falcon Metals金属公司和林赛•戈德堡投资基金Lindsay Goldberg Vogel签订的以4.38亿欧元收购VDM金属控股公司股份的协议，原因是欧盟委员会对该并购案对市场竞争的影响感到担忧。
葡萄牙电信运营商（MEO）多媒体服务公司-葡萄牙电视与印刷巨头（Media Capital传媒集团）[l]	2018年6月18日，葡萄牙竞争管理局拒绝了欧洲电信巨头Altice旗下的葡萄牙MEO多媒体服务公司提出的以4.04亿欧元收购葡萄牙Vertix SGPS投资公司（拥有葡萄牙Media Capital传媒集团95%的股权）全部股权进而接管Media Capital的交易，原因在于双方未能充分解决对交易限制竞争的担忧。后续结果是双方同意终止交易。
基于其他监管原因	
风神（Aeolus）轮胎股份有限公司-倍耐力工业（Prometeon）轮胎集团有限公司[m]	风神轮胎（中国）撤回其从其他投资者的股票掉期交易中收购Prometeon轮胎集团（意大利）剩余90%股权的要约，Prometeon轮胎集团是一家轮胎制造商和批发商。2018年1月4日，风神轮胎发布声明称，中国未能在2017年12月31日截止日期前批准该项海外收购。双方未能就延期达成共识，因此交易终止。
斯帕顿（Sparton）集团-上市公司极限（Ultra）电子控股[n]	2018年3月5日，在美国司法部表示可能阻止交易后，美国斯帕顿集团（Sparton）撤回其以2.34亿美元收购合资伙伴英国米德尔赛克斯的极限电子（Ultra Electronics）控股的计划。
黑石（Blackstone）集团-澳大利亚（AMA，美国汽车制造商协会集团）维修集团[o]	2018年6月22日，澳大利亚AMA维修集团根据澳大利亚税务局的不利税收裁定，终止其以3.75亿美元向黑石集团出售其车辆维修业务的交易。

续表

在等待东道国批准时撤回	
印度华平投资（Warburg Pincus）有限公司-塔塔科技（Tata Technologies）有限公司[p]	2018 年 2 月 6 日，作为私募股权企业的印度华平（美国华平的分支机构）撤回了其对塔塔科技 43%股权的收购要约（3.6 亿美元），后者是印度最大的卡车制造商塔塔汽车公司的工程服务和设计部门。在一份媒体声明中，塔塔汽车声称，由于监管机构的延迟批准以及市场变化导致该公司近期业绩未达到内部门槛要求，因此该交易被双方共同终止。
波兰最大的有限电视运营商（UPC Polska）-波兰第三大有线电视运营商（Multimedia Polska SA）[q]	2018 年 3 月 23 日，在等待波兰竞争和消费者保护办公室对交易进行批准期间，国际广播与电视运营商巨头 Liberty Global 的子公司，波兰最大的有线电视运营商 UPC Polska 撤回其以 8.76 亿美元收购波兰第三大有线电视运营商 Multimedia Polska 的申请。
国际电信运营巨头（VEON）有限公司-环球电讯控股（Global Telecom Holding SAE）[r]	2018 年 4 月 3 日，因所剩时间不足以向埃及金融监管局获取批准，俄罗斯电信巨头维佩尔通信（VEON）宣布撤回其以 10 亿美元收购环球电讯控股资产的计划。
地平线全球公司（Horizon Global）-荷兰拖车解决方案提供商（Brink 集团）[s]	2018 年 6 月 15 日，世界领先的品牌牵引和拖车设备制造商之一 Horizon Global 宣布，该公司与股权投资基金公司 H2 共同同意终止以 2 亿美元收购荷兰拖车解决方案提供商 Brink 集团（该集团由 H2 股权投资公司所有）。此次收购已在德国和英国的监管审查过程中撤回。
海航集团在澳全资子公司 CC 物流-兰德（Rand）冷藏物流（Refrigerated Logistics）[t]	2018 年 7 月 2 日，汽车控股集团撤回此前已披露的子公司 Rand 冷藏物流将被出售给海航国际在澳全资子公司 CC 物流的计划。由于澳大利亚外国投资审查委员会的行政程序延迟以及海航国际存在的流动性问题，这笔 2.07 亿美元的交易被终止。
深圳能源-阿特斯阳光电力集团能源业务子公司（Recurrent Unit）[u]	2018 年 8 月 9 日，深圳能源集团发布声明，将终止以 2.32 亿美元收购加拿大太阳能旗下的 Recurrent Energy。据该公司称，计划的收购未在约定时间内获得 CFIUS 批准。
挪威铝业公司海德鲁（Norsk Hydro ASA）-力拓冰岛有限公司[v]	2018 年 9 月 14 日，在欧盟委员会推迟竞争批准程序后，挪威金属生产商海德鲁铝业 Norsk Hydro 终止了以 3.45 亿美元收购力拓冰岛子公司（一家铝冶炼厂）的交易。

资料来源：UNCTAD。

a: https://www.reuters.com/article/us-moneygram-intl-m-a-ant-financial/u-s-blocks-moneygram-sale-to-chinas-ant-financial-on-national-security-concerns-idUSKBN1ER1R7.

b: https://www.reuters.com/article/us-anz-bank-sale-hna/new-zealand-blocks-chinas-hna-due-to-ownership-doubts-idUSKBN1EE2VS.

c: https://www.sec.gov/Archives/edgar/data/1460329/000129993318000201/htm_55915.htm.

d: https://www.sec.gov/Archives/edgar/data/357020/000119312518054209/d533034d8k.htm.

e: https://www.whitehouse.gov/presidential-actions/presidential-order-regarding-proposed-takeover-qualcomm-incorporated-broadcom-limited.

f: https://www.reuters.com/article/us-abertis-m-a-atlantia-acs-es/italys-atlantia-joins-acs-to-end-22-billion-battle-for-spains-abertis-idUSKCN1GP2R4; https://www.ft.com/content/ c5ae2fa4-22bf-11e8-ae48-60d3531b7d11.

g: https://ca.practicallaw.thomsonreuters.com/w-014-9233?transitionType=Default&contextData=(sc.Default)&firstPage=true&bhcp=1.

h: http://jaf.ministers.treasury.gov.au/media-release/046-2018/;https://www.reuters.com/article/us-apa-m-a-ck-infra/hong-kongs-cki-launches-9-8-billion-bid-for-australias-top- gas-transporter-idUSKBN1J832A.

i: https://www.permasteelisagroup.com/news-media/press-releases/lixil-and-grandland-agree-to-terminate-planned-permasteelisa-transaction.

j: https://de.reuters.com/article/us-newzealand-australia-media/nzme-says-new-zealand-high-court-upholds-move-to-block-purchase-of-fairfax-unit-idUSKBN1EC2JG.

k: https://www.globenewswire.com/news-release/2018/12/21/1677412/0/en/Aperam-announces-the-termination-of-the-Share-Purchase-Agreement-with-Lindsay-Goldberg-to- acquire-VDM-Metals-following-objections-by-the-European-Commission.html.

l: https://thelawreviews.co.uk/edition/the-technology-media-and-telecommunications-review-edition-9/1178052/portugal, https://shifter.sapo.pt/2018/06/meo-altice-tvi-media- capital-compra; https://www.anacom.pt/render.jsp?contentId=1418151.

m: http://static.sse.com.cn/disclosure/listedinfo/announcement/c/2018-01-05/600469_20180105_6.pdf.

n: https://sparton.com/news/sparton-corporation-reports-fiscal-2018-second-quarter-results-2.

o: https://www.reuters.com/article/us-ama-group-divestiture-regulator/australias-ama-group-calls-off-blackstone-deal-after-tax-ruling-shares-slide-idUSKBN1JI02H.

p: https://www.bloombergquint.com/business/warburg-pincus-calls-off-tata-tech-investment.

q: https://www.spglobal.com/marketintelligence/en/news-insights/trending/t8lflbdxlpqcowpmdorf6g2.

r: https://markets.businessinsider.com/news/stocks/veon-announces-withdrawal-of-mandatory-tender-offer-in-relation-to-global-telecom-holding-s-a-e-1020316801.

s: https://www.apnews.com/8a203fcd3c3c48a986bd30b04b62762d.

t: https://www.ahgrl.com.au/news/sale-of-ahg-refrigerated-logistics-terminated.

u: http://westdollar.com/sbdm/finance/news/1354,20180810923796086.html.

v: https://www.reuters.com/article/us-riotinto-m-a-norskhydro/norways-hydro-drops-plan-to-buy-rio-tinto-assets-idUSKCN1LU1TV.

基于监管或政治原因被撤销的并购主要分布在高科技业务（例如，数据解决方案提供商、精密仪器制造商和芯片制造商）、金融服务、基础设施业务和电信等行业。

2018 年最值得注意的发展之一是交易数量的显著增加——22 项交易中有 9 项基于国家安全的担忧而被阻止或被迫撤回，较 2017 年增加三倍有余。这些交易的总价值约为 1 530 亿美元，其中一项交易价值 1 170 亿美元。鉴于 UNCTAD 对此类案例的调查仅限于超过 5 000 万美元的交易，因而基于国家安全考虑而撤回的并购案件总数和价值将会更高。

在 9 项被阻止或已终止的交易中，有 5 项被东道国当局阻止，而其余 4 项交易是在正式结果出台前根据沟通建议而自愿撤回。这一结果反映了部分国家投资政策的新近趋势，即旨在加强或扩大国家安全审查机制的作用。以目标公司所在东道国计算，美国位列第一——9 项交易中有 5 项未获政府批准。从买方看，来自中国的投资者备受影响（见表 3.3）。

2018 年，3 项并购因竞争管理机构的担忧被迫撤回，另有 3 项并购因其他监管原因而中止。此外，由于延迟获得东道国当局批准，7 项并购交易被迫撤回。

2019 年前四个月，2 项并购因竞争管理机构的担忧被终止，另有 2 项并购因其他监管原因被迫撤回。

表 3.3　2019 年 1–4 月基于监管或政治原因被迫撤回的外国并购（例示清单）

基于竞争原因	
阿尔斯通（Alstom SA）-西门子（Siemens AGa）[a]	2019 年 2 月 6 日，阿尔斯通（法国）对西门子移动业务（旨在成为欧洲铁路冠军）的收购计划因欧盟委员会对竞争问题的严重担忧而终止。根据 Margrethe Vestager 专员的说法，“如果没有足够的预防及纠正措施，这次并购将导致确保乘客安全的信号系统以及下一代高速列车的价格更高。”
益博睿（Experian）公司-英国金融产品推荐引擎（Clear Score）技术有限公司[b]	2019 年 2 月 27 日，在英国竞争和市场管理局表示不愿批准该交易后，益博睿（Experian，全球最大的征信数据公司）和英国免费信用评分服务公司（Clear Score）撤回其 3.64 亿美元的合并协议。
基于其他监管原因	
加拿大安大略省第一电力（Hydro One）有限公司-美国华盛顿州能源企业阿维斯塔（Avista）公司[c]	2019 年 1 月 23 日，加拿大国有公司加拿大安大略省第一电力公司 Hydro One 和美国大型能源公司 Avista 同意在华盛顿公用事业和运输委员会以及爱达荷州公用事业委员会拒绝批准交易后终止其 50 亿美元的合并协议。根据华盛顿公用事业和运输委员会的说法，“提交的合并协议未能充分保护 Avista 或其客户免受政治和金融风险的影响，也未能按照州法律的要求为客户提供净收益。”
在等待东道国批准时撤回	
南非投资基金子公司图瓦卢（Spzoo）公司-波兰两个购物中心塞伦纳达和克勒库斯（Serenada and Krokus）[d]	2019 年 1 月 4 日，南非投资基金 NEPI Rockcastle 宣布终止其在图瓦卢的子公司 Spzoo 与 Serenada 和 Krokus 购物中心之间的 5.46 亿美元收购交易，原因是 2018 年 12 月截止日期前仍未完成特定的监管批准并丧失了优先购买权。

资料来源：UNCTAD。

a: https://www.siemens.com/press/en/pressrelease/?press=/en/pressrelease/2019/corporate/pr2019020150coen.htm&content[]=Corp&content_0=Corp&sheet=1; https://www.reuters.com/article/us-alstom-m-a-siemens-eu/eu-antitrust-policy-under-fire-after-siemens-alstom-deal-blocked-idUSKCN1PV12L.

b: https://www.reuters.com/article/us-clearscore-m-a-experian/experian-clearscore-scrap-merger-plans-idUSKCN1QG1CA; https://www.proactiveinvestors.co.uk/companies/news/215392/experian-abandons-clearscore-deal-after-cma-objections-215392.html.

c: https://www.wsj.com/articles/hydro-one-and-avista-terminate-deal-11548285424; https://www.newswire.ca/news-releases/hydro-one-and-avista-mutually-agree-to-terminate-merger-agreement-822704964.html.

d: https://www.spglobal.com/marketintelligence/en/news-insights/trending/GtlNn2CToc_Ywu61h2BdnA2; https://www.sharenet.co.za/v3/sens_display.php?tdate=20190104171500&seq=25.

三、外资准入监管：FDI 审查的近期发展

（一）外资准入监管工具

东道国拥有各种政策工具可供行使主权，以规范其领土范围内的外资准入及设立。[1] 其可能完全或部分限制外资进入某些经济部门，还可能将外资准入与达到某些条件联系起来。另一个监管工具是出于国家安全和其他公众担忧的原因对外国投资个案进行审查。最后，东道国可以使用竞争政策来规范涉及外国投资者的并购。

这些不同类型的 FDI 准入监管及程序可能重叠。例如，一个国家具有针对具体行业的 FDI 限制这一事实并不妨碍其同时拥有涵盖这些行业的国家安全一般审查制度。在此情形下，后者为东道国提供了额外的准入监管手段。

1. FDI 行业限制

尽管各国正在推进投资自由化，也仍继续保留了许多针对具体行业的限制，以使特定行业完全或部分地被国内所有。出于此目的，外国所有权限制或其他限制得以实行。

2. 涉及特定条件的 FDI 准入

另一个准入监管工具属于投资规定允许100%的外资所有权，但设立投资必须满足特定条件。有关最低资本或新公司核心管理层构成的要求即是例子。各国还可以审查拟议投资是否符合其总体经济发展政策。通常会授予证书以确认投资符合这些标准（见专栏 3.1）。

专栏 3.1 FDI 的设立条件（政策范例）

- 根据 2004 年的投资促进法案，肯尼亚投资局将向投资 10 万美元以上的外国投资者颁发投资证书，前提是该投资对肯尼亚合法且有利。
- 在斐济，外国投资者需要获得外国投资注册证明书，该证书是在完成尽职调查和信誉核查后签发的，旨在确定投资是否符合外资政策等。
- 在越南，外国投资者需要持有相关地方当局授予的投资证书。在认证投资之前，省级办公室要评定项目是否符合主要的社会经济发展规划、工业规划和土地规划，并评估项目的社会经济影响。

资料来源：UNCTAD 投资法数据库。

3. FDI 特别审查程序

除了一些投资法中存在的国家安全以及与其他公共利益有关的一般法律保障外，许多国家还设立了 FDI 特别审查框架。这些框架包括具体的规则和程序，借此评估拟议投资是否可能对国家安全或其他必要的公共利益产生负面影响。如果确定属于这一情形，则可以对投资项目进行阻止，或在调整投资以消除风险的前提下予以准许。

近年来，这些 FDI 审查机制主要针对外国并购。这反映了关键基础设施或国内关键技术的控制权变更已成为主要的政策关注点。

FDI 特别审查程序主要在发达国家使用，但存在一些重要例外。UNCTAD 相关研究确定了拥有此类机制的 24 个国家，分别是澳大利亚、奥地

利、比利时、加拿大、中国、芬兰、法国、德国、匈牙利、冰岛、印度、意大利、日本、拉脱维亚、立陶宛、墨西哥、新西兰、挪威、波兰、韩国、俄罗斯联邦、南非、英国和美国。2018 年，这 24 个国家的 FDI 存量占全球 FDI 存量的约 56%，其 GDP 总和约占全球 GDP 的 76%。

FDI 审查机制集中在这些发达国家可能是因为这些经济体对外国投资的开放程度相对较高，包括在主要经济部门和基础设施方面。因此，FDI 安全审查可以作为安全阀，用于规范重大交易中的外资准入。此外，对此类机制进行运用的 24 个国家均是涉及这些敏感行业和交易的外国投资的全球主要目的地，因此更易受到不良外国并购的影响。

外资审查机制可根据其深度和范围分为三大类（见图 3.3）。首先，大多数国家都拥有针对具体行业的特别审查程序。国家通过立法明确涉及国家利益的敏感行业或交易（特别是军事和两用制造业、公用事业以及能源、电信、运输、媒体和金融业），因此需要对外来投资进行审查。其次，一些国家实施跨部门审查，其中宽泛定义的审查标准侧重于特定风险而非特定行业。这些标准在各国之间存在显著差异并可能包括社会根本利益（芬兰）、国家安全（美国）或"国家经济稳定运行和社会基本生活秩序"（中国）。最后，一些国家引入针对特定实体的审查机制。其对单个国内公司进行识别（这些公司大都在敏感行业运营）并参与审查涉及这些实体的外国并购。一些国家采用前两种 FDI 审查的混合模式。

此外，一些国家使用外国投资审查制度来解决外国国有企业对战略性行业和公司投资的具体问题（参见《世界投资报告 2016》）。除上述三类机制外，这些国家通常还引入额外的审查要求。例如，在澳大利亚，外国国有企业必须遵守长期披露义务并且通常需要事先获得政府同意才能进行投资。在俄罗斯联邦，涉及外国国有企业对国内企业少数股权的交易必须获得批准，而试图对多数股权展开的交易则会被禁止。

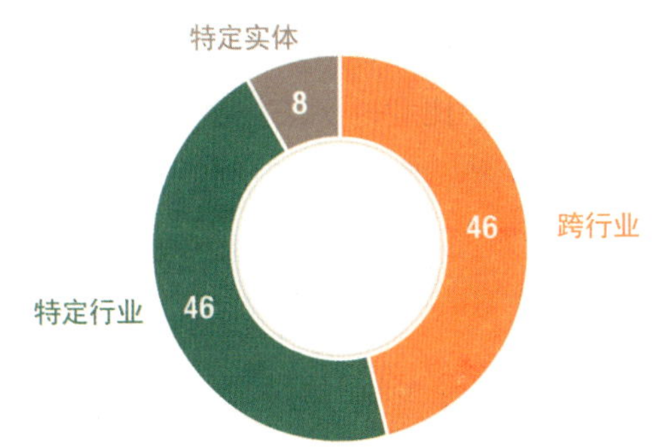

图 3.3 FDI 审查机制分类（%）

资料来源：UNCTAD。

至于机构设置，FDI 审查主要在最高政府层面进行——无论是部长级还是内阁级。有时，会成立一个单独的公共机构。通常，国家安全机构会参与其中——不是在决策过程中，就是在咨询阶段。由于投资是一个贯穿各领域的议题，因此通常会涉及不同部委、机构和当局。其中一个例子是美国外国投资委员会（CFIUS）。该委员会在美国财政部和白宫的支持下开展工作，其由财政部、司法部、国土安全部、商务部、国防部、国家能源部以及美国贸易代表办公室和科技政策办公室的负责人组成，同时，国家情报局局长和劳工部长也是其无表决权成员。

4. 竞争政策中的外资并购控制

另一个影响外国投资设立的政策工具是反托拉斯法下的并购控制，其允许东道国的竞争管理机构为避免出现滥用市场支配地位的情形而对收购进行阻止或为收购附加特定条件。近年来，通过竞争政策禁止包括高科技行业在内的外国并购的案件数量大幅增加。竞争管理机构也可能因为交易会对本国竞争产生负面影响而阻止在第三国进行的并购。

（二）与国家利益相关的 FDI 特别审查正在增加

从 2011 年 1 月到 2019 年 3 月，至少有 11 个国家引入了新的监管框架来对外资进行审查，它们是奥地利、比利时（法兰德斯地区）、中国、匈牙利、意大利、拉脱维亚、挪威、波兰、韩国、俄罗斯联邦和南非。此外，在此期间有 15 个辖区至少记录了 41 项监管制度的重大修订。其中大多数发生在 2014 年和 2018 年（见图 3.4）。

并且，一些国家目前正在采取立法行动。这可能会使得一些新的政策措施在 2019 年余下的几个月内出台（见专栏 3.2）。

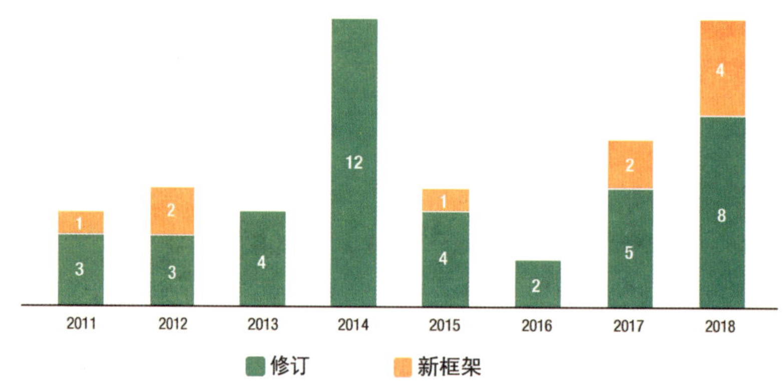

图 3.4 2011—2018 年按法律制定类型划分的 FDI 审查和立法变化（措施数量）

资料来源：UNCTAD。

专栏 3.2 FDI 审查相关的拟议立法法案（政策范例）

- 2018 年 7 月，英国政府公布了一份有关国家安全和投资的白皮书，提出了对 FDI 审查机制进行立法改革的计划。其旨在引入全面国家安全审查程序，每年将涵盖约 200 项交易。
- 在法国“公司和商业增长与转型改革”的更广泛背景下，2019 年 4 月立法程序进入最后阶段，政府旨在加强对外国投资的控制。经济部对于不予批准的并购还将拥有其他处置方式，包括禁令和预防措施以及已增加的行政和经济制裁。

资料来源：UNCTAD。

引入的绝大多数立法措施具有限制性，80%对投资者不利。只有 9 项是自由化措施，与缩小涉及外资审查的经济部门范围或提高触发这些程序的某些门槛有关（见专栏 3.3）。

专栏 3.3 缩小 FDI 审查机制范围（政策范例）

- 2014 年，墨西哥通过排除聚焦天然气和石油钻井以及管道建设、移动电话和信用信息公司业务、证券评级机构和保险代理人的交易，缩小了外国投资者需要获得国家投资委员会有利决议的行业范围。
- 2014 年，俄罗斯联邦将 FDI 审查要求排除在投资者涉及使用“生物指示剂”进行食品生产的行业之外，这也同样适用于集团内部交易。
- 在澳大利亚，2015 年政府将国内公司中涉及外资权益的审批门槛从 15%提高到 20%。

资料来源：UNCTAD。

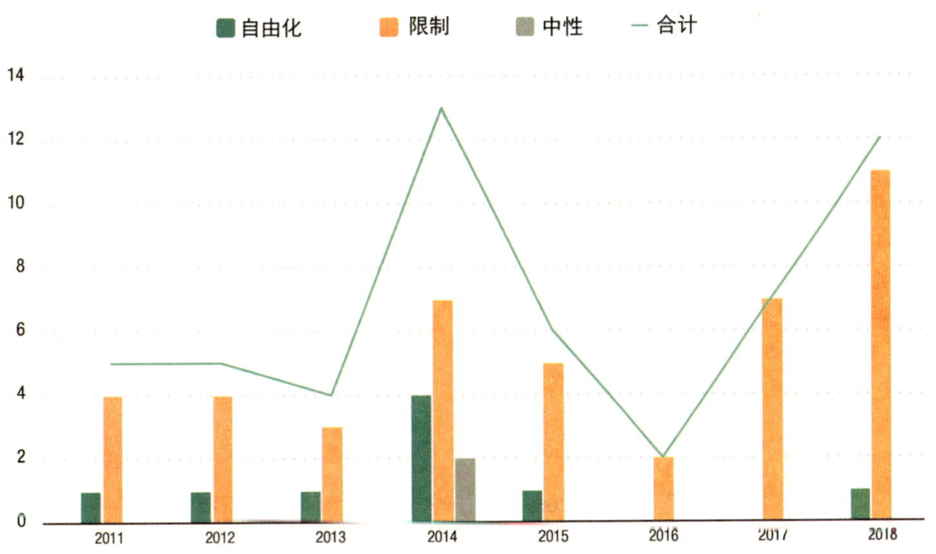

图 3.5　2011—2018 年按措施性质划分的 FDI 审查和立法变化（措施数量）

资料来源：UNCTAD。

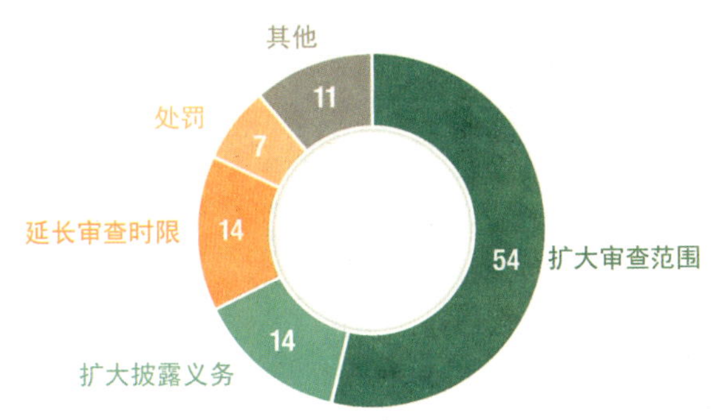

图 3.6　2011—2019 年 3 月按不同类目划分的 FDI 审查新政策（%）

资料来源：UNCTAD。

限制性立法措施的年度数量在 2011　2016 年间大致保持不变，但在 2017 年和 2018 年大幅增加（见图 3.5）。新的投资审查政策侧重于以三种主要方式扩大审查范围：首先，增加了涉及 FDI 审查的新行业或交易；其次，降低了触发投资审查的门槛；最后，扩大了对涉及审查的外国投资的定义。此外，一些新政策扩大了外国投资者在审查程序中的披露义务，并延长了可对其依法惩处的时间段。另有法案为未履行或规避通知和审查义务引入新的民事、刑事或行政处罚（见图 3.6 和专栏 3.4）。

在收紧 FDI 审查机制的同时，出于国家安全原因和其他公众担忧而对外国投资予以阻止的政府决策数量也在增加。表 3.2 列出了 2018 年因国家安全原因被阻止或撤回的价值超过 5 000 万美元的外国并购。在某些情况下，东道国政府采用除正式禁令或仅在外国所有权份额减少的情况下予以准许收购之外的其他手段来阻止外国并购（见专栏 3.5）。

最后，正如欧盟的例子所表明的那样，基于国家安全和公共利益担忧而对外国并购施以更加严格的控制也正在成为一个区域性问题。2019 年 4 月 10 日，设立欧盟 FDI 审查框架的法规经欧盟理事会和欧盟议会批准后生效，这旨在建立一个国家当局之间开展合作的信息共享机制并将欧盟制度纳入审查过程，以应对外国并购可能对更广泛的欧洲市场产生的影响。

专栏 3.4 FDI 审查新政策（政策范例）

增加新的行业和交易：

- 在韩国，2011 年的一项修正案规定，当目标公司在韩国和海外市场拥有高科技和高经济价值或能为相关产业带来高增长潜力的国家核心技术时，需要展开 FDI 审查。
- 2014 年，法国扩大了需要审查的外国并购行业清单，包括水、电、煤气、石油和能源供应、运输网络运营、电子通信、公共卫生以及关键工厂和设施的运营。
- 2018 年，德国在其审查过程中扩大了关键基础设施的定义，包括对公众舆论形成至关重要的新闻和媒体公司。
- 2018 年底，美国启动了关键技术试点计划，旨在扩大和明确与从事新兴和基础技术有关的公司并购的外资审查范围。

降低审查门槛：

- 2012 年，芬兰引入一项关于外国公司收购的新法律，将对被审查实体的控制门槛从 33%降至 10%。
- 2018 年，英国将高科技行业领域触发投资审查的门槛从 7 000 万英镑降至 100 万英镑，特别是计算硬件设计和生产以及量子技术开发和生产。

扩大触发 FDI 审查的投资或控制的定义：

- 从 2017 年开始，日本开始对选定行业内涉及外国并购的全部公司的股票及股权进行审查，而不仅仅针对上市公司。
- 在美国，2018 年《外国投资风险评估现代化法案》增加了 FDI 审查所涵盖的交易新类型，例如，那些能够获得重要的非公开技术信息，获得个人提名以担任董事会或同等理事机构的职位的权力，或参与关键基础设施和技术以及美国公民个人敏感数据的实质性决策的交易。

延长审查时段：

- 2015 年，加拿大延长了《关于投资的国家安全审查条例》规定的部分截止日期，以使政府能够采取更为灵活的审查方式。例如，相关部长有权在发送通知后将并购审查期再额外延长 45 天。
- 2017 年，德国将审查程序的最长期限从两个月延长至四个月。

扩大披露义务：

- 2011 年，中国在《实施安全审查制度的规定》中明确了审查程序中需要披露的文件。这些文件包括在企业合并后任命的董事会成员、总经理、合伙人和其他高级管理人员的名单。
- 2014 年，意大利明确了在 FDI 审查过程中需要披露的信息（例如，财务计划、收购项目的整体描述及其影响、有关购买者的详细信息及其营运范围）。

与 FDI 审查有关的处罚：

- 2015 年，澳大利亚为参与违反 FDI 审查要求引入第三方责任。

- 从 2017 年开始，俄罗斯联邦对未经必要审查即获得公司 5%或以上股本的外国投资者，暂停其在公司的投票权。

资料来源：UNCTAD。

专栏 3.5　FDI 审查中的其他政府干预措施（政策范例）

- 虽然中国国家电网公司对 50Hertz（拥有 1 800 万连接用户的德国电网运营商）20%少数股权的收购计划并未达到审查门槛，但德国政府通过让其国有银行 Kreditanstalt für Wiederaufbau 购买股权的方式成功地阻止了这笔 2018 年的交易。
- 2017 年，由于印度政府内阁经济事务委员会提出了一些国家安全问题，上海复星医药集团决定将其对位于海得拉巴的 Gland Pharma 的股权收购规模缩减至仅 74%。因为当医药公司收购涉及 75%以上的股本时，必须得到政府批准。

资料来源：UNCTAD。

（三）结论和展望

设计并运用最适合自身的外资准入政策工具是每个国家的主权权利。对于日益增加的旨在保护国家利益的 FDI 审查机制也是如此。

这项投资政策工具近年来发展迅速。最初，政府将 FDI 审查程序严格适用于国防和其他与安全有关的部门。随着技术和现代战争的发展，东道国也将两用产品、精密码系统以及技术和通信设备等领域加入其中。

在第二阶段，国家安全的概念从反对军事威胁发展到保护战略产业和关键基础设施。这一举动背后的原因是，在不存在军事威胁的情形下，对国家核心经济资产的保护对于一个国家的福祉可能同样重要。进一步的解释可能是政府认为在这一领域进行某种 FDI 审查是对国有企业和基础设施早期私有化的必要平衡。扩大审查范围在一定程度上也是为了应对外国国有企业的投资活动的增加。

FDI 审查的最新阶段源于新工业和数字革命所带来的各行业技术前所未有的加速发展。参与这场技术竞赛的先进国家可能希望对作为全球竞争核心资产的本国尖端技术进行保护并避免其被外国收购。

在审查外国投资方面对“国家利益”或“公众担忧”进行更加广义的解释这一趋势表明，越来越多的国家认为在评估其国家安全利益时需要考虑经济因素。与此同时，外界也认为对这些利益过于宽泛的解释可能会产生新的投资障碍并使投资环境变得不可预测。

国际合作有助于减少这些问题的发生。最重要的是，国际合作包括在允许外资准入的国家之间建立公平的竞争环境，以及构建并维持有效的政府间磋商机制，以使政府和其他利益攸关方能够就投资审查有关问题进行讨论。国际对话也可以（增加了解）明确良好的国际实践，制定与国家安全和其他公共利益有关的 FDI 审查共同标准，从而加强已引入措施的透明度和合法性。

最后，国际投资协定可以发挥作用。如将外国投资者的设立权纳入其中，这些协议可能会影响东道国基于国家安全和其他公众担忧而行使主权阻止投资。但是，只有当设立权扩展至存在投资审查机制的行业或交易时，或者投资协定缺乏东道国因国家安全原因和其他公众担忧而免于承担协定义务的例外条款时，[2]这种情况才可能出现。

第二节 国际投资政策

一、国际投资协定的趋势：新协定和其他政策进展

2018 年，各国签订了 40 项国际投资协定（IIAs）。新协定的内容和性质各不相同，有助于构建更加多样化的 IIAs 体制。区域进展，特别是在非洲和欧洲，有可能进一步改变全球 IIAs 体制的轮廓。可持续性作为现代协定制定的核心，也反映在全球范围内的政策制定原则中。

（一）IIAs 的签订进展

2018 年，各国缔签订了 40 项 IIAs。同一时期内，24 项 IIAs 终止生效，预计未来几年将有更多协定终止。新的协定范本正在形成以指导未来协定的制定。

2018 年，各国签订的 40 项国际投资协定（IIAs）包括 30 项双边投资协定（BITs）和 10 项包含投资条款（TIPs）的协定。这使得全球范围内的 IIAs 规模达到 3 317 项(2 932 项 BITs 和 385 项 TIPs)。[3] 至少有 9 项 IIAs 于 2018 年生效。截至 2018 年年底，至少有 2 658 项 IIAs 生效（见图 3.7）。

2018 年签订 IIAs 最活跃的经济体是土耳其（8 项 BITs），其次是阿拉伯联合酋长国（6 项 BITs）和新加坡（共 5 项，其中 2 项 BITs 和 3 项 TIPs）。

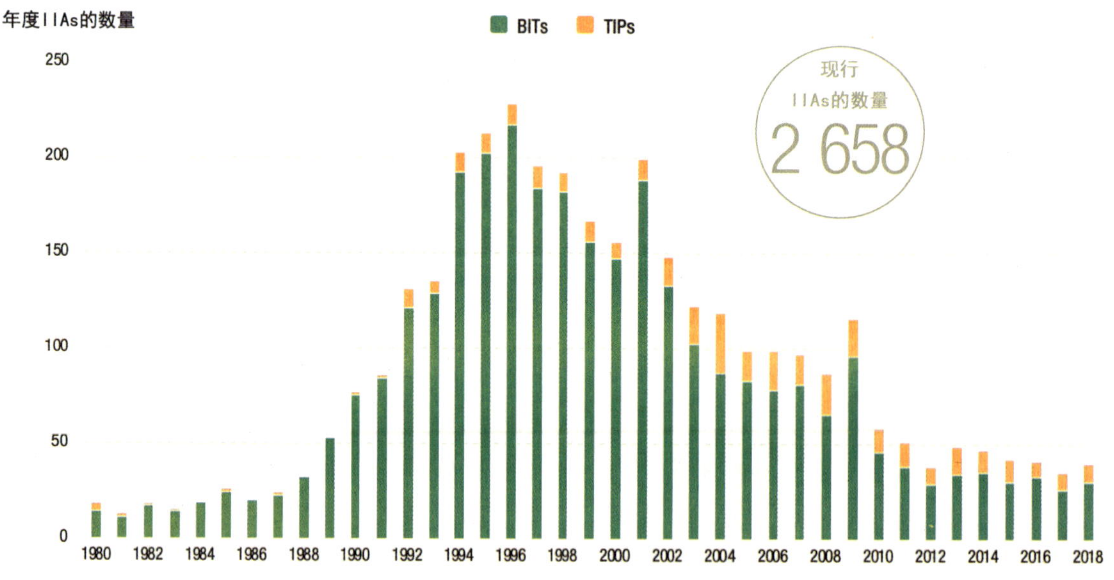

图 3.7 1980—2018 年签订的 IIAs 数量

资料来源：UNCTAD，IIA 数据库。

在签订 IIAs 的同时，IIAs 终止的数量也在持续增加：2018 年，至少 24 项协定终止生效（“有效终止”），其中 20 项是单方面的，4 项是被替代的（1 项更新的协定生效）。在这些终止的协定中，包括厄瓜多尔签订的 12 项 BITs 和印度签订的 5 项 BITs。截至 2018 年年底，有效终止的协定总数达到 309 项（占 2010 年以来的 61%）。

2018 年签订的 10 项 TIPs 可被划分为三类。

（1）6 项协定涉及 BITs 中常见的义务，包括投资保护以及投资者与国家争端解决机制（ISDS）的实质性标准：

- 澳大利亚-秘鲁自由贸易协定（FTA）。
- 跨太平洋伙伴关系全面和进步协议（CPTPP）。[4]
- 欧盟（EU）-新加坡投资保护协议（IPA）。
- 中美洲-韩国 FTA。
- 新加坡-斯里兰卡 FTA。
- 美国-墨西哥-加拿大协定（USMCA）。[5]

（2）3 项协定涉及限制投资条款（例如，关于商业存在或公司设立权的国民待遇）或与直接投资有关的资本自由流动条款：

- 欧盟-日本经济合作协议（EPA）。
- 欧洲自由贸易联盟（EFTA）国家-厄瓜多尔全面 EPA。
- EFTA 国家-印度尼西亚全面经济伙伴关系协定。

（3）一项协定涉及强调投资促进和便利化的条款以及若干投资保护条款（但没有 ISDS）：

- 巴西-智利 FTA。

在过去的一年中，新的协定范本也取得了重要进展。各国制定协定范本以期签订“新一代”IIAs 或对现有协定进行修订。最近通过的协定范本中值得注意的是沙特阿拉伯（2018 年 12 月通过）和荷兰（2018 年 10 月通过）的范本。预计到 2019 年底，加拿大、埃及和摩洛哥将采用新范本。上述每一项范本都包含一些旨在解决可持续发展问题的创新特征。

（二）IIAs 的区域进展

区域发展，特别是在非洲和欧洲，包括非约束性指导原则，有可能进一步改变全球 IIAs 体制的轮廓。

（1）非洲、加勒比海和太平洋（ACP）国家集团-欧盟（EU）伙伴关系协定（取代“科托努协定”）。涵盖一百多个国家的 ACP-EU 伙伴关系协定于 2000 年 6 月 23 日在科托努签订，并将于 2020 年到期。双方目前正就一个新的框架展开谈判，其中将包括与投资有关的规定。预计谈判将侧重于投资促进、私营部门发展支持和投资融资。ACP 和 EU 谈判方向[6]反映了在投资条款中纳入可持续发展和包容性增长目标的必要性。

（2）非洲大陆自由贸易区（AfCFTA）投资议定书。非洲联盟委员会、UNCTAD 和非洲经济委员会主办的专家会议于 2018 年 11 月和 2019 年 2 月举行，旨在形成投资议定书的初稿，并将在 AfCFTA 进程的第二阶段展开谈判。该草案预计将于 2019 年下半年提交成员国进行商讨和表决。

（3）ASEAN 全面投资协定（ACIA）。2019 年 4 月，在泰国举办的东南亚国家联盟（ASEAN）经济部长会议期间，出席部长签订了第四项议定书，对 ACIA 和 ASEAN 服务贸易协定进行了修订。ACIA 的修订引入了更加明确的额外承诺以禁止对投资者施加业绩要求。会议还讨论了区域全面经济伙伴关系谈判有望在 2019 年结束。

（4）英国脱欧和英国的连续性协议。在发出决定离开欧盟的通知后，英国一直在与那些和欧盟存在贸易协定的国家达成所谓的“转滚”或连续性协议，目的是防止因英国脱欧而破坏与这些国家的贸易关系。截至 2019 年 5 月 1 日，英国已经签订了 10 项连续性协议（共计 27 个伙伴国），还有几项正在筹备中。[7] 这些协议旨在现有欧盟贸易协定停止适用于英国时（即，英国在没有达成协议的情况下离开欧盟或是在任何商定时段结束后）生效。协议并非同质化的。其中 7 项通过参考 EU 现有协议的相关规定，仅列出所需修订的部分，其余 3 项协议（与 CARIFORUM 国家（ACP 国家加勒比集团论坛）、东部和南部非洲（ESA）国家以及太平洋国家（斐济和巴布亚新几内亚））则全面列出相关条款。[8] 其中没有任何协议包含完善的投资保护规则，后者仍局限在英国的 BITs。

（5）欧盟（EU）投资政策制定。欧盟层面出现了几项重大进展（UNCTAD，2019a）。经对欧盟委员会长期持有立场的确认，欧盟法院（CJEU）于2018年3月在斯洛伐克共和国诉荷兰保险巨头公司（Achmea）一案的判决中指出，荷兰和斯洛伐克双边投资协定（BIT，1991）的 ISDS 仲裁条款与欧盟法律不符。鉴于 Achmea 一案判决的法律影响，欧盟成员国于 2019 年 1 月发布声明，称将制定时间表以在 2019 年 12 月 6 日前终止欧盟内部 BITs。

继2018年3月欧盟理事会授权在联合国国际贸易法委员会（UNCITRAL）主持下展开包容且透明的谈判之后，欧盟继续推行建立多边投资法院的倡议。与此同时，欧盟的双重投资法院体制（2015 年设立）已落实，在加拿大-欧盟全面经济贸易协定（CETA）（2016）、欧盟-新加坡 IPA（2018）和欧盟-越南 IPA（尚未签订）中相关规定略有不同。

在 2019 年 4 月 30 日发布的意见中，CJEU（全体法官）得出结论认为，加拿大-欧盟 CETA 中所包含的新的投资仲裁体系符合欧盟法律。CJEU 的诉讼程序关系到比利时在 2017 年提出的要求。

（6）关于投资政策制定的指导原则。越来越多的国家集团和区域组织正在引入非约束性的投资政策制定原则，旨在指导国家和国际投资政策的制定。这些原则通常符合或基于 UNCTAD 可持续发展投资政策框架（贸发会议，2015c）所包含的核心原则（UNCTAD，2015c）。继 2016 年的 G20 全球投资政策制定指导原则和 2017 年的 ACP 投资政策制定指导原则之后，又有两套原则在本报告撰写期间获得通过。

2018 年，伊斯兰合作组织（OIC）成员国的高级别专家商定了 10 项原则。与伊斯兰会议组织行动计划和 UNCTAD 政策框架一致，[9] 这 10 项原则涉及政策一致性、权利义务平衡、监管权、投资开放、投资保护和 OIC 内部合作等内容。2019 年，沙特阿拉伯通过了 7 项投资政策制定指导原则。与该国的 2030 愿景议程和 UNCTAD 政策框架一致，这些原则包括非歧视、投资保护、投资可持续性、提高透明度、公共政策关切、人员准入便利化以及知识和技术转让等内容。

上述诸多发展得益于UNCTAD在IIA相关技术援助和能力建设方面的工作。这些工作基于 UNCTAD 的政策研究和分析结果，尤其是国际投资体制改革方案（UNCTAD，2018b）和最新的可持续发展投资政策框架（UNCTAD，2015c）。通过国别和区域培训课程，以及通过需求驱动和量身定制的咨询服务（例如，IIAs 审议、评注示例），UNCTAD 旨在通过最大限度地发挥 IIAs 可持续发展方面的政策选项的作用来对各国进行协助。UNCTAD 自 2012 年以来开展的以改革为重点的技术援助已经产生广泛影响（见图 3.8）。

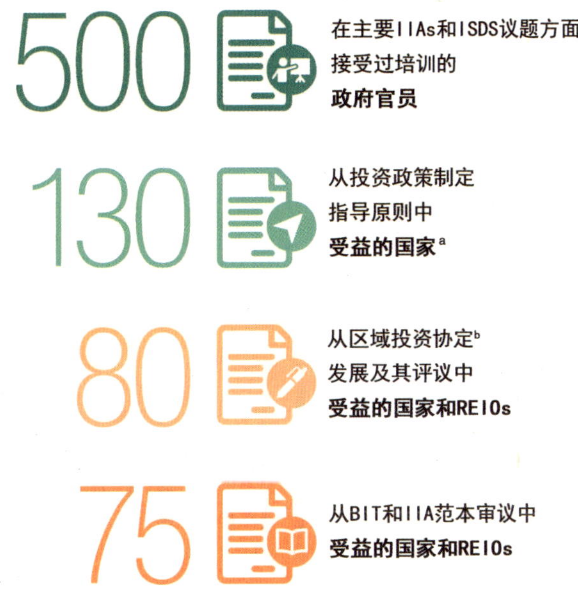

图 3.8　2012 年以来 UNCTAD 有关 IIAs 议题的技术援助

资料来源：UNCTAD。

注：REIO=区域经济一体化组织。

a：在 UNCTAD 的协助或促进下得以发展。

b：例如 AfCFTA 投资议定书和 COMESA（东部和南部非洲共同市场）投资区投资协定。

二、投资者东道国争端解决机制（ISDS）趋势：新案件及结果

随着 ISDS 案件的激增，至少 71 起新的仲裁在 2018 年发起，ISDS 的案件总数在 2019 年底可能上千。2018 年，大约 70%的公开仲裁裁决体现出对投资者的支持，无论是基于管辖权还是案情。

（一）2018 年发起的新案件

新的 ISDS 申诉数量仍然高企。2018 年，至少 71 起新的 ISDS 案件基于国际投资协定发起，其中仅 1 起是基于 2012 年之前签订的老一代协定。

2018 年，投资者根据 IIAs 发起 71 起公开 ISDS 案件（见图 3.9），这个数字几乎与前三年一样高。截至 2019 年 1 月 1 日，公开的 ISDS 申诉总数达到 942 项。迄今为止，公开信息显示已有 117 个国家是一起或多起 ISDS 案件的被诉方。由于某些仲裁可以完全保密，2018 年及此前提交的实际争议数量可能会更高。

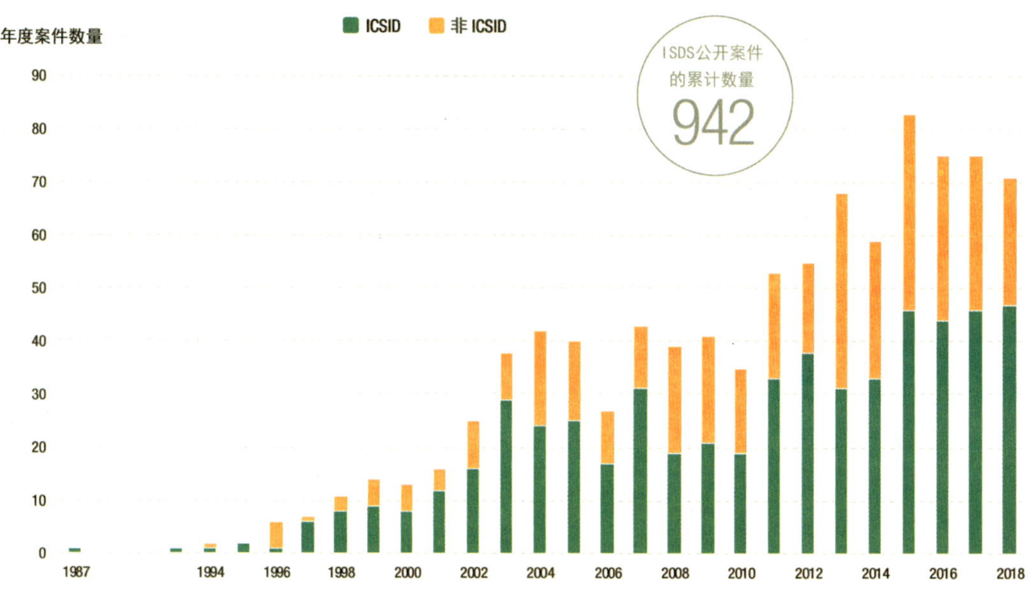

图 3.9　1987—2018 年基于协定的公开 ISDS 案件趋势

资料来源：UNCTAD，ISDS 数据库。

注：案件信息基于公开资料汇编而成，包括专业报道服务。UNCTAD 并未统计仅仅基于投资合同（国内合同）或国内投资法律而提起的案件，也未统计一方已经表明会向 ISDS 申诉但尚未开始仲裁的案件。年度和累计案例数将会根据核实情况持续调整，因而可能与前几年公布的数据不完全一致。

1. 被诉国家

2018 年新的 ISDS 案件针对 41 个国家发起。哥伦比亚以 6 项公开案件成为最常见的被诉国，其次是涉及 5 起案件的西班牙。三个经济体——白俄罗斯、卡塔尔和卢旺达首次面临公开的 ISDS 申诉。与往年一样，大多数的新案件是针对发展中国家和转型经济体。

2. 申诉方母国

2018 年的 71 起公开案件中大部分由发达国家投资者发起。美国和俄罗斯的投资者发起案件最多，分别是 15 起和 6 起。

3. 适用的投资协定

2018 年约 60%的投资仲裁基于 20 世纪 90 年代及此前签订的 BITs 和 TIPs。其余的仲裁基于 2000—2011 年间签订的协定，除了仅 1 起案件基于此后签订的协定（俄罗斯 Manolium Processing 公司诉白俄罗斯）。2018 年最频繁被援引的协定是《能源宪章条约》（8 起案件），其次是加拿大-哥伦比亚 FTA（2008）、韩国-美国 FTA（2007）和欧亚经济联盟协定（2014），各为 3 起。从总体趋势看，全部公开案件中约 20%援引了《能源宪章条约》（121 起）或北美自由贸易协定（NAFTA）（63 起）。

（二）ISDS 裁决结果

在 2018 年发起的公开仲裁裁决中，2/3 有利于投资者。

1. 2018 年的裁决

2018 年，ISDS 仲裁庭至少做出 50 起实质性裁决，其中 29 起对外公开（截至报告撰写时）。在这些公开裁决中，大多数（约 70%）有利于投资者，无论是基于管辖权还是案情。

8 起裁决（包括对初步反对意见的裁决）主要涉及司法管辖权问题，6 起确立了仲裁庭的管辖权，2 起则否定了管辖权。

在 16 起有关案情的裁决中，11 起至少部分接受了投资者的申诉，而 5 起驳回了全部申诉。在国家需要承担责任的裁决中，仲裁庭上最常见的是国家违反公平公正待遇（FET）条款。

此外，国际投资争端解决中心（ICSID）依撤销程序做出了 5 起公开裁决。ICSID 特设委员会驳回了合计 5 起撤销申请。

2. 总体结果

截至 2018 年年底，约有 602 起 ISDS 程序已经结束。案件结果的相对占比较此前仅有略微改变（见图 3.10）。

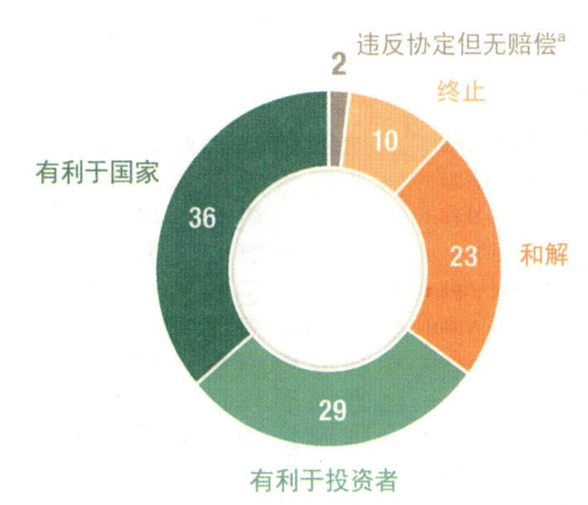

图 3.10 1987—2018 年已结案的裁决结果（%）

资料来源：UNCTAD，ISDS 数据库。

a：不支持任何一方的裁决（违反协定但无赔偿）。

三、国际投资协定（IIA）改革评估

具有前瞻性的 IIA 改革正在顺利进行，涉及不同发展水平的国家和所有地理区域。几乎所有在 2018 年签订的协定都包含大量改革特征，改革行动的核心正在向 ISDS 迈进。然而，在 IIA 改革的第二阶段仍有许多工作要做，因为现存的老一代协定数量十倍于新的改革导向的协定数量。

（一）第一阶段：签订新一代 IIAs

当前所有新的 IIAs 都包括若干可持续发展导向的改革要素，与 UNCTAD 政策工具一致。

当前所有新的 IIAs 都包括 UNCTAD 可持续发展投资政策框架（WIR12，2015 年更新）中列出的若干条款，或遵循 UNCTAD 国际投资体制改革中 IIA 改革路线图（UNCTAD，2018b）。后者设定了五个行动领域：（1）在提供投资保护的同时维护监管权；（2）改革投资争端解决（机制）；（3）促进投资及其便利化；（4）确保负责任投资；（5）增强系统一致性。本节对近期协定的实质性和程序性条款在何种程度上具备改革的特征进行了回顾。

1. 2018 年签订的协定：实质性条款的主要特征

UNCTAD 的改革工具正在对现代协定的制定进行塑造。在 2018 年签订的 IIAs 中，改革导向的条款比比皆是。

2018 年签订的 29 项（可获得文本的）IIAs（见表 3.4）中有 27 项包含至少六项改革特征，29 项中有 20 项包含至少九项改革特征。2012 年之前的 IIAs 中被认为具有创新性的条款现在经常出现。现代协定制定的重点包括可持续发展导向、对监管空间的维护以及对 ISDS 的完善或排除。最被广泛追求的改革领域是对监管空间的维护。

表 3.4 2018 年签订的 IIAs 中改革导向条款

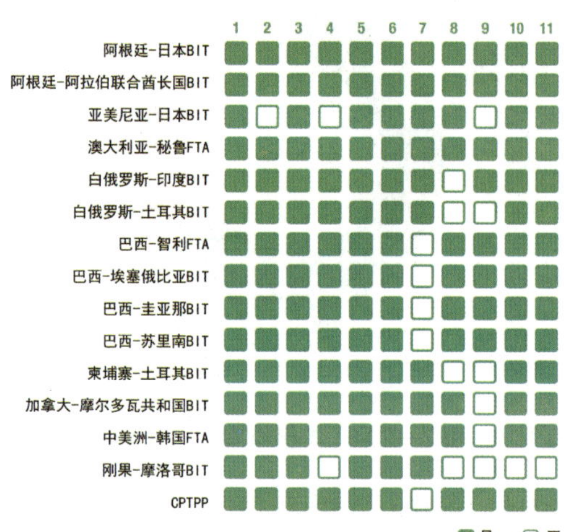

	1	2	3	4	5	6	7	8	9	10	11
阿根廷-日本BIT	是	是	是	是	是	是	是	是	是	是	是
阿根廷-阿拉伯联合酋长国BIT	是	是	是	是	是	是	是	是	是	是	是
亚美尼亚-日本BIT	是	否	是	否	是	是	是	是	否	是	是
澳大利亚-秘鲁FTA	是	是	是	是	是	是	是	是	是	是	是
白俄罗斯-印度BIT	是	是	是	是	是	是	是	否	是	是	是
白俄罗斯-土耳其BIT	是	是	是	是	是	是	是	否	否	是	是
巴西-智利FTA	是	是	是	是	是	是	否	是	是	是	是
巴西-埃塞俄比亚BIT	是	是	是	是	是	是	否	是	是	是	是
巴西-圭亚那BIT	是	是	是	是	是	是	否	是	是	是	是
巴西-苏里南BIT	是	是	是	是	是	是	否	是	是	是	是
柬埔寨-土耳其BIT	是	是	是	是	是	是	是	否	否	是	是
加拿大-摩尔多瓦共和国BIT	是	是	是	是	是	是	是	是	否	是	是
中美洲-韩国FTA	是	是	是	是	是	是	是	是	否	是	是
刚果-摩洛哥BIT	是	是	是	否	是	是	是	否	否	否	否
CPTPP	是	是	是	是	是	是	否	是	是	是	是

■是 □否

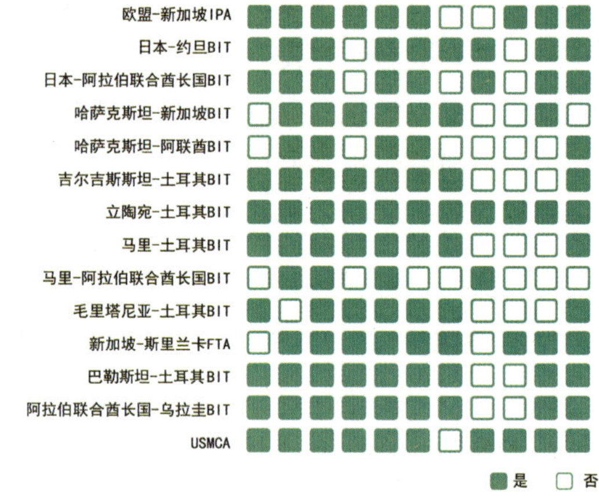

	1	2	3	4	5	6	7	8	9	10	11
欧盟-新加坡IPA	是	是	是	是	是	是	否	否	是	是	是
日本-约旦BIT	是	是	是	否	是	是	是	是	否	是	是
日本-阿拉伯联合酋长国BIT	是	是	是	否	是	是	否	是	否	是	是
哈萨克斯坦-新加坡BIT	否	是	是	是	是	是	是	否	否	是	否
哈萨克斯坦-阿联酋BIT	否	是	是	否	是	是	否	否	否	否	是
吉尔吉斯斯坦-土耳其BIT	是	是	是	是	是	是	是	否	否	否	是
立陶宛-土耳其BIT	是	是	是	是	是	是	是	是	是	是	是
马里-土耳其BIT	是	是	是	是	是	是	是	否	否	否	是
马里-阿拉伯联合酋长国BIT	否	是	是	否	是	否	否	是	否	否	否
毛里塔尼亚-土耳其BIT	是	否	是	是	是	是	是	否	否	否	是
新加坡-斯里兰卡FTA	否	是	是	是	是	是	是	否	是	是	是
巴勒斯坦-土耳其BIT	是	是	是	是	是	是	是	否	否	是	是
阿拉伯联合酋长国-乌拉圭BIT	是	是	是	是	是	是	是	否	否	是	是
USMCA	是	是	是	是	是	是	否	是	是	是	是

■是 □否

IIAs 的特定方面：

1. 协定序言提及健康和安全保护、劳工权利、环境或可持续发展。
2. 细化投资定义（例如，列出投资特点，排除证券投资、主权债务投资和纯粹源自商业合同的货币期货投资）。
3. 限定公平和公正待遇（等同于国际惯例法下外国人应享有的最低待遇标准和（或）明确国家义务清单）。
4. 明确什么构成、什么不构成间接征收。
5. 详述资金自由转移例外，包括平衡国际收支困难和（或）执行国家法律。
6. 排除所谓的“保护伞”条款。
7. 一般例外，例如为保护人类、动物和植物的生命和健康，防止资源枯竭。
8. 明确认可缔约国不应该通过放松健康、安全或环境标准来吸引外资。
9. 推进企业社会责任标准，通过在 IIA 中纳入独立条款或在协定前言中提及。
10. 限制 ISDS 的适用性（例如，限制受 ISDS 约束的协定条款，将政策领域从 ISDS 中排除，压缩提交仲裁的时间周期，不设置 ISDS 机制）。
11. 有关投资促进和（或）便利化的具体的前瞻性规定（例如，促进人员准入与逗留便利化、进一步提升相关法律法规的透明度、加强投资机会信息交流）。

资料来源：UNCTAD。

注：基于 2018 年签订的可获得文本的 29 项 IIAs 整理，不包括缺少实质性投资条款的“框架性协议”。

（1）可持续发展导向。在 2018 年签订的 IIAs 包括大量明确提及可持续发展问题的条款（包括为实现可持续发展导向政策目标而维护监管权）。在被审议的 29 项协定中，19 项含有一般例外，例如，出于对人类、动植物生命或健康的保护，或是对可耗尽自然资源的保护。有 16 项协定提出各方不得通过降低健康、安全或环境标准来吸引投资。有 25 项协定前言涉及健康和安全保护、劳工权利以及环境或可持续发展。最后，有关企业社会责任（CSR）以及积极主动地促进投资及其便利化的条款正变得越来越普遍，但在近期签订的 IIAs 中仍未始终如一地体现。CSR 条款尤其如此，29 项 IIAs 中仅 13 项包含此类条款。

（2）对监管空间的维护。2018 年签订的协定包括旨在比以往更广泛地维护监管空间和/或最低限度地适用投资仲裁等内容。纳入这些改革的新协定数量巨大。涉及以下内容：①一般例外（19 项 IIAs）；②限制协定范围的条款（例如，将特定类型的资产从投资定义中去除（27 项 IIAs））；③限制或明确义务的条款（例如，通过排除或纳入更具体的 FET（全部 29 项 IIAs）和/或间接征收条款（23 项 IIAs））；④纳入资金转移义务例外和/或审慎例外措施（全部29项IIAs）。值得注意的是，29项协定中有28项排除了所谓的保护伞条款（从而也减少了对ISDS的使用）。

（3）投资争端解决。2018年签订的29项IIAs中有19项对ISDS进行了细致规范，4项排除了ISDS相关内容。

值得强调的是2018年的IIAs中包含的一些新特征。这些特征或是超越了以改革为导向且在早期IIAs中很少见的传统条款，或是开辟了新的领域：

- 通过在投资定义中引入相关要求，将协定范围调整至涵盖投资对东道国的经济贡献（例如，阿根廷-阿拉伯联合酋长国BIT；白俄罗斯-印度BIT；白俄罗斯-土耳其BIT；立陶宛-土耳其BIT；巴勒斯坦-土耳其BIT）。
- 从投资定义中排除无形权利。注意，商誉、品牌价值和市场份额等权利不被包括在投资定义中（例如，白俄罗斯-印度BIT）。
- 将地方政府的措施排除在协定范围之外。明确地方政府采取的措施不属于协定范围（例如，白俄罗斯-印度BIT）。
- 制定一般公共政策例外以享有“自决权”（self-judging）（例如，阿根廷-阿拉伯联合酋长国BIT）。

（4）性别平衡。一些新近的IIAs协定范本也明确提到性别：荷兰的BIT范本强调妇女通过参与国际投资对经济增长贡献的重要性，并鼓励协定各方通过推动性别议题消除妇女参与的障碍。USMCA在其投资章节的CSR条款中，将性别平等作为协定各方应鼓励投资者遵守CSR政策的其中一个方面。CPTPP在序言中重申促进两性平等（这也同样适用于投资）。

2. 2018年签订的协定：ISDS改革方式

投资者与国家之间的仲裁仍然存在争议，在很大程度上引发了公众对投资和发展领域的争议。2018年签订的IIAs中存在有关ISDS的五种主要方式：①不设ISDS；②ISDS常设仲裁庭；③ISDS的限制适用；④完善ISDS程序；⑤未经改革的ISDS机制。

作为更广泛的IIA改革的一部分，各国在新签订的IIAs中就ISDS进行了诸多改革。2018年签订的IIAs中存在被单独或组合使用的有关ISDS的五种主要方式：

（1）不设ISDS。协定并未赋予投资者将其与东道国的争议提交国际仲裁的权利（ISDS根本不被采用，或是仅受到国家对每项具体争议给予或拒绝仲裁的权利的约束，即所谓的“逐案同意”形式）（4项IIAs完全不涉及ISDS相关内容，2项IIAs内特定方之间存在ISDS的双边选择退出机制）。[10]

（2）ISDS常设仲裁庭。该协定以一个类似常设法院的仲裁庭（包含上诉机制）取代特设投资者-国家仲裁和当事人选任制度，该仲裁庭由协定各方任命的有固定期限的成员组成（1项IIA）。

（3）ISDS的限制适用。协定可能包含在转向仲裁之前用尽当地司法救济措施（或在当地法院提起长期诉讼）的要求，缩小ISDS受诉范围（例如，限制诉诸ISDS的协定条款，将政策领域排除在ISDS范围之外）和/或缩短向ISDS提交申诉的时限（19项IIAs）。

（4）完善ISDS程序。该协定保留了投资者-国家仲裁制度，但对部分内容进行了重要修订。修订的目标可能包括增加国家对诉讼程序的控制，向公众和第三方开放程序，提高仲裁员的适当性和公正性，提高诉讼效率或限制ISDS法庭的救济权（15项IIAs）。

（5）未经改革的ISDS机制。该协定保留了老一代IIAs中通常使用的ISDS基本设置，其特点是范围广泛且缺乏对程序的改进（6项IIAs）。

一些改革方式较其他方式具有更为深远的影响。每种方式的改革程度也可能因协定而异。例如,“ISDS 的有限适用”涵盖一系列的宽泛选项,其范围可以从协定要求用尽当地救济到规定提交申诉的时限不得超过三年。

就 2018 年而言,最常用的方式是“ISDS 的有限适用”和“完善 ISDS 程序”,且通常被组合使用。

2018 年签订的 IIAs 中约 75%包含至少一项 ISDS 改革内容,许多协定涉及若干方面(见表 3.5)。这些改革内容大多与随后被纳入 UNCTAD 国际投资体制改革方案(UNCTAD,2018b)的可持续发展投资政策框架(WIR12,2015 年更新)和 IIA 改革路线图(WIR15)中提出的选项一致。

表 3.5　2018 年签订的 IIAs 中 ISDS 改革内容

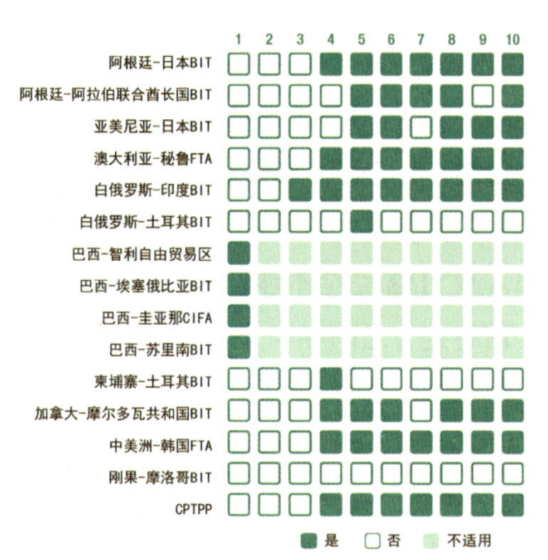

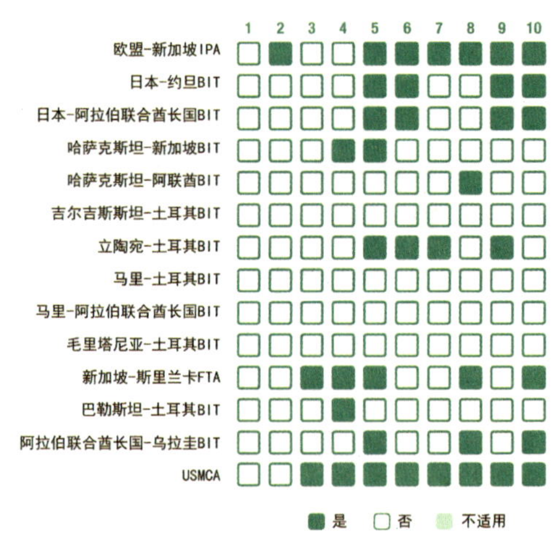

IIAs 的特定方面:

1. 协定序言提及健康和安全保护、劳工权利、环境或可持续发展。
2. 细化投资定义(例如,列出投资特点,排除证券投资、主权债务投资和纯粹源自商业合同的货币期货投资)。
3. 限定公平和公正待遇(等同于国际惯例法下外国人应享有的最低待遇标准和(或)明确国家义务清单)。
4. 明确什么构成、什么不构成间接征收。
5. 详述资金自由转移例外,包括平衡国际收支困难和(或)执行国家法律。
6. 排除所谓的“保护伞”条款。
7. 一般例外,例如为保护人类、动物和植物的生命和健康,防止资源枯竭。
8. 明确认可缔约国不应该通过放松健康、安全或环境标准来吸引外资。
9. 推进企业社会责任标准,通过在 IIA 中纳入独立条款或在协定前言中提及。
10. 限制 ISDS 的适用性(例如,限制受 ISDS 约束的协定条款,将政策领域从 ISDS 中排除,压缩提交仲裁的时间周期,不设置 ISDS 机制)
11. 有关投资促进和(或)便利化的具体的前瞻性规定(例如,促进人员准入与逗留便利化、进一步提升相关法律法规的透明度、加强投资机会信息交流)。

资料来源:UNCTAD。

注:基于 2018 年签订的可获得文本的 29 项 IIAs 整理,不包括缺少实质性投资条款的“框架性协议”。

除了特别针对 ISDS 的改革外,经审议的大量 IIAs 还涉及对 ISDS 改革有潜在影响的其他内容的重要修订(例如,细化协定范围、明确实质性条款以及增加例外情形等,见表 3.4)。

ISDS 改革正在各个地区和不同发展水平的国家进行。一些国家和地区一直是某些方式的驱动者(例如,巴西“不设 ISDS”的方式;印度对“ISDS 的有限适用”;欧盟的“ISDS 常设仲裁庭”)。

与此同时,ISDS 改革的多边参与在 UNCITRAL 和 ICSID 以及其他机构中越发突出。根据 UNCTRAL 在 2017 年 7 月提出的三阶段任务，关于可能的改革方案，迄今为止 UNCTRAL 第 3 阶段工作主要侧重于“完善 ISDS 程序”这一方式，同时对“ISDS 常设仲裁庭”的做法加以考虑。ICSID 秘书处于 2018 年 8 月发布的 ICSID 仲裁规则拟议修订部分提出了有关程序上的改进。

这些诸边和多边努力有可能为 IIA 改革第二阶段做出贡献。然而，目前的进展不太可能为第二阶段带来“全局性的”结果，一些注意事项（例如，旨在完善 ISDS 程序的有关进程）也被提及。

（二）第二阶段：老一代协定的现代化

UNCTAD 的改革工具正在助推第二阶段的改革。但是，仍有许多工作要做。现存的老一代协定数量十倍于新的改革导向的协定数量。

自 UNCTAD 提出 IIA 改革（WIR17）第二阶段的备选方案以来，越来越多的国家已采取措施推动其老一代协定现代化。鉴于截至目前这些改革行动涉及的 IIAs 相对较少，因此进一步推进这些改革行动具有广泛性和紧迫性。现存的老一代 IIAs 通常不包括改革导向的特征，且其数量仍然超过 3 000 项（超过自 2012 年以来签订的 IIAs 数量的 10 倍）（见图 3.11）。迄今为止，绝大多数公开的 ISDS 案例都是基于老一代协定发起的。推动协定现代化仍然是一项重要的政策挑战。

以下是对近期第二阶段改革行动的概述。

1. 联合解释协定条款

一些国家近期对其现有 IIAs 发布了联合解释并/或设立了 IIAs 联合机构以对协定条款发布具有约束力的解释，这有助于减少投资者、协定各方和法庭面临的不确定性并提高可预测性。

2018 年，哥伦比亚和印度就其 BIT（2009）签署联合解释声明。其对 2009 年协定中的核心条款予以细化以反映可持续发展目标，加强各方基于公共利益进行监管的权利，并明确有关 FET、征收、国民待遇、最惠国待遇和 ISDS 的规定。

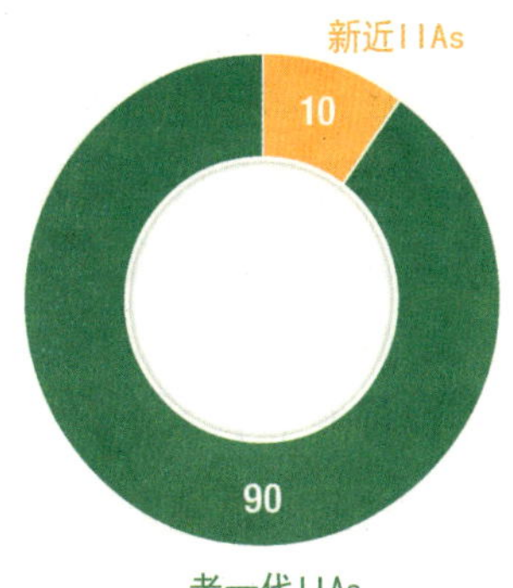

图 3.11　现存老一代 IIAs（1959—2011）和新近 IIAs（2012—2018）（%）

资料来源：UNCTAD，IIA 数据库。

2017 年，孟加拉国和印度就其 BIT（2009）签署了类似的联合声明。同样在 2017 年，哥伦比亚和法国就其 BIT（2014）签署联合解释性声明，后者明确有关“其他处置权”的第 16 条不应被理解为稳定条款，并且违反投资者与协定一方签订国家合同的行为不构成违反协定的行为。

最近的若干 IIAs 及模板设立了联合机构，旨在对协定条款发布具有约束力的解释（例如，澳大利亚-秘鲁 FTA（2018）；白俄罗斯-印度 BIT（2018）；中美洲-韩国 FTA（2018）；CPTPP（2018）；欧盟-新加坡 IPA（2018）；拟议的欧盟-越南 IPA；韩国-美国 FTA（2007）修订案（2018）；USMCA（2018）；荷兰 BIT 范本（2018））。

2. 修订协定条款

2018 年，修订方式被用于双边和区域层面。在大型 IIAs 中，协定各方以议定书以及交换补充协定的方式进行。修订可以实现更高程度的变革，并确保修订后的协定反映持续演进的政策偏好。

CPTPP 的 11 个协定方同意保留 TPP 文本的核心内容，并对选定领域进行修订。就投资（第 9 章）而言，各方同意暂停适用与投资者-国家合同和投资主管部门有关的规定。

2018 年 9 月，韩国和美国就其 FTA 签署修正案（2007）。修正案包括明确最低待遇标准的含义，并将 ISDS 程序排除在最惠国条款的适用范围之外。其还要求联合委员会考虑完善符合两国目标的 ISDS 条款（例如解决争议和消除无聊索赔的方法）。

能源宪章会议批准了关于推进《能源宪章条约》现代化的研讨时间表，商定了一系列议题并将此作为研讨的一部分进行审议。这些议题包括监管、可持续发展、企业社会责任（CSR）、FET 和间接征收等。现代化进程将确定所列各项主题的可能政策选项。能源宪章会议小组的成员将根据拟议主题和已明确的政策选项开始谈判，以推进《能源宪章条约》现代化。

3. 替换“过时的”协定

越来越多近期签订的国际投资协定（IIAs）正在替换旧的协定，通常采取代替的方式。替换提供了对协定进行全面修订的机会。

在 2018 年签订的 30 项双边投资协定（BITs）中，有 4 项替换了两国之间旧的 BITs（例如，白俄罗斯-土耳其 BIT 替换其 1995 年的 BIT；吉尔吉斯斯坦-土耳其 BIT 替换其 1992 年的 BIT；立陶宛-土耳其 BIT 替换其 1994 年的 BIT；塞尔维亚-土耳其 BIT 替换其 2001 年的 BIT）。

2018 年签订的 3 项包含投资条款协定（TIPs）各自替换 1 项协定，或者准备这样做。新加坡-斯里兰卡自由贸易协定（FTA）替换了 1 项 BIT（1980）；澳大利亚-秘鲁 FTA（2018）预计将替换澳大利亚-秘鲁 BIT（1995）（除非 CPTPP 对两国生效）。一旦生效，USMCA 将替换 NAFTA（1992）。其他 3 项 TIPs 一起替换了 7 项协定（见下一小节）。

过渡条款可以确保从旧协定到新协定的有效过渡。这些条款规定了旧的 IIA 终止后多长时间内投资者仍可援引并发起 ISDS 案件。在 3 项 TIPs 中，这一期限限于新协定生效后三年内（例如，USMCA（2018）；新加坡-斯里兰卡 FTA（2018）；澳大利亚-秘鲁 FTA（2018））。

4. 整合国际投资协定（IIA）体系

越来越多的区域 IIAs 包含各方对协定进行替换的具体条款。通过创建一项新协定来废除两个或更多旧协定可以帮助实现协定内容的现代化并避免 IIA 体系的碎片化。

2018 年签订的 3 项 TIPs 替换了 1 项以上旧的 BIT。上述替换被记录在新 IIAs 文本的具体条款中，或是在表明终止或替换的补充协定中。例如，欧盟-新加坡 FTA（2018）将替换欧盟成员国和新加坡之间的 12 项较旧的 BITs。中美洲-韩国 FTA（2018）将替换 5 项 BITs。

在 CPTPP 中，部分协定方根据相关补充协定的规定替换已有的 BITs（例如，澳大利亚-越南 BIT（1991）；澳大利亚-秘鲁 BIT（1995）；澳大利亚-墨西哥 BIT（2005））。

拟作为非洲大陆一体化进程第二阶段的一部分而展开谈判的 AfCFTA 投资议定书有望替换 170 多项非洲国家内部的 BITs。

5. 管理共存协定间的关系

管理协定关系对于追求政策一致性至关重要。

在一些 TIPs 中，各国继续受到相互重叠的已有协定约束。就 CPTPP 而言，共有 37 项更早时期的 IIAs 仍在生效并与 CPTPP 共存。例如，澳大利亚和新加坡之间的 FTA（2003）就与之重叠。日本和越南有两个较旧的协定（日本-越南 BIT（2003）和日本-越南 EPA（2008））仍在生效，BIT 后被纳入 EPA。

2018 年签订的至少 12 项 BITs 存在协定共存关系。例如，阿塞拜疆-土库曼斯坦 BIT（2018）和白俄罗斯-土耳其 BIT（2018）与《能源宪章条约》（1994）在相关领域存在重叠。印度尼西亚-

新加坡 BIT（2018）与 ASEAN 全面投资协定（2009）共存。哈萨克斯坦-阿拉伯联合酋长国 BIT（2018）和毛里塔尼亚-土耳其 BIT（2018）等与 OIC 投资协定（1981）重叠。

澳大利亚-印度尼西亚 CEPA 协定各方仍受澳大利亚-印度尼西亚 BIT（1992）和 ASEAN-澳大利亚-新西兰 FTA（2009）约束。澳大利亚-印度尼西亚 CEPA 包含一项关系条款，规定如果一方认为协定之间存在不一致性，可以通过协商达成双方满意的解决方案。

为了减轻因协定关系重叠而可能产生的不利后果，部分 TIPs 包括冲突条款，以明确在冲突或不一致的情况下何种协定胜出。澳大利亚-秘鲁 FTA（2018）中包含的关系条款规定，如果协定之间存在不一致性，双方应相互协商解决。

6. 参照全球标准

参照全球标准以确保投资活动更负责任和更易监管，已成为日益突出的协定特征。这可以帮助克服 IIAs 与其他国际法及政策制定之间的分歧。

在2018年签订的可获得文本的29项协定中，至少有 18 项涉及实现可持续发展目标。至少有 4 项涉及与促进可持续发展有关的一项或多项全球具体标准。《联合国宪章》和《世界人权宣言》均被提及三次。UN 全球契约、国际劳工组织（ILO）成员义务和 OECD 跨国公司准则均被 2 项协定提及。

最重要的是，EFTA-印度尼西亚 EPA（2018）特别提及“联合国 2030 年可持续发展议程”（继加拿大-欧盟 CETA（2016）之后的第二项协定）。EFTA 协定涉及的全球标准最多（ETFA-印度尼西亚 EPA（2018）以 7 项标准居于首位，其次是涉及 4 项标准的厄瓜多尔-EFTA EPA（2018））。

7. 多边参与

多边参与可能是改革现有 IIAs 最有效但也最困难的方式。

投资政策制定方面的多边发展在 2018 年继续受到重视，多个论坛（例如，ICSID、OECD、WTO、UNCITRAL、联合国工商业和人权工作组）就此展开讨论。然而，现有举措不太可能为老一代投资协定可持续发展导向的现代化带来“全局性的”结果。与此特别相关的是《能源宪章》方面的工作，会议批准了关于《能源宪章条约》现代化的研讨时间表，并商定了一系列待审议的议题。

8. 废除未批准的旧协定

对于尚未生效的老一代协定，一国可以正式表明其不受该协定约束，并以此作为清理自身 IIAs 体系的手段。

虽然废除未批准协定的明确行动很少见，但值得注意的例子包括印度“终止”已经签订但尚未生效的若干 BITs（例如，与埃塞俄比亚（2007）、加纳（2002）、尼泊尔（2011）和斯洛文尼亚（2011）的 BITs）。约 480 项 IIAs 在十余年前签订但未生效。这可能表明各国已放弃对其予以批准。

9. 终止现有旧协定

终止过时的 BITs——无论是单方面还是联合——是一种直接（尽管不总是即时）免除各方义务的方式。终止的 IIAs 数量正在上升，截至 2018 年底总共达到 309 项。

仅在 2010 年至 2018 年期间，对 187 项 IIAs 的终止已生效（见图 3.12），其中 128 项为单方面终止的结果。2018 年，至少 24 项终止已生效。半数（12 项）涉及厄瓜多尔签订的 BITs，另外 5 项是印度签订的 BITs。

对欧盟内部的双边投资协定（BITs）终止至少有 2 项在 2017 年生效，另有 2 项在 2019 年初生效。一些终止通知在 2017 年和 2018 年发出（例如，波兰），但尚未生效。

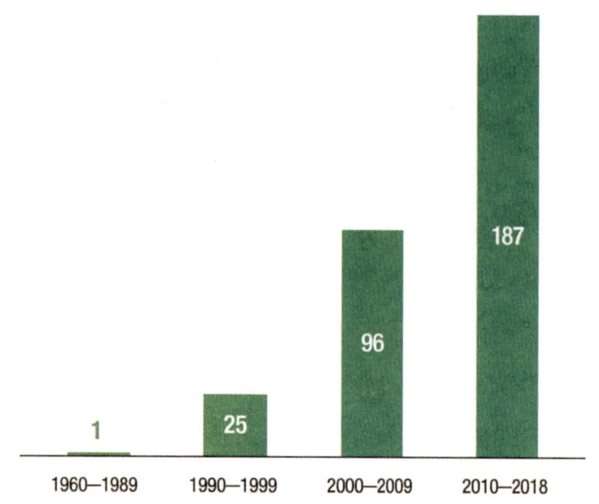

图 3.12 已生效的 IIAs 终止行为（选定时段内的 IIAs 数量）

资料来源：UNCTAD，IIA 数据库。

注：包括①单方面退出；②经同意终止；③被新协定替换；④自动过期的协定。

预计终止的协定数量将在未来几年内增加：

- 拟终止的欧盟内部 BITs 涉及欧盟成员国之间约 190 项协定，将超过此前的终止数量。在 2019 年 1 月的一份声明中，22 个欧盟成员国宣布计划在 2019 年 12 月 6 日之前终止它们之间签订的所有 BITs。在另外的声明中，其余 6 个成员国本质上重申了关于欧盟内部 BITs 的声明。
- 一旦近期签订的几项区域、诸边或大型区域间协定（例如，欧盟-新加坡 IPA）生效，将有效替换较旧的 BITs，即那些 BITs 将被终止。

终止 IIAs 并不一定意味着一国设想完全脱离该体制。终止可以成为国家重新调整其国际投资政策制定的总体方法的一部分，同时对协定范本进行修订并开启新的 IIA 谈判。两个国家——印度和印度尼西亚——最近终止了大量的 IIAs，其中许多为单方面行为，并在 2018 年签订了新的 BITs（例如，白俄罗斯-印度 BIT；印度尼西亚-新加坡 BIT）。

此外，终止并不总是立即免除协定方的义务。这可能会触发 IIAs 中常有的存续条款，除非各方在终止协定时立即宣布其无效。存续条款旨在延长协定对终止日期前所涵盖的投资的适用期限（通常为 10 年至 20 年）。

10. 退出多边协定

本报告期间未发现此类改革方式的例子，这表明退出多边协定目前并非首选的改革方式。

四、结论：经验教训和未来路径

当前国际投资协定（IIA）体制的特点是多样性，其条款旨在通过提供明确性、对等性和灵活性来实现可持续发展。但是，一些新的条款仍有待检验，且还有许多工作要做。为使改革真正成功，国际投资界需要应对四项挑战。

可持续发展导向的改革已进入当前的投资政策制定中。改革行动在各层级（国家、双边、区域和多边）展开，并涵盖了 UNCTAD 国际投资体制改革方案中提出的全部五个改革领域（UNCTAD，2018b）。

伴随着过去 15 年投资协定制定实践的逐步变化，当前的 IIA 体制呈现出诸多显著特征（见表 3.6）。

表 3.6 新 IIAs 的显著特征

横向特征	协定表现	示例
多样化	实现协定整体目标或覆盖范围的不同方式	● 聚焦保护 ● 聚焦便利化 ● 聚焦自由化
	解决投资争端的不同方式	● 不设 ISDS ● ISDS 常设仲裁庭 ● ISDS 的有限适用 ● 完善 ISDS 程序 ● 未经改革的 ISDS 机制
	处理协定具体内容的不同方式	● 协定范围（投资和投资者的定义，将政策领域或经济部门排除在外） ● FET（国际惯例法，明确国家义务，排除 FET）
可持续性	纳入可持续发展导向条款	● 突出可持续发展的整体重要性（例如，序言、有关目标的条款） ● 保持政策灵活性（例如，健康、环境、社会政策的例外） ● 引导政府行为和投资者期望（例如，关于不得降低标准、CSR、影响评估的条款）
明确性	明确主要条款范围和含义	● 覆盖范围（投资者或投资） ● 保护（FET、间接征收、国民和最惠国待遇、全面保护和安全、自由转移）
对等性	引入投资者责任以平衡投资者保护和投资者义务	● 与东道国国内法律法规一致 ● 避免腐败 ● 维护劳工权利 ● 展开影响评估 ● 满足 CSR 标准
	引入相关权利以平衡仲裁员和协定国间的力量对比	● 共同确定仲裁庭正在审议的某些问题 ● 发布对仲裁庭具有约束力的联合解释 ● 核阅裁决草案 ● 发起反诉
	引入母国义务以实现东道国和母国之间的平衡	● 促进对外投资者的 CSR 和技术援助（例如，投资便利化） ● 鼓励负责任的投资 ● 承诺放弃转移要求
灵活性	维护监管权	● 例外情况（例如，基于一般公共政策目标、国家安全、审慎措施的例外情况） ● 除外责任（例如，从协定范围、具体义务、ISDS 中的除外责任）
	允许协定各方义务不对称	● 保留 ● 双边补充协定
	随着时间推移调整计划	● 未来工作或谈判计划（例如，ISDS 条款、预设时间表） ● 定期审议协定
未经检验	新条款未经仲裁庭检验	● 要求投资促进东道国（可持续）发展 ● 要求投资者维护人权和核心劳工标准 ● 列明国家义务以明确 FET

资料来源：UNCTAD。

这其中的关键是多样性，以及现代协定旨在通过提供明确性、对等性和灵活性来实现可持续发展。但是，一些新的条款仍有待检验，且还有许多工作要做。

在进一步寻求以可持续发展为导向的国际投资协定（IIA）改革中，政策制定者需要考虑四个关键问题。

首先，推动现存的老一代协定的现代化仍然属于优先事项。尽管改革仍在努力进行，但属于老一代 IIAs 的不具备改革导向特征的现有协定仍然达到 3 000 多项（是 2012 年以来签订的“现代”IIAs 数量的 10 倍）（见图 3.2）。这表明大部分 IIA 体制改革的重要性在于使其更加平衡、可控以及有利于可持续发展。

其次，改革需要全面。虽然各方改革工作在促进 IIA 体制更具可持续发展导向的目标上存在共识，但各国只是间断性地实施且往往孤立地侧重于某些特定方面的体制改革。例如，最近在全世界范围内引发关注的投资争端解决机制改革与 IIAs 中的实质性规则改革并不同步。但是，促进投资政策体制的可持续发展导向需要改革争端解决规则和协定中的实质性规则。

再次，一些改革条款可能尚未经过检验。对 IIAs 引入一些创新表述以实现其维护国家监管权的目标这一做法的有效性进行评估还为时过早。IIAs 中的许多新改进尚未经过投资争端检验，对于仲裁员如何在 ISDS 程序中对此进行解释仍存疑问。这也适用于在协定中被广泛使用的新条款以及迄今为止相对较少使用的条款。

最后，改革必须具有包容性且不受能力限制的制约。成功的改革进程需要透明且包容。各国政府和国际论坛需要确保重要利益攸关方参与其中的可能性，并强化谈判者和政策制定者的技能和经验。双边或区域性技术援助计划可以跟进政府提出的能力建设需求。分享 IIA 改革的经验和最佳实践可以促进可持续发展导向改革方案的同行间的学习。

UNCTAD 作为联合国的国际投资和发展协调中心，对正在寻求 IIA 可持续发展导向改革的政策制定过程提供支持。其通过三大支柱性工作支持这一改革：形成基于研究和政策分析的政策工具，技术援助（包括能力建设和咨询服务）以及政府间共识建设。2019 年 11 月的高级别 IIA 会议将提供对迄今为止的改革工作进行评估的机会。

第三节 资本市场与可持续性

资本市场在全球投资链中发挥着重要作用。证券投资是发展中国家的第三大外部融资形式，而发达国家的资本市场做法可能影响世界范围内从事 FDI 的跨国公司的可持续发展实践。影响资本市场的主要参与者包括证券市场监管机构、证券交易所、发行人（上市公司）、资产所有者和资产管理者（投资者）。鉴于证券交易所处于交汇点的位置，其可持续性实践可以成为监测可持续金融趋势的有益参照。

一、证券交易所的可持续性趋势

联合国可持续证券交易所（SSE）数据库对全球证券交易所进行追踪。其包含全球95家证券交易所的数据，涵盖世界上所有大型交易所，以及发展中国家的大量小型国家交易所。这些交易所共有52 000多家公司，市值接近90万亿美元。该数据库特别关注证券交易所的可持续性活动（即与环境、社会和治理（ESG）因素有关的活动）自21世纪初以来呈指数级增长（见图3.13）。

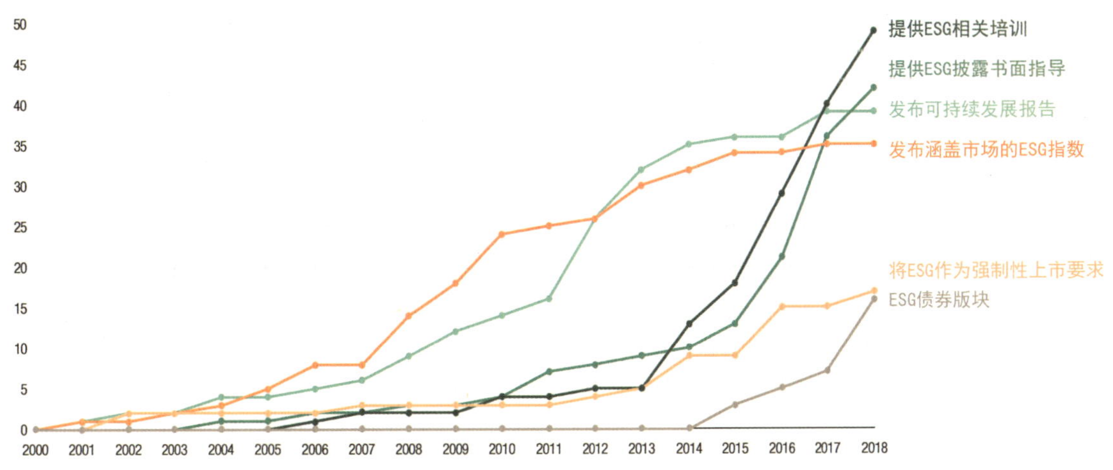

图 3.13 证券交易所持续性机制一览（交易所数量）

资料来源：UNCTAD，SSE倡议数据库。

向发行人提供有关ESG披露正式指导的交易所数量持续快速增长，从2015年的14家增加到2018年底的至少42家交易所。同样，向发行人和/或投资者提供有关ESG主题培训的证券交易所数量也在持续快速增长，从2013年的不到10家增加到2018年底的近50家。在交易所和证券市场监管机构的支持下，近几年强制性ESG披露也在不断增加。总体上，这些趋势线显示了世界证券交易所可持续发展活动的大幅增长。随着促进可持续发展的公共政策在若干司法管辖区继续加强，并且更多证券交易所认识到自身在促进可持续发展投资方面可发挥的重要作用（见专栏3.6），预计这种总体上升趋势还将继续。

专栏 3.6 世界交易所联合会（WFE）可持续交易原则

2018年，全球证券交易所主要行业协会世界交易所联合会（WFE）推出了“可持续交易原则”。这些原则是WFE成员参与可持续发展的一个里程碑。该原则启动后，WFE成员交易所正式认识到自身在实现联合国可持续发展目标方面的作用，并明确他们在形成和促进可持续金融体系发展方面的角色，促使资金流向与降低温室气体排放和适应气候发展相一致，推动向包容性和可持续经济过渡。五项原则如下：

原则 1：交易所将努力对交易所生态系统的参与者进行有关可持续性问题重要性的教育。

原则 2：交易所将提升与投资者相关的、对决策有用的 ESG 信息的可获得性。

原则 3：交易所将积极与利益相关方合作，推进可持续金融议程。

原则 4：交易所将提供市场和产品以支持扩大可持续金融范围并对资金流动进行再引导。

原则 5：交易所将设立有效的内部治理和运营流程及政策以支持其可持续性工作。

资料来源：世界交易所联合会。

（一）可持续证券交易所倡议

自 2009 年启动以来，联合国可持续证券交易所（SSE）计划已经发展到包括 SSE 数据库中跟踪的 90%以上的证券交易所：截至 2019 年第二季度，该计划包括 86 家交易所，涉及 50 000 家上市公司，总市值超过 85 万亿美元，且仍在增长。[11]SSE 将全球大部分证券交易所视为会员，包括全球 10 大交易所以及发展中国家的许多中小型交易所。这一联合国伙伴关系计划的增长，现已进入第十个年头，这表明参与关于 ESG 因素的对话已成为投资者-交易所-发行人对话的重要组成部分。SSE 已成为各国证券交易所以及资本市场监管机构、投资者、发行人和金融服务提供商实现全球可持续性目标的首要合作和学习平台。在经济和技术转型、社会压力、气候变化和监管干预的背景下，SSE 支持交易所将可持续性完全整合到服务项目中，进而支持政策制定者、投资者和公司实现其可持续发展的目标。

自 2012 年以来，SSE 的五大创始伙伴交易所签署了促进资本市场可持续和透明发展的承诺书，致力于促进可持续发展的证券交易所数量迅速增长（见图 3.14）。

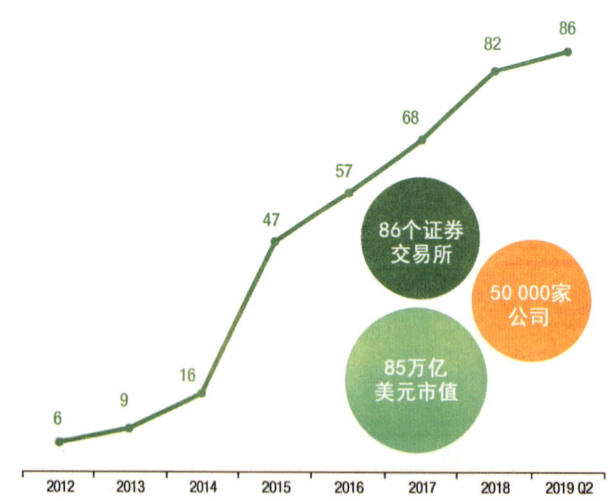

图 3.14　SSE 倡议成员，2012—2019 年第二季度（证券交易所数量）

资料来源：UNCTAD，SSE 倡议数据库。

（二）环境、社会和治理（ESG）培训活动

证券交易所在帮助发行人和投资者更好地了解新的 ESG 标准、产品、服务和实践方面发挥着日益重要的作用。在这方面可以通过敲钟仪式或交流活动等宣传形式，或通过讲座、在线课程和研讨会等培训活动来完成。这些培训活动也包括出版教学材料、举办讲习班和大型会议以及出台辅导计划等。

此外，一些交易所也在增加有关上市要求的培训次数。例如，奥斯陆证券交易所已经对上市公司的董事会成员以及申请在交易所上市的公司的管理层和董事会成员强制进行 ESG 培训。该交易所为上市公司管理层和顾问提供诸如此类的培训以及继续教育课程。

截至 2018 年底，至少 48 家证券交易所为其上市公司、投资者或其他利益攸关方提供 ESG 培训：18 家在欧洲，17 家在亚洲，8 家在拉丁美洲和加勒比地区，4 家在非洲以及 1 家在北美洲。图 3.14 显示，2014 年以来提供培训活动的证券交易所数量急剧增加。其中一个项目于 2010 年启动，当时巴西证券期货交易所 B3（前身为巴西期货交易所（BM & F）和巴西圣保罗交易所(Bovespa))与世界银行建立了合作伙伴关系以组织研讨会和其他教育活动，旨在增加公共和私营部门对碳市场的参与度。2014 年，提供可持续性培训的交易所数量几乎增加了两倍，从 5 个增加到 13 个，并且在接下来的四年中增加了近四倍。一些证券交易所组织了一次性的特定活动或 ESG 相关会议，将此作为更广泛的培训计划的一部分。其他交易所凭借其良好的培训战略脱颖而出，旨在提升市场参与者对可持续发展的认识。

证券交易所可持续发展培训计划涉及的共同主题包括针对发行人的 ESG 披露培训和 ESG 主题指数选取标准，针对投资者的有关可持续发展主题金融产品的培训以及针对发行人在董事会和工作场所中实现性别平等的培训。

二、证券监管机构与可持续性

（一）证券监管机构的参与持续增加

如图 3.14 所示，对于上市公司的强制性 ESG 披露要求正在增加，在 2013—2018 年期间，具有此类规则的证券交易所的数量增加了两倍多。在某些情况下，这些规则来自被委任监管职责的证券交易所，但在大多数情况下，来自对可持续问题关注的证券市场监管机构。

2018 年 10 月，国际证券委员会组织（IOSCO）秘书长宣布成立 IOSCO 可持续金融网络，为 IOSCO 成员提供一个分享经验和讨论可持续性相关问题的平台。该网络是在瑞典资本市场管理局（Finansinspektionen）的倡议下成立的，其总干事将担任该网络的主席。

2019 年 1 月，IOSCO 发布了关于发行人披露 ESG 事项的声明。[12] 该声明阐述了发行人在披露对投资者决策具有重要意义的信息时考虑纳入 ESG 议题的重要性。IOSCO 就 ESG 强调称，“虽然有时被定性为非金融类，但可能对发行人的业务运营和投资者的风险回报及其投资和投票决策产生重大的短期和长期影响”。[13] 彼时 IOSCO 宣布，由于 ESG 事项对投资者的重要性日益增加以

及资本市场透明度有待持续提升，其正密切关注该领域的发展。IOSCO 表示，该声明旨在提醒发行人有义务考虑披露（自愿或其他方式）可能对其业务产生潜在影响的 ESG 相关风险和机遇。

同样在 2019 年初，IOSCO 和新兴市场委员会发布了一份题为“新兴市场的可持续金融及证券监管机构的作用”的报告草案，以征询公众意见。该报告认识到过去几年的趋势，即市场参与者、监管机构和政策制定者越发关注可持续金融问题。委员会认为这些问题与寻求扩大资本市场发展的国家尤其相关，其旨在帮助新兴市场监管机构更好地了解影响可持续金融发展的议题和挑战（见专栏 3.7）。报告草案包含 11 项有关可持续性主题产品和 ESG 披露要求的“一揽子”建议。尽管这些建议不具有约束力，但鉴于相关风险和机遇的重要性，委员会鼓励其成员考虑在自身法律和监管框架内对指导意见予以一定程度的落实。

专栏 3.7　ESG 表现在吸引证券投资组合进入新兴市场方面的重要性

世界交易所联合会（WFE）的两份新报告发现，外国证券投资组合流入与存在一系列被广泛接受的公司治理实践的市场之间存在强烈的正相关关系。[a]

研究的定性内容揭示了投资者整体上如何就公司治理和 ESG 表现进行区别对待。一些投资者表示，他们不会投资那些在治理实践方面表现不佳的公司或是在环境或社会措施方面“失败”的公司。其他人表示，他们通过公司治理来评估公司管理风险和机会的可能性，包括那些因环境和社会因素而产生的风险和机会。一些投资者通过评估公司 ESG 表现来确定公司估值的合适贴现率。

几位接受 WFE 研究访谈的投资者（特别是那些没有采用排他性方法寻找最佳表现者的投资者）表示，他们将在投资前和整个投资期间与公司就 ESG 表现进行接洽。WFE 新兴市场工作组 2019 年会议重申上述议题，与会者也强调了高质量数据和 ESG 议题披露的重要性。

这些调查结果为新兴市场交易所提供了支持，其中许多交易所已采取措施提升上市发行人的公司治理质量，提高环境和社会问题与企业绩效的相关性，并强化 ESG 披露的质量。

资料来源：世界交易所联合会。

a: WFE（2018），《什么吸引国际投资者进入新兴市场》；WFE（2019），《投资新兴和前沿市场：投资者观点》。

（二）证券监管机构如何推动可持续发展目标（SDGs）

SDGs 所明确的可持续性目标以及对这些议题的政策回应可能为投资者带来财务方面的重大风险和机遇，并可能影响整个金融体系的弹性。这些影响和后果与证券监管机构提出的三个相互关联的总体目标直接相关：保护投资者、确保市场公平有效和透明、降低系统性风险。因此，世界各地的许多证券监管机构已开始就可持续性相关风险和机遇采取行动。

与这些监管机构合作，SSE 倡议于 2018 年发布了题为“证券监管机构如何支持 SDGs”的报告，其中包括来自世界各地司法管辖区的 35 个案例汇编。该报告确定了五个主要行动领域以及具体步骤，证券监管机构可以为建设更加稳定和有弹性的金融体系做出贡献，从而更好地支持 SDGs（见表 3.7）。

表 3.7　针对证券监管机构的 SSE 行动计划

主要行动领域	具体步骤
促进投资	1.1 召集并支持为 SDGs 开发创新性的融资解决方案的对话和项目（例如，绿色证券、绿色债券、社会债券） 1.2 形成关于如何获得 SDGs 提出的投资机会的指导和案例研究 1.3 确定不同市场参与者在促进可持续金融方面的作用 1.4 制定基金、指数和可持续投资产品认证的标示流程或框架并对其提供支持和激励
加强公司可持续性相关披露	2.1 支持制定自愿报告准则 2.2 将可持续性披露指导纳入上市要求，明确谁应该披露、应该披露什么以及应该如何进行披露 2.3 与其他司法管辖区的同行以及 IOSCO 等相关国际组织合作，鼓励在财务可持续性信息方面进行国际标准一致且可互为比较的披露
明确投资者的可持续性义务	3.1 明确机构投资者和资产管理者应了解并考虑客户和受益人的观点和利益 3.2 引入/加强职责和公司治理准则 3.3 鼓励机构投资者披露其如何履行管理职责，向受益人传达其 ESG 责任并为 SDGs 做贡献 3.4 支持国际层面的工作以协调机构投资者和资产管理者在投资决策、公司参与和投资者披露方面整合有关可持续性议题的政策工具
加强公司治理以支持可持续性	4.1 将可持续性因素纳入公司治理准则 4.2 鼓励董事会制定正式文件，阐明其作为公司管理者的职责，并承诺进行长期决策，并以维护长远利益的方式行事 4.3 允许投资者提出并通过既定的公司治理流程与董事会讨论可持续性（SDGs）议题，并确保投资者的正当权利，从而使投资者可以有效地就这些问题与公司交流
强化可持续性市场能力和专业知识	5.1 分析市场中与可持续性相关的专业知识和信息缺口，并据此为发行人、投资者和其他市场参与者提供专业能力培训 5.2 支持发展专业资质，获得受认可的可持续性培训和专业知识 5.3 支持打造同行学习平台，以分享与 SDGs 相关的最佳实践以及与 SDG 有关的成功投资实例及案例研究 5.4 对可能导致企业失败以及可能对金融体系的稳定性和弹性产生影响的潜在可持续性议题进行评估和监测，强化此方面的能力

资料来源：SSE（2018），《证券监管机构如何支持 SDGs》。

三、可持续性主题的指数、细分市场和产品

资本市场参与者通过指数和评级等产品推动　　可持续的公司和项目，并通过列出交易所交易基

金和债券等主题产品及对这些产品或服务的开发进行支持，从而将资金引入这些公司和项目。证券交易所正在帮助投资者将其投资实践与可持续性考虑更好地结合起来，同时对那些表现优秀的可持续性公司进行奖励。

（一）可持续性股票指数

可持续性指数，无论是由交易所本身还是由第三方创建，都会使用 ESG 指标或可持续性主题对所选交易所上市公司的表现进行追踪。这些指标和主题包括温室气体排放、可再生能源、人权、水资源管理和性别平等。

截至 2019 年第二季度，可持续性指数（涉及社会或环境因素或 ESG 主题）涵盖了五大洲 35 家证券交易所的公司：亚洲和欧洲各 12 家，美洲 8 家，非洲 3 家。这些指数通常由道琼斯（Dow Jones）、富时罗素（FTSE Russell）、摩根士丹利资本国际（MSCI）、标准普尔（Standard & Poor's）、斯托克斯（Stoxx）和汤森路透（Thomson Reuters）等投资服务公司创建，并被许可给大型资产管理公司用于创建特定产品，例如，供机构投资者和散户投资者使用的交易所交易基金。ESG 指数可以帮助那些寻求将关键可持续性因素纳入其资产配置策略的资产管理者。ESG 指数也鼓励上市公司自愿提升透明度。

越来越多的投资者认为，ESG 因素将日益影响投资业绩，尤其是从长远来看。来自 ESG 指数提供商的数据支持这一观念。例如，MSCI 的新兴市场“ESG 领先”指数在过去 10 年中有 8 年表现优于传统指标（见图 3.15）。

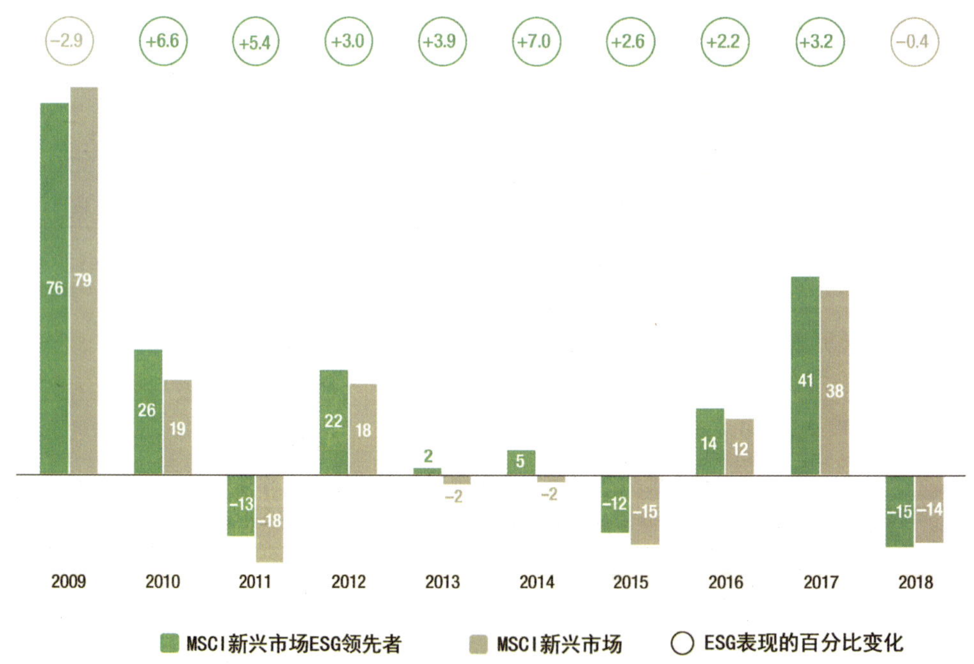

图 3.15 2009—2018 年 ESG 指数与传统指数日历年回报率及相对表现（%）

资料来源：MSCI。

环境议题，特别是与气候相关的议题，越来越多地被组合投资者视为重大风险因素。大型资产所有者和资产管理者尤其担心化石燃料公司在中长期面临油价永久性下跌的可能性。气候变化问题暴露了资本市场对化石燃料公司的估值方式，即假设市值在很大程度上取决于其已探明的储量（例如，仍在地下的石油数量）。然而，如果旨在减少二氧化碳排放的新公共政策导致燃料储备不再被使用，那么这些储备将不再具有价值并成为“搁浅的资产”。对上述估值方式带来新的风险分析和资产配置模式的认识使得资本从持有化石燃料储备的公司撤出。例如，2019 年初，挪威政府全球养老基金（全球最大的主权财富基金，管理着约 1 万亿美元资产）宣布了一项计划，拟从纯粹专注于勘探和生产石油、天然气的公司剥离 75 亿美元。随着应对气候变化的全球努力在持续增加，与联合国《巴黎协定》及 SDGs 产生的效果一致，越来越多的投资者正在考虑从化石燃料行业中剥离。这一投资趋势产生了“无化石”股票指数，该指数优于传统指标的表现使投资者对可持续性议题的信心进一步增强。对于全球和新兴市场指数而言，无化石燃料指数在过去 10 年中有 7 年表现优于传统指标。

（二）可持续性债券

可持续性债券近年来增长显著，尤其是为旨在减缓、适应和复原气候变化的项目提供资金的绿色债券（见图 3.16）。通过绿色债券获得最多投资的行业是能源、建筑、运输和水——基础设施的所有关键要素。绿色债券市场规模在 2018 年超过 1 680 亿美元，五年间的增长率为 466%。尽管绿色债券仍然是全球债务市场的一小部分，但仍吸引着发行人。

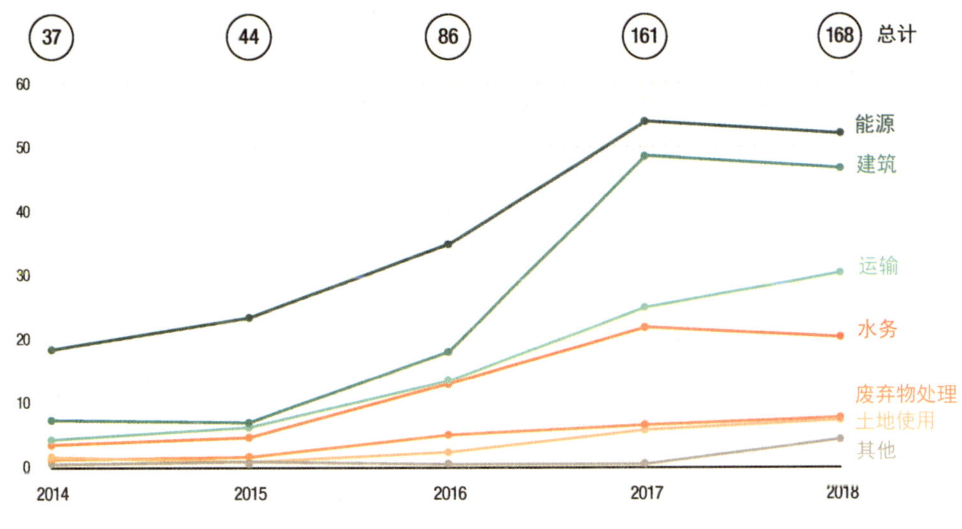

图 3.16 2014—2018 年绿色债券市场规模和行业融资（十亿美元）

资料来源：气候债券倡议组织。

证券交易所在建立可交易绿色债券市场方面一直很积极（见图 3.17）。欧洲交易所尤其领先，卢森堡绿色交易所是目前绿色债券交易的最大单一平台，紧随其后的是德国、法国和英国的交易所。20家最大的绿色债券交易所中有3家在亚洲， 其中2家在中国，1家在新加坡。

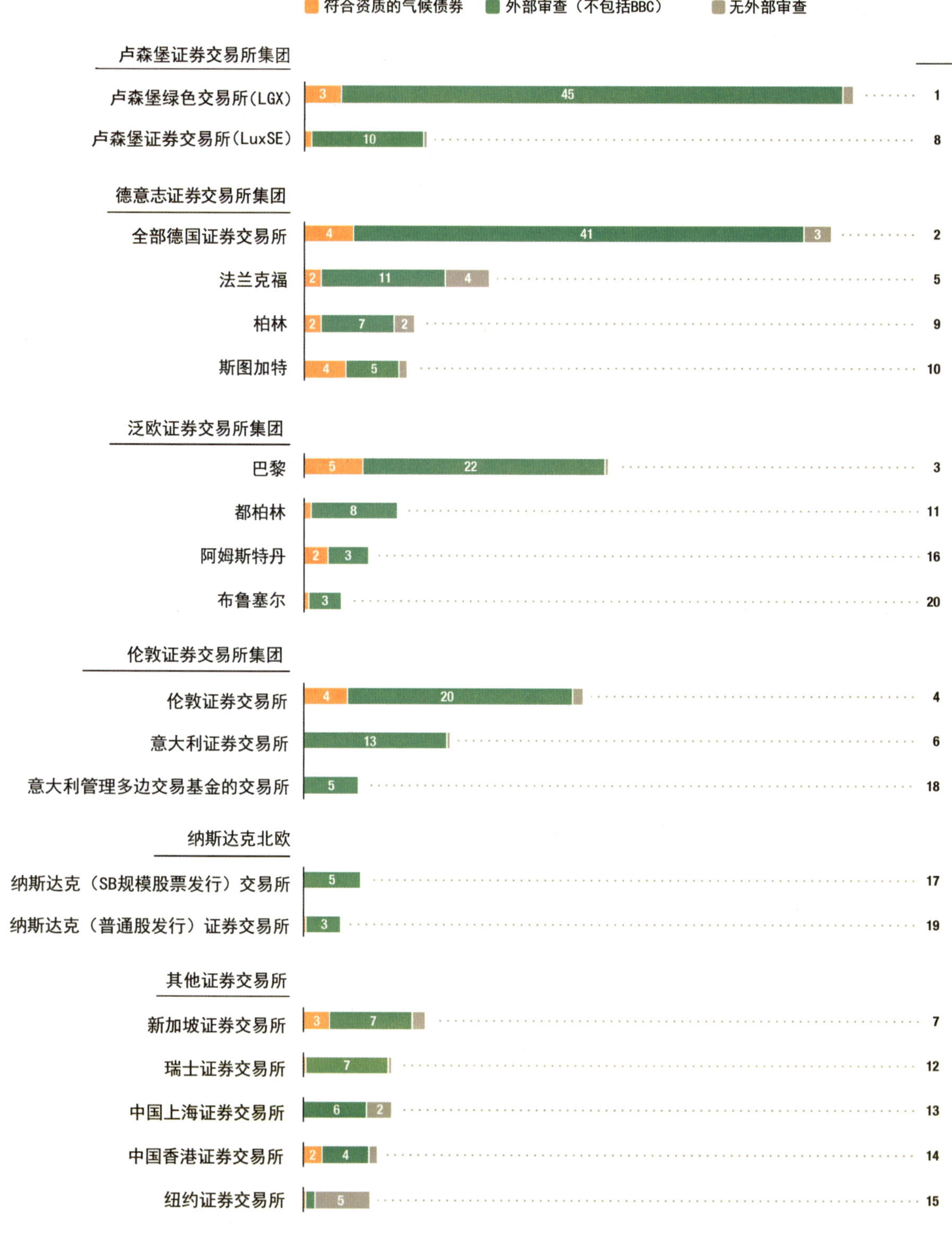

图 3.17 2014—2018 年前 20 大绿色债券交易所（十亿美元）

资料来源：气候债券倡议组织。

（三）房地产

投资者将 ESG 因素纳入考虑的另一个资产类别是房地产。全球约 57 万亿美元投资于可在投资者之间交易的创收房地产，另有 3.3 万亿美元投资于 2 200 多家上市房地产公司。[14] 房地产业（商业和住宅房产）约占全球排放量的 28%，较运输业高出 6%，是气候相关排放量的最大来源之一。[15] 因此，改变建筑能效并大幅度减少或消除相关气体排放将是实现《巴黎协定》所规定的全球减排目标的公共政策的核心组成部分。这预示着行业即将发生转型，资产管理者已开始预测并将此纳入投资分析和投资组合配置。富时罗素指数警告投资者，“随着政策制定者寻求加速减排的方法，环境表现不佳的建筑面临越来越大的监管风险，可能会大幅降低其资产价值和流动性”。[16] 一些规则已在国家、地区和市政层面采用（例如，在英国、荷兰、新加坡，以及美国的加利福尼亚州和纽约市），形成了一系列旨在未来十年内大幅减少行业排放量的计划。

四、结论

环境、社会和治理（ESG）因素继续日益融入资本市场的交易和工具中，例如，在交易所、投资者和发行人的运作中，在证券监管机构的监督职能中，以及在股票和债券方面的产品创新中。随着 ESG 因素从小众实践转变为主流实践，需要重视三个关键领域：

- 将可持续性完全融入整个投资链中。这意味着将 ESG 议题纳入投资链的每个阶段，从资产所有者的信托义务，到资产管理者的投资组合配置和投票代理实践，到交易所的上市规则，再到大型上市跨国企业的 FDI 实践。
- 将上游资产经理与下游投资项目联系起来。促进对可持续发展目标（SDGs）的投资尤其需要将更多工作投入到发展中国家和最不发达国家的实地投资项目开发中。目前在发达国家低收益投资中聚集的大量资本可用于资助有关 SDGs 的投资，但这样做需要开展更多的项目开发工作并发展受援国的资本市场。
- 增强 ESG 主题金融产品的可信度。随着 ESG 因素越来越多地纳入主流投资界，更多工作需要投入到准则和评估标准方面，以设立可持续性主题投资产品的最低标准。

为了应对这些挑战，全球投资链中的各方都需要共同努力。

注释

[1] 本节不涉及国内外投资者的控制工具，例如，商业注册要求和特定经济活动的许可要求。

[2] 另见 UNCTAD（2015c），可持续发展投资政策框架；UNCTAD 国际投资协定中的国家安全保护，UNCTAD 国际投资政策发展系列，2009 年。

[3] 由于对 UNCTAD 的 IIA 数据库进行追溯调整，IIAs 的总数也在不断修订。

[4] 特定方之间没有 ISDS（5 项双边关系间设有 ISDS 选择退出机制）。

[5] 加拿大和美国之间或加拿大和墨西哥之

间没有 ISDS；协定的 ISDS 条款仅适用于墨西哥-美国关系。

[6] ACP 谈判任务：http：//www.acp.int/sites/acpsec.waw.be/files/acpdoc/public-documents/ACP0001118_%20ACP_Negotiating_Mandate_EN.pdf。欧盟谈判方向：http://data.consilium.europa.eu/doc/document/ST-8094-2018-ADD-1/en/pdf。

[7] 签订的协定包括与 CARIFORUM 国家、智利、ESA 国家、法罗群岛、冰岛和挪威、以色列、列支敦士登、太平洋国家、巴勒斯坦国和瑞士的协定。

[8] 与加勒比论坛（CARIFORUM）国家的协定载有关于商业存在的章节（不限于服务部门），而与 ESA 国家的协议包括有关投资合作的条款，涉及产业发展、中小企业、采矿和旅游业等特定领域。

[9] 指导原则已提交给 OIC 成员国供会后审议和正式采用。

[10] 特定协定方之间具有 ISDS 选择退出机制的两项 IIAs，分别是 CPTPP（5 项双边关系间设有 ISDS 选择退出机制）和 USMCA（加拿大-墨西哥和加拿大-美国选择退出 ISDS）。

[11] SSE 由 UNCTAD、联合国全球契约组织、联合国环境署和 PRI 管理。欲了解更多信息，请访问：www.SSEinitiative.org。

[12] IOSCO（2019），《发行人披露 ESG 事项的声明》。

[13] IOSCO（2019），《发行人披露 ESG 事项的声明》。

[14] FTSE Russell（2018），《夯实低碳经济的基石：管理房地产投资中的气候风险》。

[15] UNEP（2017），《建立零排放、高效和弹性的建筑和建筑部门》。

[16] FTSE Russell（2018），《夯实低碳经济的基石：管理房地产投资中的气候风险》。

特殊经济区

第四章

引　言

特殊经济区（Special Economic Zones，SEZs），是政府为促进工业活动而划出的享有财政和监管激励及基础设施支持的特殊地理区域，被广泛用于绝大多数发展中经济体和许多发达经济体。尽管许多特殊经济区的表现仍低于预期，无法大量吸引外资或产生范围更广的经济影响，但政府间日趋激烈地争夺国际产业活动转移，促使新特殊经济区仍如雨后春笋般涌现。政策制定者既面临使特殊经济区成功的传统挑战，如提供充足的战略重点、监管与治理模式和投资激励工具，也面临可持续发展、新工业革命和国际生产模式转型带来的新挑战。

特殊经济区有很多称谓，也有很多不同的类型和规模。其共同之处在于，它们在规定的范围内为企业和投资者提供了一种不同于所处国家或地方经济的监管制度。最常见的特殊经济区类型是自由区的变种，这些区域基本上是独立的关税区。除了减免税收和关税外，大多数特殊经济区还提供财政奖励、关于土地使用权和许可证以及执照或就业规则的商业友好型监管制度、行政精简和便利化措施。基础设施支持是另一个重要特征，特别是在发展中国家，这些地区以外的商业基础设施可能很差。作为对这些海关、财政和监管便利及商业支持措施的回报，政府希望投资者在特殊经济区运营以创造就业、促进出口、实现经济多元化并提升生产能力。

特殊经济区历史悠久（见图 4.1）。自由港的概念可以追溯到几个世纪以前，贸易商在地方当局很少或基本没有干预的情况下经营船舶、货物运输和货物再出口。20 世纪 60 年代出现了毗邻海港、机场或沿边境走廊的现代自由区。随着出口导向的工业发展战略在许多国家特别是亚洲国家的广泛实施，以及全球制造商越来越依赖离岸生产，现代自由区在 20 世纪 80 年代开始成倍增长。20 世纪 90 年代末和 21 世纪初的国际生产加速和全球价值链（GVCs）的快速形成，引发了另一波新的特殊经济区的设立，所有地区的许多发展中国家都希望效仿早期的成功案例。对与出口相关的激励措施进行限制，以及逐步取消全球贸易规则中对低收入国家的豁免，预计将使出口加工区（Export Processing Zones，EPZs）的增长减缓。然而，这一趋势几乎没有放缓。特殊经济区政策适应了这些新规则，并保留了提供给投资者的基本优惠，即商业友好型环境及关税和税收减免。全球金融危机以及由此导致的全球贸易下滑仅略微减缓了新特殊经济区的建立步伐。目前的全球化和国际生产减速正在产生相反的效果，因为政府以更多的和新型的特殊经济区应对更剧烈的产业转移竞争。目前有近 5 400 个特殊经济区，其中一千多个是在过去五年中建立的。至少还有 500 个特殊经济区（约占当前总数的 10%）已经宣布计划建立，预计将在未来几年内开放。

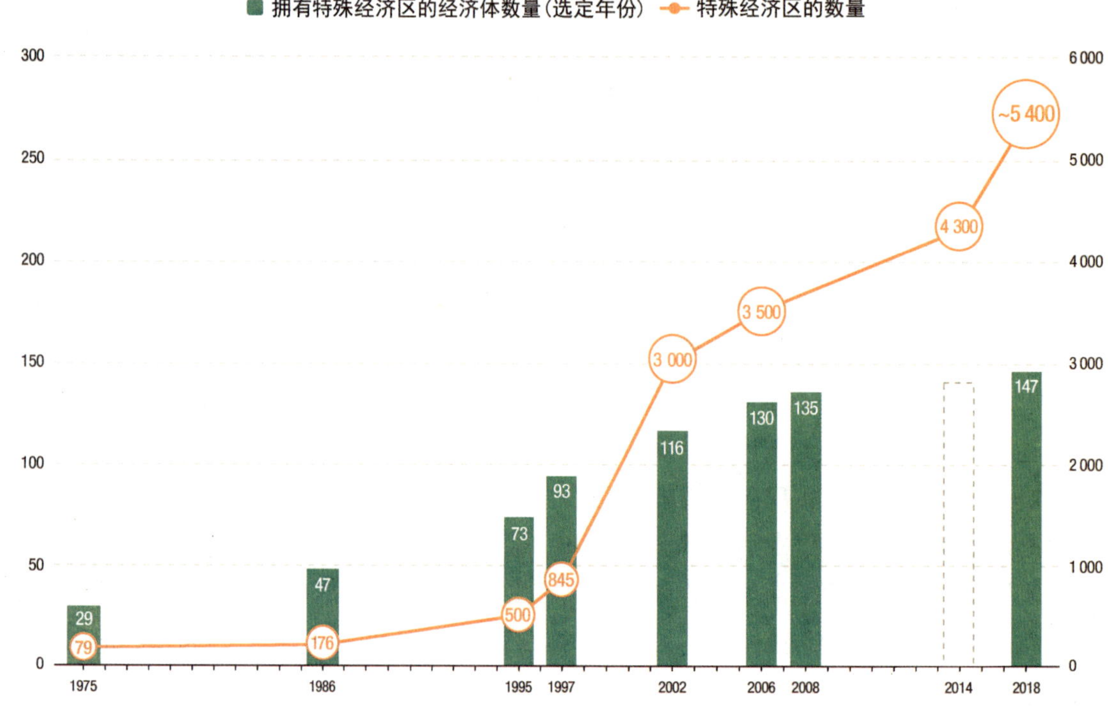

图 4.1 特殊经济区的时间趋势

资料来源：UNCTAD。

注：这一趋势仅供参考。1975 年、1986 年、1995 年、1997 年、2002 年和 2006 年的历史估计数基于国际劳工组织（2014）的统计；2008 年的统计来自 FIAS（2008）；2014 年的统计来自经济学人（2015）；2018 年的统计来自 UNCTAD（2018）。各年的估计范围和定义可能有所不同。

世界各国政府对特殊经济区的持续热情掩盖了这些特殊经济区的复杂影响。在遵循以出口为导向的发展战略的发展中经济体中，有很多在工业转型中起着关键作用的成功案例。但即使在这些经济体中，也有很多特殊经济区没有或很晚才吸引到预期的投资者。在后起国家中，有更多的特殊经济区，依法建立后，几十年来一直没有被开发或开发不够充分，当今的特殊经济区中包括许多未被充分利用的园区（见图 4.2）。即使在成功创造投资、就业和出口的特殊经济区，其更广泛的经济影响（特殊经济区合理性的关键部分）往往难以察觉，许多特殊经济区作为飞地运营，几乎没有与本地供应商的关联，只产生很少的溢出效应。

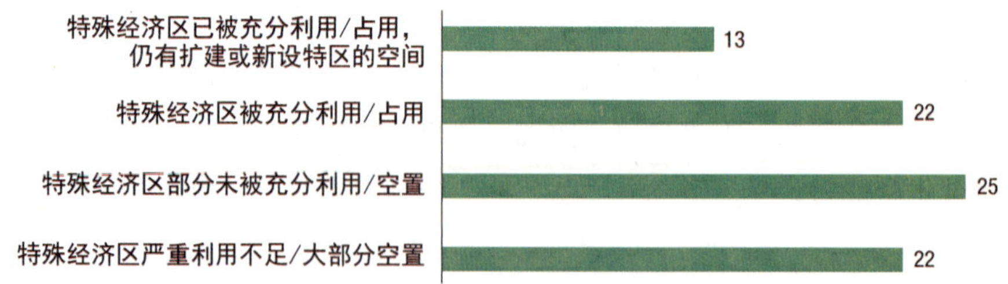

图 4.2 特殊经济区的利用程度（基于各国投资促进机构受访者反馈的百分比）

资料来源：UNCTAD 投资促进机构调查。

注：该调查于 2019 年 2 月至 4 月进行。结果基于 114 名受访者提供的信息。

除了对特殊经济区经济效益的疑虑之外，建立一个不同于其他地区（在许多方面更为宽松）监管体制的理念也引起了人们对出口加工区社会标准、劳动条件和环境影响的关注。更宽松的法规主要集中在劳动规则上，例如，就业安排的摇摆不定和工会活动的不作为（尽管一些研究也强调了特殊经济区工作的正规性以及与周边区域相比会提供更高的薪资）。即使是那些可能没有正式豁免的国家规则，如健康和安全规则，在特殊经济区为了避免扰乱商业秩序而实施较弱的管制和较为有限的执法力度，这通常意味着特殊经济区内的标准与所在经济体其他区域存在显著差异。

尽管存在这些担忧，但出于多种原因，特殊经济区仍然是产业和投资政策制定者的首选。

首先，通过特殊经济区实施商业改革相对容易。在治理相对薄弱且难以在全国范围内实施改革的国家，特殊经济区通常被视为唯一可行的选择，或者作为改革的第一步。然而，在提升投资环境方面已取得进展的发展中国家也继续依赖特殊经济区。如果此类进展未能提升竞争力或吸引预期的外国投资，特殊经济区仍可能被视为投资促进方案的必要补充，并作为该国在建立有吸引力的投资环境方面取得进展的信号。

其次，建立特殊经济区的成本低。建设特殊经济区的一个关键理由是比在整个经济系统中建设同等基础设施的相对成本更低。但即使从绝对值计算，前期投资成本也是可控的。开发特殊经济区的资本支出（特别是提供土地的基本区域而非超现代“即插即用”（plug-and-play）园区）通常仅限于与特殊经济区周边的基础设施相关。大部分外包给私人开发公司的额外成本，会随着特殊经济区吸引投资者并开发个别地块而逐渐产生。在这种情况下，政府认为基本园区开发成本大体是“没有效果，就没有支出”（no cure, no pay）。开发成本，连同特殊经济区内的公用服务成本，将最终从租户回收。特殊经济区的大部分成本是提供激励时放弃的收入，这可能导致巨额的收入损失。然而，在政府考虑建立特殊经济区时，这种收入放弃很少成为政策制定者关注的问题。

最后，竞争压力增大。特殊经济区，特别是出口加工区，传统上主要是吸引各国彼此竞争的效率寻求型国际转移投资。尽管出现了以国内市场为目标或以创新能力为目标的与自然资源相关的新型特殊经济区（如科学、高科技和绿色特殊经济区），但大多数特殊经济区仍然是其他国家竞争性投资促进计划和其他激励形式的一部分。过去十年来，全球外国直接投资一直疲弱。所有发展中地区近五年的制造业外国直接投资在结构上均低于前一时期。为应对紧张的工业活动投资市场，政府继续使其投资促进方案更具吸引力。

特殊经济区被长期实践和广泛使用，因而有大量研究记录了成功和失败案例，描述了特殊经济区的主要特征，并分析了其对经济、社会、环境和发展的影响。政策建议往往集中在三个方面：①特殊经济区的战略重点；②特殊经济区的监管框架和治理；③特殊经济区价值主张设计，或投资者的“一揽子”利益。

第一，战略重点。通过特殊经济区实现工业快速发展最成功的经济体强调，特殊经济区不仅是一种投资促进工具，而且应该是一种产业政策工具。东亚和东南亚经济体通过设计或实施，提出了许多关注特定行业或经济活动和价值链组件的特殊经济区，这些区域依赖类似的生产、技能、技术和市场关联因素。在这些集群中实现协同增效及资源和成本共享是推动特殊经济区成功并对国家经济发展做出贡献的重要因素。特殊经济区的后来者，包括许多最不发达国家（Least Developed Countries，LDC），没有积极努力促进专业化或集群化，而只是将区域简化为单纯的投资促进工具——基本上是在有限的地理区域内提供相关激励措施。

第二，监管框架和治理。特殊经济区的制度不同于国家一般规则，因此必然是一项公共倡议。然而，个别特殊经济区的发展、所有权和管理可以是公共的、私人的或公私伙伴关系（PPP）的。私人开发商通常致力于最大限度地减少首次公共支出，并在园区设计、建筑和营销方面运用国际专业知识。区域管理和监督可涉及各个层面的政府（地方、区域、国家），在特殊经济区内运营的投资者和企业，以及许多其他利益相关者，如金融家、行业协会和当地社区或其他利益集团的代表。有时在同一管辖区内，根据特殊经济区的目标和期望的战略重点，可选择不同的治理模式。特殊经济区的法律框架（主要是国家特殊经济区法、海关规定或其他法律框架）通常为这些特殊经济区的治理和机构设置确定了基本规范。

第三，价值主张。特殊经济区法律框架几乎总是为特殊经济区内的投资者界定“一揽子”收益，特别是海关、税收和其他国家监管制度的豁免。由于特殊经济区都源于自由区的概念，免关税和税收，精减以往烦琐的手续，激励方案的基本组成部分在各类特殊经济区和大部分地区中都非常相似。许多研究都认为，围绕特殊经济区提供的软硬件基础设施、技术和基础供应商的可得性，以及商业便利化和共享服务是特殊经济区成功发展并产生影响的关键因素。这些也能促进特殊经济区的经济活动集群化和专业化。

在当今的全球商业环境和投资环境中，战略重点、监管和治理模式以及提供的激励措施仍然是决定特殊经济区政策框架成功与否的关键要素。然而，政策制定者还面临着可持续发展势在必行、新工业革命和国际生产模式转型所带来的新挑战。

作为联合国可持续发展目标（SDG）的组成部分，全球可持续发展议程正影响着全球商业的战略决策和运作方式。与较低的社会和环境标准有关的效率和成本节约已不再被视为可行的竞争优势，特别是在有较高风险或已经发生声誉损害的行业中。因此，提供较为宽松的社会和环境规制或管控不再是特殊经济区吸引投资的竞争优势。UNCTAD 近期一份关于特殊经济区对可持续发展目标贡献的研究报告发现，一些特殊经济区开始改变降低标准的做法，并将可持续发展纳入其运营模式，在特殊经济区可以提供的集群协同作用中涵盖可持续性相关的共享服务（例如，共同的健康和安全服务、废品管理工厂、可再生能源装置）。

SEZ 成功的关键因素	SEZs 面临的新挑战
● 战略重点	● 势在必行的可持续发展目标
● 监管框架和治理	● 新工业革命和数字经济
● 对投资者的价值主张	● 国际生产模式转型

新的工业革命（以数字技术、先进机器人技术、3D 打印、大数据和物联网为主导）正在改变制造流程、相关服务和商业模式，对国际生产和全球价值链具有广泛的影响。一些变化，主要体现在企业回流生产的技术范围扩大和劳动力成本在投资区位决定因素中的重要性下降，对特殊经济区及其在产业发展和投资促进战略中运用都具有根本性影响。新工业革命也为特殊经济区（或特殊经济区发展计划）提供了机会，如能够提供接触熟练劳工和促进相关商业与技术提供商集聚的可能性。

正如近年来《世界投资报告》中经常记录的那样，国际生产模式转型部分源于国际商业的结构性变化，转向越来越轻的无形资产和海外业务。这些模式不太关注特殊经济区提供的生产优势，它们也受经济和政策因素的驱动。全球贸易和投资中新兴市场日益增长的重要性对特殊经济区的客户产生了影响。保护主义倾向的抬头以及国际贸易和投资政策体制的缓慢发展，正在引导工业投资者不断根据潜在的新贸易壁垒和优惠市场准入的变化，评估低成本生产的战略位置。贸易和投资协定的区域化对特殊经济区的竞争力具有进一步的影响，这取决于进口来源地和出口目的地以及特殊经济区在区域协定中的地位。

2019 年的世界投资报告将特殊经济区视为全球重要的工业和投资政策工具。报告概述了政府如何应对有关战略重点、监管和治理模式即投资促进方案的关键挑战。在政策指导部分，报告重点关注如何支持可持续发展，适应新工业革命和应对国际生产转变的新挑战。

为此，本章的第一节介绍了当前的特殊经济区，详述特殊经济区的原型，绘制全球特殊经济区图谱，并确定各国特殊经济区所选功能、治理和投资促进工具的不同。

第二节将基于国家特殊经济区法律全球数据集，研究特殊经济区的政策支持和立法框架。该节还讨论了特殊经济区的国际政策框架。

第三节从投资、就业和出口效应以及对可持续发展的广泛影响方面考察特殊经济区的经验教训。

最后，从特殊经济区概况、特殊经济区法及其影响中得出了一些结论，并针对解决当今“三重挑战”提出了相关建议。

第一节　特殊经济区概述

一、特殊经济区的描述：范围、定义和分类

特殊经济区有着不同的称谓与种类（包括自由区、出口加工区和工业园区）。出于数据收集的目的，本报告侧重于具有独特监管制度的区域。此外，政府使用的其他类似于特殊经济区的概念（例如，科学园区、地区开发区、城市复兴区）也包括在政策讨论中。本报告提出了一个基于专业化、方案设计与区域治理特征的特殊经济区分类方法。

过去几十年的研究中对于全球特殊经济区数量的估计相差很大。这种差异反映了特殊经济区缺乏一个普遍的定义。各国使用的定义差别很大，最常见的表述（如自由区、特殊经济区、自由贸易区、出口加工区、自由经济区和自由港）在使用中并不一致。本报告选择使用“特殊经济区”（Special Economic Zones，SEZ）[1]一词作为包含所有类型的总称。

作为本报告研究的一部分，UNCTAD 收集了世界各地特殊经济区的数据。来自各国官方或有关机构的数据已尽可能与各国政府核实。报告的网上附件载有按经济体分类的主要统计数字摘要数据集。

UNCTAD 的数据集是以最常用的特殊经济

区定义为基础的，该定义集中于三个关键标准：

- 地理区域划分清晰。
- 与其他区域相比，监管制度存在明显差异（通常是海关和财政规定，但可能涵盖其他相关规定，如外国所有权规定、土地使用权或就业规定）。
- 基础设施支持。

其他组织和研究人员已开发的数据集也使用了类似的标准。世界自由区组织（World Free Zone Organization）使用的、以“世界自由区地图集”（Bost，2010）为基础的最全面的特殊经济区目录之一使用了相同的划分标准，但只侧重于免税区域，不包括提供其他监管豁免的特殊经济区。其他一些组织，特别是国际劳工组织（International Labour Organization）和世界银行（World Bank）也编制了不同于 UNCTAD 的数据集。形成多种不同数据集的主要原因是特殊经济区的定义过于宽泛。

根据上述三个标准，一些被纳入特殊经济区的经济区并不符合上述定义，或处于定义范围的边缘。几乎在所有城市聚集区，特别是在发达国家，都可以找到一般意义上的工业园区，它们有明确的区域界限，甚至可能提供一些政府出资建设的基础设施，但它们没有独特的监管制度或激励措施。除了一些位于亚洲国家的工业园与积极的产业聚集政策相结合，一般情况下，这类工业园区不受国家产业政策的推动。

同样，许多在发达国家特别受欢迎的科技园（例如，在欧洲联盟（EU）有 360 多个）占据一个划定的区域，享受基础设施支持（见专栏 4.1）。与工业园区不同，这些园区是由国有或半国有部门建立的，目的是培育积极的产业集群，吸引高科技行业企业，扶持与大学研究机构相关的初创企业。但与工业园区一样，它们一般不免除关税、财政及其他监管义务。

专栏 4.1　科学园区和高科技特殊经济区

和特殊经济区一样，科学园区也有不同的形式和名称。据联合国教科文组织（UNESCO）估计，21 世纪第二个 10 年开始时，全球将有 400 多个科技园。其他的估计数字则取决于对科技园区的不同定义。国际科技园区及创新区域协会（The International Association of Science Parks and Areas of Innovation）将科技园区的目标界定为“促进创新文化发展并提高相关企业及知识型机构的竞争力”。

同时符合特殊经济区和科学园区标准的实体相对较少。大多数科学园区并非本报告所定义的特殊经济区，因为它们往往缺乏一个独特的监管框架。相反，并非所有专注于科学、技术和创新的特殊经济区都有资格成为科技园，因为它们可能与知识型机构（例如大学）没有明显的联系。科技园和高新区的活动呈现出明显的差异性，前者注重科研成果的商业化和初创企业的孵化，后者则注重技术密集型产业的规模化生产。

欧盟 2013 年的一份报告估计，欧盟成员国共有 366 个科技园，总占地面积约 2 800 万平方米，拥有约 4 万个组织机构，员工约 75 万人（欧盟，2013）。报告估计，在 2000 年至 2012 年期间，这些科技园的资本投资约为 117 亿欧元，其中 48 亿欧元是公共资金。大部分资本开支用于建筑工程。

截至 2017 年底，中国已建成 156 个高新技术开发区。从 20 世纪 90 年代末开始，北京、上海与各省会城市纷纷在已有的知识与产业基础上成立高新区。随后，高新区在全国遍地开花。高新区提供的激励包括：高质量的基础设施、免征前两年的企业所得税、15%的企业所得税优惠税率、对高科技设备免征关税、对高新区内的企业员工提供特殊待遇，如免征个人所得税、提供住房与购车补贴等。2017 年，156 个高新区为中国 GDP 贡献了 1.42 万亿美元，占经济总量的 11.5%。在这些地区，研发（R&D）支出占生产总值的 6.5%，是全国平均水平的三倍。授予开发区企业的专利占全国企业专利总量的 46%。

在土耳其，技术开发区（TDZs）是以支持研发活动和吸引高科技领域投资为目标的区域。目前土耳其共有 83 个技术开发区，其中 20 个正在建设中。技术开发区的鼓励措施包括对软件开发、研发和设计活动所产生的利润免征企业所得税；销售技术开发区生产的软件免征增值税；对从事研发、设计和支持活动的员工免征个人所得税；对进口货物免征关税并对社会保险费给予补贴。

处于经济转型期的俄罗斯在 2005 年至 2015 年期间建立了 6 个技术创新特殊经济区，其中 3 个在莫斯科地区，1 个在圣彼得堡，2 个在其他地区。这 6 个技术创新特殊经济区被认为是该国最成功的特殊经济区（Kuznetsov and Kuznetsova，2019）。截至 2018 年初，它们共吸引了 374 家企业入驻园区，其中外国企业 39 家。另外，这些技术创新特殊经济区创造了超过 1.4 万个就业岗位，超过了俄罗斯工业特殊经济区所创造的就业岗位（1.3 万个）。莫斯科斯科尔科沃创新中心（Skolkovo Innovation Centre, Moscow）是 2010 年根据一项单独的法律所设立的高科技商业区，享有与特殊经济区类似的税收优惠。除了吸引先进的微电子学、纳米技术和其他科学领域的公司，该中心的另一个目标是担当可持续发展的领头羊，具体措施包括可再生能源占园区能源消耗的比例至少过半，以及建造能源中性（energy-neutral）的建筑、回收水资源和减少交通污染。

在白俄罗斯，戈麦尔-拉顿自由经济区（成立于 1998 年）和中白“巨石”工业园（成立于 2012 年，自 2018 年起升级为特殊经济区）的目标是吸引高科技投资者。这两个园区共吸引了 111 家企业，这些企业来自白俄罗斯、奥地利、中国、德国、俄罗斯和美国等国。在哈萨克斯坦，成立于 2003 年的阿拉木图科技创新园区通过建立信息技术中心、机器人生产设施与特殊集群形式的商业解决方案吸引以技术为基础的活动。

资料来源：UNCTAD。

术语间的差异和出于其他目的滥用术语也可能造成混淆。例如，“自由区”一词——一种侧重于关税减免的特殊经济区形式——在一些国家中是与特殊经济区分开使用的。例如，法国的“城市自由区”指的是对小企业的支持和贫困内城地区的地方服务。

在其他国家，主要是发达国家，也有类似的方案来振兴失业率相对较高的地方或区域的经济。其中一些举措可能包括采取某种形式的财政激励，使这些区域类似于特殊经济区。例如，在英国，由地方政府推动的企业园区在地方税的征收上享有优惠（但大多数情况下不包括企业所得税）。这些园区大多以扶持中小企业为重点，不属于主动的促进产业集聚，也不属于国家产业政策的一部分。美国的机会专区（opportunity zones）是另一个例子，当企业投资于经济困难地区时，可以免除资本利得税。

有些国家还向某一个单独的生产企业提供与自由区相同的优惠政策。墨西哥的边境加工厂是这一模式的最早实践者。这种自由点制度没有规定特定的地理位置，可以被认为是自由区的一种形式。在一些国家，自由点被算作特殊经济区，导致其特殊经济区的数量达到数百个（为了编制本报告中的特殊经济区清单，全世界近 8 400 个自由点已被排除在外）。

与自由点相对的另一个极端是在中国产生的省级特殊经济区（中国政府为最初的省级特殊经济区保留“特殊经济区”一词）。世界上大多数特殊经济区的面积从不足 100 公顷到几百公顷不等（平均面积约 1 平方公里）。自由区通常是用围墙隔开的单独关税区，其面积往往特别有限。省级规模的特殊经济区，其最初的目的是进行经济或商业改革的试点，在监管制度方面往往有特殊的规定。一个省也可以被认定或划定为一个特殊经济区。然而，这些特殊经济区的基础设施包括现有的市级或省级基础设施，而不是专门用于特殊经济区的基础设施。

如果很难确定特殊经济区的具体特征，那么区分不同类型的特殊经济区也可能同样复杂。大多数特殊经济区的概念源于自由区（也称为自由贸易区或商业自由区），其定义特征是一个单独的关税地区。自由区往往位于海港、机场或边境走廊附近，进驻公司主要从事仓储、物流和服务等业务。在大多数发达国家，自由区的模式仍然接近这一原始概念。这些区域通常有毗邻的工业园区，为需要这类业务支持或可能进入国际市场的企业提供服务，但这些毗邻的工业园区一般不存在一个单独的监管制度。相反，在发展中国家，大多数特殊经济区的目的是吸引多元化的工业投资，因此往往向较大的一体化工业自由区的所有企业提供海关、财政和管制方面的优惠政策。

更复杂的是，还有许多位于特殊经济区中的特殊经济区。中国省级特殊经济区中通常还包括其他类型的特殊经济区。但是，即使是实行财政或监管激励措施的小规模特殊经济区，有时也会在其周边设立一个自由区（从而进一步增加关税豁免）。

本报告所采用的分类方法结合了法律的视角，即特殊经济区内的监管框架有何特别之处，以及经济目标视角——特殊经济区在何种程度上是积极产业政策或集群的组成部分（见图 4.3）。

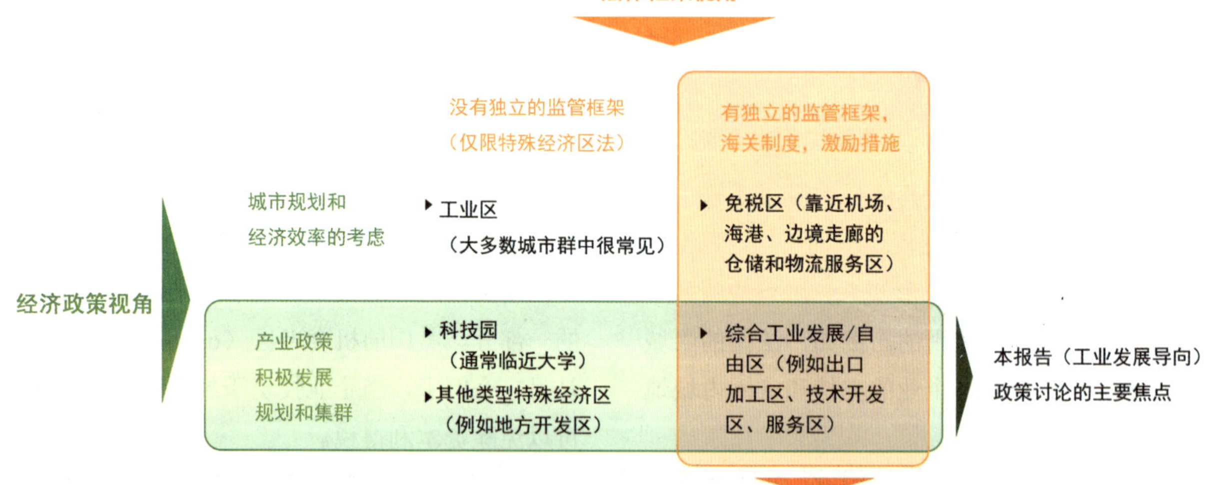

图 4.3 特殊经济区的范围与定义：两种视角的结合

资料来源：UNCTAD。

从发展的角度和投资政策的角度来看，作为包含生产集聚的产业政策不可分割的一部分而建立的特殊经济区（即图 4.3 的下半部分）更有意义。虽然主要集中于物流和仓储服务的自由贸易区不可或缺（特别是在发达国家），但发展中国家现有和规划中的大多数特殊经济区是旨在吸引工业活动投资的综合自由区。

许多没有独立监管制度的园区是基于明确的工业发展目标的情况下建立的。政府当局，特别是地方政府、公私合作机构及私人机构，对特殊经济区的概念进行了巨大的创新，建立了包括科学、创业孵化、研发、生物技术、绿色技术和许多其他用途的专门化特殊经济区。这样的特殊经济区当然可以成为有效的政策选择和特殊经济区的替代方案。虽然不可能提供这些特殊经济区的详尽目录（各国政府往往不保存这类特殊经济区的统计数字），本报告在需要的情况下会将它们列入政策讨论的范畴。

下一节中介绍的统计数据将更加复杂。例如，特殊经济区的统计方法取决于处于何种阶段进行计数：已规划、已设立、开发中还是运营中。没有统一的统计方法。例如，评估特殊经济区的影响需要侧重于已经投入使用的特殊经济区，而评估特殊经济区作为促进投资的一部分的研究则侧重于已建立的区域。另一个困难是，各国对特殊经济区状况的分类也不尽相同，特殊经济区的开发筹备情况也各不相同——例如，“未开发”可能意味着已有几家租户在特殊经济区内运营，但正在寻找更多的投资者。本报告包括所有依法设立的特殊经济区。如有已规划特殊经济区的资料，则单独列在网站的附表内。

此外，特殊经济区可根据其具体目标或产业重点（例如，高科技园区、服务业园区）、地理位置（例如，港口园区、边境园区）或园区采用的不同监管制度（例如，自贸区、商业自由区）进行分类。表 4.1 采取了不同的方法，将特殊经济区内的重点经营活动、特殊经济区设计及管理结合起来作为特殊经济区规划原则，它提供了在整个报告中所涉及的特殊经济区的功能分类方法。

表 4.1　按照功能不同的特殊经济区分类

规划原则	类型	特征描述
专业化	物流中心（自贸区）	• 商业、仓储及物流服务 • 在机场、边境及港口为转运及再出口提供服务 • 可能位于大型工业园区内或附近
	多元化特殊经济区	• 一般工业发展，非专门化
	专业化特殊经济区	• 集中于某一部门（例如，服务、资源或农业） • 集中于工业（例如，汽车制造业、电子业、服装业） • 集中于全球价值链活动（例如，业务流程外包、呼叫中心、研发中心）
	创新驱动型特殊经济区	• 集中于产业升级或新产业，例如：高科技特殊经济区、生物科技特殊经济区
设计和管理	大型特殊经济区	• 大型综合性特殊经济区，通常与地方行政区域相协调，并附带住宅区和其他生活设施 • 最初的建设目的往往是进行经济改革试点
	外商投资/政府援助区	• 建立在资本输出经济体与低收入经济体的伙伴关系之上
	跨境/跨地区开发区	• 旨在促进区域经济合作、发掘与地区经济相关的规模经济

资料来源：UNCTAD。

二、全球特殊经济区概览

（一）全球模式：特殊经济区的发展阶梯

全球 140 多个经济体在发展特殊经济区，其中包括近四分之三的发展中经济体和几乎所有的转型经济体。近年来，特殊经济区的数量迅速增长，至少还有超过五百个特殊经济区正在筹备中。大多数特殊经济区是多元化经营的。产业集聚区和创新集聚区集中在较为发达的新兴市场。大多数发达国家的特殊经济区主要关注物流。不同工业化阶段的国家对特殊经济区的利用显示出清晰的特殊经济区发展阶梯。

UNCTAD 为本报告编制的清单至少包括 147 个经济体的 5 383 个特殊经济区（见表 4.2 和表 4.3）。特殊经济区的经济意义和政策目标在不同发展水平的经济体之间存在很大差异。在发达经济体中，大多数特殊经济区都是免税区。其主要作用是关税减免，更重要的是减轻海关的行政负担，以便支持复杂的跨境供应链。相反，在发展中国家，特殊经济区的主要目标一般是通过吸引外国直接投资来丰富工业门类并推动产业升级。事实上，一直以来努力吸引外国直接投资的经济体更倾向于采用特殊经济区模式。除可供建立特殊经济区的资源有限的小岛屿发展中国家（SIDS）外（专栏 4.2），内陆发展中国家（LLDCs）也建立了特殊经济区（见表 4.3）。除一个转型经济体外，所有转型经济体都拥有特殊经济区，同中国一样，这些经济体认为特殊经济区在建立市场经济和促进企业参与国际贸易方面发挥了重要作用。

表 4.2　按照功能不同的特殊经济区分类

	特殊经济区总数	正在开发的特殊经济区	计划中的特殊经济区
世界	**5 383**	**474**	**507**
发达经济体	**374**	**5**	—
欧洲	105	5	—
北美	262	—	—
发展中经济体	4 772	451	502
亚洲	4 046	371	419
东亚	2 645	13	—
中国	2 543	13	—
东南亚	737	167	235
南亚	456	167	184
印度	373	142	61
西亚	208	24	—

续表

	特殊经济区总数	正在开发的特殊经济区	计划中的特殊经济区
非洲	237	51	53
拉丁美洲及加勒比地区	208	28	24
转型经济体	**237**	**18**	**5**
备注：			
最不发达国家	173	54	140
内陆发展中国家	146	22	37
小岛屿发展中国家	33	8	10

资料来源：UNCTAD。

注：特殊经济区的划分以依法设立为依据。它们不包括在 18 个经济体中的 8 368 个单一企业点（免税生产点）。其他发达经济体（澳大利亚、以色列、日本和新西兰）和大洋洲的特殊经济区被计入各自经济集团的总和与全球总和。这些经济体的数据载于网站附件表。

表 4.3　拥有特殊经济区的经济体数目（按照特殊经济区的组织方式划分，2019）

	特殊经济区	特殊经济区+自由生产点	自由生产点	无特殊经济区/无统计信息
世界	**129**	**17**	**1**	**51**
发达经济体	**26**	**0**	**0**	**12**
欧洲	23	0	0	12
北美	1	0	0	1
发展中经济体	**87**	**16**	**1**	**38**
非洲	32	5	1	16
亚洲	33	2	0	5
东亚	4	1	0	2
东南亚	11	0	0	0
南亚	6	0	0	3
西亚	12	1	0	0
拉丁美洲及加勒比地区	20	9	0	7
转型经济体	**16**	**1**	**0**	**1**
备注：				
最不发达国家	26	3	1	17
内陆发展中国家	20	2	1	9
小岛屿发展中国家	6	4	0	18

资料来源：UNCTAD。

注：本次调查的经济体共有 198 个，包括联合国所有成员国、中国香港、中国澳门、中国台湾以及其他至少设立了一个特殊经济区的非联合国成员国（阿鲁巴、开曼群岛、库拉索、科索沃和巴勒斯坦）。关于其他发达经济体（澳大利亚、以色列、日本和新西兰）和大洋洲 12 个经济体的资料已计入各经济集团的总数和全球总数。这些个别经济体的数据载于网站附表。

尽管特殊经济区被广泛应用，但大多数特殊经济区集中在少数几个经济体内。仅中国就拥有全世界一半以上的特殊经济区。其他拥有大量特殊经济区的国家包括印度、美国和菲律宾。我们可以在地区层面上观察到特殊经济区的集中现象。特殊经济区之间的经济活动也相对集中，少数几个大的特殊经济区吸引了大量的投资，创造了很大的出口份额，而其他许多特殊经济区，尤其是小规模特殊经济区的经营活动仍然相对不活跃（FIAS，2008）。不过，即使只有一个或两个特殊经济区也会显著影响一个国家的 FDI 和出口表现。

有三类经济体的特殊经济区密度相对较低。第一，除自由区外，大多数发达经济体没有特殊经济区。这些国家的商业环境具有足够的吸引力，许多国家提供了其他政策方案来促进跨境供应链贸易，如关税优惠或保税仓系统。第二，面临特殊地理挑战的经济体（如上文所述，最明显的例子是小岛屿发展中国家）建立特殊经济区的资源有限，而这些经济体的地理位置往往限制了出口导向型制造业的发展（见专栏 4.2）。第三，资源不足或政府管理能力较弱的经济体，特殊经济区也往往较少；然而，得益于由对外直接投资（OFDI）或官方发展援助（ODA）推动建立的特殊经济区不断增加，这种约束正在减弱。

专栏 4.2　小岛屿发展中国家的特殊经济区

由于小岛屿发展中国家（SIDS）的公共资源有限，在 28 个小岛屿发展中国家中，只有三分之一的国家建立了特殊经济区，其中大多数特殊经济区采用的是免税生产点模式。由于制造业的潜力有限，小岛屿发展中国家在设法发展多元化产业，特别是服务业。

为了克服土地供应有限的问题，小岛屿发展中国家的大多数特殊经济区方案都是提供一种特别的特殊经济区许可证或证书，不限于某个具体地理区域。例如，在毛里求斯，出口加工区的概念从来不限于任何具体地理区域。同样，在塞舌尔，政府向合格的公司颁发国际贸易区许可证，而在该国金融服务管理局区，无论是否持有国际贸易区许可证的国内外企业均没有特别的优惠政策。

传统上，特殊经济区被用来吸引出口导向型的制造业 FDI。但是，大多数小岛屿发展中国家越来越多地将外国投资的目标对准商业流程外包、信息和通信技术、大型旅馆和度假村项目以及开发新区域的私人和公共投资者。

为了遵守世界贸易组织关于补贴的规则，一些中等收入小岛屿发展中国家（例如，佛得角和牙买加）正在推进其现有的出口加工区的制度向现代化转变。毛里求斯于 2018 年修订了《所得税法》和《自由港法》，取消了出口货物的企业所得税豁免。

没有建立特殊经济区的小岛屿发展中国家正在考虑新的方案。马尔代夫在 2014 年通过了《特殊经济区法》，提出了几个特殊经济区项目，包括一个综合港口和出口加工区，以及一个全岛范围内的通过吸引私营部门投资者来遏制青年失业的“青年城市”项目。瓦努阿图正在筹备一个新的框架，以实施 2019 年自贸区试点项目（占地 50 公顷）。筹备中的园区将寻求吸引制造业工厂、呼叫中心、数据中心和其他数字服务。

资料来源：UNCTAD。

特殊经济区是在一系列区域性浪潮中发展起来的（Bost，2010）。在各个地区，大多数经济体都在短时间内通过了特殊经济区方案。东亚、东南亚和南亚的大多数国家在20世纪70年代和80年代初开始建立特殊经济区。在拉丁美洲，大多数特殊经济区项目是在20世纪80年代末和90年代开始进行的。转型经济体大多在20世纪90年代开始建立特殊经济区。在非洲，大多数特殊经济区是在20世纪90年代和21世纪的前10年立项的。

各国政府陆续实行特殊经济区计划应归因于彼此间的模仿和竞争。作为出口导向型发展战略的一部分，东亚和东南亚成功的特殊经济区范例为其他地区提供了模板。在某个地区内，每个国家都以先行者的成功方案为榜样，并与之展开竞争。伴随着各个地区间的投资争夺，特殊经济区可能被视为吸引FDI的工具，也可能被当作将“逐底竞争”限制在有限区域内的工具。政治局势的变化也促使特殊经济区方案一波又一波地通过，特别是之前采用计划经济体制的国家，这些特殊经济区方案推动了经济试验和相对迅速的商业改革。

由于特殊经济区在不同环境和不同时间的发展，各地区不同类型特殊经济区的分布各有不同（见表4.4）。大多数特殊经济区是多元化特殊经济区（按照表4.1中提出的功能分类法）。工业特殊经济区在转型经济体中更为常见。创新驱动型特殊经济区在亚洲较发达的新兴市场最为常见（发达国家没有创新驱动型特殊经济区，因为没有明确监管制度的科技园区不在本报告编制的清单中）。发达市场的大部分特殊经济区是纯粹以促进贸易物流为重点的自由区。

各国往往根据其所处的经济发展阶段来建立特定类型的特殊经济区（见表4.5）。特殊经济区起步相对较晚的一些地区，如非洲许多经济体，正在利用特殊经济区来促进制造业发展，加快工业化进程并扩大对外贸易。许多更发达的经济体利用特殊经济区来刺激产业升级。在转型经济体中，技术型特殊经济区尤为重要。

特殊经济区的阶梯式发展在经济体的演变中得以体现，尤其是在发展特殊经济区相对较早的经济体演变中体现得很明显。例如，在高收入的亚洲国家（如韩国、阿联酋），建立特殊经济区最初旨在吸引出口导向型制造业，现在这些国家的特殊经济区正在向多样化服务和垂直一体化转型，而在拉丁美洲和加勒比地区，特殊经济区最初只侧重于仓储和物流业，现在已经将产业重心转向制造业和服务业。

表4.4　按地区或组别划分的不同类型特殊经济区分布（百分比）

	物流中心	多元化特殊经济区[a]	专门化特殊经济区	创新驱动型特殊经济区
世界	**8**	**62**	**24**	**5**
发达经济体	91	9	1	0
非洲	1	89	10	0
亚洲	2	65	26	7
中国	1	93	1	6
拉丁美洲及加勒比地区	9	77	13	1
转型经济体	3	34	59	6

资料来源：UNCTAD。

注：a为包含未详细划分和不明类型的特殊经济区。

表 4.5 特殊经济区的阶梯式发展

	特殊经济区政策目标	常见的特殊经济区类型
高收入经济体	● 为复杂的跨境供应链提供高效平台 ● 致力于避免经济扭曲	● 仅物流枢纽自由区（非工业自由区） ● 通过科学园区实现创新和新工业革命目标，没有单独的监管框架或者没有与园区挂钩的激励措施
中高收入经济体	● 为向服务经济转型提供支持 ● 吸引高新技术产业 ● 注重提升创新能力	● 基于科技建立的特殊经济区（例如，研发、高科技、生物技术） ● 针对高附加值产业或价值链细分的专业园区 ● 服务型特殊经济区（如金融服务）
中等收入经济体	● 为产业升级提供支持 ● 推动全球价值链整合升级 ● 注重技术的传播和外溢	● 专注于全球价值链密集型产业（例如，汽车、电子等）的专业园区 ● 服务型特殊经济区（例如，业务流程外包、呼叫中心）
低收入经济体	● 促进产业发展和多元化进程 ● 弥补投资环境中的弱点 ● 在特定的领域实施或试点商业改革 ● 将投资集中于特定区域的基础设施建设 ● 致力于指导就业和出口收益	● 多元化特殊经济区 ● 以吸引加工业为目标的资源型特殊经济区

资料来源：UNCTAD。

许多国家存在不止一种类型的特殊经济区；例如，巴西的自由贸易区和出口加工区，墨西哥的企业自由点和自由贸易区。这种情况通常是向新特殊经济区模式过渡的产物。

（二）地区模式和创新

特殊经济区广泛存在于大多数地区。特殊经济区数量最多的国家依次是中国、菲律宾、印度、美国、俄罗斯、土耳其、泰国、多米尼加、肯尼亚和尼加拉瓜。各国对特殊经济区发展方式在以下几个方面存在不同：特殊经济区的数量和实际规模；特殊经济区集中在几个较大的区域内、设立许多自由点或将两种形式相结合；特殊经济区的专业化程度；将园区设计成独立的工业基地还是一体化工业小镇。远大的特殊经济区发展计划、战略重点的转变、努力扭转表现不佳的特殊经济区和逐步淘汰特殊经济区的例子比比皆是。

1. 亚洲

亚洲拥有世界上四分之三的特殊经济区（见图 4.4）。亚洲有 35 个经济体建立了特殊经济区，该地区不同经济体的特殊经济区性质与发展历程大不相同。

在 20 世纪 60 年代，东亚和东南亚一些追求有效的出口导向型发展战略的经济体是这一地区特殊经济区的早期实践者。近几十年来，该地区较发达经济体对其特殊经济区进行了改革，并且推出了高新区和包括住宅区与配套设施的综合性园区等新型特殊经济区。该地区较不发达的经济体现在正在迅速建设和发展特殊经济区，以吸引一些邻近的较发达经济体去当地投资劳动密集型制造业。

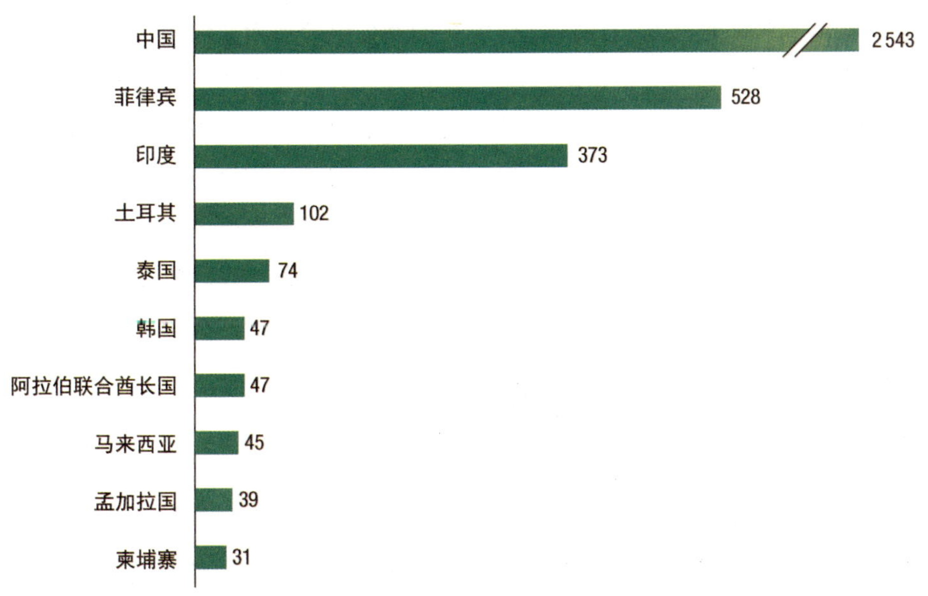

图 4.4 亚洲发展中国家：特殊经济区数量最多的经济体（2019）

资料来源：UNCTAD。

在西亚和南亚，20 世纪 70 年代引进的特殊经济区项目最近开始建设。自 2000 年以来，这些经济体引入了不同类型的特殊经济区，如专注于服务业或创新驱动的特殊经济区，以实现产业多元化和产业升级。

一些资源丰富的亚洲国家，如印度尼西亚和伊朗，正在尝试建立专门从事自然资源加工的特殊经济区以吸引对下游行业的投资。

来自亚洲（例如，中国、印度、日本、马来西亚和泰国）的外国投资者参与了该地区外商直接投资驱动型特殊经济区的开发和运营。这类特殊经济区中的一些是在双边和多边金融及产能援建的协同下建立的（例如，孟加拉国和缅甸的一些特殊经济区）。

（1）东亚和东南亚（中国大陆以外）

这一地区最早建立出口加工区的经济体包括中国台湾（1966 年）、新加坡（1969 年）和韩国（1970 年）。通过设立出口加工区，这些经济体成功地发展了劳动密集型产业与出口导向型产业，为其他国家提供了模板。东南亚其他经济体中的大多数在 20 世纪 70 年代也开始实行出口加工区政策。

20 世纪 90 年代末的亚洲经济危机导致各国政府专注于提高生产率与推进产业升级，以减少对低成本劳动力的依赖。因此，特殊经济区从多元化向专业化转型，越是发达的经济体，特殊经济区往往是创新驱动型的。例如，中国台湾在 20 世纪 80 年代建立了 3 个科技园，在 21 世纪初建立了 4 个环境科技园。作为产业升级战略的一部分，21 世纪初，中国台湾还推出了三个农业生物技术专业化特殊经济区。台湾地区的第一个特殊经济区——高雄特殊经济区，现在有面向软件业与物流业的专门区域。

为了促进欠发达地区的经济增长，大型（或小镇式）特殊经济区出现了。例如，韩国在 21 世纪初建立了自由经济区，以促进外国直接投资并平衡整个地区的经济增长。这些自由经济区不仅提供生产设施，还提供了居住区、优质医疗服务、休闲娱乐和教育机构。这种类型的特殊经济区在韩国有 8 个，另外还有 13 个自贸区和 26 个专业化特殊经济区（综合性外贸特殊经济区）。

东南亚的特殊经济区也发生了类似的转型。新加坡在 20 世纪 60 年代建立了多元化特殊经济区，并在 20 世纪 70 年代建立了专业化特殊经济区（例如，石油加工区）。20 世纪前十年，通过建立以研发和其他高附加值活动为重点的创新驱动型特殊经济区，新加坡特殊经济区政策重心向创建知识密集型集群转移。在菲律宾，类似的转型也在发生：从 1969 年首次建立的对外贸易免税区到 20 世纪 70 年代的多元化特殊经济区（出口加工区只接收制造业企业），再到 20 世纪 90 年代的专业化特殊经济区（特殊经济区面向制造业和服务业企业，包括信息和通信技术（ICT）以及业务流程外包）。如今，菲律宾所有的特殊经济区都有一个产业重点——制造业、信息技术、农业、旅游业或是医疗服务业。

CLMV 国家（柬埔寨、老挝、缅甸和越南）在 20 世纪末和 21 世纪初开始建立特殊经济区，以吸引劳动密集型制造业。柬埔寨在 2005 年启动了一项新的特殊经济区计划，通过建立专业化特殊经济区促进工业基础多样化，工业发展不再局限于电子和汽车零部件产业。该地区其他低收入国家刚刚开始实施特殊经济区计划。缅甸已有一个特殊经济区，还有两个与中国、日本和泰国合作的特殊经济区在建。

除对各国经济的影响外，东亚和东南亚的特殊经济区还通过推进地区价值链的形成促进区域经济一体化（AIR17）。该地区最近设立的若干特殊经济区不仅要促进区域内贸易，而且要促进资源交流。在柬埔寨、老挝和泰国，大多数特殊经济区是在与邻国接壤的边界走廊附近建立的，目的是促进跨境贸易和投资。

此外，像韩国一样，东南亚的一些特殊经济区明确寻求解决经济体内部发展不平衡的问题。柬埔寨特殊经济区的目标之一是在城市和农村地区之间建立经济联系。在马来西亚，区域经济走廊——一种新型的特殊经济区——于 21 世纪初开始建立，以促进农村地区的发展。

（2）中国

中国（大陆）的特殊经济区起源于 20 世纪 80 年代初的改革开放政策。最初，为进行市场经济体制改革试点，中国内地在毗邻香港、澳门以及台湾的深圳、珠海、汕头和厦门四个沿海城市设立了特殊经济区。随后，20 世纪 80 年代中期在东部沿海城市又设立了一系列特殊经济区，以充分利用这些城市作为外国投资目的地的地理优势。20 世纪 90 年代初和 21 世纪前十年，在之前成功经验的基础上，中国开启了两轮大规模兴建特殊经济区浪潮。随着沿海地区经济不断发展，新特殊经济区建设逐渐向内陆和西部转移，以促进地区经济发展。2018 年中国官方特殊经济区目录涵盖五大类，共 552 个国家级特殊经济区和 1991 个省级特殊经济区，占世界特殊经济区总数的一半以上（见表 4.6）。这个目录不包括地方一级的特殊经济区。

中国一直在尝试建立新型的大型特殊经济区。2013 年建立的自由贸易试验区（FTZ）是这类特殊经济区中最新的一个。2010 年以后，最早的四个特殊经济区扩大到将整个城市行政区域包含在内。预计这些新一代的大型特殊经济区在国家或地区一级进行推广之前，将尝试在处理具体发展问题方面进行制度革新。与传统上的财政刺激措施不同，中央政府对这些特殊经济区的支持重点是推进经济自由化，包括尝试新的投资政策。例如，在2013年，上海自贸区首次尝试制定了外商投资准入负面清单（一个对外国投资者更加宽松的政策，只有在清单中列出的行业存在进入限制），从2015年到2017年这一模式进一步扩展到其他省市与各个自贸区，并最终在2018年成为国家层面的政策。

表4.6　中国的国家级特殊经济区

官方目录中的五类特殊经济区	大型特殊经济区分类
● 经济技术开发区（ETDZ）	● 特殊经济区
● 高新技术产业开发区（HIDZ）	● 国家级新区
● 特别关税区（SCZ）	● 国家创新示范区
● 边境/跨境经济合作区（BECZ)	● 国家开发开放重点试验区
● 其他类型	● 自由贸易试验区
	● 跨境电子商务试验区

资料来源：UNCTAD。根据中国国家发改委、科技部、国土资源部（现称自然资源部）、住房和城乡建设部、商务部、海关总署联合发布的《中国开发区审核公告目录》（2018年第4号公告）整理。

（3）南亚

印度是该地区最早开始发展特殊经济区的国家之一，于1965年建立了特殊经济区。然而，其特殊经济区计划在20世纪60年代和70年代基本停滞。20世纪90年代，在经济自由化的背景下，印度取消了许多阻碍特殊经济区运作的管制措施。2000年开始实行的一项新制度允许州政府和私营企业设立特殊经济区。2005年印度出台的《特殊经济区法》（SEZ Act）旨在推动私营企业投资以支持工业发展。这一法案推动出口加工区向特殊经济区转变并详述了新建特殊经济区的规则，推动了大量特殊经济区建设计划的产生——尽管由于有争议的土地收购、缺乏对特殊经济区的需求、经济放缓和特殊经济区税收激励制度的变化等原因，许多计划被终止（Moberg，2015；Aggarwal，2010）。目前，印度有231个特殊经济区投入运营，其中60%以上专门从事与信息技术产业相关的制造和服务。印度目前对特殊经济区的开发采取了更为谨慎的态度，在2016年取消了对开发商的激励措施，目前正逐步取消对承租人的直接税收优惠。

孟加拉国的8个公有出口加工区和一个私营出口加工区都是侧重于服装和纺织品行业的专业特殊经济区。私营的出口加工区——韩国出口加工区——是由永元（Youngone）公司（韩国）的一个子公司开发和管理的。除9个出口加工区外，孟加拉国还有30个经济区，其中24个正在开发中。开发中的特殊经济区中，有4个是与其他国家共同开发的（见专栏4.3）。

未来几年，南亚地区特殊经济区的数量将大幅增加。尽管大量开发区许可证的撤销将可能导致经济增长失去动力，印度仍有超过200个新区正在建设中。在孟加拉国，另有60个特殊经济区正在审批过程中。巴基斯坦计划在现有7个特殊经济区的基础上再设立39个特殊经济区。尼泊尔目前有两个特殊经济区，其中一个正在建设中，计划再建12个。

专栏 4.3 为特殊经济区的发展设定长远的目标：孟加拉国

为了加快经济增长和多元化发展进程，孟加拉国在 2010 年成立了两个新的机构——孟加拉国经济区管理局（BEZA）和孟加拉国高科技园区管理局来领导经济区和高科技园区的发展。抛开出口加工区模式，这两个新机构主要依靠私人资本和专业知识来建设、控制、管理和运营新区并以之服务国内外市场。

经济区管理局的使命是在2015—2030年间在全国范围内建立100个经济区并创造1 000万个就业岗位（相比之下，已有的 8 个出口加工区在过去的三十年间累计创造 50 万个就业岗位）并增加 400 亿美元的出口（几乎相当于该国 2017 年出口总额）。鉴于孟加拉国 2015—2017 年的年均 FDI 流量为 22 亿美元，其中 15%～20%流向 8 个出口加工区，该计划设定的 96 亿美元的 FDI 目标也是相当远大的。其他目标包括促进经济区与当地工业之间的联系以及缩小地区间经济发展水平。

经济区管理局批准的经济区项目从 2015 年初的两个增加到 2018 年底的 88 个，其中 29 个由私人企业开发。开发方案得到日本国际合作署多年技术援助计划的支持。仅三个经济区的预期投资总额就接近 170 亿美元，占 2017 年孟加拉国 GDP 的比重超过三分之二，这一投资预期中有 80 亿美元将来自制造业外商投资。

截至 2019 年初，28 个获批项目的开发工作仍在继续，其中 11 个项目已经在建设新厂房或安装生产设备。其余 17 个项目处于不同的发展阶段。

正在开发的 12 个政府经济区中包括 4 个“G2G/PPP”经济区，其中孟加拉国的政府拥有 30%的股权，并允许来自中国、印度和日本的国有或私人合作者共同开发和运营这些特殊经济区。中国经营的经济区（Anowara 经济区，321 公顷）、印度经营的两个经济区（米尔萨莱经济区，204 公顷和勐拉经济区，83 公顷）以及日本经营的经济区（Araihazar 经济区，202 公顷）已经完成土地收购。这四个经济区的初步目标行业清单既包含了外国投资者有连续权益的孟加拉国传统出口加工区行业（纺织品、鞋类和成衣），又包含了其他制造业行业（例如，液化天然气、钢铁、汽车、制药和食品加工）。

私营经济区项目的发展速度比公有经济区更快，反映出大多数私营经济区是单一实体区，占地面积较小，不超过 40 公顷。相比之下，公有经济区面积往往超过 100 公顷，有时超过 1 万公顷，而且包括缺乏基本基础设施的不发达地区。

除了需要建设基础设施之外，经济区快速发展面临的主要挑战还包括土地征用拖延、私人开发商面临长期融资约束以及缺乏区域营销方面的专业知识。

资料来源：UNCTAD。基于孟加拉国经济区管理局的信息整理。

（4）西亚

土耳其于 1985 年颁布了《自由区法》，目前有 18 个已建成并投入使用的自由区，还有一个正在开发中。这些园区位于沿海地区，或毗邻港口，旨在促进传统的出口导向型制造业投资。21 世纪的前 10 年，土耳其创建了一种新型的特殊经济区——技术开发区，以吸引研发和高科技产业的投资。这些特殊经济区提供税收优惠并将重点放在研究、软件开发和其他创新活动上。

海湾阿拉伯国家合作委员会成员国利用特殊

经济区支持核心产业（如金融）的战略转型。许多特殊经济区都是由公共财政拨款建设的，并拥有一流的基础设施。最典型的例子是阿联酋的特殊经济区，1985 年在杰贝尔阿里港（Jebel Ali Port）建立了第一个自由区。因为该港口远离人口稠密地区，难以吸引商业，所以该区旨在通过吸引跨国公司建立区域分销中心来协助港口的发展。在杰贝尔阿里港项目取得成功后，阿联酋建立了大量特殊经济区。阿联酋的许多自由区都作为转口贸易中心。2000 年，第一个非贸易自由区——技术、电子商务和媒体自由区成立，该区旨在针对一系列与信息技术相关服务产业的投资。随后又设立了迪拜互联网城、迪拜媒体城、知识村、迪拜多种商品交易中心、迪拜医疗城等专业化自由区。

2. 拉丁美洲及加勒比地区

拉丁美洲早在 19 世纪就建立了自由贸易区。乌拉圭的科洛尼亚和新帕尔米拉自由贸易区创建于 1923 年。该地区大多数国家现存的特殊经济区起步于 20 世纪 90 年代。然而，自 2010 年以来，为了重振特殊经济区并使之成为经济增长和创造就业引擎行动的一部分，许多国家开展了更名、转型、规模扩张以及开辟新的特殊经济区等活动。目前，该地区有近 500 个特殊经济区，特殊经济区内拥有超过 1 万家企业和大约 100 万名雇员（见图 4.5）[2]。除苏里南和圭亚那外，中美洲和南美洲几乎所有经济体都有特殊经济区。相反，在加勒比地区，只有少数几个经济体有特殊经济区。

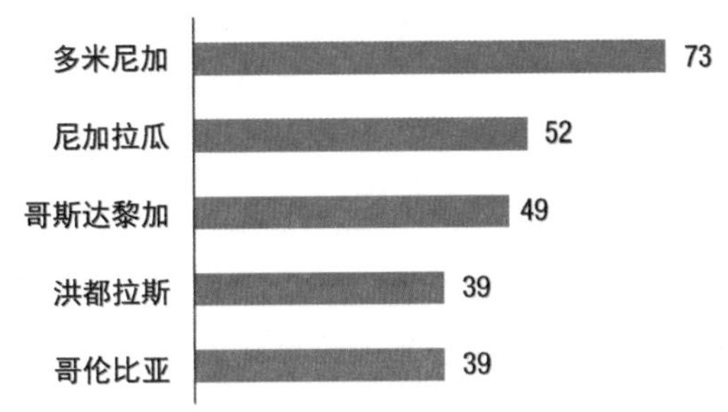

图 4.5　2019 年拉丁美洲及加勒比地区特殊经济区数量最多的经济体

资料来源：UNCTAD。

在该地区，特别是在哥伦比亚、多米尼加、牙买加、墨西哥、特立尼达和多巴哥等相对更依赖特殊经济区进行出口的国家，单一企业自由点很受欢迎。尽管自由点像特殊经济区一样通常寻求吸引大型项目和外国资本，但是在给予中小企业（在其所在位置）与自由区相同福利及工业生产难以搬迁到一个划定区域这两个因素的共同推动下，单一企业自由点这种模式在该地区一些国家非常流行（见专栏 4.4）。

专栏 4.4　单一企业自由点模式

许多国家采用了单一企业自由点模式，不论地点如何，都向个别企业提供与特殊经济区企业相同的优惠政策。主要的例子包括哥伦比亚、多米尼加、危地马拉、墨西哥、韩国和坦桑尼亚。自由点模式类似于制造业保税仓模式，但带来了更大的收益。[a] 这类模式的官方目标往往与产业政策目标[b]相一致，目标中可包括发展“具有高度经济和社会影响的投资项目”（哥伦比亚）、“减轻失业问题”和“使基础设施现代化并促进采用新技术和知识”（墨西哥）等目标。政府允许一些要么需要大量资本投资，要么需要该国缺少的知识或技术，要么需要靠近自然资源或现有客户的位置从而基本上无法从特殊经济区模式提供的集群经济中受益的特定行业发展单一企业自由点。例如，需要进口机械的农民或农业综合企业，港口、医院和诊所（哥伦比亚），海上勘探平台（哥伦比亚），以及（就墨西哥而言）寻找低廉劳动力的制造业企业。

自由点制度使得政府可以针对特定行业实行，同时不需要对投资者划定具体地理位置。由于不在划定的区域内，自由点企业有可能避免“飞地风险”，而且可以相信这类公司能更好地融入当地经济。但是，给予现有企业自由区地位，可能会吸引现有的已享受优惠政策的企业但并没有吸引到新的投资，从而减少了课税基础，最终可能导致特殊经济区项目费用的增加。单一企业自由点也被认为更容易受到腐败行为的影响，公司会通过贿赂官员来获得自由区地位（Moberg，2015）。此外，社会与环境规则的约束与执行也比在指定区域更复杂。最后，一般基于区域的工业发展优势也会丧失，包括协同作用、集群效应和在基础设施与服务开发等方面节约的成本。

通常，这种模式运作中最困难的部分是海关合规与监管。实际的监管措施，包括在有许可证的企业派驻海关人员等，可能会耗费大量的资金。这就是为什么在许多情况下，各国已从有形监管转向以文件和会计为基础的系统监管。例如，在墨西哥，归属于制造业、出口加工业和出口服务业促进（IMMEX）计划[c]的公司在经营时被要求使用专门的软件来跟踪所有的进口、出口和废料。违反规定可能会导致巨额罚款，并可能导致公司丧失 IMMEX 许可证，并且还需要详细报告这些经营活动和正确的存货分类。事实上，墨西哥公共行政当局鼓励 IMMEX 公司将海关、一般的会计及行政工作外包给信誉良好的专业公司，以避免在墨西哥承担任何责任和风险。

资料来源：UNCTAD。

注：a 为保税仓是一种海关程序，该程序允许储存在安全区的进口货物在国内消费或再出口前不缴纳进口税。

b 为单一企业自由点可以被认为是一种通过有选择性地投资促进工具与措施来最大限度发挥积极溢出效应的产业政策（见 WIR17）。

c 为在 2016 年启动新的特殊经济区计划之前，墨西哥完全依赖于单一企业自由点计划，即 IMMEX 计划。马奎拉多拉体系（maquiladora）建立于 20 世纪 60 年代。截至 2018 年 12 月，IMMEX 计划共包含 6 200 家企业，从业人员超过 300 万人。

最著名的自由点是墨西哥的美墨联营工厂，它起源于 20 世纪 60 年代启动的国家边境工业化计划。在这一计划中，位于美墨边境且获得授权的工厂可以免税进口材料和生产设备，并且可以在向美国出口时支付低于其他出口国的关税。由于美墨联营工厂项目的目标是在广阔的边境地区发展经济，所以该项目是建立在该地区每一个工厂的基础上，而不是建立在划定的某一个区域内。美墨联营工厂最初局限于纺织品、简单电子产品和工业产品，但到 21 世纪，它们已使墨西哥成为汽车零部件出口百强国家之一，并在航空航天、电子、医疗设备和新能源等其他行业发挥了巨大的作用。墨西哥于 1994 年加入《北美自由贸易协定》，推动了这些边境工厂取得成功，这为墨西哥北部地区的繁荣做出了贡献，带来了优质的外国投资；然而，墨西哥南部的经济发展已经落后了。为了解决地区间发展不平衡的问题，墨西哥政府于 2016 年出台了一项法律，在东南部建立 7 个新的特殊经济区，在北部边境地区增设一个特殊经济区（尽管政府最近的一项决定可能会推翻这些计划）。[3]

另一个运用自由点模式的突出例子是哥伦比亚。哥伦比亚在 2005 年立法，允许投资于具有一定经济及社会影响力项目的单个公司（本土或外国）实行与自由贸易区相同的政策。根据行业的不同，对获得自由点资格的企业的投资与就业要求与位于自贸区或特殊经济区内的企业略有不同。如今，有72个这样的企业自由点，遍布于综合企业、港口、医院和诊所以及海上勘探活动等一系列行业。企业自由点已经成为重要的就业岗位来源：与自由区合并计算（截至2018年共有979个）后，72个中小企业自由点的投资者占投资者总数不到10%，但提供了42%的就业岗位。

尽管洪都拉斯和尼加拉瓜等拉美低收入国家的特殊经济区仍专注于以服装和纺织品为主的劳动密集型产业，但在来自亚洲低成本竞争对手的压力下，这类国家中的大多数正在推动特殊经济区转型以吸引更高附加值的活动。例如，多米尼加已加紧努力吸引先进制造业与服务业的新投资者（见专栏4.5）。由于特殊经济区间的竞争日益激烈，一些出口商（特别是Grupo M）在邻近的海地设立特殊经济区，利用较低的劳动力成本和优先权进入美国市场（通过《HELP法案》（HELP Act））。4

在哥斯达黎加，特殊经济区从低附加值的制造业（如纺织业）和服务业（如流程外包）向高科技制造业，尤其是医疗设备以及诸如复杂共享服务中心和研发等先进的服务业转变（Gereffi等，2019）。哥伦比亚正在利用特殊经济区和公私合资企业自由点的理念进行革新，以填补融资和技术积累缺口并发展特定产业，包括公共服务。自2000年以来，企业自由点为12家医院和诊所的建设和运营提供了资助，为哥伦比亚成为健康旅游目的地做出了贡献。

拉丁美洲国家，特别是中美洲较小的经济体，除了要面对来自亚洲经济体的竞争，还面临许多挑战。它们对美国市场的依赖使它们容易受到贸易冲击。美国最近的财政改革削弱了一些拉美国家，特别是在那些尚未在全球价值链中占据有利地位的国家的特殊经济区的吸引力。多米尼加劳动收入津贴计划（EIAP）——为出口到美国的服装提供免税津贴——可能面临终结，国家特殊经济区委员会不仅努力游说试图延期这一计划，同时也在努力开辟欧洲的出口市场（包括西班牙、德国和芬兰），并且积极探索与中国及非洲国家（摩洛哥）的合作。

专栏4.5　特殊经济区的调整与转型：来自多米尼加的例子

多米尼加是世界上最早建立特殊经济区的国家之一。该国的特殊经济区计划被普遍认为是成功的，在20世纪90年代吸引了外商直接投资并推动了经济的持续增长。在2003年这一巅峰期，特殊经济区内的企业创造了其GDP的7.5%。推动达成这一成就的关键因素包括该国靠近美国消费者市场、优惠贸易协定、给予特殊经济区的激励和低廉的劳动力。

然而，在20世纪末21世纪初该国面临几个外部冲击：全球经济增速放缓、油价上涨、2001年中国加入世界贸易组织以及2005年作为特殊经济区计划核心的纺织业面临《多种纤维协定》（Multi-Fiber Arrangement）终止。特殊经济区的企业数量和出口额都在下降，并且直到2010年都未见好转（Burgaud和Farole，2011）。

由于这个原因，当地的特殊经济区投资者在国家和区域（加勒比）层面推动扩大美国市场开放。通过领导特殊经济区的官方贸易协会（多米尼加保税区理事会，ADOZONA）和特殊经济区管理机构（国家免税区委员会（National Free Zones Council）），成功地游说多米尼加加入《中美洲自由贸易协定》(Central America Free Trade Agreement)(2007)和《加勒比地区与欧盟经济合作协议》(Economic Partnership Agreement between the Caribbean and the EU)(2008)。

通过与劳动力发展机构合作，多米尼加的人力资源得到了发展，进而支持了该国的产品升级。当外商投资的纺织企业迁往成本较低的经济体时，当地企业通过对新技术（新型纤维）和人力资本进行投资完成垂直整合，并对低成本生产商保持竞争力。

当地投资者加强了行业间的联系并且推动了生产的多元化。一些企业从服装生产转向鞋类生产，一些企业开设了呼叫中心，并寻求与印度 IT 公司成立合资企业（Schrank，2008），还有一些企业在邻国海地开设了工厂和特殊经济区。作为私营企业参与的一部分，特殊经济区监管机构——国家免税区委员会和多米尼加保税区理事会——加大力度吸引来自新兴行业的新投资者，包括服务业（呼叫中心和业务流程外包）、外科设备、制药、珠宝和电器业。

自 2010 年以来，特殊经济区的出口、产出和就业均出现反弹并持续增长，但相对 GDP 或出口总额的贡献尚未达到 21 世纪初的水平。它们对出口总额和国内总产值的贡献稳定在出口总额的 55%和国内总产值的 3.2%，低于过去 85%和 8%的水平，这表明特殊经济区外的经济也在增长。

自 2012 年以来，工业园区的数量增长了三分之一，截止到目前共有 73 个工业园区。特殊经济区的产品变得更加多样化，2018 年，医疗和医药产品的出口占出口总额超过四分之一，电子和电子产品占出口总额的比例与服装和纺织行业大致相同（16%）。美国仍然是最大的市场，大多数公司出口到美国（58%），尽管这一比例自 2000 年以来有所下降（86%）。

2017 年，特殊经济区提供了约 16.6 万个直接就业岗位，并预计提供了 25 万个间接就业岗位，尽管自 2012 年以来，技术工人的比例稳步上升，但其中大多数仍是低技能工人（蓝领工人占 71%）。越来越多的特殊经济区正在与当地大学签订合作协议。由国家技术职业培训研究所和多米尼加保税区理事会提供的一个培训项目正在提高特殊经济区工人的收入分配比例。2018 年，多米尼加教育部与保税区理事会、加工出口管理委员会签署协议，提升高等教育质量并使高等教育更贴近特殊经济区企业的需求。

资料来源：UNCTAD。根据多米尼加加工出口管理委员会（CNZFE）的资料整理。

另一个挑战是财政激励的可持续性。在特殊经济区占经济总量比例相当大的国家，政府放弃了大量的潜在税收。2018 年，哥斯达黎加通过了一项税收改革法案，以增值税取代营业税。尽管保留了对自由点企业的豁免，但由于政府正面对一场严重的财政危机，这一豁免引发了很大争议。

阿根廷、巴西、厄瓜多尔、萨尔瓦多、危地马拉、墨西哥、巴拉圭、秘鲁和乌拉圭在过去五年中都重新审查了它们的自由贸易区战略，力求使自贸区的特殊制度更有利于经济发展。新制度更注重内部市场和专业化集群，使自贸区更类似于工业园区和开发区。在未来五年内，有 20～30 个新的特殊经济区将建立或投入使用。

3. 非洲

非洲地区的特殊经济区起步时间相对较晚，但是最近其吸引力不断增加。毛里求斯是第一个建立出口加工区的非洲国家，于 1970 年颁布了《出口加工区法案》。20 世纪 70 年代，加纳、利比里亚和塞内加尔等国也相继效仿。然而，直到 20 世纪 90 年代，随着各国政府效仿东亚经济的发展模式，特殊经济区和自由区这种形式才得到更广泛的应用。由于非洲各国政府普遍认识到基础设施的不足和制度弱点是阻碍非洲经济发展的主要因素，因此设立特殊经济区并使各国政府将行政资源和基础设施供应集中在特定地区，往往被视为解决经济结构缺陷的务实办法。

目前，非洲大约已设立了 237 个特殊经济区，虽然有些仍在建设过程中（见表 4.2）。此外，还有 200 多个单一企业特殊经济区（或自由点）。非洲大陆 54 个经济体中有 38 个设有特殊经济区，其中肯尼亚的特殊经济区数量最多（见图 4.6）。

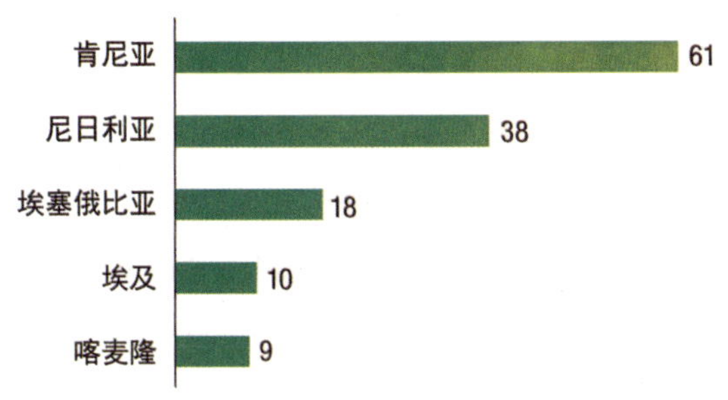

图 4.6 非洲：特殊经济区最多的经济体，2019

资料来源：UNCTAD。

非洲大陆最大的三个国家——尼日利亚、埃及和南非——的特殊经济区项目发展良好。许多较小的经济体只是在最近 10～15 年间才建立起特殊经济区发展框架，而且特殊经济区数量往往相对较少。

虽然非洲大陆大多数特殊经济区，特别是撒哈拉以南非洲的特殊经济区以加强服装和纺织品等低技能劳动密集型产业的制造和出口为目标，但有些国家却希望发展多种行业和高附加值产业。例如，摩洛哥的一些自由区专门发展高科技企业和汽车工业。即使在撒哈拉以南非洲，过去十年（重新）建立的特殊经济区制度（例如，在卢旺达和塞内加尔）也把重点放在了附加值更高的产业上。一些国家将特殊经济区与自然资源禀赋挂钩，旨在吸引下游加工行业的投资者，通过出口更多未加工资源实现出口多样化。例如，尼日利亚设立了若干以炼油为重点的特殊经济区（见专栏 4.6）。

专栏 4.6 自然资源型特殊经济区：促进下游一体化投资

自然资源是经济的重要组成部分，自然资源型特殊经济区十分常见。这些特殊经济区招揽的产业包括一部分制造业、农业原材料与中间品加工、渔业、林业与采掘工业。其目标是追求垂直一体化、更高的出口附加值和更广泛的经济转型。

非洲各国政府正在发展农业特殊经济区，以促进粮食安全和从自给农业向农业工业开发的转变。为了实现这些目标，这些政府正在发展农业走廊、农业集群、农业产业园和农业孵化器（IISD，2017）。这些特殊经济区从城市地区的几公顷到跨地区、全国甚至跨越国家地区的数万公顷不等，提供从基础设施到海关便利以及有利的监管框架等方面的优惠措施。南非的杜贝农业区（Dube AgriZone）就是这样一个例子，它是杜贝贸易港特殊经济区的一部分。这个特殊经济区拥有该地区最大的由玻璃覆盖的、气候可控的种植区域，还拥有包装加工厂、中央包装配送中心以及实验室。

为了促进当地下游的价值增值，基于矿物和烃类化合物建立的特殊经济区在非洲也越来越受欢迎。例如，在尼日利亚，正在建设或已经公布以促进石油和天然气加工（以及其他活动）为导向的特殊经济区至少有 10 个。其中的突出代表，拉各斯（Lagos）自由贸易区正在发展成为西非地区的多种产品物流枢纽。已充分开发的特殊经济区计划以石油及石化综合企业为主，并包括农产品以及其他制造业企业。

基于自然资源建立的特殊经济区不仅存在于非洲。在亚洲，印度尼西亚计划通过特殊经济区吸引农业和采掘业的下游活动。塞芒吉（Sei Mangkei）特殊经济区为棕榈油和橡胶业的投资者提供了优惠政策。2016 年，该特殊经济区投入运营一年后，联合利华（Unilever）开设了一家油化工厂，为供给印度尼西亚国内市场和东南亚的各种日化产品加工棕榈油。印度尼西亚还利用特殊经济区来吸引精炼厂，比如位于加朗巴塘（Galang Batang）特殊经济区的铝精炼厂。

对自然资源特殊经济区的投资可以成为促进经济转型和经济多样化，以及减轻贫困和提高粮食安全水平的工具。然而，这类特殊经济区的规划与实施并非是毫无困难的，面临的问题包括与土地使用权有关的潜在争议、对小农户生计的威胁、环境问题和质量控制问题。

资料来源：UNCTAD。

一些非洲国家，特别是最不发达国家，从双边及多边的特殊经济区援建资金和建设援助中获益，尤其是从中国获得这类援助（见第四章第 1 节第 3 小节）。中国第一次参与非洲特殊经济区的建立是在 1999 年，当时中国与埃及签署了一项协议——在苏伊士运河地区开发一个工业区。2006 年，作为实施中国“十一五”规划的一部分，中国宣布在海外开发 50 个特殊经济区，其中 7 个将设在非洲。随后，随着中国对非洲的投资与关注不断深入，中国宣布将支持非洲建设一些新的特殊经济区。例如在 2016 年，作为“一带一路”倡议的一部分，中国与吉布提签署了建设自贸区的协议；2018 年，自贸区一期工程启动。这个为期 10 年、耗资 35 亿美元、占地 4 800 公顷的项目将成为非洲最大的自由贸易区。该自贸区将由一家合资企业管理，这家合资企业的大股东是吉布提政府，其他股东包括中国招商集团（China Merchants Group）、大连港集团（Dalian Port Authority）和亿赞普集团（IZP）三家中国公司。阿尔及利亚、安哥拉、埃塞俄比亚、肯尼亚、毛里求斯、尼日利亚、卢旺达和赞比亚等国也有中国开发商参与特殊经济区建设。

虽然其他国家和开发企业的规模要小得多，但它们也参与了非洲特殊经济区的发展。2015 年，土耳其与吉布提签署了一项协议，将建立一个 500 公顷的特殊经济区，土耳其公司将在这里投资，生产出口到东非市场及其他地区的商品。2018 年，新加坡的一个政府机构——新加坡公共事务对外合作局（Singapore Cooperation Enterprise）签署三方协议，为加蓬的恩科（Nkok）特殊经济区开发单一电子窗口解决方案，以促进贸易发展，提高贸易效率。协议的另外两方是加蓬特殊经济区（一个由加蓬政府、奥兰国际（Olam International）（新加坡）和非洲金融公司组成的国际公私合营企业）以及总部位于新加坡的一家全球贸易便利化平台提供商（vCargo Cloud 集团）。

其他例子包括毛里求斯发展委员会（Mauritius Development Board）和毛里求斯非洲基金（Mauritius Africa Fund）参与了塞内加尔第一个工业园区的开发。由世界银行资助开发的、冈比亚唯一的出口加工区是 7.22 商业园区（the July 22nd Business Park），通过与冈比亚投资和出口促进局（GIEPA）的合资协议，私人开发商 TAF 非洲全球（TAF Africa Global）将这个特殊经济区升级为 GIETAF 特殊经济区。

非洲特殊经济区的吸引力可能会继续增长。埃塞俄比亚等少数国家成功地利用特殊经济区作为参与全球价值链的跳板，可能会促使其他国家效仿。非洲许多没有或几乎没有特殊经济区的最不发达国家（例如，刚果民主共和国、莱索托、马达加斯加和卢旺达）正计划建立至少一个新的特殊经济区。

4. 转型经济体

转型经济体在 20 世纪 90 年代从计划经济体制转型的时候，开始采用特殊经济区这一形式。由于俄罗斯为应对全球危机而创建超前发展区（TADs，也称为超前特殊经济区），在 21 世纪前十年的后半段，特别是在 2015—2019 年期间，特殊经济区的建设步伐加快了。特殊经济区数量的快速增长也伴随着失败：2010—2017 年间，共有 11 个特殊经济区被撤销（Kuznetsov 和 Kuznetsova，2019）。同一期间，特殊经济区也在该地区其他 10 个经济体中迅速发展，虽然该地区的绝大多数特殊经济区集中在俄罗斯（见图 4.7）。

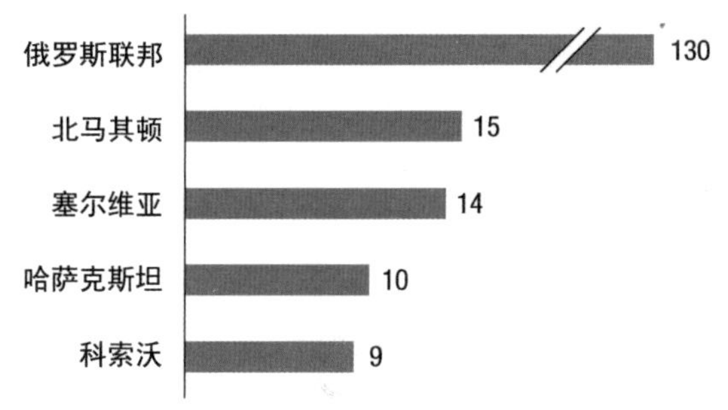

图 4.7 特殊经济区最多的转型经济体（2019）

资料来源：UNCTAD。

除乌克兰外[5]，所有转型经济体都有某种形式的特殊经济区。俄罗斯占该地区总产值的 70% 以上，该地区 237 个特殊经济区中超过半数属于俄罗斯。俄罗斯有不同种类特殊经济区组成的复杂网络，包括两个大型特殊经济区（加里宁格勒和马加丹）；根据 2005 年通过的《特殊经济区法》设立的 26 个特殊经济区；根据 2010 年的一项法律而享有特殊经济区地位的创新中心斯科尔科沃（Skolkovo）；俄罗斯远东地区和单一工业城（也称为单一城镇）的 100 个超前发展区；包括至少五个分区（港口）的符拉迪沃斯托克自由港等。北马其顿和塞尔维亚这类从事重要的出口加工活动且规模较小的经济体，也拥有许多特殊经济区（分别为 15 个和 14 个）。转型经济体中包括若干内陆发展中国家；特殊经济区是基础设施枢纽的重要组成部分，且通常靠近城区、边境口岸和交通走廊，是内陆发展中国家政策制定者青睐的政策工具。

一些转型经济体建立了占地面积很大的特殊经济区。这类特殊经济区反映了转型经济体土地的易得性以及一部分特殊经济区以资源型工业为开发重点（例如，石化特殊经济区需要相对较大的区域面积）。

转型经济体的特殊经济区在规模、入驻企业数量、重点行业和管理模式（公共参与与私人参与）方面存在明显差异。出口导向型特殊经济区往往吸引了大量的外国公司，而面向地区发展的特殊经济区，例如俄罗斯的特殊经济区，则主要接纳本国公司。截至 2017 年底，在俄罗斯根据特殊经济区法建立的26个特殊经济区内的656家常驻企业中，只有 19%是外国子公司，但其投资额占总额的 60%左右。

虽然在俄罗斯，科技园区也发挥了重要作用，但转型经济体的特殊经济区往往将开发重点放在普通制造业上。此外，俄罗斯设有 9 个旅游特殊经济区（见专栏 4.7）。特殊经济区的产业重心往往反映了东道国的产业传统和资源禀赋。由于最近在特殊经济区中增加了 82 个单一产业城，目前该地区超过一半的特殊经济区专注于某一特定行业。

专栏 4.7 非传统产业特殊经济区：旅游特殊经济区

许多国家通过设立特殊经济区来促进旅游业或与旅游业相关产业的发展，如孟加拉国、中国、印度尼西亚、老挝、马来西亚和俄罗斯。其他国家，如乌兹别克斯坦，正在考虑建立这样的特殊经济区。在韩国等国家，允许旅游业与其他产业结合（例如，为健康旅游成立的特殊经济区）。

旅游特殊经济区在资本品关税减免、税收优惠、基础设施维护和工商登记便捷化等方面与制造业特殊经济区具有类似的优势。鉴于旅游业的特征（主要是与特定地点的自然或人文景观相关联），大多数国家不考虑采用特殊经济区这一政策工具来促进该行业发展，而是依靠综合激励计划、在偏远地区及欠发达地区进行开发或利用其他综合手段来促进这一行业发展。

利用特殊经济区发展旅游业的国家通常出于如下几个考虑：

- 特殊经济区拥有能够满足投资者需求的管理公司，尤其是在没有一站式服务的国家。
- 由于其有限且相似的自然条件，旅游特殊经济区可以为综合度假区和休闲社区的发展提供更好的框架支持。
- 旅游特殊经济区也可以成为吸引特定外国投资者的渠道（比如，俄罗斯大贝加尔湖特殊经济区吸引了中国投资者）。
- 在特殊经济区的有限区域内，环境保护和可持续的绿色发展（包括生态旅游）可以执行得比在全国范围内更好。

资料来源：UNCTAD。

由于该地区大部分国家深处内陆，所以城市和内陆特殊经济区占据了主导地位。虽然以私有制为主，但相对较大的特殊经济区往往是公有的。在白俄罗斯（中国-白俄罗斯“巨石”工业园）、亚美尼亚（位于耶烈万，由俄罗斯的 Sitronics 公司管理的高科技自由经济区联盟）和格鲁吉亚（由中国公司运营的华凌-库塔伊西 2 号免税工业园）都有外国园区运营商。该地区的国家特别是俄罗斯、塞尔维亚和土库曼斯坦正计划增加新的特殊经济区，并且至少有 18 个特殊经济区正在建设中。

5. 发达经济体

大约 70%的发达国家拥有特殊经济区，并且几乎所有的特殊经济区都是免税区，可能除了美国之外，它们在其所在的经济体中所占比重相对有限。外贸区数量占发达国家特殊经济区总数超过 70%（见图 4.8）。大多数欧洲国家要么没有特殊经济区，要么只有免税区。然而，保加利亚、立陶宛和波兰都有免税区和提供其他财政激励措施的特殊经济区。

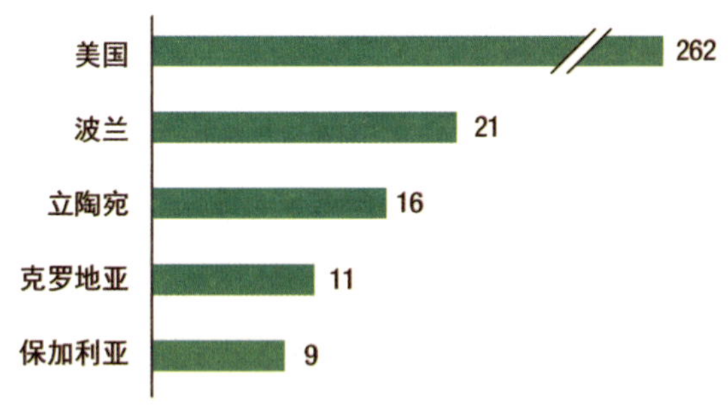

图 4.8 2019 年特殊经济区最多的发达经济体

资料来源：UNCTAD。

发达国家经济政策的总体目标是在整个经济领域创造一个公平的竞争环境，而不是设立特权区域。在发达经济体建立特殊经济区的根本目的是减少与进口相关的关税和由监管成本造成的扭曲效应。

许多发达国家的政府确实为各种形式的科技园区的建立提供协助。但是，政府的参与主要以资本支出的形式进行，而不是局限于某一特定区域内的财政或监管激励措施（见专栏 4.1）。没有单独监管制度的科技园区不包括在本报告的特殊经济区清单中。

发达国家设立特殊经济区的部分原因是要加强对贫困地区或高失业地区的开发与支持。日本和波兰通过特殊经济区向该国欠发达地区的投资者提供奖励（往往是更多的激励）。这类特殊经济区还有英国的企业开发区和法国的城市自由区，但是，这些区域与具有单独监管制度的特殊经济区所发挥的作用并不相同。

美国的特殊经济区通常被当作对外贸易区，且均为免税区。成立这些特殊经济区的目的是鼓励企业将其分销或制造生产业务放在美国而不是其他国家。对外贸易区免除了关税和海关行政负担（这类使美国在相对于国外的区位竞争中处于不利地位的因素）。这些优惠政策的实行范围扩大到当地公司且不需要这些公司搬迁到特殊经济区内或在区内设立办事处（外贸特殊经济区可以对当地的某个公司设立分区，类似于自由点）。有超过 500 个经批准能够从事制造活动的分区。目前对这种模式使用最多的行业包括炼油业、汽车业、电子业、制药业以及机械设备业。

在欧盟，成员国可以将欧盟关税区内的一部分地区划定为自由区，从而使来自欧盟以外的货物可以免税进口。因此，欧盟的许多自由区都位于欧盟的边缘。

一些在发达国家最常见的免税区被称为“自由港”。这些区域基本上是用于存放艺术品、珠宝、贵金属和其他奢侈品等贵重物品的仓库设施。在欧洲，卢森堡、摩纳哥和瑞士都有这样的自由港。

旨在促进产业或地区发展的特殊经济区存在于中欧和东欧国家（例如，保加利亚、立陶宛和波兰），如前所述，这些国家的特殊经济区大多起步于加入欧盟之前。

欧盟委员会认为特殊经济区的税收优惠属于国家补助。所有构成国家援助的措施必须由成员国提交给欧盟委员会批准，除非这一措施能够被归入最低限度条例（de minimis regulation）或一般整体豁免条例（the general block exemption regulation）的范围。后者所允许的国家援助被认为能够给社会带来的收益超过了其带来的竞争扭曲。在其他类别的国家援助中，后者还包括了以解决地区问题为目的的国家援助。

在那些拥有特殊经济区的欧洲国家，特殊经济区的管理通常有大量的官方参与。保加利亚的特殊经济区由一家国有企业管理。捷克和波兰的特殊经济区也是公有的。在克罗地亚，自由港区内的房地产大多为政府所有，并由当地港务局管辖。在斯洛文尼亚，科佩尔（Koper）自由区由国家控股的一家股份有限公司管理。在瑞士，自由港的管理公司——日内瓦自由港仓库公司（Geneva Free Ports & Warehouses）——是一家主要股东为日内瓦州政府的有限公司。只有卢森堡的自由港是私有的。

在美国，对外贸易区的设立是由地方组织主导而不是由联邦政府推动的。地方组织（如市、县、港务局、经济发展组织）向联邦机构申请由联邦机构对外贸易园区委员会颁发设立和经营对外贸易园区的许可证。

就发达国家的趋势而言，美国的外贸特殊经济区数量一直在增加，而欧洲的免税区和特殊经济区却在减少。2018 年，波兰通过法律设立“波兰投资区”。这种新的制度使投资者能够从波兰全境的优惠条件中获益。现有的特殊经济区承担了在其各自区域执行新制度的职能。但目前的特殊经济区许可证将于 2026 年到期，届时现有的已划定的特殊经济区将在实际上融入更广阔的区域（见专栏 4.8）。塞浦路斯最近将自由区向鹿特丹和安特卫普等主要港口也在使用的自由仓模式转型。

专栏 4.8 波兰的特殊经济区：一个逐步淘汰战略的例子

波兰最初建立的特殊经济区计划使用 20 年。后来，在 2008 年与 2013 年，这些特殊经济区的运营期限被延长到 2026 年底。然而，在 2018 年，波兰通过了一项新法律，建立了“波兰投资区”。这一新的形式使投资者在符合某些特定条件的前提下能够享受波兰全境特殊经济区的优惠条件。

普遍认为，波兰的特殊经济区是成功的。特殊经济区向投资者提供的主要优惠是免征企业所得税。为了取得进入特殊经济区的资格，投资者需要获得特殊经济区许可证，许可证的发放与否取决于投资者的资本支出额与新创造的就业岗位数量（自加入欧盟以来，为特殊经济区投资者提供的优惠条件必须符合欧盟的一般整体豁免条例，该规定保证了对国家援助规则的豁免）。波兰特殊经济区在吸引投资和创造就业方面取得了成功。截至 2018 年 6 月，14 个特殊经济区累计新增就业 44.8 万人，累计投资额达到 350 亿美元。

尽管这些特殊经济区取得了成功，但其缺陷也越来越明显。从本质上讲，特殊经济区歧视区外的公司。由于进入特殊经济区的限制条件包括了投资规模，国内中小企业的投资项目大多不符合免税条件。此外，捷克、匈牙利和斯洛伐克等邻国也免征投资者的所得税，而且不论投资者身处何地。因此，无论是作为外商直接投资地还是本国中小企业投资地，特殊经济区制度都有可能使波兰处于不利地位。

《新投资支持法案》（New Investment Support Act）降低了企业获得国家支持的标准，更多中小企业有资格获得国家支持。此外，该制度的设计使欠发达地区的投资者能够获得力度更大的国家支持。以前的制度只向新设立的企业颁发特殊经济区许可证，而新制度向更多的项目提供支持。新标准不仅基于数量考虑，而且要考虑到项目的可持续性和创新性。因此，该法案消除或放宽了旧的特殊经济区法规在地理和投资规模方面的歧视性因素，同时更加强调外部效应，包括知识和技能的产生以及对社会和环境的影响。

资料来源：UNCTAD。

自由区地位的丧失并不意味着其运营停止。例如，被广泛认为是第一个现代特殊经济区的香农（Shannon）特殊经济区，不再提供特殊的税收优惠或与爱尔兰其他地区不同的监管制度。然而，香农特殊经济区仍在继续吸引新的企业进入。香农自由区有 170 家公司，雇用了大约 8 000 名工人，不仅形成了爱尔兰最大的航空/航天产业集群，爱尔兰政府和跨国公司还对包括医疗设备行业、高科技行业、信息通信技术业、金融服务业以及电动汽车及自动驾驶汽车制造业等在内的一系列其他行业进行了投资。

三、国际合作与区域开发区

特殊经济区的海外投资不断增加。除了外国私人开发商，各国政府也越来越多地参与到海外特殊经济区的开发中。区域一体化的加深促进了边境特殊经济区的发展，出现了横跨两国或多国边境且多国共有的特殊经济区，促进了地区和国际合作。

（一）外国合资特殊经济区

以开发特殊经济区为目的的外商直接投资正在增加。大型综合企业和工业园区开发商越来越多地参与到海外特殊经济区的开发中。例如，新加坡的胜科工业（Sembcorp Industries）与星桥腾飞集团（Ascendas-Singbridge），日本的三菱集团（Mitsubishi）、双日株式会社（Sojitz）和住友商事（Sumitomo）都是主要的国际特殊经济区开发商。华立集团（Holley Group）和盐田港集团（Yantian Port Group）等中国企业也参与到海外特殊经济区开发，尤其是在亚洲和非洲的特殊经济区的开发中。

东道国所说的“与外国合伙人合作开发的特殊经济区”有多种类型的发展模式（见表 4.7)。尽管人们更多地关注了各国政府间合作建立的特殊经济区，但大多数特殊经济区是在没有双边政府协议的情况下由外国私人企业开发的。一些外国（制造业）跨国公司已经建立了自己的经济区，以容纳其供应商并提高物流效率。例如，自 1998 年以来，丰田在印度的工业园区建立了一个供应链网络集群。2016 年，三星在越南的一个主要工业园区内开发了自己的大型工业综合体（AIR17）。

表 4.7　与外商合作开发的特殊经济区的类型

特殊经济区类型	示例
由外商或外资与当地公司所成立的合资企业开发	● 越南边和市阿玛塔工业园区（Amata City Bien Hao），由泰国阿玛塔（Amata）集团与越南国有企业（Sonadez）共同成立的合资企业开发（1994） ● 丰田通商（日本）在柬埔寨开发的波贝特殊经济区（Techno Park Poipet，2015） ● 乌拉圭的迅美亚（Zonameric）集团在哥伦比亚开发的卡利科技园（Cali Tech Park，2016） ● 中国新南方集团与非洲特殊经济区有限公司（African Economic Zones Ltd.）的合资企业在肯尼亚开发的珠江特殊经济区（Pearl River SEZ，2017）
东道国政府与外国私人企业合作开发	● 老挝的沙湾-色诺特殊经济区（Savan-Seno SEZ，2003），是由马来西亚私企与老挝政府成立的合资企业开发 ● 在与格鲁吉亚经济和可持续发展部签署谅解备忘录的基础上，由华菱集团（中国）在格鲁吉亚开发的库塔伊稀自由工业园（Free Industrial Zone Hualing Kutaisi，2015） ● 由中国财团与尼日利亚拉各斯州政府共同成立的合资企业开发的莱基自由贸易区（Lekki FTZ，2006）

续表

特殊经济区类型	示例
由政府间合作项目进行开发	● 苏州工业园区，1994 年由新加坡和中国财团合资开发 ● 缅甸迪拉瓦特殊经济区（Thilawa SEZ），由缅甸与日本两国政府以及两国私人财团合资开发（2011） ● 白俄罗斯的中白“巨石”（Great Stone）工业园，由一家中国私人开发商与白俄罗斯公共管理局合资开发（2011） ● 俄罗斯工业园区，由俄罗斯在埃及开发（2018）

资料来源：UNCTAD。

许多特殊经济区是政府与社会资本合作开发的，外商通过与东道国的政府或私人合作者成立合资公司来开发这些特殊经济区。在大多数情况下，由外国投资商担任特殊经济区的管理者或是合资公司的合伙人。

近年来，政府间合作建立的特殊经济区也变得越来越普及，一般是在一项共同发展特殊经济区的双边协定基础上，建立合作框架、责任分工以及各特殊经济区的发展途径与管理机制。这类特殊经济区的建设和管理可由东道国开发商、母国开发商、合资企业或第三国开发商进行，并且它们可以从投入到特殊经济区开发中的资本或技术中获取收益。印度的日本真奈综合工业城镇项目（OneHub Chennai）是由日本瑞穗银行（Mizuho Bank）和工程公司日挥株式会社（JGC）与新加坡经验丰富的商业综合体开发商腾飞集团（Ascendas）共同开发的。

政府间合作特殊经济区是在东道国与合作国双方的倡议下建立的（见表 4.8）。发展援助、经济合作和战略设想等方面的综合考虑促进了两国政府合资的特殊经济区发展。官方发展援助的主要出资人和多边发展机构已将特殊经济区的发展作为发展援助的一部分。例如，在 1999 年，世界银行、美国国际开发署（U.S. Agency for International Development）和欧洲投资银行（European Investment Bank）帮助建立加沙（Gaza）工业区，以促进 GDP 增长并创造新的就业岗位。日本在 21 世纪初将工业园区开发纳入其工业发展援助项目，并通过日本国际合作署（Japan International Cooperation Agency）在中东和非洲地区建设特殊经济区。自 2000 年以来，法国、德国、印度、韩国、土耳其等国均在巴勒斯坦建设自贸区，以促进经济发展和巴以合作。

就新加坡而言，在主要市场 [6] 建立战略园区网络是其“区域化 2000”计划（Regionalization 2000）的一个关键组成部分。该方案旨在通过将低附加值的制造业活动迁移到海外地区，同时将新加坡本土经济重组为新加坡跨国公司高端活动的区域中心，进而促进新加坡向“全面商业中心”转型（Yeung，1999）。

表 4.8　政府参与合作的特殊经济区

特殊经济区名称	母国	东道国	双边协议签署时间	开发模式
巴淡民都工业园（Batamindo Industrial Park）	新加坡	印度尼西亚	1989 年	新加坡国有企业与印尼三林集团（Salim Group）共同设立合资公司
苏州工业园	新加坡	中国	1994 年	中新两国政府合资
莱基自由贸易区（Lekki Free Trade Zone）	中国	尼日利亚	2006 年	中国财团与尼日利亚拉各斯州政府共同成立的合资企业
伯利恒综合工业园（Bethlehem Multidisciplinary Industrial Park）	法国	巴勒斯坦	2008 年	法国发展署（AFD）与来自法国、巴勒斯坦和其他国家的私人投资者成立合资企业
西哈努克特殊经济区（Sihanoukville SEZ）	中国	柬埔寨	2010 年	中国企业集团与柬埔寨国际投资开发集团成立合资企业
中白“巨石”工业园（Belarus-China Great Stone Industrial Park）	中国	白俄罗斯	2011 年	中国私人开发商与白俄罗斯公共管理局成立合资企业
卡拉科尔工业园（Caracol IP）	美国	海地	2012 年	由海地政府、美洲开发银行、美国政府和园区的主要承租企业——韩国世亚贸易集团（Sae-A Trading）共同开发；由海地国家工业园区协会管理
真奈综合工业城镇（OneHub Chennai）	日本	印度	2013 年	由印度官方、新加坡私人开发商和日本财团成立合资企业
实兑特殊经济区（Sittwe SEZ）	印度	缅甸	2016 年	仍在计划阶段
俄罗斯工业区（Russia Industrial Zone）	俄罗斯	埃及	2018 年	由俄罗斯工业开发商开发

资料来源：UNCTAD。

专栏 4.9　中国海外经济合作区的发展

虽然中国政府在 2006 年宣布将在海外设立多达 50 个经贸合作区，但在 2006 年和 2007 年的两轮招标中，只有 19 个海外合作区方案中标。海外合作区需要每年向商务部和财政部提交一份报告，并基于特殊经济区建设、投资承诺、区内企业数目及投资额、企业社会责任、环境保护等方面对其进行评估。连续三年未能通过评估的海外合作区将失去政府支持。

招投标模式的尝试于2014年暂停。目前，政府鼓励企业根据自身经营需要建设境外产业园区，并向商务部申请进行中国海外经济合作区（COCZs）核查。通过核查的经济合作区可以向发展银行及基金申请优惠贷款或低成本融资。截至2018年，共有20个境外产业园区通过了核查（专栏图4.9.1）。

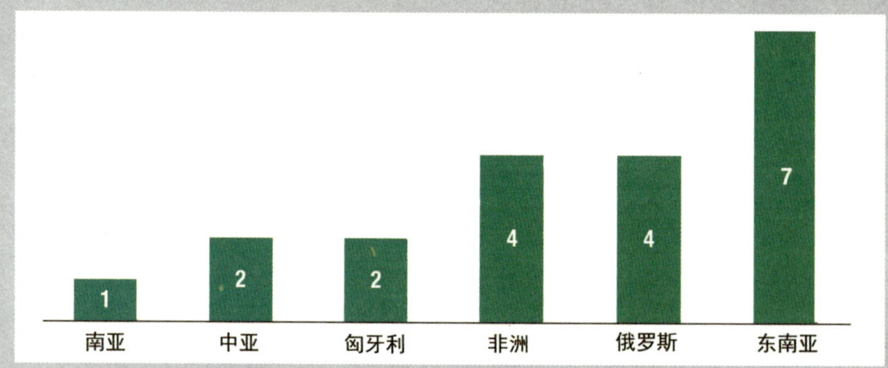

专栏图 4.9.1 20个中国海外经济合作区的分布（2018）

资料来源：UNCTAD。基于中国商务部数据整理。

自20世纪90年代初以来，新加坡国有企业已在印度尼西亚、越南和中国建设了10多个新加坡工业园。

中国于2006年宣布了其具有多个目标的海外经济合作区计划（见专栏4.9）。这一计划的目标包括促进中国国内经济结构调整与价值链攀升；实现中国海外投资规模经济效益，帮助中小企业到海外创业；实现南南合作等战略目标，与发展中国家分享中国产业发展经验。一个更加突出的目标是通过海外生产来避免贸易摩擦和针对中国出口产品设置的壁垒。鼓励中国企业参与海外特殊经济区建设，带头提出并开发以营利为目的的海外特殊经济区，通过公开招标体系争取中国政府的支持（Farole，2011；Farole and Akinci，2011）。

最新的大型海外园区项目是日本在印度开发的12个“日本工业城镇”（Japan Industrial Townships）。该项目于2014年达成协议，是日本-印度投资促进伙伴关系（Japan - India Investment Promotion Partnership）内的一个合作项目，旨在鼓励日本中小企业到印度投资。2018年3月，俄罗斯与埃及签署协议，在埃及苏伊士运河特殊经济区建设俄罗斯工业区。这一项目投资总额达70亿美元，共分三个阶段进行，将由俄罗斯工业开发商进行建设，并将于2031年完成，这一项目预计将给埃及[7]带来35 000个直接与间接就业岗位。在非洲，毛里求斯一直积极参与科特迪瓦、加纳、马达加斯加、塞内加尔等国的特殊经济区发展，为当地厂商利用本国的商业机会以及商业走廊的发展创造一个有利的环境，并且增加对毛里求斯产品的需求，分享毛里求斯在特殊经济区开发方面的经验。

东道国欢迎海外合作方参与特殊经济区发展的原因有很多。第一个原因是分摊开发成本。现代特殊经济区的开发需要大量的资金且成本回收周期较长。由于预算有限和对特殊经济区的需求，一些国家积极吸引外资来进行特殊经济区开发。与外国政府或企业合作可以增加各种资金来源或降低贷款成本。

第二个原因是可以从外国开发商处获得相关知识与经验。大多数参与海外特殊经济区开发的企业都有多年在国内外成功实施特殊经济区项目的经验。裕廊集团（JTC）和胜科集团（Semb Corp Industries）等新加坡特殊经济区开发商是新加坡主要的工业基础设施规划者和建筑商。住友商事（Sumitomo）和双日株式会社（Sojitz）等日本企业拥有丰富的海外园区区域营销经验和管理经验。

第三个原因是有海外合作方参与的特殊经济区，在一定程度上保证了外资能够进入。一些私营特殊经济区的开发商与许多大型跨国公司拥有紧密的业务网络，它们在为园区引入主要入驻企业方面发挥了至关重要的作用。一部分私营特殊经济区的开发商本身就是其所开发的特殊经济区的入驻企业，比如丰田通商就入驻了其开发的工业园区。这些入驻企业反过来又在吸引供应商和创建产业集群方面发挥着重要作用。除了开发商在基础设施开发和园区管理方面的专业知识外，政府批准的特殊经济区还为进入相对不发达地区的母国企业在一定程度上降低了不确定性风险。

政府间合作建立的特殊经济区需要参与国政府在本国经济与东道国经济之间做出更高水平的协调（见表 4.9）。一些国家建立了相关政府机构间的专门协调机制，对特殊经济区发展进行监督并通过对话协商解决问题。有些国家利用现有的双边机制来协商特殊经济区开发过程中出现的问题。例如，中新苏州工业园区建立了一个三级协调机制：一个由副总理领导并由相关部门成员组成的联合协调理事会，苏州市政府和新加坡贸易工业部间的双边工作委员会以及由双边代表组成的联络机关。[8] 但是，俄罗斯在埃及的工业园区并没有建立特别的协调机制。相反，俄罗斯工商部和苏伊士运河经济区发展管理局被指定为工业园区协调的主管部门。

表 4.9 政府间合作特殊经济区管理的核心要素

要素	功能
谅解备忘录或双边协议	● 政治承诺 ● 制度框架
协调机制	● 监督和审查 ● 有效对话
合资经营框架	● 区域开发与管理 ● 利益相关方的参与
第三方参与	● 外国资本 ● 区域开发和管理方面的专业知识

资料来源：UNCTAD。

海外合作区引发了人们对透明度和问责制缺乏以及复杂所有权的担忧。许多非洲国家政府还没有公布其签订的中国海外开发区合同（Farole and Akinci，2011）。人们普遍认为巴勒斯坦人没有杰里科农业产业园（Jericho Agro-Industrial Park）的所有权，因为项目开发商只会说英语和日语而从不讲阿拉伯语。该项目也因缺乏清晰的财务报告和预算而受到批评（Bisan Center for Research and Development，2012）。

（二）边境和跨境特殊经济区

边境特殊经济区的地理优势是与特定的外国投资和外国市场相邻，特别是对专门出口加工区而言。墨西哥的第一批边境加工厂于 20 世纪 60 年代在墨西哥北部边境地区的提华纳（Tijuana）、下加利福尼亚州（Baja California）和奇瓦瓦（Chihuahua）的华雷斯城（Ciudad Juarez）建立，其鼓励美国制造商在边境地带一个 12 英里（1 英里=1.609 千米）宽的自由区内建立组装厂，区内可以享受到墨西哥提供的特殊奖励、更低廉的劳动力和靠近美国市场的地理优势。内陆发展中国家更愿意在边境附近规划特殊经济区，进而与邻国保持更好的经济联系。举例来说，蒙古国和老挝的特殊经济区几乎都位于边境地区。

在不同经济体中，边境特殊经济区是在其特殊经济区的不同发展阶段建立起来的。在一些国家，它们是首批建立的特殊经济区之一。之后，其他国家也跟进建立了边境特殊经济区，以缩小国内地区间的差距。例如，在东部沿海地区的特殊经济区取得初步成功后，中国在靠近边境的欠发达地区建立了特殊经济区，以促进当地经济的发展。

区域一体化的深化也加快了边境特殊经济区的发展。区域发展方案和合作项目促进了区域经济走廊沿线的特殊经济区建立。由柬埔寨、中国、老挝、缅甸、泰国和越南参与的区域经济合作方案“大湄公河次区域走廊”（the Greater Mekong Subregion Corridors）的建设，促使这些国家在边境地区建立特殊经济区，以更好地加强经济走廊沿线的互联互通。泰国在 2015 年通过了一项新的特殊经济区计划，在其边境设立了 10 个特殊经济区。柬埔寨、老挝、缅甸和越南也采取了类似的做法（见表 4.10）。

表 4.10　大湄公河次区域经济走廊内的边境特殊经济区

巴韦（Bavet） 柬埔寨	木牌（Moc Bai） 越南
清孔（Chiang Kong） 泰国	会晒（Houaysai） 老挝
东克拉罗（Dong Kralor） 柬埔寨	孔芭坪（Khong Phapeng） 老挝
戈公（Koh Kong） 柬埔寨	哒叻（Trat）/ Souy Cheng 泰国
老堡（Lao Bao） 越南	丹萨瓦（Dansavanh） 老挝
磨憨（Mohan） 中国	磨丁（Boten） 老挝
米瓦迪（Myawaddy） 缅甸	美塞（Mae Sot） 泰国
帕克纳（Pak Nhai） 柬埔寨	波来古（Pleiku） 越南
波贝（Poipet） 柬埔寨	亚兰（Aranyaprathet） 泰国
萨凡-塞诺（Savan-Seno） 老挝	莫拉限（Mukdahan） 泰国
大其力（Tachileik） 缅甸	清莱（Mae Sai） 泰国
萨德乌亚（Thadeua） 老挝	廊开（Nong Khai） 泰国
万涛（Vang Tao） 老挝	空尖（Chong Mek） 泰国

资料来源：UNCTAD。基于亚洲开发银行（2018）资料整理。

以全球价值链为基础的工业发展得益于与邻近经济体供应基地和市场的紧密联系（WIR13 强调了“区域工业发展协议”的价值，即通过共同投资有利于参与全球价值链的基础设施和生产能力建设来形成跨境产业集群）。边境地区的特殊经济区可以利用邻国现有资源、邻近邻国市场和可能与供应商产生跨境联系所带来的优势。例如，2016 年，在泰国湄索特殊经济区经营的大多数公司都来自泰国，它们利用国内投入和资金为泰国市场生产商品，却从缅甸雇用日工来降低劳动力成本。随着缅甸商业环境的改善，一些企业搬到了边境地区缅甸一侧的米瓦迪（ADB，2018）。

在非洲，通过边境特殊经济区进行的内陆国家间贸易和经济合作也在政治议题中占有重要地位。南非的穆西纳/马克哈多（Musina/Makhado）特殊经济区位于通往南部非洲发展共同体的主要南北路线上，靠近南非和津巴布韦之间的边界。这一特殊经济区计划是更高层面地区计划的一部分，目的是释放投资和促进经济增长，并鼓励该地区技能和就业的发展。同样，为了抓住区域一体化的机遇，布基纳法索、科特迪瓦和马里政府共同发起了一个横跨三国边境的特殊经济区项目。

跨境特殊经济区（特殊经济区的土地横跨边

境，并且特殊经济区所有权与邻国共享）涉及更深层次的一体化。横跨中国和哈萨克斯坦边境的中哈霍尔果斯（Horgos/Khorgos）国际边境合作区，以及中国和老挝之间的磨憨/博丁（Mohan/Boten）跨境经济区，虽然在具体实施上有所不同，但都属于这类特殊经济区。前者被设计成一个贸易、娱乐和跨文化交流的中心，来自中国、中亚、欧洲、俄罗斯和土耳其的商人和游客可以免签、在这里会晤并停留30天进行交流和贸易。自2012年启用以来，这一特殊经济区主要用作免税商业中心、购物中心和会议中心。

相比之下，中老边境的特殊经济区则试图将两个边境特殊经济区合并为一个联合特殊经济区。中国方面的磨憨特殊经济区于2001年作为边境贸易区建立。老挝一侧的博丁特殊经济区在2003年被开发为一个仓储、旅游和贸易中心。2015年，两国政府确定了跨境特殊经济区的发展规划，目前该特殊经济区仍在建设中（Chen，2019）。

跨境特殊经济区是一个相对较新的事物，现在对其下结论还为时过早。来自各有关政府的政治支持是跨境特殊经济区取得成功的关键，州和地方各级的密切协调也非常重要。这类特殊经济区向开发商和管理者提出了挑战，以寻找与边境两边的政府合作的新方法。虽然跨境特殊经济区的发展具有挑战性，但越来越多的国家正试图将其特殊经济区战略纳入区域合作中。例如，在2019年3月1日，埃塞俄比亚和肯尼亚同意建立自由贸易区，并加强沿边境地区（Moyle）的基础设施建设，以创建一个共同管理的经济中心。

第二节 特殊经济区的监管与制度框架

特殊经济区，包括其建立、运作和最终解散，受到不同治理层级法律框架的监管。本节从国家层面和国际层面回顾了特殊经济区监管框架的具体内容。国家层面的分析涵盖了115个国家的国内特殊经济区法及其机构设置模式。国际层面的分析涉及3类国际经济法的相关规则，包括国际投资协定（IIAs）、世界贸易组织（WTO）协议和区域贸易协定（RTAs）。

一、国家监管框架

（一）总体监管框架

世界各地的特殊经济区政策差异很大，反映了各国的具体产业结构、当前的发展阶段和增长机会。尽管如此，这些政策都包括针对特殊经济区的特殊监管制度和单独的机构设置。

特殊经济区监管框架涉及各类政策，主要包括贸易、投资促进和便利化、投资设立、土地使用权、税收，以及劳工与环境问题。

适用于特殊经济区的规则和条例包含于各国的一般监管框架和专门针对特殊经济区的立法中，如特殊经济区法和法令（见图4.9）。

由于给予一定的优惠和特权，专门适用于特殊经济区的规则一般而言对特殊经济区用户更有利。这些特殊制度和一般立法之间的互动方式，以及特殊经济区规则与一般法律框架之间的差异程度，在不同国家之间差别很大。

贸易规则建立了进口关税制度，并规定了有关进出口的其他非关税要求和行政程序。在特殊经济区，投资者通常可以全部或部分免除这些关税。特殊经济区用户还可以从贸易便利化措施中获益，例如，加急通关程序或在特殊仓库中存储物品等。

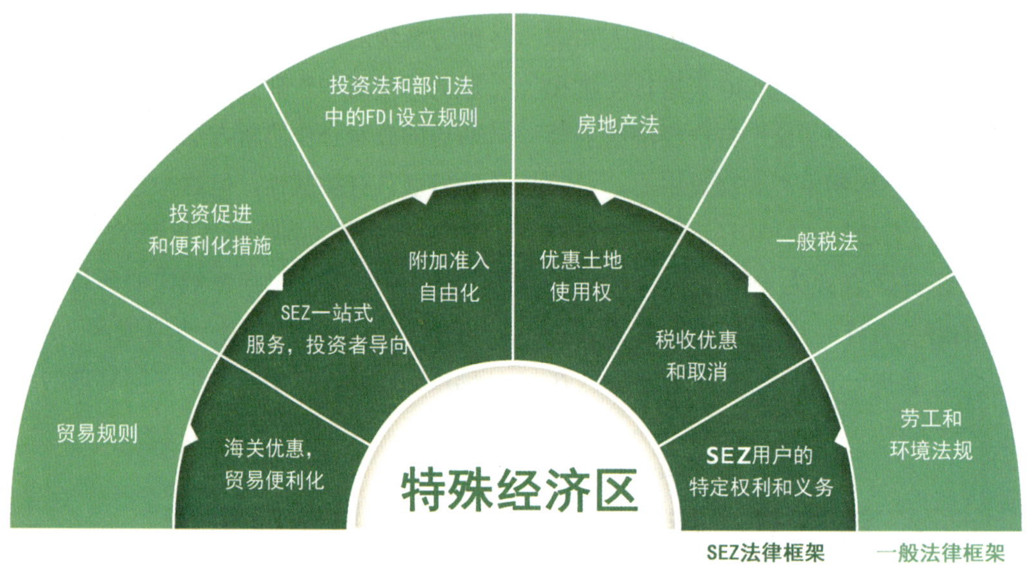

图 4.9 特殊经济区监管框架的主要元素

资料来源：UNCTAD。

东道国通过各种方式保护、促进和便利投资，包括防范特定政治风险、投资促进机构给予投资激励以及提供各种服务。在特殊经济区，投资激励和便利服务通常优于该国其他地区。投资者也可以通过投资合同中的稳定条款等方式获得额外的保护。

东道国的FDI准入规则决定着外国企业面临的投资限制程度。不同于其他地区，特殊经济区法规可以向外国投资者提供在禁止性或限制性行业投资的额外准入权。在全国范围内的外资开放之前，投资自由化也可能首先在特殊经济区试点。

房地产法规定了外国人使用土地的一般规则。这些一般规则通常在特殊经济区内有所放宽，包括允许外国人拥有土地所有权或给予长期租赁优惠，其他地区则无法享有这些优惠。此外，特殊经济区法规可以向投资者提供的特殊待遇还包括免费或以优惠价格提供土地，或者免除投资者的房地产税。

企业受东道国税收制度的约束。在特殊经济区，它们通常享有特定财政优惠，例如，在一定时间内免除部分或完全公司税或适用低税率。

企业还受东道国劳工和环境法规的约束。特殊经济区规则可能规定超出该国其他地区要求的劳工义务（例如，本地劳动力的技能发展），以作为获得投资优惠的条件。此外，特殊经济区的投资者还可能被要求采取特别措施防止污染或过度噪音，或采取与水处理和废物处理有关的其他措施。与此同时，一些特殊经济区立法允许雇主提出超过一般法律规定的工作要求（例如，特殊经济区雇主可以推行更灵活的工作时间安排）。

（二）特殊经济区法：监管框架的核心

特殊经济区监管框架的一个关键要素是特殊经济区法，这些法律为特殊经济区的建立和运营制定了特殊的监管制度，并规定了特殊经济区当局、特殊经济区开发商、运营商和用户的权利和义务。这些法律是通过建立每个特殊经济区的特定法令来实施的。这些法令规定了区域的特殊性，包括具体的土地开发分配、目标行业或活动、具体目标和其他针对特殊经济区的法规。本节的其余部分介绍UNCTAD近期对特殊经济区法律（以及包含特殊经济区条款的投资法）的调查结果。

虽然特殊经济区法是国际上最常见的特殊经济区政策工具，但仍有一些国家采取了其他方法，例如，为每个特殊经济区制定单独的立法，或者将权力下放给地方政府。中国就是一个突出的例子。

1. 特殊经济区法的分布

全球大约有115个国家通过了至少127部特殊经济区法，它们最常见于发展中国家。拉丁美洲和加勒比经济体（占该地区国家总数的69%）占据了其中的27部特殊经济区法，亚洲和大洋洲经济体（占该地区国家总数的57%）有29部，非洲国家有37部（占该地区国家总数的69%）。所有转型经济体都通过特殊经济区法管理特殊经济区（见图4.10）。此外，62%的最不发达国家都有特殊经济区法。在发达经济体中，与特殊经济区相关的立法很少，并且主要涉及海关和国家援助等议题。

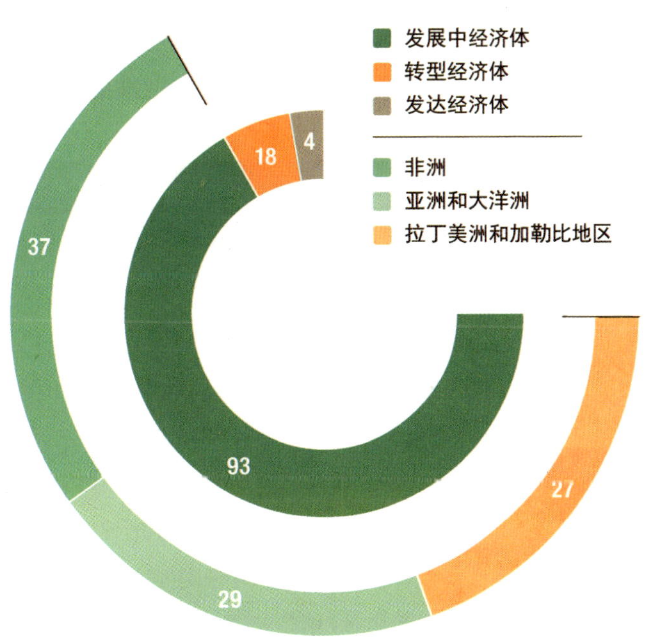

图4.10 特殊经济区法的地区分布（国家数，n = 115）

资料来源：UNCTAD。

自 20 世纪 90 年代以来，现行生效的特殊经济区法数量大幅增加，其中约 70%是 2000 年以后生效的（见图 4.11）。在过去十年中，这一趋势加速发展。在所有有记录的国家层面立法中，接近 40%是在 2010 年后生效，其中绝大多数都在发展中国家。因此，现有的法律框架是相对较新的。

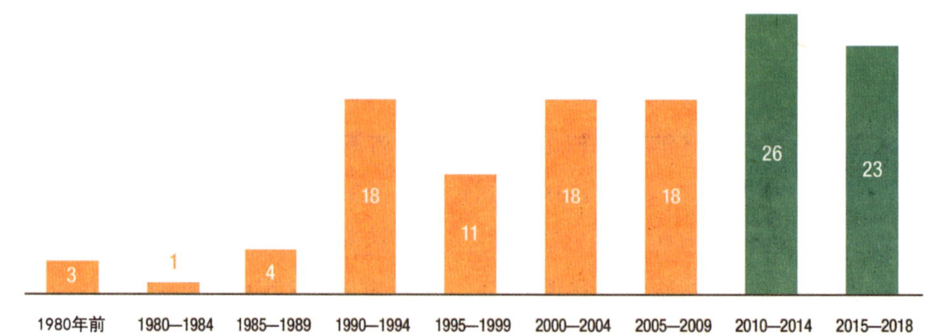

图 4.11 现行特殊经济区法（各时期的立法数量）

资料来源：UNCTAD。

特殊经济区法通常允许各种特殊经济区建立不同的运营模式，包括自由区和出口加工区。单个特殊经济区的法令则规定了其具体采取何种模式。特殊经济区法对不同类型特殊经济区都适用，这意味着这类特殊经济区法的内容通常仅涉及适用于任何类型特殊经济区的一些核心政策议题。这使得东道国当局能够灵活地根据具体情况和目标为每个特殊经济区设计监管框架。俄罗斯等联邦制国家可能实行更复杂的特殊经济区制度，包括各级政府批准的各类法律行为（见专栏 4.10）。

专栏 4.10 俄罗斯联邦特殊经济区的监管框架

在俄罗斯，超过 130 个特殊经济区依据若干特殊经济区法建立起来。

2005 年通过的《联邦特殊经济区法》（Federal Law on Special Economic Zones）是建立和运营四类主要特殊经济区的通用法律框架，包括工业园区、科技园区、旅游园区和物流园区。各类特殊经济区旨在发展特定行业部门。该法提供了联邦、区域和地方各级的海关优惠、融资优惠，以及便利化的行政程序。该法规定，特殊经济区的建立需要符合联邦政府的法令。截至 2019 年 4 月，俄罗斯共有 26 个此类特殊经济区。

此外，《社会经济超前发展区联邦法》（Federal Law on Territories of Advanced Social-Economic Development）支持政府退出区域发展政策。该法区分了两种超前发展区。截至 2019 年 4 月，该国远东地区共有 18 个这样的发展区，并由公共实体 JSC 远东发展公司管理。该法还允许建立“单一工业城镇”超前发展区，这类区域仅限于在市政边界建立并由地方当局运作，目前共有 89 个。

此外，一些其他的联邦法律也涉及建立特殊经济区的内容，从而无须颁布实施法令即可规范这些特殊经济区的所有运作。这些法律的目标是发展特定区域。

最后，2017 年通过的《创新、科学和技术中心联邦法》(Federal Law on Innovation, Science and Technology Centres) 允许建立专注于科学、技术发展以及商业化的特殊经济区。第一个中心于 2019 年 3 月在莫斯科国立大学成立。

资料来源：UNCTAD。整理自俄罗斯科学院的资料。

2. 特殊经济区法的内容

特殊经济区法享有一些核心要素，包括关于特殊经济区定义及其不同类型的规定、特殊经济区的目标、目标行业以及引资措施。它们还规定了特殊经济区用户的设立程序和运营条件。最后，特殊经济区法律还涉及机构设置问题，该问题将在第二节详述。

（1）特殊经济区的定义

将近90%的特殊经济区法涵盖特殊经济区的一般定义，其中不到三分之一（30%）明确提及具体的特殊经济区类型及其定义。大多数法律中的特殊经济区一般定义条款使用类似的核心标准（见表 4.11）。

表 4.11　特殊经济区：一般定义与类型

一般定义	地理位置 特别监管制度 经济活动	**波兰：**境内独立无人居住的部分，可根据法案规则开展业务活动
		巴基斯坦：一个地理定义和划定的区域，已经通知并批准用于经济、工业和商业活动
		印度尼西亚：在该领土内具有某些边界的区域，这些区域被指定为履行经济职能并获得某些设施和激励措施
		冈比亚：任何被指定为商品和服务的自由区，就进口关税和税收而言，视为在关税区以外，享受法律规定的利益
类型	广泛覆盖许多区域的类型	**博茨瓦纳：**自由贸易区或商业特殊经济区、出口加工区、企业区、自由港、单一工厂经济区、专业区等
	基于每种类型的特定目的的类型	**乌兹别克斯坦：**自由贸易区（以贸易为重点），自由生产区（刺激创业和优先部门），自由科技区（科学和生产潜力的发展）
	基于地理学考虑的类型	**多米尼加共和国：**其他边境自由区（与海地的边境），特殊自由区（靠近加工的自然资源），工业免税区或服务（任何地点）

资料来源：UNCTAD。

（2）特殊经济区的目标和目标行业

接近三分之二（61%）的特殊经济区法律指明了特殊经济区的目标。最常提到的目标是数量增长，其次是动态增长，对社会经济目标的关注则少得多。这个分类比例在全球各地区都类似（见图 4.12）。

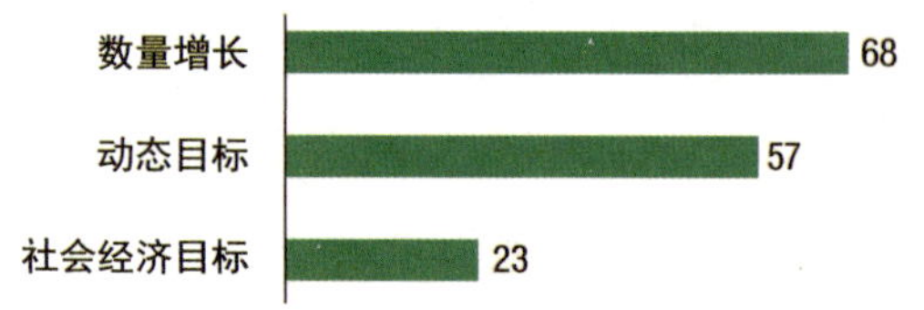

图 4.12 特殊经济区法的目标（数量）

资料来源：UNCTAD。

数量增长目标是旨在吸引投资、促进贸易、增加出口或创造就业机会的目标。动态增长目标则寻求创新、产业升级、技能发展、经济多样化、结构变革，以及融入价值链。社会经济目标涉及可持续发展、就业质量或环境保护（见专栏 4.11）。目前为止，性别问题很少受到关注。

专栏 4.11 社会经济目标（来自特殊经济区法的例子）

在墨西哥，《联邦特殊经济区法》(Federal Law on Special Economic Zones）规定，建立特殊经济区的目的是在欠发达地区促进经济的可持续增长、减少贫困、提供基础服务以及扩大健康与富有成效生活的机会。

在南非，《特殊经济区法案》(Special Economic Zones Act）规定，建立特殊经济区的目标是创造体面劳动以及其他经济和社会效益，包括通过促进中型企业和合作社、技能和技术转让来扩大经济参与。

在利比里亚，《特殊经济区法案》(Special Economic Zones Act）规定，其目的是对人口密集的城市进行去城市化；实现长期的环境、劳动力和性别可持续性；促进人权进步；提高生活水平；减少贫困；实现经济可持续发展。

资料来源：UNCTAD。

只有少数特殊经济区法针对特定的部门和行业。这意味着这些特殊经济区要么对任何类型的经济活动开放，要么将目标的设定留给以后建立单个特殊经济区的法令来规定。制造业和服务业最常被提及，初级部门和新兴跨部门增长引擎则并不突出。跨部门增长引擎包括与数字化、工业 4.0、新技术、软件开发和研发中心相关的各类活动（见图 4.13）。

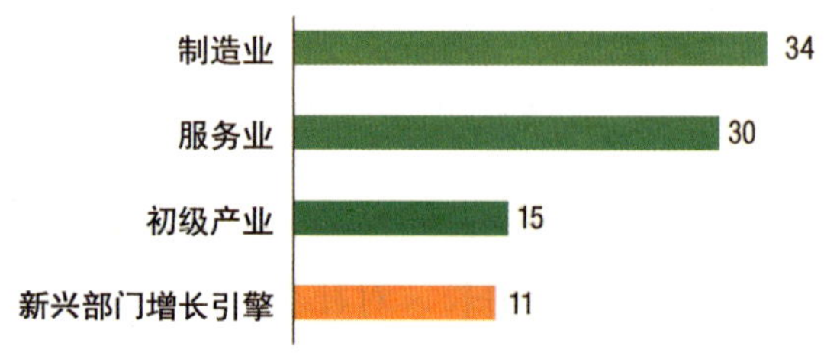

图 4.13 特殊经济区法的目标部门

资料来源：UNCTAD。

（3）特殊经济区法中的引资工具

大多数特殊经济区法都包括特殊经济区引资工具（见图 4.14）。

将近 80%的特殊经济区法律规定了财政激励措施，如规定一定期限（通常为 5～10 年）的免税期或适用较低的税率。免税可能适用于利润税、公司税、所得税，以及商品、服务和工程的增值税（例如，肯尼亚的《特殊经济区法案》(Special Economic Zones Act）和《出口加工区法案》(Export Processing Zones Act)）。一些国家允许从应纳税额中扣除一定比例的当地人员培训费用。其他国家则将财政激励措施与具体的投资者绩效联系起来，例如，使用当地资源（成分）或雇用本地雇员、达到一定的出口目标（例如，马里的《投资法案》(Code des Investissements)），或者提供人员培训（例如，墨西哥的《联邦特殊经济区法》(Ley Federal de Zonas Económicas Especiales))。

同样，大多数特殊经济区法规定了特殊海关制度，包括取消或降低货物或设备的进口关税。该规定仅限于在特殊经济区内使用的物品(例如，阿塞拜疆的《特殊经济区法》(Law on Special Economic Zones))。此外，还可能包括加快和简化海关程序的规定。在大多数特殊经济区，海关官员都进行现场检查。

大约三分之一的特殊经济区法包括投资便利化规则。常用工具之一包括简化登记程序，例如，提供准入所需的文件清单或设定完成批准程序的截止日期。另有法律要求特殊经济区运营者建立单一联系点或一站式窗口，以便向特殊经济区内的商业活动提供政府服务（例如，菲律宾的《特殊经济区法案》(Special Economic Zones Act))。此外，还有法律规定在区内建立企业孵化器，通过提供技术服务和工作空间来协助企业的初期运作(例如，科索沃的《经济区法》(Law on Economic Zones))。一些法律还取消了对区内外国人员的聘用限制（例如，尼日利亚的《出口加工区法案》(Export Processing Zones Act))。

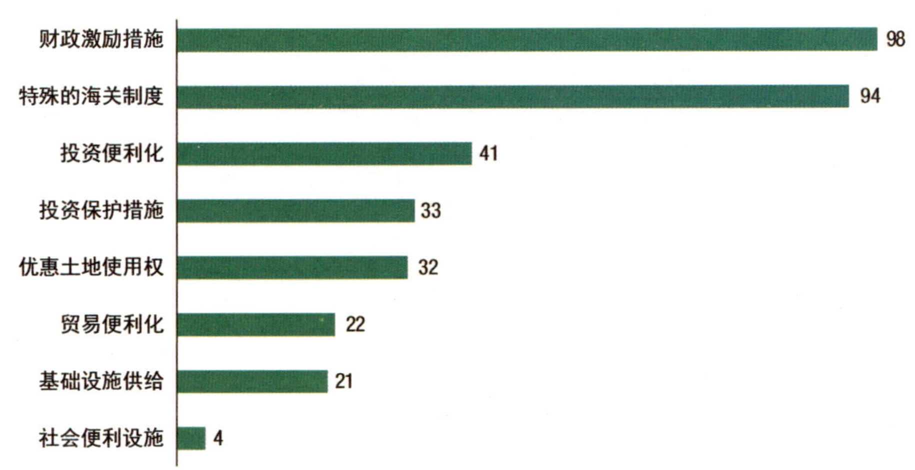

图 4.14 特殊经济区法中的引资工具（法律数量，n = 127）

资料来源：UNCTAD。

大约四分之一的特殊经济区法涉及投资保护。在某些情况下，这可能会超出该国其他地区的适用水平。例如，一些法律禁止对特殊经济区的投资者实施征收或国有化（例如，也门共和国的《自由区法》(Free Zones Law))。其他特殊经济区法保证现有监管框架的未来变化不会对特殊经济区的投资者产生负面影响（例如，土库曼斯坦的《特殊经济区法》(Special Economic Zone Law))。另一种选择是，如果特殊经济区法与其他国内法之间存在任何冲突或不一致，则以前者为准（例如，老挝的《投资促进法》(Law on Investment Promotion))。

不到30%的特殊经济区法涉及土地的优惠使用。具体规定主要包括永久或暂时免除租赁费用或适用减免的租金（例如，韩国的《自由经济区设立和管理法案》(Act on Designation and Management of Free Economic Zones))。

只有约五分之一的特殊经济区法涉及贸易便利化措施。例如，简化特殊经济区企业的进出口业务税务记录，或者通过一站式服务窗口在单一表格上报告任何货物往来（例如，巴拉圭的第523/95号法律和加蓬的第010/2011号法律）。

不到20%的特殊经济区法将提供基础设施作为促进工具。当局可能被要求向特殊经济区提供电力、燃料、水和电信服务等（例如，伊朗《特殊经济区法》（Special Economic Zone Law）第18条）。在一些情况下，政府向区内企业提供优惠的港口服务、电信、电力和水资源（例如，多哥的第2011-018号法律（Loi n°2011-018 portant statut de Zone Franche Industrial））。

只有少数特殊经济区法规定了社会便利设施的提供。这些便利设施可能包括教育机构、医院、娱乐设施（例如，萨尔瓦多的《工业免税区和营销法》（Ley de Zonas Francas Industriales de Comercializacion）、哥斯达黎加的《自由区制度法》（Ley de Régimen de Zonas Francas））。

（4）特殊经济区用户的设立和运营要求

超过三分之一（38%）的特殊经济区法规定了企业在特殊经济区投资与运营所需满足的标准。绝大多数特殊经济区法规定了特殊经济区向国内和国外企业同等开放。

设立和运营要求分为三大类：（1）最低投资额；（2）对一定发展目标做出贡献的期望；（3）具体的业绩要求，其中通常侧重于与就业有关的义务、出口业绩和技能转移（见专栏4.12）。

专栏4.12 特殊经济区用户的设立和运营要求（来自特殊经济区法的例子）

最低投资要求

- 在牙买加，于2016年生效的《特殊经济区法》（Special Economic Zones Act）规定，第一年内对机器、设备、设施、建筑物和其他资产的投资必须超过5万美元。
- 在土库曼斯坦，自由经济区的参与者必须投入投资合同中确定的金额。
- 在哥斯达黎加，企业的初始固定资产投资至少要达到15万美元（或等值的当地货币）才能入驻特殊经济区。

对一定发展目标做出贡献的期望

- 在北马其顿，《技术工业开发区法》（Law on Technological Industrial Development Zones）要求区内用户满足以下标准：创造就业机会、遵守高环境标准、基于新技术的生产和高能效。
- 在博茨瓦纳，在评估特殊经济区经营申请时，当局必须考虑“指示性业绩标准”，如出口、目标出口量、价值和市场，以及生产和出口方面的预期投资收益。
- 在斯威士兰，特殊经济区期望投资者开展新的和创新的经济活动、创造就业、实现经济与社会效益、促进与当地工业的融合，并生产高附加值产品。

具体的业绩要求

与就业有关的义务：

- 在吉布提，特殊经济区的投资者必须在运营第一年结束前，雇用当地劳工的比例至少达到30%，并在五年后达到70%。
- 在柬埔寨，可雇用外国管理人员、技术人员或专家，但外籍工作人员人数不得超过总雇员人数的10%。

出口要求：

- 在尼泊尔，区内生产的服务和材料的出口占比至少达到75%。
- 在马来西亚，只有当出口或经有关当局批准时，在自由工业区生产的货物才可以运输到区外。
- 在加蓬，法律要求至少75%的特殊经济区产量用于出口。

技能转移：

- 在埃塞俄比亚，工业园区企业有义务通过专门培训向埃塞俄比亚国民转移所需的知识和技能，以替换外籍雇员。
- 在马达加斯加，《特殊经济区法》（Law on Special Economic Zones）要求区内用户向特殊经济区开发商报告其向当地员工提供的培训。
- 在马尔代夫，根据《特殊经济区法》（Special Economic Zones Act），特殊经济区管理局可以暂时批准区内用户雇用超过法定数量的外籍人员，但前提条件是用户必须为马尔代夫国民提供充分培训，以填补相关职位。

资料来源：UNCTAD。

二、特殊经济区的机构设置

（一）关键利益相关方

特殊经济区的机构设置很复杂，其中涉及众多履行各自不同责任的公共和私人参与者。此外，它高度依赖于国家层面的政治、经济、监管和行政系统。因此，特殊经济区没有统一的机构模式。尽管如此，现有的特殊经济区制度与所涉及的主要利益相关方有一些关键的共同点（见表4.12）。

表4.12　特殊经济区制度的主要利益相关方

利益相关方	主要功能
政府	● 采取特殊经济区相关政策并监督其实施
	● 通过法令建立特定的特殊经济区
特殊经济区管理局	● 进行战略规划和评估
	● 向私营部门利益相关方颁发许可
特殊经济区开发商	● 提供必要的基础设施
	● 土地安排
特殊经济区运营商	● 管理特殊经济区
	● 推介特殊经济区并选择特殊经济区用户
特殊经济区用户	● 在特殊经济区内投资并开展业务活动

资料来源：UNCTAD。

政府是一国特殊经济区制度的关键，负责确定总体经济发展目标，采取基本的产业政策，并通过建立特殊经济区等方式实施这些目标。政府协调其特殊经济区政策、其他相关政策及其国际义务，并为特殊经济区分配必要的资源——预算、人员等。政府根据自身的意愿或响应专门机构、地方政府或私营公司的要求，通过法令建立特殊经济区。政府还负责特殊经济区制度的整体管理。

大多数国家都建立了独立的特殊经济区主管局来执行政府的决策职能。它是一个专门机构或是国有企业，由政府最高级别官员监督，如总统、总理、部长等。

特殊经济区当局协调特殊经济区政策并启动相关计划。它们负责战略和运营规划、开展与规划特殊经济区相关的可行性研究以及评估特殊经济区开发的适用性。此外，它们监督特殊经济区制度、、促进和执行基本政策和标准，并收集有关各个特殊经济区和整个系统运行有效性的相关数据。它们还可能建议政府修改 SEZ 政策并做出相关决策，其中可能包括特殊经济区开发商的选择以及与合格候选人的合同谈判。特殊经济区当局还可以规划和推动特殊经济区融入当地经济的发展，例如，通过建设区外基础设施（off-site infrastructure）等方式。

此外，特殊经济区当局经常直接或间接负责区内相关许可和批准的发放，包括建筑许可、环境影响评估、工作许可、外国人签证和外国土地所有权的批准。与此同时，特殊经济区当局可以通过提供培训，与地方当局、公用事业公司、海关和税务官员以及其他实体联络等方式，协助和促进特殊经济区开发商和特殊经济区用户的运作。因此，特殊经济区当局一般以分支机构或代表处的形式在区域内履行职能。

特殊经济区开发商负责建立特定园区，主要职能包括土地安排和主要基础设施的提供。特殊经济区开发商可以购买土地，或者公共机构可以为其分配土地。此外，开发商发起并参与特殊经济区规划和土地使用过程，从而促进特殊经济区总体建设方案的通过。在基础设施方面，特殊经济区开发商还负责建设现场网络和公共设施，并将它们连接到现有系统。

特殊经济区开发商的技术、财务能力以及专业知识对特殊经济区的成败至关重要。由于缺乏国内公共资源，许多发展中国家转而通过私营部门填补空白。2008 年，估计约 62%的发展中国家和转型经济体的特殊经济区由私人开发（和经营），而20世纪80年代这一比例只有25%（FIAS，2008）。为了吸引私营合作伙伴，政府引入了推介项目，其中主要包括财政激励措施，但可以扩展到土地使用权优惠、投资便利化或简化资本准入等方面。至少40%的特殊经济区法包括对私营特殊经济区开发商的特定支持方案。在偏好公有开发商的国家，公私合作伙伴关系也存在空间。

在大多数特殊经济区制度下，特殊经济区开发商还负责特殊经济区的日常运营。然而，特殊经济区运营商也可以是单独的实体。运营商也经常与国内投资促进机构合作，吸引个人投资者入驻园区。此外，它们还负责特殊经济区的平稳运行，提供基础设施服务，如电力、电信、供水、安保和维修等。可能的额外服务还包括设立咨询台、一站式服务、培训中心、招聘联络中心，以及办公场所和会议设施。它们还可以与地方当局合作，提供保健、教育、交通、住房和娱乐设施。

最后，特殊经济区用户是特殊经济区建设的重要考虑。投资者是每个特殊经济区制定的特殊监管制度的直接受益方。特殊经济区的绩效离不开它们的生产、技术和贸易能力。

（二）机构模式

尽管各国的机构设置在结构框架和主要参与

者（政府、特殊经济区当局、特殊经济区开发商、运营商和用户）上类似，但仍存在差异，特别是在有关特殊经济区开发商的法律地位和责任方面。大多数机构设置可以归纳为三种基本模式。

在公有模式中（见图 4.15），国家和特殊经济区的一级机构，包括特殊经济区开发商，都是公有或公共控制的。特殊经济区开发商通常被称为“特殊经济区管理局”。虽然这些管理局可能在组织和财务上具有自主权，但特殊经济区当局对其运营实施强有力的控制和监督。在此模式中，特殊经济区用户的选择即自身的管理决策。通常，中央和地方政府将监管权力委托给特殊经济区管理局。在政府的支持下，强有力的特殊经济区管理局也可能有助于协调特殊经济区中具有不同利益的公共当局之间的责任。

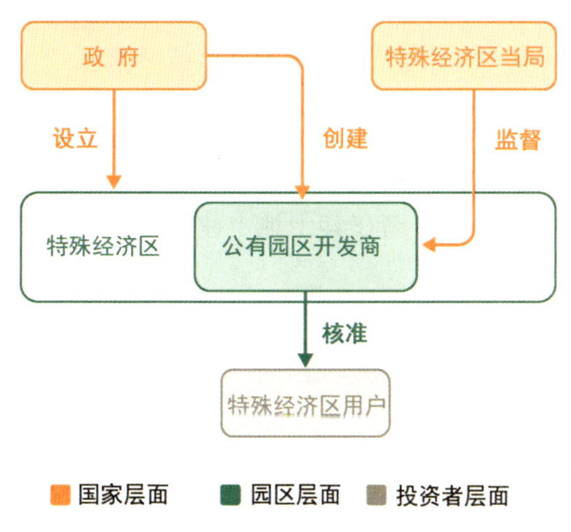

图 4.15 特殊经济区机构设置的公有模式

资料来源：UNCTAD。

这种模式在特殊经济区的土地和公共设施主要由公众掌控的经济体中很普遍。在俄罗斯联邦、塔吉克斯坦和越南等国家中可以找到该模式的一些变体。

与之相对的是私营模式。政府根据法定标准选取在竞争中优胜的私营特殊经济区开发商（见图 4.16）。它们拥有广泛的业务自主权，并向具有有限且严格界定的监管权力的特殊经济区当局汇报。最重要的是，特殊经济区开发商负责特殊经济区用户的准入，与特殊经济区用户签订投资合同，以规范土地租赁、相关费用或其他运营事项。此外，该模式为特殊经济区用户创造了连接到私营开发商现有业务网络、接受直接培训和其他知识转移的机会。这类例子在格鲁吉亚、塞尔维亚和乌拉圭等国可见。

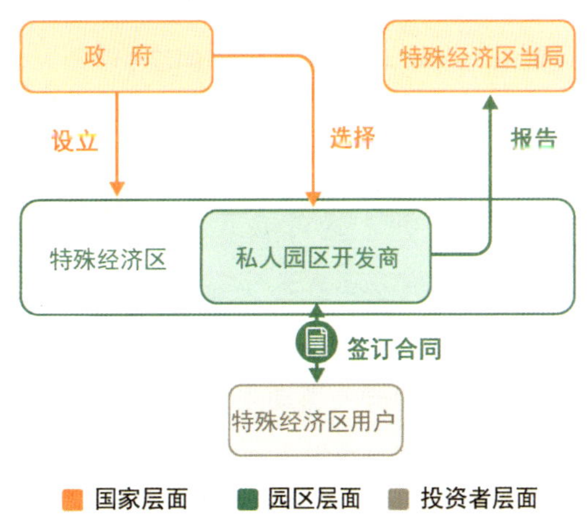

图 4.16 特殊经济区机构设置的私营模式

资料来源：UNCTAD。

混合模式是两种模式的结合（见图 4.17）。该模式下，公有或私营开发商在其运营中拥有相对广泛的自主权。作为监管机构，特殊经济区当局向私营利益相关方颁发许可，从而当局保留对入区程序的一些控制权。尽管如此，由于特殊经济区中的用户地位主要由合同管理，特殊经济区一级的用户准入再次落入特殊经济区开发商的职权范围内。该模式为政策制定者提供了广泛的灵活性，可根据特殊经济区活动和具体投资项目制定相应的特殊经济区制度。它还允许地方政府更深入地参与其中（例如，地方政府可以是唯一的特殊经济区开发商）。这种混合模式在中国、埃塞俄比亚和波兰等国家最为常见。

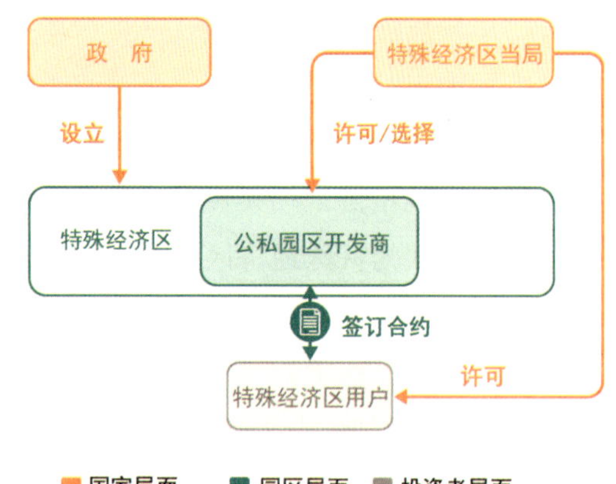

图 4.17 特殊经济区机构设置的混合模式

资料来源：UNCTAD。

（三）其他特殊经济区利益相关方和地方当局的作用

其他利益相关方也可能在特殊经济区运行中发挥作用。税务和海关当局主管特殊经济区的特殊财政制度，并对进出特殊经济区的货物进行现场检查。投资促进机构可以协助吸引新的投资者，准备现成的投资方案，分享特殊经济区政策的新近发展动态，并在国外建立一个对投资者友好的形象。除中央政府外，区域和地方政府也可能发挥重要作用。

UNCTAD 针对投资促进机构的“世界投资前景调查 2019—2021”发现，接近 50%的受访机构同时从事特殊经济区内外的投资，超过 23%的受访机构专门从事特殊经济区的投资推广。这些机构也可能参与其他与特殊经济区有关的活动，例如，评估特殊经济区的表现和影响（9.5%）、履行特殊经济区主管局职责（7.5%）或者参与招聘和管理特殊经济区开发商（6%）。

其他利益相关方可能包括行业协会、工会和地区员工代表以及社会大众。

中央政府可以与地方当局分担特殊经济区的职责（见专栏 4.13）。地方政府通常更了解当地的基础设施条件、土地和公共设施的可用性，以及具体的区域或地方投资需求和条件。此外，它们可能有权为特殊经济区内的企业提供额外的投资激励或便利化措施。由于对当地经济和培训中心的了解，它们可以帮助促进溢出效应的进一步扩大以及加强与当地企业的联系。区域或地方政府向中央政府申请在其土地上建立特殊经济区也是很常见的做法。

专栏 4.13 地区和地方政府以及特殊经济区（来自特殊经济区法的例子）

- 在印度尼西亚，在省一级设立了由中央和地区行政代表组成的特殊经济区议会，以协助全国委员会管理特殊经济区，并监督每个特殊经济区的行政服务。
- 墨西哥《联邦特殊经济区法》（Federal Law of Special Economic Zones）规定，通过法令建立特殊经济区后，三级政府——联邦、州和市——必须签订协调协议。该协议旨在协调各方行动，包括财务参与、在地方一级给予激励和简化行政程序。通常而言，地方政府需要获得当地立法机构或镇议会的授权。
- 在波兰，特殊经济区运营商是财政部门或地方政府持有多数股份的公司。如果财政部门是大股东，那么特殊经济区运营商的监督委员会则由经济和财政部代表、竞争和消费者保护办公室主席以及出资最多的地方政府的至多两名代表组成。然而，如果地区政府控制一个特殊经济区运营商，那么该政府任命两名董事会成员，经济部长任命一名，另外两名成员则由出资最多的其他地方政府任命。

资料来源：UNCTAD。

恰当设计和实施特殊经济区的监管和制度框架是一项具有挑战性的任务，并将决定特殊经济区的成败。其中的关键决策涉及确定特殊经济区类型、特殊经济区的具体发展目标、向特殊经济区投资者提供的激励工具、投资者义务的内容以及为避免飞地效应而与更广泛地区的经济整合。

与特殊经济区相关的众多政策领域也面临挑战。政府需要确保政策的一致性，并寻求贸易、投资、税收、劳工和环境政策之间的协同作用。促进特殊经济区政策的协调和确保透明度至关重要。

特殊经济区的成功还取决于“正确”的机构设置。从设计到运营阶段，所有利益相关方都应参与该过程。政府需要确定最适合本国具体情况和行政系统的特殊经济区机构模式。此外，各政府部门、特殊经济区开发商和运营商的责任必须明确界定和分配。

三、国际法规和特殊经济区

虽然特殊经济区制度通常是国家政策工具，但政府需要注意特殊经济区与其国际义务的互动。国际规则可以促进或限制这种国家决策（见表 4.10）。

在与特殊经济区有关的国家政策制定中，有两个关键领域与各国的国际义务相互作用：

- 为特殊经济区居民公司提供支持（例如，税收和其他福利、海关和关税豁免、放宽监管要求、简化设立和外国所有权要求、简化行政服务）。
- 对特殊经济区投资者的要求（例如，某些适用于进口的业绩要求或关税）。

国际规则可以促进（允许或要求）或约束（禁止或要求逐步取消）此类措施（见表 4.13）。国际规则建议各国以不违反其国际义务的方式设计和管理特殊经济区，并最大限度地发挥这些义务可能带来的利益（Cheng，2019b）。

表 4.13 特殊经济区和国际法：衔接（例子）

措施的影响	措施	约束措施的国际规则（禁止或逐步取消）	允许或要求采取措施的国际规则
支持公司	● 税收和其他福利 ● 税收关税和其他义务 ● 放宽的监管要求 ● 针对外国投资者的额外自由化措施 ● 简化的行政程序	● WTO SCM ● 人权工具 ● ILO 公约 ● 环境协议	● 京都公约 ● WTO GATT ● WTO GATS/RTA（成立承诺 ● WTO TFA ● IIA（投资便利化规则）
限制公司	● 设立和运营要求	● WTO TRIM ● IIA/RTA 关于业绩要求的规则	● IIA/RTA 对业绩要求的保留

资料来源：UNCTAD。

（一）国际投资协定

国际投资协定（IIAs）通常指导政府在投资保护方面的行动，在一定程度上也指导投资自由化（投资者准入权）和投资促进、投资便利化以及投资者义务。除其他原因外，东道国为了吸引投资而签署国际投资协定，这也是特殊经济区的主要目标。

通常，双边投资条约（BITs）和有投资条款的条约（TIPs）不会单独针对特殊经济区的投资设定。相反，条约同等适用于特殊经济区内投资和其他涵盖投资。大多数BITs允许投资者为了保护其自身权利而对东道国提起国际仲裁(投资者-国家争端解决，ISDS)（见第三章）。900多起公开的基于条约的ISDS案件中，有11起是与特殊经济区投资有关的争议。

在这些案件中受到质疑的措施包括撤销优惠，例如，税收优惠或自由区地位（7个案件）以及对投资者施加限制或额外的费用或要求（4个案件）。截至目前，有三项争端解决的结果有利于国家，四项则有利于投资者。在两起案件中，争端双方和解，还有两起案件尚待审理。

这11个案件与特殊经济区的关联度各不相同。最相关的案件涉及三项行动：

- 特殊经济区当局终止投资者的土地租赁协议（Lee John Beck诉吉尔吉斯共和国）。
- 撤销投资者的特殊经济区纳税地位（Ampal诉埃及）。
- 实施环境要求，据称违反了东道国特殊经济区法中的稳定条款（Bogdanov诉摩尔多瓦）。

在裁决支持投资者的案件中，例如，仲裁庭认为监管制度的某些不利变化（如撤销特殊经济区优惠）违背了投资者的合法期望，违反了公平公正待遇和/或间接征收的义务。

其他IIAs条款也可能影响特殊经济区的设计和运作：

- 禁止绩效要求条款（如果包含在国际投资协定中）可能会限制政府希望通过特殊经济区采取的产业政策类型（即对外国投资者的某些出口要求）。许多BITs不包括此类条款。
- 不降低标准条款的要求表明政府不希望通过其特殊经济区而在环境或劳工法规上妥协。这些条款有助于实现特殊经济区的可持续发展。

（二）世界贸易组织

与BITs一样，世界贸易组织（WTO）的规则并未单独针对特殊经济区。因此，WTO规则适用于特殊经济区范围内采取的政府措施（Defever等，2017；Shadikhodjaev，2011）。

最相关的是WTO的《补贴与反补贴措施协议》（Subsidies and Countervailing Measures，SCM）。虽然SCM协议没有明确提及特殊经济区，但协议禁止出口补贴和进口替代补贴（第3条和SCM附件1）。[9]在特殊经济区采用此类措施的情况下，与WTO规定的兼容性则成为问题。

与此同时，SCM为可能在特殊经济区中使用的某些与补贴有关的措施提供了灵活性（Coppens，2013）。例如，特殊经济区内的所有（或几乎所有）实体均可使用的一般基础设施不被视为补贴，因此不受SCM协议规则的约束。[10]类似的，免除出口产品中由国内消费产品所产生的税收，或者在免税计划下的减免税收[11]也不受SCM协议规则所约束。[12]

通过特殊和差别待遇规定，SCM协定为发展中国家成员提供了一些灵活性（例如，逐步取消出口补贴和针对使用国内货物的补贴）。[13]然而，大多数国家补贴的逐步终止期和过渡期已到（Coppens，2013）。因此，只有最不发达国家和人均国民生产总值低于每年 1 000 美元的发展中国家才能维持出口补贴。[14] 一些 WTO 成员在管理过程中谨慎地给予灵活性的过渡安排与逐步取消过程，并可提供有关的经验教训。多米尼加共和国是经历过该时期的一个突出例子（见专栏 4.5）。

专栏 4.14 近期涉及特殊经济区的 WTO 争端：印度一项出口相关措施

在 2018 年 5 月 28 日的会议上，应美国的要求，WTO 争端解决机构设立了一个争端解决小组，负责审查印度的一系列出口补贴（DS541）。

有争议的措施包括：（1）出口导向型单位计划和行业计划，包括电子硬件科技园计划；（2）商品出口计划；（3）促进资本货物出口计划；（4）特殊经济区；（5）出口商进口免税计划。

美国认为，印度违反了 SCM 协议第 3.1（a）条和第 3.2 条的禁止出口补贴规定。具体措施包括：如果投资者在五年内产生正的净外汇收入，则特殊经济区将给予激励措施。美国认为，这一要求意味着特殊经济区的财政激励措施是以出口为条件的，因此，根据 SCM 协议，这属于“禁止的补贴”。

争端解决小组预计将在 2019 年晚些时候向各方发布最后报告。

资料来源：UNCTAD。整理自 WTO 资料。

与 SCM 协议一样，WTO 的《与贸易有关的投资措施协定》（Agreement on Trade-Related Investment Measures，TRIMs）也未提及特殊经济区，但该协定可能会影响特殊经济区采取的相关措施。与贸易有关的投资措施的突出例子是当地成分要求或进出口平衡要求。如果特殊经济区采用这些措施（通常称为业绩要求），就会出现与 WTO 规定的兼容性问题。TRIMs 协议还提供过渡性安排（针对发展中国家和最不发达国家）。这些安排将于 2020 年到期。[15]

鉴于特殊经济区海关便利化措施的重要性，WTO 的《贸易便利化协议》（Trade Facilitation Agreement）也影响特殊经济区的政策。该协定于 2013 年通过，于 2017 年 2 月生效。协定制定了旨在加快货物（包括过境货物）流动、放行和清关的规则，为发展中国家和最不发达国家成员提供了灵活性。发展中国家或最不发达国家履行该协定条款的义务取决于该成员是否获得必要的技术能力。这可能需要捐助国的支持，有关支持则基于每个成员对自身需求的评估。

此外，涉及特殊经济区相关问题的 WTO 进程还包括：

- 加入 WTO：有加入 WTO 意向的国家或地区需要记录其与贸易有关的政策，包括特殊经济区的法规、激励措施和/或未来建立特殊经济区的计划。这些意向国家或地区可能会做出与特殊经济区相关的额外承诺。
- 贸易政策审议机制：WTO 成员将向贸易政策审查机构提供关于其贸易政策和做法的详细报告，其中包括与特殊经济区有关的政策和做法。
- WTO 争端解决：印度一项出口相关措施（DS 541）这一未决案件，使得与特殊经济区和 SCM 协议禁止出口导向补贴有关的问题受到关注（见专栏 4.14）。涉及特殊经济区相关措施的早期 WTO 争端包括：哥伦比亚——来自巴拿马的某些进口货物的海关措施（DS 348）以及哥伦比亚——进入港口的指示性价格和限制（DS 366）。[16]

（三）区域贸易协定

与 BITs 和 WTO 协定类似，区域贸易协定（RTAs）的内容也涉及缔约方的特殊经济区，除非 RTAs 或特定条款明确将特殊经济区排除在外。将特殊经济区排除在整个协定之外的情况很少见，报告对 RTAs 的有限审查没有发现任何此类情况。

新一代的 RTA 通常是一个复杂的协议，由多个章节组成，涉及缔约方经济关系的各个方面。虽然 RTAs 侧重于商品和服务贸易议题，但它们也涉及其他，包括投资、投资者准入、政府采购、知识产权、竞争政策、国有企业、劳工、环境和监管合作等。涵盖这些领域的规则在不同程度上与特殊经济区政策相互作用。

在 RTA 背景下考虑特殊经济区时，两类利益起着重要作用。拥有特殊经济区的国家通常追求尽可能少地限制其自身创建和管理特殊经济区的能力（例如，通过保护政策空间来提供激励、引入工业政策要求和关注特殊经济区的可持续发展问题）。

然而，出于利益考虑，其他 RTA 缔约方可能阻止其他协定缔约方的特殊经济区，以避免这些特权妨碍其竞争力和经济表现（例如，来自 RTA 地区之外的“搭便车者”或其生产过程受益于特殊经济区支持的产品）。各国的利益不是一成不变的，因为新的特殊经济区可能会出现，而有些特殊经济区则被逐步淘汰。因此，制定平衡的规则有利于所有 RTA 缔约方。

绝大多数 RTA 条款适用于特殊经济区，其适用方式与非特殊经济区的适用方式相同。然而，在个别情况下，RTAs 包含明确提及特殊经济区的规则，尽管这些规则通常很少见。这些规则包括定义、条约义务的重申、义务的例外或保留、机构合作条款，或专门规定特殊经济区内容的条款。针对特殊经济区的一些规则规定了如何处理来自其他缔约国特殊经济区的进口产品。其他规则修改了一般原产地规则以适用于源自特殊经济区的产品（例如，规定更加严格的要求）（Koyama，2011）。

特殊经济区有关的政策行动与各自法律框架（国家和国际层面）之间的相互作用带来了若干挑战，但也创造了许多机会。为了最大限度地发挥效益，各国应有意识地在以下三个层面上加强衔接：

- 战略层面：制定投资政策优先事项，最大限度地提高特殊经济区的发展贡献。适用于特殊经济区的国家和国际投资政策，应着眼于实现国家发展目标。这些目标可能基于一个国家的总体发展战略，并与全球可持续发展目标相联系。
- 政策制定层面：制定规则以促进协同增效作用和支持可持续发展目标，包括促进国际法与特殊经济区目标之间的协同作用、国家和国际层面法律与政策之间的协同作用。
- 政策实施层面：加强相关实体之间的合作，以确保特殊经济区治理、管理和行政方面的透明度、程序正当和政策一致性。

第三节 特殊经济区的绩效和影响

一、特殊经济区可持续发展的影响评估

各国对特殊经济区的影响缺乏系统性研究，鲜有国家对特殊经济区绩效进行监测和评估。评估特殊经济区的可持续发展影响，应考虑其直接和间接的经济贡献、财政和金融可持续性、技术和技能贡献、社会和环境影响、对区域一体化的支持以及政策试验和学习机会。

近几十年，特殊经济区被广泛应用，但对其绩效或经济影响的系统性研究相对较少。尽管本报告的研究对特殊经济区的数量和类型进行了全面描述，但仍缺乏对特殊经济区的设计数据和绩效数据的调查统计。就投资、就业和出口而言，特殊经济区绩效数据更为粗略（缺乏出口数据是由于在特殊经济区，贸易不通过标准海关程序）。由于特殊经济区的跨国数据很少，衡量其绩效和影响主要只能基于案例研究。

基于案例研究，可以证明特殊经济区具有促进经济增长和发展的潜力，并且可以得到特殊经济区成功的关键特征。然而，受到最多关注的是那些更成功的案例，从这些案例中吸取的经验教训并不总是可以复制推广的。此外，研究通常侧重于对特定领域影响的详细分析，从而放大了出口绩效或就业创造效应、溢出效应或对社会和环境的影响。很少有案例研究能够对特殊经济区进行全面的成本效益评估。

表 4.14 说明了特殊经济区的影响和发展的关键要素，它们共同决定了特殊经济区的成败（以特殊经济区可持续发展“损益表”的形式呈现）。特殊经济区发展有直接和间接的预期经济贡献。直接效益包括吸引 FDI、创造就业和创收、促进出口增长和多样化以及提高外汇收入。在工作机会少和外汇收入稀缺的较贫穷国家，其中一些效益尤为重要。

间接经济效益更难以界定和衡量，但它们是特殊经济区更广泛的可持续发展影响的重要组成部分。间接效益包括特殊经济区以外的供应商联系及其创造的间接就业，以及特殊经济区的工资收入在周边经济中所产生的引致收入和就业。

最终，直接和间接经济贡献的结合将导致更高的经济增长。特殊经济区的建立和早期发展为 GDP 增长提供了短暂的推动力。然而，鉴于特殊经济区不断为投资者提供的利益和激励措施，它们还应该为经济增长提供持续激励。换句话说，在特殊经济区的早期发展阶段之后，特殊经济区内经济活动的增长应超过整体经济增长。

为了衡量特殊经济区的影响，应将这些经济效益与特殊经济区成本进行权衡，并考虑其效率和有效性。特殊经济区开发需要财务成本和资本支出，包括基础设施开发费用、特殊经济区管理局运营成本和其他运营费用，以及免征进口税和其他税收而放弃的收入。当现有的国内企业从国

家海关领土迁移到该特殊经济区或获得自由点地位时，上述的一些成本会增加。上述特殊经济区的投资和运营成本可以通过租金收入和服务费收回。这些成本中，政府开发和管理特殊经济区的公共支出通常是最高的，特别是在政府提供补贴的情况下。

表 4.14 特殊经济区可持续发展“损益表”

成本效益领域	关键要素
直接经济贡献	● 吸引外国直接投资 ● 创造就业机会 ● 出口增长 ● 外汇收入
+	
间接经济贡献	● 特殊经济区之外的供应商链接 ● 间接创造就业机会
=	
综合经济影响	● 额外 GDP 增长
+/–	
特殊经济区的净成本/收入	● 投资支出 ● 运营成本 ● 放弃收入和补贴 ● 特殊经济区收入
=	
特殊经济区的财政/财政可行性	● 特殊经济区投资的回收期 ● 财政负担
+	
动态的经济贡献	● 技术传播 ● 技能和技术转让 ● 工业多样化和升级 ● 加强区域经济合作
+/–	
社会和环境影响以及外部性	● 劳动条件 ● 环境影响 ● 挪用或滥用土地 ● 非法流动
+/–	
政策学习和更广泛的改革影响	● 特殊经济区的试验功能 ● 改革的催化剂功能 ● 降低改革动力
=	
总体可持续发展影响	● 特殊经济区在经济中的作用的演变 ● 长期特殊经济区转变

资料来源：UNCTAD。

特殊经济区的综合经济影响与其开发和运营成本相结合，反映了其财政和财务可持续性的情况，包括初始资本支出的回收期以及特殊经济区在长期可能为公共预算产生的负担（或收益）。

但是，特殊经济区的影响和绩效不应仅根据经济和财务标准来衡量。动态的经济影响以及社会和环境因素均对其整体的可持续发展影响发挥着关键作用。

特殊经济区的动态影响，特别是它们对技术和技能开发的影响及其对更广泛经济的溢出效应，对工业发展和升级尤为重要。事实上，许多特殊经济区过于依赖低技能、低技术及集装式作业，并且其活动高度集中在一个部门（如服装），这种情况已经引发了担忧。但是，也有一些特殊经济区促进了产业升级和经济多样化。加强区域经济合作（包括通过跨境或国际合作区）是特殊经济区的另一个重要动态效益，尤其是在区域价值链发展的背景下（WIR13）。

长期以来，特殊经济区一直因负面的社会和环境影响而受到批评。重要的问题有特殊经济区内妇女的待遇、劳工标准和工作条件（ILO，2017）以及土地的污染和滥用等。劳工问题主要包括压制核心劳工权利（例如，集体谈判）、不良就业条件（例如，工作时间、健康和安全标准）、缺乏培训或技能升级、使用实习生以降低工资成本以及剥削妇女（例如，工资水平较低、缺乏儿童保育、怀孕期间权利得不到保障）。

最后，除了特殊经济区的经济、社会和环境影响，特殊经济区还可以为广泛的改革提供支持。一方面，作为差别监管的飞地，特殊经济区可以减轻政府在全国进行艰难的结构改革的压力。另一方面，特殊经济区可以作为监管试验区，一国政府可以在此试行不同的政策和监管方法，成功的试验可以作为全国政策的催化剂。众所周知，中国利用其特殊经济区试行经济政策，之后将成功的政策在全国进行推广。同样，其他地区也将特殊经济区作为政策试点。例如，在南亚和西亚等地区，特殊经济区被用来试行外国所有权限制的自由化。

特殊经济区的财政和金融可行性与其整体可持续发展影响同样重要。政府可能会在一段时间内承担特殊经济区的财政负担，以支持工业发展目标并促进更广泛的商业改革。然而，对于那些不能带来直接和间接经济贡献从而带来更高的财政收入的特殊经济区，政府无法一直支付其费用。不以成本回收为基础或需要大量补贴的特殊经济区面临财务上不可行的风险。

最终，积极的整体可持续发展影响有助于产业的逐步转型。这意味着特殊经济区的影响需要不断发展。随着时间推移，特殊经济区内的经济活动应该改变，同时政府对成本效益分析的关注重点也应该有所改变。

二、特殊经济区的直接和间接经济贡献

特殊经济区可以促进投资、出口和就业。但是，它们不是 FDI 和全球价值链参与表现高于平均水平的前提条件或保证。特殊经济区对经济增长的总体影响往往是暂时的。在建立后，大多数特殊经济区的增长率与国民经济增长率相同。

（1）吸引投资。特殊经济区是一个重要的投资促进工具，在吸引 FDI 方面发挥着重要作用（见图 4.18）。基于完善的基础建设和最佳实践，特

殊经济区可以在一定程度上弥补不利的投资环境。遗憾的是，由于数据稀缺，特殊经济区对 FDI 的影响——尤其是如果没有特殊经济区不会被吸引的额外 FDI——很难衡量。国家和国际统计数据（包括 UNCTAD 的 FDI 数据）没有区分特殊经济区内外的投资，特殊经济区本身大多不单独记录外国投资流量。

然而，对中国的研究表明，特殊经济区对吸引 FDI 有积极的作用，包括新的绿地投资。重要的是，特殊经济区似乎不会挤出国内投资（世界银行，2017a）。对菲律宾的早期研究表明，流入特殊经济区的 FDI 份额从 1997 年的 30%增加到 2000 年的 81%以上（UNCTAD，2002）。当前特殊经济区项目的分散数据表明，特殊经济区是许多国家 FDI 的重要目的地。在中国，特殊经济区占累积外商直接投资的 80%以上。在马来西亚，特殊经济区总投资的近 90%来自外国投资者。在越南，所有外商直接投资中有 60%～70%位于特殊经济区。在缅甸，迪拉瓦特殊经济区的投资者中，80%是外国企业，15%是与外国公司的合资企业。在该地区的其他低收入国家，如柬埔寨和老挝人民民主共和国，特殊经济区也吸引了绝大部分外国投资，占 FDI 总额的很大一部分（AIR17）。同样，在孟加拉国，在 8 个公有特殊经济区中，外国投资者占特殊经济区租户数量的 72%。然而，在一些其他国家，特殊经济区要么未能吸引大量投资，要么主要吸引国内投资者而不是 FDI。例如，在哥伦比亚，自由点计划使许多国内中小企业获得自由区地位。

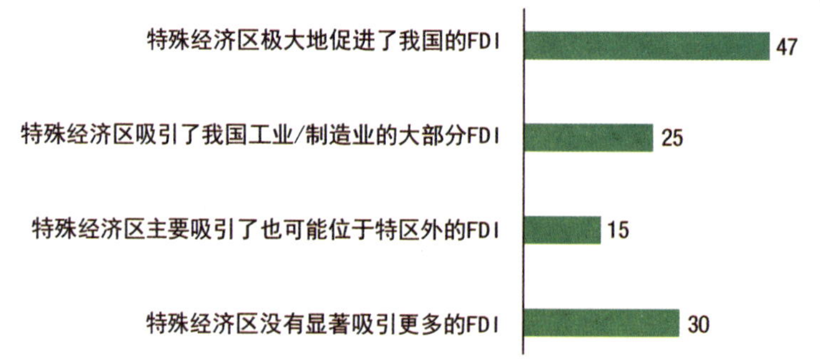

图 4.18 特殊经济区对促进投资的贡献（受访者的百分比）

资料来源：UNCTAD 投资促进机构调查（IPAs）。

注：UNCTAD 2019 年世界投资前景调查；受访者包括来自 110 个经济体的 120 个投资促进机构。

（2）促进出口增长和多样化。特殊经济区的另一个主要目标是出口发展，包括出口增长以及出口的多样化。出口多样化对依赖商品出口并旨在增加这些出口品价值的发展中国家尤为重要。

在许多国家，特殊经济区出口构成了一国出口的主要部分，特别是制成品出口。在拉丁美洲和加勒比地区，特殊经济区出口占哥斯达黎加、多米尼加共和国和尼加拉瓜出口总额的 50%以上；在墨西哥占 31%；在哥伦比亚占 13%。在亚洲，特殊经济区出口占菲律宾出口的 60%以上，在印度这一比重接近 10%。在孟加拉国，仅 8 个公有特殊经济区的出口占该国商品出口的 20%左右。在西亚和北非，一些国家严重依赖石油和天然气出口，特殊经济区出口占摩洛哥非石油净出口的约 60%，埃及为 25%，阿拉伯联合酋长国为 40%。即使在撒哈拉以南的非洲，制成品在总出口中的占比也往往较低，特殊经济区出口占肯尼亚和加纳出口的近 10%。

在贸易优惠政策的支持下，一些非洲政府将特殊经济区作为其出口促进战略的一部分。在《非洲增长和机会法案》（AGOA）的支持下，肯尼亚的出口加工区在其出口战略中发挥了关键作用，成功吸引外国投资者进入服装行业，并使他们对美国进行定向出口。战略性地将特殊经济区的功能集中于特定领域的贸易优惠是存在风险的。贸易优惠发生变化，可能需要对特殊经济区的专业化领域进行战略性重新调整，如《多种纤维协定》结束后多米尼加共和国的情况（见上文的专栏4.5）。

特殊经济区是许多国家出口多样化进程的重要组成部分。例如，中美洲和加勒比地区的国家利用特殊经济区来减少对水果和蔬菜出口的依赖。在哥斯达黎加，特殊经济区的制成品出口份额从1990年的不到10%增加到2003年的55%（FIAS，2008；Gereffi，2019）。同时，特殊经济区经历了从服装和纺织品到电子元件的生产多样化。

特殊经济区推动了全球价值链的发展，并作为政策工具促进各国参与全球价值链。在复杂的全球价值链下游，当中间产品被进口、加工然后再出口，在不同国家经过各种转运时，关税、运输费和保险费以及其他边境税收和费用等贸易成本就会累积。特殊经济区通过降低全球价值链中的交易成本，为跨国公司提高利润做出了贡献，这是大部分特殊经济区成功的关键。

表4.15显示了在三个发展中地区和转型经济体中，在贸易增长、全球价值链整合、吸引FDI以及特殊经济区数量方面排名最高和最低的经济体（该分析仅是说明性的，忽略了特殊经济区的类型和规模以及经济体出口构成的显著变化）。

专栏4.15 特殊经济区和贸易优惠：肯尼亚的出口加工区与《非洲增长和机会法案》

肯尼亚积极推行一项基于《非洲增长和机会法案》（AGOA）的战略，即为符合条件的撒哈拉以南非洲国家提供免税的美国市场准入。自AGOA于2000年颁布以来，肯尼亚对美国出口的价值从1.1亿美元增加到2016年的5.5亿美元。

肯尼亚是非洲大陆最早建立特殊经济区的国家之一。到AGOA生效时，其特殊经济区已经拥有运作良好的制造业生态系统，包括完善的基础设施。通过在服装业吸引计划对美国出口的外国投资者，出口加工区在基于AGOA的战略中发挥了关键作用。

目前肯尼亚有71个出口加工区（包括10个单一公司区），它们提供了55 000个工作岗位，年销售额约6.5亿美元，其中超过90%通过出口实现（相比之下，全国出口约为60亿美元）。2017年，肯尼亚对美国服装出口3.4亿美元，其中出口加工区的出口占94%。出口加工区使肯尼亚成为撒哈拉以南非洲地区最大的服装和纺织品出口国，自2000年以来该国估计价值为43亿美元的服装出口到美国。出口加工区的大多数服装公司都是外资企业；2017年外国公司估计投资了4.6亿美元。

针对服装行业的FDI不仅创造了大规模的就业，还促进肯尼亚融入了制造业全球价值链，利用了当地纺织品和原材料。此外，利用其开发的工业产能，肯尼亚出口加工区的服装企业现已开始实现市场多元化，增加对其他发达经济体（如欧盟和加拿大）的出口。近年来，作为更广泛的经济规划的一部分，肯尼亚发布了一项为期五年的国家AGOA战略和行动计划，该计划突出了特殊经济区的作用。它还宣布有意提高对美国的非服装行业的出口总额和特殊经济区出口额。目标产品包括加工食品、咖啡、茶、新鲜水果和切花。

资料来源：UNCTAD。根据美国贸易代表办公室、国际贸易管理局（美国商务部）提供的资料（2019），《非洲增长和机会法案》，肯尼亚国家AGOA战略和行动计划2018—2023，以及肯尼亚出口加工区管理局资料整理。

从货物出口增长来看，相对于排名最低的经济体和区域中值水平，排名靠前的经济体往往拥有较多的特殊经济区。这一点在亚洲和拉丁美洲及加勒比地区尤为明显。在这两个地区，出口增长最快的国家的特殊经济区数量往往与区域中值一致或明显更高。然而，这两个地区都存在出口增长率高但是特殊经济区很少的国家。因此，虽然特殊经济区可以促进贸易扩张，但它们并非先决条件。

迄今为止，没有设立特殊经济区的经济体数量最多的是非洲。特殊经济区的影响尚不明确。但是，出口增长最快的所有国家都有至少一个特殊经济区。在该地区，特殊经济区的存在至少表明了促进国际贸易和投资的政策努力。一些国家，如加纳和埃塞俄比亚，明确采取了特殊经济区驱动的战略来推动其贸易增长。

值得注意的是，在三个发展中地区，出口增长率最低的国家的特殊经济区统计数据表明，仅仅建立特殊经济区并不是一个充分条件。一些国家尽管有一定数量的特殊经济区，但其贸易并没有增长。

特殊经济区数量与 GVC 整合之间的关系证实了这些发现。在亚洲、拉丁美洲和加勒比地区，一些 GVC 整合的支持者，如韩国、马来西亚或墨西哥，在很大程度上依赖特殊经济区来维持其 GVC 整合战略，但一些其他国家在特殊经济区的存在有限的情况下取得了良好的效果（如智利）。在非洲，结果同样是含糊的。一些 GVC 参与度较高的国家，如坦桑尼亚联合共和国和博茨瓦纳，相对于区域中值水平而言有大量的特殊经济区，而纳米比亚等其他国家则没有特殊经济区。突尼斯利用特殊经济区来实现相对较高的 GVC 参与度，并将特殊经济区的效益扩大到更广泛的经济中。除了一些例外情况，每个发展中地区整合程度最低的国家都只有很少的特殊经济区。

表 4.15A 特殊经济区的影响分析

A.贸易增长（经济体按贸易商品复合年均增长率排名，CAGR 2007—2017）						
	非洲			亚洲		
	经济体	CAGR 2007—2017[a]（%）	特殊经济区[b]（数量）	经济体	CAGR 2007—2017[a]（%）	特殊经济区[b]（数量）
前五位经济体	卢旺达	20	2	老挝	18	12
	布基纳法索	17	2	越南	16	19
	加纳	13	4	柬埔寨	13	31
	埃塞俄比亚	9	18	蒙古国	12	3
	马达加斯加	9	4	孟加拉国	11	39
后五位经济体	安哥拉	-2	1	马来西亚	1	45
	加蓬	-3	2	沙特阿拉伯	0	10
	尼日利亚	-4	38	伊拉克	-1	4
	阿尔及利亚	-5	1	科威特	-1	4
	赤道几内亚	-9	2	文莱	-3	1
中位数		4	2		4	16

续表

B. GVC 整合（经济体按外国增加值份额排名，2017 年）						
	非洲			亚洲		
	经济体	FVA 份额[c]（%）	特殊经济区[b]（数量）	经济体	FVA 份额[c]（%）	特殊经济区[b]（数量）
前五位经济体	斯威士兰	43	2	新加坡	62	10
	坦桑尼亚	39	8	韩国	37	47
	纳米比亚	27	0	马来西亚	35	45
	突尼斯	27	0	越南	32	19
	博茨瓦纳	27	8	泰国	31	74
后五位经济体	加纳	8	4	巴基斯坦	6	7
	加蓬	8	2	科威特	3	4
	科特迪瓦	7	1	卡塔尔	3	2
	尼日利亚	6	38	伊拉克	2	4
	安哥拉	5	1	缅甸	0	3
中位数		13	2		14	19
C. FDI 吸引力（经济体按 FDI 流入存量与 GDP 的比率排名，2017 年）						
	非洲			亚洲		
	经济体	FDI/GDP（%）	特殊经济区[b]（数量）	经济体	FDI/GDP（%）	特殊经济区[b]（数量）
前五位经济体	莫桑比克	301	2	新加坡	397	10
	刚果	239	4	蒙古国	162	3
	毛里塔尼亚	142	1	柬埔寨	94	31
	赤道几内亚	110	2	约旦	83	16
	突尼斯	72	0	越南	58	19
后五位经济体	喀麦隆	19	9	斯里兰卡	13	12
	斯威士兰	17	2	中国	12	2 543
	阿尔及利亚	17	1	伊朗	12	23
	肯尼亚	16	61	孟加拉国	6	39
	安哥拉	10	1	伊拉克	6	4
中位数		38	2		25	19

表 4.15B 特殊经济区的影响分析（汇总）

A. 贸易增长（经济体按贸易商品复合年均增长率排名，CAGR 2007—2017）						
	拉丁美洲和加勒比地区			转型经济体		
	经济体	CAGR 2007—2017[a]（%）	特殊经济区[b]（数量）	经济体	CAGR 2007—2017[a]（%）	特殊经济区[b]（数量）
前五位经济体	圭亚那	8	0	波斯尼亚和黑塞哥维那	8	4
	尼加拉瓜	7	52	亚美尼亚	7	4
	乌拉圭	7	23	摩尔多瓦共和国	6	8
	海地	7	13	北马其顿	6	15
	洪都拉斯	6	39	格鲁吉亚	6	4
后五位经济体	巴巴多斯	−1	0	白俄罗斯	2	7
	古巴	−1	1	哈萨克斯坦	0	10
	特立尼达和多巴哥	−3	1	俄罗斯联邦	0	130
	牙买加	−6	17	土库曼斯坦	−2	7
	委内瑞拉	−8	14	阿塞拜疆	−3	6
中位数		4	14		3	7
B. GVC 整合（经济体按外国增加值份额排名，2017）						
	拉丁美洲和加勒比地区			转型经济体		
	经济体	FVA 份额[c]（%）	特殊经济区[b]（数量）	经济体	FVA 份额[c]（%）	特殊经济区[b]（数量）
前五位经济体	圭亚那	30	17	北马其顿	36	15
	尼加拉瓜	29	0	土库曼斯坦	24	7
	乌拉圭	26	17	波斯尼亚和黑塞哥维那	21	4
	海地	24	17	亚美尼亚	20	4
	洪都拉斯	23	4	格鲁吉亚	16	4
后五位经济体	巴巴多斯	10	2	哈萨克斯坦	14	10
	古巴	10	4	俄罗斯联邦	9	130
	特立尼达和多巴哥	9	39	阿塞拜疆	9	6
	牙买加	8	1	乌兹别克斯坦	6	7
	委内瑞拉	7	14	北马其顿		
中位数		16	14		16	7

续表

C. FDI 吸引力（经济体按内向 FDI 存量与 GDP 的比率排名，2017）						
	拉丁美洲和加勒比地区			转型经济体		
	经济体	FDI/GDP（%）	特殊经济区 [b]（数量）	经济体	FDI/GDP（%）	特殊经济区 [b]（数量）
前五位经济体	巴巴多斯	150	0	格鲁吉亚	115	4
	牙买加	108	17	哈萨克斯坦	92	10
	智利	99	4	土库曼斯坦	90	7
	圭亚那	90	0	塞尔维亚	86	14
	尼加拉瓜	78	52	阿塞拜疆	73	6
后五位经济体	海地	20	13	摩尔多瓦共和国	45	8
	巴拉圭	19	2	亚美尼亚	41	4
	厄瓜多尔	17	12	白俄罗斯	36	7
	阿根廷	12	14	俄罗斯联邦	28	130
	委内瑞拉	9	14	乌兹别克斯坦	19	7
中位数		46	14		49	7

资料来源：UNCTAD 贸易数据、GDP 数据和 FDI 存量数据；关于 FVA 数据的 UNCTAD-EORA GVC 数据库。FVA＝ 外国增加值。

注：不在排名中的地区和未计算中位数的特殊经济区：离岸金融中心和 2017 年商品贸易量在地区第一个四分位数以下的国家。

a：CAGR 2007—2017：2007—2017 年期间贸易商品年增长率的复合平均值。

b：特殊经济区：特殊经济区的数量。

c：FVA 份额：出口中外国增加值的份额。

（3）直接和间接创造就业机会。创造就业机会是发展特殊经济区的关键理由之一。特殊经济区通常被认为是创造就业机会的有效工具，特别是对于进入劳动力市场的女性而言。在全球范围内，估计有 9 000 万至 1 亿人直接受雇于特殊经济区和自由区计划。[17]

特殊经济区对间接就业的影响也很大。在不同国家，特殊经济区创造的间接就业岗位与直接就业岗位的比例不尽相同，从特殊经济区作为飞地的国家的四分之一到特殊经济区与国内经济显著联系的国家的两倍。这意味着全球特殊经济区的间接就业影响可能在 5 000 万至 2 亿人之间。

特殊经济区在各个国家的就业创造中发挥了重要作用。在一些国家，国家级特殊经济区创造的就业增长率明显超过了整个经济体的就业增长率。自 2013 年以来，美国自由贸易区的就业增长率平均每年超过 7%，而整个经济体的就业增长率不到 2%。突尼斯特殊经济区的就业人口占整个经济体劳动力的比率从 2008 年的 8%增加到如今的 8.7%。埃塞俄比亚的特殊经济区在几年内创造了近 50 000 个就业机会，其中大部分就业岗位流向女性；在肯尼亚，出口加工区创造了近 60 000 个就业岗位。在哥伦比亚，自由贸易区创造了超过 65 000 个直接就业岗位和 155 000 个间接就业岗位。同样，在多米尼加共和国，特殊经济区被认为可以创造 166 000 个直接就业岗位以及估计的 250 000 个间接就业岗位，其中越来越多的是技能更高的技术岗位。

这些工作对失业率高和就业率低的国家的影响很大。特别是在最贫穷的国家，特殊经济区是促进就业的重要途径。尽管特殊经济区可以成为促进就业的有效工具，但特殊经济区的工作可能相对不稳定。劳动力的灵活使用可能导致就业水平随生产的变化而波动。此外，当东道国成本上升时，特殊经济区中主要行业的跨国公司可能倾向于重新安置或重组。

（4）整体的经济增长影响。通过观察 FDI、出口和就业指标以及特殊经济区的总体生产增长情况，可以直接衡量特殊经济区是否成功。但为了识别出特殊经济区的经济增长效应，与该国其他地区的比较提供了必要的反事实（见图 4.19）。

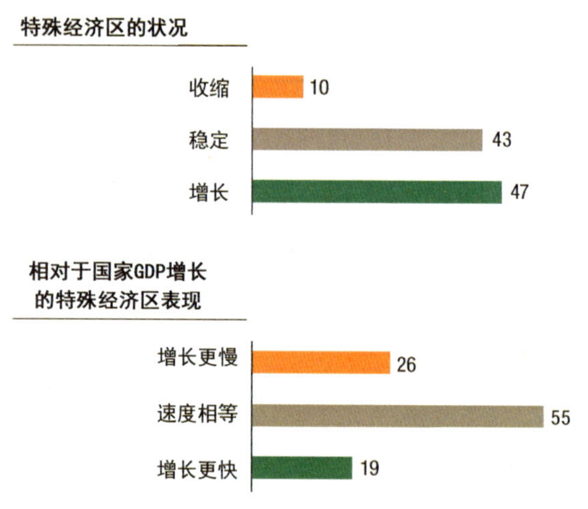

图 4.19 2007—2012 年特殊经济区的绝对和相对增长情况（百分比）

资料来源：Frick 等（2019）。

最近的一项研究（Frick 等，2019；世界银行，2017a）基于 2007—2012 年发展中地区 346 个特殊经济区的样本，发现在此期间所有特殊经济区的平均经济增长率约为 14.7%，但差异非常显著，中位数增长率仅为 2.8%。但是，相对于特殊经济区所在的经济体，特殊经济区的增长率平均比全国 GDP 增长率低 2%～5%。

即使在特殊经济区的绝对增长率相对较高的国家，如肯尼亚、土耳其和加纳，特殊经济区增长率仍然低于国家 GDP 的总体增长率。在其他特殊经济区增长较快的国家，如越南和俄罗斯联邦，特殊经济区的增长速度超过全国平均水平。然而，这一差异从未超过 5%。

分析进一步表明，特殊经济区增长难以持续。在开发阶段特殊经济区提供暂时推动力，随着特殊经济区的成熟，额外的增长效应逐渐减弱。

整个样本中也有例外。根据类似的绩效数据和方法对印度特殊经济区进行的一项研究（Hyun 和 Ravi，2019）认为，特殊经济区对经济活动积极和持久的总体影响远远超出其地理界限。此外，研究发现了强有力的证据表明特殊经济区推动了经济正规化，资源从非正规部门转移。

然而，该研究还表明，特殊经济区的增长激励措施主要使收入较高的工人受益，工资水平和教育水平较低的工人没有明显受益。此外，经济的正规化并非由于升级导致，而是以牺牲非正规公司为代价。这凸显了特殊经济区对部分人口的潜在威胁，即使在成功并且优于其他地区经济的特殊经济区情况也是如此。

三、特殊经济区的成本和收入

各国应权衡特殊经济区的直接及间接经济贡献和其建设及运营成本。可能对特殊经济区的财政和金融可行性产生负面影响的因素包括由于超规格导致的高额前期成本、对特殊经济区企业的补贴、已经运营的公司重新适应特殊经济区制度的成本以及非法资金流动。

特殊经济区经济活动的增长并不一定能确保该特殊经济区对经济产生净积极贡献，因为特殊经济区可能依赖于大量的政府补贴。因此，应权衡特殊经济区的经济贡献及其从公共部门获得的资源。

建立特殊经济区首先要考虑其所需的投资支出。资本支出可能很大。最近对世界银行特殊经济区项目投资组合的评估（世界银行，2017b）显示，尽管有一些早期项目低于 1 000 万美元资本支出，但仍有一些项目资本支出超过 1 亿美元。

初步建设特殊经济区的资本支出主要取决于三个要素：

①位置，决定了是否需要建立额外的昂贵交通基础设施来服务该特殊经济区。

②现有公用事业和电信基础设施的质量和覆盖范围，因为一些国家的特殊经济区可能需要专用电力、水和废物处理厂。

③特殊经济区的类型和规格。

后一要素是许多现代特殊经济区成本相对较高的关键原因。一方面，由于开发商拥有广泛的特殊经济区建设经验，现代特殊经济区计划往往会确保新项目位于现有公共基础设施和设备附近，从而减少政府支出。另一方面，许多现代化特殊经济区为投资者提供“即插即用”模式，即拥有预建设施、仓库和办公室，或者将住宅区和其他便利设施与乡镇（广域特殊经济区）中的传统工业设施相结合。两种类型的开发都会增加特殊经济区的初始资本支出。与此类现代特殊经济区的高承诺相比，入门级特殊经济区的建造成本相对较低。此外，随着特殊经济区发展，新租户不断入驻，支出将会逐渐增加。

特殊经济区的运营成本主要与特殊经济区管理局的运作有关。其他运营成本通常通过建筑物租赁费、费用和服务费等形式，从区内投资者那里收回。因此，大多数特殊经济区都建立在成本回收的基础上。然而，政府运营的特殊经济区会定期补贴运营成本和公用事业，这可能会提高这些特殊经济区的运行成本。但是，特殊经济区开发和管理都越来越多地外包给私营部门，这大大减少了政府支出，降低了风险。

相反，政府可以从特殊经济区获得大量收入。政府经营的特殊经济区会产生区内投资者（租户）支付的租金和服务费用。在私人特殊经济区，政府收入包括特殊经济区和其他设施（例如，港口、发电厂、废物处理所）的特许费。公共部门的进一步收入包括对特殊经济区工资收入征收的个人所得税（在高收入经济体中更明显），以及对国内市场销售的特殊经济区产品的进口关税和其他收费。相比之下，企业所得税通常只是收入的一小部分，因为大多数特殊经济区有免税期或税收减免。

然而，全面评估特殊经济区对公共部门的财务影响存在难度，这主要有两个原因。首先，特殊经济区计划的大部分实际成本是由放弃关税和税收而造成的。评估此类成本需要对特殊经济区提供的激励措施的效率和有效性进行评估，即了解在缺乏激励措施的情况下该特殊经济区能吸引多少经济活动。其次，当国内企业将其活动转移到特殊经济区以便从财政救济中获益时，特殊经济区最终的公共成本将会增加，从而减少了现有的税基。一些特殊经济区计划，特别是那些不需要在指定特殊经济区进行实际搬迁的自由点计划，可能会吸引大多数已经运营的国内出口公司，其中有些公司是特别为此目的而成立的。

最后，通过滥用特殊经济区进行非法资金流动和进出口伪报也可能产生负面的财务影响，这在政府管控较松的地区可能是一个重要问题。从特殊经济区进入国内经济的免税商品走私，不仅会产生负面的财政后果，还会产生与国内产品的不公平竞争。然而，特殊经济区也可以被用于解决此类问题。例如，突尼斯政府最近宣布将在本国与利比亚的边境地带建立一个特殊经济区，以阻止违禁品走私。

四、特殊经济区动态贡献：工业发展和升级

特殊经济区是产业政策的重要工具，因为它们可以促进全球价值链中的技术（技能）开发和升级。注重与当地企业的联系、溢出效应、挤入效应和示范效应是最大限度地发挥特殊经济区产业发展影响的关键，但这些效应不是必然发生的。

由于特殊经济区通常关注低劳动力成本、出口的低附加值活动及其飞地性质，可能使中等收入陷阱永久化而受到批评，从而导致其对国内产业的溢出效应和技术转移十分有限。各种研究表明，特殊经济区劳动力的平均技能水平相对较低，并且很少随着时间的推移而提高（FIAS，2008）。

然而，有很多例子表明，包含特殊经济区的发展战略能够促进工业发展和升级。早期的例子如韩国，成功地与境内公司建立了广泛的后向供应商联系。菲律宾和马来西亚等东盟国家，也已经能够吸引 FDI 到特殊经济区，并升级到更高附加值和技术密集型的行业，包括电子、服务和软件开发（AIR17）。在亚洲以外，特殊经济区也促进了一些国家的结构转型。在多米尼加共和国，特殊经济区将其从商品出口国变成了出口制造业中心。其他例子包括毛里求斯和莱索托。

特殊经济区在很大程度上对工业发展战略做出了贡献，这是通过正规培训和工作经验积累推动劳动力升级和技能开发来实现的。然而，由于特殊经济区的生产过程通常涉及的是基本技能和低技术，因此这种技能开发往往是有限的。在那些吸引效率型投资者并专注于加工行业的特殊经济区，劳动力通常主要被视为需要控制的成本，而非开发资源（UNCTAD，2002）。

随着时间推移，东亚和东南亚的特殊经济区提高了出口的国内增加值，这表明这些特殊经济区活动的增加值提高，并且特殊经济区与国内经济的联系更加紧密。然而，拉丁美洲早期的一些例子表明，这一过程并不是必然的。例如，在 20 世纪 90 年代和 21 世纪初墨西哥加工厂的快速增长期间，其出口增加值并没有显著提高，尽管它们在吸引 FDI 和创造就业方面取得了成功（FIAS，2008）。

关于为什么有些特殊经济区倾向于保留飞地性质并与其他经济部门保持很少的联系，以下几个因素可以解释：

（1）特殊经济区中常见的一些行业的进口强度相对较高，如服装、鞋类和电子产品。

（2）作为全球采购战略的一部分，跨国公司在特殊经济区内的附属公司倾向于依赖内部供应商或已经在其国际网络中的供应商。

（3）相关行业缺乏有竞争力的本地供应商，或者特殊经济区的公司不了解它们的存在。许多发展中国家的本地公司可能缺乏为特殊经济区投资者提供服务的能力，可能无法按照要求的标准进行生产，或者难以接近特殊经济区的公司。

特殊经济区投资者与国内供应商之间的联系十分重要，一方面，其技术和技能溢出效应有利于更广泛的工业发展；另一方面，它们有利于确

保特殊经济区成为更广泛经济中结构改革的桥梁，因为特殊经济区投资者会与当地进行商业互动，所以当地公司得以间接经历特殊经济区的商业环境。这是在最近一波新的产业政策（WIR18）中继续使用特殊经济区的关键理由。

五、社会和环境影响

现代特殊经济区可以为各国工业基础的环境、社会和治理（ESG）绩效做出积极贡献。在有限的地域内可以更容易和更便利地提供控制、执行和支持服务（例如，提供检查员、卫生服务、废物管理和可再生能源设施）。在高 ESG 标准的基础上，新特殊经济区面临更加激烈的竞争。

由于最早的出口加工区是在发展中国家推出的，因此其工作条件和环境影响引起了人们担忧。特殊经济区也因追求工业化或欺骗性私人收益而滥用或摧毁农业用地而受到批评（Moberg，2015）。

截至 2017 年，国际劳工组织（ILO）得出结论，“（在特殊经济区）对工作的基本原则和权利的保护之下，问题仍然存在，特别是结社自由和集体谈判以及性别平等问题”，并且“其他侵犯工人权利的行为也普遍存在，特别是关于工作时间和安全与健康的问题”。大多数实行特殊经济区计划的国家已经批准了相关的 ILO 公约，但一些国家仍然继续实施“出口加工区的低工资战略，这些地区没有运用或者未执行劳动法”（ILO，2017）。

ILO 的调查也发现存在无偿加班、夜间无报酬工作和缺乏社会保障等问题。然而，本报告进行的特殊经济区法律法规调查显示，上述问题越来越不可能是由于监管标准松懈导致的，而主要是由于有效检查和管理劳动力的资源不足（ILO，2017）。相比之下，一些国家已经建立了监督劳工实践和避免纠纷的机制，例如，让工会代表参与特殊经济区委员会（Farole 和 Akinci，2011）。

同样重要的是，特殊经济区的工作条件和环境影响有时更多地与周围经济或特定行业的一般条件有关，而非特殊经济区自身状况。在特殊经济区内，跨国公司的外国子公司的工资水平和职业安全与健康标准往往高于特殊经济区以外的国内公司。工资和劳工实践取决于当地环境以及特殊经济区内的普遍产业和经济活动。这方面的突出例子通常与开展低附加值制造业的特殊经济区有关。

此外，特殊经济区会对女性的正式就业产生重大影响。据估计，在全球范围内女性工作者占特殊经济区劳动力的比重在 60%以上（FIAS，2008）。这一比重在以轻工业为主（例如，服装、鞋类和电子产品）的出口加工区中最高；在以重工业或多样化经济活动为重点的特殊经济区较低，但是在这些特殊经济区这一比重仍保持在平均 50%以上。

特殊经济区对环境的不良影响也一直备受关注。例如，墨西哥加工厂（FIAS，2008）的发展导致环境退化。它们的快速增长导致空气污染和废物污染，对附近人群的健康造成危害。同时，监控和执法能力较弱使问题更加复杂化。其他国家的特殊经济区计划，特别是自由点或单一工厂自由区，也引起了对环境的担忧。

然而，与分散的单工厂特殊经济区计划相比，在作为封闭工业区运行的特殊经济区，政府实际上更容易执行环境标准，特别是更现代化的特殊经济区能提供适合目标行业（例如，高科技、石化、软件开发）需求的设施。这些特殊经济区往往具有特定的环境法规和专门的废物处理设施。现代特殊经济区也将有效的环境管理作为吸引投资者的亮点，特别是那些被认为具有较高声誉风险的行业的投资者。

特殊经济区运营公司提供的服务或特殊经济区投资者之间的共享服务被越来越多使用，以支持更高的社会和环境标准。许多出口加工区帮助在该特殊经济区内经营的公司解决劳动力相关问题（UNCTAD，2015b）。这种援助有多种形式，从检查服务（如劳动监察员）到管理援助（如现场劳工和帮助解决劳资纠纷的人力资源局）。一些特殊经济区为在其范围内运营的公司制定了明确的劳工标准，解决了最低工资、工时和工会运作条件等问题。大多数情况下，这些规定的劳工标准符合地方和国家法律，但在某些情况下，例如在中国和印度的特殊经济区，这些标准高于州或国家层面的要求（UNCTAD，2015）。

在 UNCTAD 关于特殊经济区可持续发展贡献的调查中，超过一半的特殊经济区制定了关于环境标准和规定的政策，还有一些已采用国际环境标准（UNCTAD，2015）。在某些情况下，这些政策是通过专门委员会进一步制定或控制的。特殊经济区往往具有相对完善的环境报告要求，在这些要求下，公司需要披露其预期的废物和污染物量，以及预期产生的噪音分贝水平。UNCTAD 调查的例子包括土耳其的特殊经济区，南非三个紧急特殊经济区中的两个，印度、摩洛哥和阿拉伯联合酋长国的几个特殊经济区，阿根廷和中国的特殊经济区。

发展较好的特殊经济区会提供技术援助、体制机制和有形基础设施，以协助公司纳入环境标准并促进其合规运营。最值得注意的是，一些特殊经济区已经使用了危险废物管理系统，例如，阿根廷、韩国、沙特阿拉伯、南非和土耳其的特殊经济区（UNCTAD，2015）。这种类型的服务特别重要，因为许多特殊经济区有产生大量废物的制造活动。虽然许多特殊经济区提供与危险废物处置有关的服务，但只有少数特殊经济区提供回收服务（UNCTAD，2015）。包括中国和印度在内的全球多个出口加工区已通过 ISO 14001 环境管理体系标准认证。肯尼亚的出口加工区当局启动了一项战略计划，以使该国所有特殊经济区获得 ISO 14001 认证。作为 UNCTAD 调查的一部分，印度的特殊经济区积极鼓励在该特殊经济区内运营的公司获得 ISO 14001 认证。特殊经济区管理公司积极使用这些标准，有利于引导在特殊经济区内运营的公司采取负责任的商业行为。

UNCTAD（2015b）提供了特殊经济区可持续发展框架，以帮助特殊经济区提高竞争力，从仅关注成本优势和较低标准发展到支持可持续的业务（见表 4.16）。通过提高跨国公司及其供应商的良好的社会和环境实践水平，特殊经济区可以找到新的竞争力。“下一代”特殊经济区不仅可以为在特殊经济区内运营的公司提供传统的优质服务，还可以为其良好的环境和社会实践提供有效支持，从而获得竞争优势。

六、特殊经济区的关键成功因素

特殊经济区的绩效取决于外部因素以及政府和特殊经济区开发商可以管理的因素。外部因素包括对国际移动投资的高度竞争以及政策环境的变化，例如贸易优惠的转变。可管理因素与特殊经济区的战略重点有关，即监管和体制框架以及为特殊经济区内投资者提供的基础设施、服务和利益。

特殊经济区的失败往往与基本问题有关，例如选址不当导致需要大量资本支出，或者位置远离基础设施中心或劳动力充足的城市；不可靠的电力供应；特殊经济区设计不佳，设施或维护不足；烦琐的行政程序；薄弱的治理结构或参与特殊经济区管理的机构过多等。

表 4.16　可持续特殊经济区发展框架（促进出口加工区可持续发展的关键要素）

	政策/标准行政协助	基础设施援助	行政协助
	维护和执行政策和标准，包括：	提供服务或专家以确保合规/提供协助，包括：	为公司提供指导和培训，包括：
一般路径	建立多利益攸关方伙伴关系，以确定机会并制定行动计划		
劳工	● 最低工资 ● 工作时间和福利 ● 尊重工会在区内活动的权利 ● 性别平等及相关问题 ● 第三方认证的激励措施	● 劳动监察员 ● 冲突解决专家 ● 报告热线 ● 性别问题协调员	● 改善劳动条件 ● 参与社交对话
环境	● 排放 ● 废物处理 ● 能源使用 ● 第三方认证的激励措施 ● 促进循环经济	● 集中污水处理 ● 水回收系统 ● 回收服务 ● 危险废物管理服务 ● 替代能源 ● 报告热线 ● 实现循环经济	● 进一步减少自然资源的使用 ● 减少浪费 ● 增加回收 ● 提高能源效率 ● 采用可再生能源
健康和安全	● 员工健康和安全保护 ● 第三方认证的激励措施	● 医疗诊所 ● 消防队 ● 报告热线	● 预防健康和安全紧急情况
腐败	● 反腐标准和政策	● 热线 ● 有关报告腐败的信息	● 建立检测和避免腐败的业务实践能力
经济联系	● 雇主支持员工培训和发展	● 当地采购协助	● 确定并升级本地供应商

资料来源：UNCTAD（2015b）。

没有成功转变的特殊经济区，需要及时判断失败的原因，并采取有针对性的行动来解决这些问题。开发特殊经济区设施所需的公共投资水平很高，这一点尤其重要（见专栏 4.16）。

除了与特殊经济区的位置、设计和管理直接相关的因素外，环境因素对特殊经济区的成功也至关重要。市场容量足够大是提高特殊经济区绩效的重要因素（Frick 等，2019），而吸引 FDI 的传统优势——特别是一批技术熟练且成本相对较低的劳动力——仍是特殊经济区成功的关键决定因素。

专栏 4.16 表现不佳的特殊经济区的成功转型：加纳的特马自由区

在非洲，加纳拥有一个成功的特殊经济区项目。2018 年，仅 4 个出口加工区的出口额约为 12.5 亿美元，而该国估计的出口总额为 140 亿美元。最大和最成功的特殊经济区是特马（Tema）自由区。然而，该计划于 1995 年启动，表现并不良好。2005 年，该国的自由区只有价值 1.05 亿美元的出口，而进口额为 4 600 万美元（Angko，2004）。由于开发商的问题、高空置率和租户不活跃，特马自由区的表现远低于预期。

加纳自由区委员会在外部专家的协助下，对特马自由区进行了三管齐下的改革。首先，企业在工业的基础上聚集，以促进集聚经济。这需要在同一行业内与供应商进行合作，并根据特定行业需求提供最低水平的服务。例如，在特殊经济区内布局了技术孵化器和服装村。其次，重新努力提供面向出口的硬性和软性基础设施，包括海关、移民、环境办公室和出口促进委员会。最后，在该特殊经济区内建立了一个多功能工业园区，允许当地公司进入但不向它们提供针对出口导向型外国子公司的优惠。这促进了本地和外国公司之间的前后联系，改善了特殊经济区业绩和对当地经济的溢出效益。在几年内，特马自由区的表现显著改善。世界银行的评估显示，从 2008 年 6 月到 2009 年 6 月，该自由区的公司创造了 2.81 亿美元的出口和 2 085 个就业岗位（Farole，2010）。从那时起，该特殊经济区的表现稳步提高，现在被认为是该国经济战略的一个重要组成部分，也是少数几个在非洲成功运行的特殊经济区之一。

资料来源：UNCTAD。根据加纳自由区理事会和经合组织提供的信息整理。

然而，投资促进机构将邻国间吸引投资的激烈竞争列为特殊经济区的最大挑战（见图 4.20）。支持投资者的基础设施是否完善、特殊经济区外是否存在有能力的国内供应商也是最受关注的问题，这比激励计划、劳动力成本或特殊经济区专业化等战略问题更为重要。

关于特殊经济区的政策辩论及其成功的原因通常集中在三个关键因素上：需要制定战略重点，适当的监管框架和治理结构，以及特殊经济区对投资者的价值主张——即特殊经济区提供的一系列优势。

（1）战略重点。尽管最近全球特殊经济区进行了多样化努力，但大多数特殊经济区企业都仍从事劳动密集型、装配式活动，如服装、纺织品、电子电气产品。产品专业化程度往往与东道国的工业发展水平有关，最不发达国家的特殊经济区一般都是多活动的非专业特殊经济区，而较发达的经济体则侧重于发展能够促进产业升级的产业和价值链细分活动。

一些欠发达国家试图吸引高科技投资者进入特殊经济区，以实现更高附加值的活动并加速经济增长。然而，在欠发达环境中高科技特殊经济区的可行性是值得怀疑的，因为这些特殊经济区缺乏高科技活动的关键位置优势——包括充足的技术资源、研究机构和吸引专业外国人员的便利设施。例如，孟加拉国早期的特殊经济区以高科技公司为目标，但未成功；只有在当局允许服装生产商投资后，他们才开始吸引大量投资（Farole 和 Akinci，2011）。

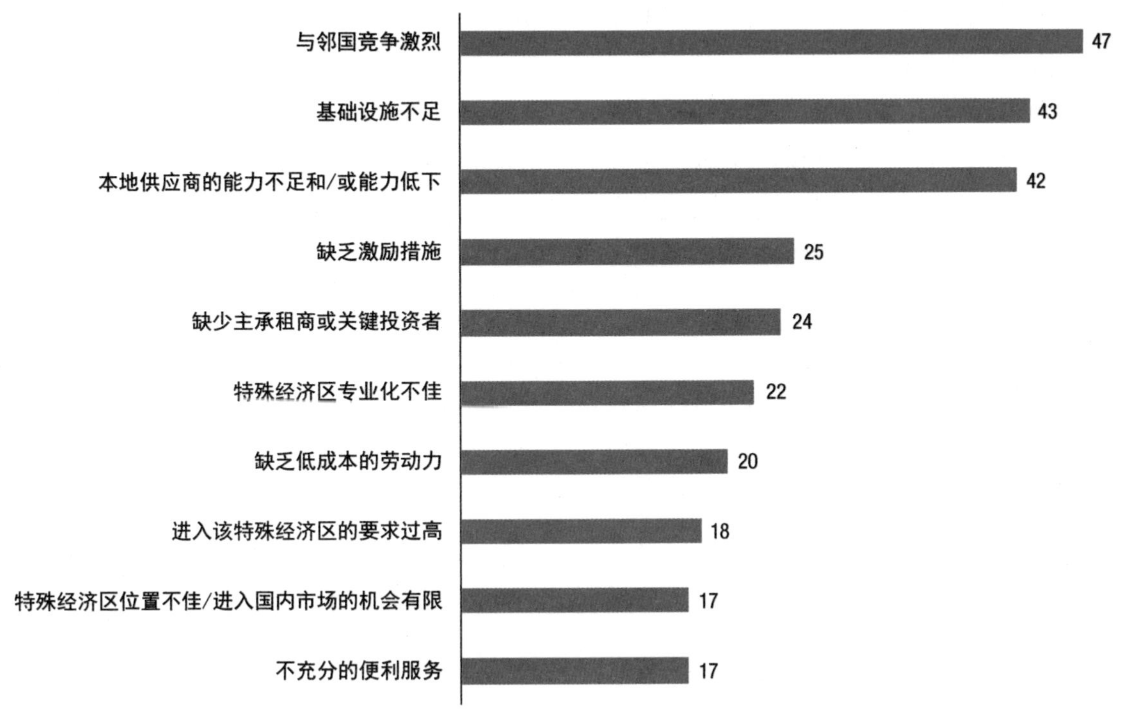

图 4.20 特殊经济区面临的主要挑战（根据国家投资促进机构，受访者百分比）

资料来源：UNCTAD 关于投资促进机构的调查。

注：UNCTAD 2019 年世界投资前景调查，受访者来自 110 个经济体的 120 个投资促进机构。

事实上，发展中国家增长最快的特殊经济区是那些技术成分较低的特殊经济区（世界银行，2017b）。这反映了各国在从低附加值产业向高附加值产业过渡时所面临的困难。

因此，发展中国家在投入大量资源建设特殊经济区以寻求直接进入高科技领域时，需要保持谨慎；可能需要首先经历发展劳动密集型产业的阶段，即符合第一节讨论的特殊经济区发展路径，然后再开发出更先进的工业能力后再逐步升级（Frick 等，2019）。

特殊经济区战略重点和特殊经济区专业化对于最大化集群的益处非常重要。共存于特殊经济区的公司受益于网络效应和规模经济。与在不相关行业中经营的公司相比，在相同或相邻行业中运营的公司显然具有更大的合作范围，可以集中资源和共享设施。相比较小的特殊经济区，更大的特殊经济区也表现出更好的集群发展空间（世界银行，2017a）。

然而，即使是有多种生产活动的特殊经济区，集聚也存在一些好处。特殊经济区物流功能的集聚，可以使具有不同峰值生产时间的各个行业的公司有效地共享仓库空间或设计共享的运输方案。此外，不同行业的公司仍然可以在该特殊经济区共享共同服务。但是，无论是通过设计还是自然集聚的专业特殊经济区往往会显示出更高的全球价值链参与度，以及更高和更持久的增长率。

（2）监管框架和治理。体制框架以及私营部门参与特殊经济区发展和管理结构的程度往往会影响到特殊经济区是否成功。独立监管机构或特殊经济区管理局被认为是特殊经济区计划成功的关键因素。特殊经济区监管机构应该免受政治压力并得到充足的资金支持，以确保该计划的有效实施（Farole 和 Kweka，2011）。在私人特殊经济区越来越多的情况下，监管机构的自主权对于减少利益冲突十分重要；特殊经济区主管部门应该优先关注监管职能，而不是开发或运营特殊经济区的职能（Cheng，2019）。

如今的大多数特殊经济区都是私人拥有、开发和经营的。大约 60%的现代特殊经济区法律建立了私营部门特许经营者管理框架。这与早期的特殊经济区计划形成对比。在 20 世纪 80 年代和 90 年代，全球只有不到四分之一的特殊经济区是私有的。外包区向私营部门的发展可以大大降低政府的资本成本以及所涉及的一些风险。在较小的特殊经济区，私人开发商在特殊经济区设计和建设方面往往比公共部门更节俭，对仓储、运输基础设施和框架建筑的投资相对较少，从而产生更高的回报（Moberg，2015）。在大型现代化特殊经济区，私人开发商通过积极主动和有针对性的投资促销和营销策略完善基础设施，以支持专业特殊经济区的增长。

尽管私营部门参与特殊经济区开发和运营具有明显的优势，但尚未发现特殊经济区管理的类型（即公共、私人或政府社会资本合作）会对特殊经济区绩效产生重大的结构性影响（Frick 等，2019）。最合适的结构可能取决于具体国家的政策和立法框架，以及政府旨在发展的特殊经济区类型。私营部门特殊经济区发展的一些优势，包括更了解私营部门特殊经济区适当投资水平和设施选址的优势，也可以通过下放治理权来实现，其中涉及地方或区域层面的政府管理或监督（Moberg，2015）。

特殊经济区的体制和治理框架的一个关键方面应该是进行定期监测和建立评估机制。迄今为止，很少有国家系统地评估特殊经济区的性能，建立了绩效不佳处理机制的国家更是少之又少。中国已为某些类型的特殊经济区制定了详细的评估标准，用于对其特殊经济区进行排名。同样，俄罗斯已经建立了一套全面的方法来监测和评估其特殊经济区的表现。一些表现持续不佳的特殊经济区被从特殊经济区名单中删除：2010—2017 年有 11 个特殊经济区被关闭（见专栏 4.17）。

最后，良好的管理可以确保特殊经济区没有非法贸易。世界海关组织和经济合作与发展组织（OECD）认为一些特殊经济区存在贩运假冒品和违禁品的潜在风险。这涉及许多产品，尤其是奢侈品和香烟(在自由区制造和出口，并免交关税)。经合组织对自由区的现状进行了反思，以改善管理（OECD/EUIPO，2018）。

专栏 4.17 监测和评估中国和俄罗斯联邦的特殊经济区

在中国，高新技术开发区（HTDZ）和经济技术开发区（ETDZ）的绩效会被定期评估。1996 年中国科学技术部的行政法令要求对 HTDZ 进行定期评估，并命令“管理不善、发展缓慢的特殊经济区”在一定时限内纠正其表现，否则将失去 HTDZ 地位。2013 年评估指标体系包括 4 个类别和 40 个指标，例如：

- 知识创造和技术创新：员工的教育水平、研发支出、研发机构和孵化器的数量等。
- 产业升级和结构优化能力：高新技术企业数量、服务业企业比例、知识产权登记、上市公司数量等。

- 国际化和全球竞争参与度：受过海外高等教育的员工比例、外籍人员比例、海外分支机构数量、海外知识产权注册等。
- 可持续发展能力：有硕士和博士学位的员工的比例、公司数量或税收收入的增长率、新投资额、能源消耗等。

2016 年，中国科学技术部开始将 HTDZ 的创新能力作为额外的评估标准。

自 2016 年以来，中国商务部对 ETDZ 进行了年度评估。连续两年对 5 个排名最低的经济技术开发区实行退出制度。对经济技术开发区的评估基于 5 个考虑因素，即工业能力、技术创新、区域整合、环境保护和行政效率。5 个类别中有 53 个指标，包括工业产出、收入、生产率、GDP、研发费用、FDI 流入、外贸价值和上市公司数量等传统指标，以及可持续发展指标，如职业培训机构数量、能源和水的消耗、二氧化硫的排放、氮氧化物和氨氮、废物的回收率。投资便利化的在线单一窗口审批系统也是行政效率的指标。商务部公布了排名前 30 位的特殊经济区名单，以及分别在工业能力、创新、FDI 和对外贸易类别中排名前 10 名的特殊经济区名单。

在俄罗斯联邦，政府监督和评估几种特殊经济区：工业生产、技术创新、旅游和娱乐以及港口。法律规定了特殊经济区效率的 6 个指标：投资吸引力、商业环境、基础设施供应、土地资源可用性、特殊经济区居民的投资活动以及特殊经济区网站的信息透明度。

评估每年进行一次，并按照标准生成特殊经济区排名。这一过程主要是为了对表现不佳的地区及其所在地区的地方当局施加“同伴”压力。若特殊经济区持续表现不佳，则会被从特殊经济区名单中删除，并被关闭。根据这一机制，2010—2017 年期间有 11 个特殊经济区被关闭（Kuznetsov 和 Kuznetsova，2019）。

经修订的 2018 年决议在评估特殊经济区影响时采用了更广泛的理念，增加了评估的 4 大支柱：

- 特殊经济区居民的表现。
- 联邦、地方和当地投资在特殊经济区工程、交通、社会、创新和其他基础设施目标方面的盈利能力。
- 特殊经济区管理机构的表现。
- 特殊经济区创建规划的有效性。

这些一般指标由 18 个子指标构成。评估方法根据特殊经济区类型进行区分。

资料来源：UNCTAD。

（3）价值主张。个别特殊经济区的总体价值主张包括一系列区位优势，其中只有一部分已经确定或可能受到政府政策的影响。在那些依赖积极政策决策的特征中，第一个也是最重要的特征是选址。特殊经济区政策通常专门用于促进某些地区的经济发展，例如失业率高的地区。与此同时，靠近主要基础设施枢纽（如港口和机场）和靠近劳动力资源的战略位置是吸引投资者进入该特殊经济区的主要原因。

一些研究表明，与更偏远的地区相比，靠近港口或大城市更有可能激发特殊经济区的活力。事实上，在大多数拥有一个或很少主要城市群的发展中国家，与最大城市的距离和特殊经济区绩效呈负相关关系，这表明对于偏远的或相对贫困的地区，特殊经济区可能不是最有效的发展工具（Frick 等，2019）。

特殊经济区内提供的激励通常被认为是价值主张的关键要素。然而，使用大量的激励措施来抵消当地劣势的做法可能是无效的。最近的研究发现，在就业和出口方面，向投资者提供的财政激励与特殊经济区增长之间没有相关性（Farole，2011；Frick 等，2019）。因此，激励措施本身不足以解释特殊经济区绩效。缺乏相关性可能是由于特殊经济区投资激励趋同和缺乏差异化。财政激励存在一些变化，但仅限于边际变化；大多数激励措施包括免除机器设备和投入的进口关税，以及减少或免除公司税和其他地方税。

比激励措施更重要的可能是精简监管和提供一站式服务或单一窗口，为该特殊经济区的企业和投资者提供行政程序的便利化。失败的特殊经济区或难以有效实施的特殊经济区计划（例如在印度）一般是因为受到过度官僚主义的负面影响（Moberg，2015）。政策方法应鼓励特殊经济区在简化管理、提供充足设施和有效服务上进行改进，而不是在（相对无差别）激励的基础上进行竞争，这样才能更有利于特殊经济区的成功。通常在商业和投资便利化中优先考虑的要素包括简化投资审批程序、取消进出口许可证要求、加快海关检查程序和自动外汇准入等。专用于个别特殊经济区的单一窗口（例如越南 5 个特殊经济区的单一窗户）可以促进便利化工作。[18]

基础设施和服务是特殊经济区成功的关键。低收入国家大多数特殊经济区的存在理由是缓解该国面临的基础设施挑战，并将对基础设施的公共投资集中在有限地区。理想情况下，应提供至少两种运输模式的交通基础设施，以实现多式联运和充分连接。共同开发的基础设施服务还包括可靠的公用事业、电信、水和废物管理设施。非基础设施服务同样重要。根据定义，专用海关办公室和检查单位是特殊经济区的共同特征，但其他服务可能包括安全、人力资源相关服务、餐饮或住房服务等。这些服务是现代广域特殊经济区或乡镇特殊经济区的组成部分，包括住宅区和商业区。

第四节　迈向新一代特殊经济区

迈向新一代特殊经济区需要吸取经济区设计、运作和影响管理方面的经验，应对可持续发展、数字化和新工业革命的挑战，改变国际生产的模式，践行诸多新的理念，例如可持续发展目标（SDG）示范园区等。

本章的分析表明，特殊经济区是普遍存在的，现被全球超过 140 个经济体所采用，其中包括 70%以上的发展中国家和几乎所有转型经济体。近年来，特殊经济区数量增长迅速，这一趋势与 2018 年世界投资报告（WIR18）中记录的新采纳、更新的一些工业政策相一致，并且也是这些政策的一部分。超过 500 个特殊经济区在这一浪潮中发展起来。这反映出两点：一是各国以此方式争取更多的国际流动投资，二是它们普遍在为国家经济发展和融入国际生产网络寻求一种相对低成本的捷径。

在特殊经济区发展方式上，各国间在诸多维度上存在差异：一是特殊经济区的数量和规模；二是特殊经济区的运营方式，是由个别大特殊经济区主导，还是多点运营抑或是二者结合；三是特殊经济区的专业性程度；四是特殊经济区的设计思路，将特殊经济区作为单独的工业区或是建成综合性城镇；五是特殊经济区参与国际合作的程度。许多新型园区着重发展高科技领域、金融服务业、旅游及环保性能评估等行业。

但与上述差异并存的是，不同特殊经济区的基本价值理念仍然是一致的，它们多会提供一揽子财政与监管方面的优惠政策。特殊经济区提供关税和税收减免、监管便利和行政程序的精简。不同特殊经济区之间以及不同类型的特殊经济区之间竞争力的差异主要基于其可提供的基础设施和服务水平，这使得新特殊经济区的建立和运营成本更高。

在大多数发展中国家和转型经济体中，特殊经济区的政策和制度框架高度相似，都是采用专门法律规定特殊经济区发展的政策框架以及在园区内的投资条件。特殊经济区的实际运营条件由特殊经济区层面的法令、低级别政府以及开发商和在此经营的公司决定，它们更多的是私营经营者。尽管在概念上，特殊经济区是其所在国家总体政策上的一种特例，但除了一些直接针对特殊经济区的贸易投资立法外，特殊经济区的吸引力仍然显著地受其所在国整体政策框架的影响。

特殊经济区正被越来越广泛地实践着，但对其实施效果尚鲜有实证研究。目前没有针对特殊经济区范围的投资、出口和就业方面的系统性数据。非官方经验表明一些规模大、经营好的特殊经济区（绝大多数在亚洲）占据了全世界特殊经济区活动中的很大份额。特殊经济区能为一国经济做出巨大贡献，但同时也有一些特殊经济区在建立很久后仍然乏善可陈。

极少国家针对特殊经济区经营绩效进行过收益支出（既包括初始投资支出，也包括运营成本）综合性评估。对于一个国家，特殊经济区可带来直接的经济和金融收益，如支持经济转型目标、促进科技与工艺发展、提供政策实践机会等。除此之外，还能提供潜在的发展红利。这些发展红利会证明特殊经济区公共投资的价值。特殊经济区的金融和财政服务水平对其持续发展能力至关重要。特殊经济区的社会与环境治理水平也同样关键，其既可能产生负的外部性，也同样有可能做出积极贡献。

上文指出，沿特殊经济区发展路径，逐步走向专业化，并积极抓住特殊经济区产业集群效应是特殊经济区成功的关键因素。报告强调了在适当监管范围内，私营特殊经济区发展的潜在效益，包括以低成本低风险建设和管理园区，积极获取国际经验和市场等。特殊经济区的区位选择、基础设施与服务水平、商业投资条件都是其成功与否的决定因素。

一、过往经验

本部分的内容可总结成关于特殊经济区方案设计、特殊经济区运营以及发展影响等方面的诸多经验（见表 4.17）。

表 4.17 特殊经济区（SEZ）过往经验总结

领域	经验
方案设计	● 将特殊经济区动态融入发展规划中 ● 补充现有竞争优势 ● 综合考虑国家投资环境和智力水平 ● 园区自负盈亏
特殊经济区运营	● 保障基本权利：商业便利、基础设施、劳动力供给 ● 促进集群与联动效应 ● 确保良好的规章制度和治理体系 ● 整合投资促进措施
发展影响	● 为特殊经济区在经济、环境、社会和治理方面的影响设计评估体系 ● 实施有效的检测与评估，重视成果管理 ● 充分发挥各机构与政府间的协同效应

资料来源：UNCTAD。

（一）特殊经济区方案设计

特殊经济区方案设计的关键是将特殊经济区建设动态融入国家长期发展规划中。特殊经济区并非静态的政策池。本章的经验分析表明，国家存在发展路径，不同发展阶段需要不同形式的特殊经济区。随着国家的发展，需要持续评估特殊经济区对于当下发展目标的适应性并据此目标调整特殊经济区方案设计，这是至关重要的。持续调整特殊经济区方案需要方案设计本身具有灵活性，并且在制定国际贸易与投资承诺时考虑到特殊经济区的长期政策。

特殊经济区规划方案应致力于补充现有竞争优势，建立基于可持续竞争资源的动态优势。如果设计和建设的特殊经济区对于工业和技术设施以及工艺水平要求很高，但现实中该国经济却难以满足上述要求，那么此类特殊经济区很容易失败。这种失败的成本在资本与时间层面都是巨大的。对于传统区位上的投资决定因素，特殊经济区可以对其加以修改却难以无视。竞争力可以围绕诸如自然资源、战略地理位置和劳动力资源等方面塑造。长远来看，竞争力能否持续取决于特殊经济区是否有充分的动态调整能力，比如在资源价值链中实现产业升级、更好利用战略地理位置以及促进劳动力技能提升等。

特殊经济区政策的成功与该国经济形势、投资环境和各级政府治理水平密切相关。特殊经济区并非封闭个体。除自身发展外，它们还要为一国产业发展注入动力，这些功效是远远超出其自身界限范围的。相反，特殊经济区的成功也离不开其所属经济体的整体发展。正如特殊经济区不应成为经济孤岛，其政策也不应与其经济体的整体政策框架分裂开。换言之，特殊经济区政策应与区外贸易和投资政策、商业与财政管理框架相协同。另外，与国家和地方政府相协调的有效特殊经济区治理是获得并保持投资者信任的关键，也是特殊经济区成功的先决条件。

最后，特殊经济区规划应确保能收回投入成本。特殊经济区目标会给一国长期动态调整能力、产业升级能力以及工艺与技术传播水平带来影响。但是，经济区的金融活力对其长远持续发展尤为关键。经济区对长期经济发展的贡献是不确定且难以预料的；如果特殊经济区的短期经济收益，包括财政收入、租金和服务费等，不足以覆盖经济区建设成本的话，它们的财政效用则难以有效发挥。当经济区的规划允许现存国内企业转化为特殊经济区企业时，出现负财政效用的风险便会增大，因为这样会侵蚀特殊经济区的税基，同时也没有产生新的生产力。

（二）特殊经济区的运营

特殊经济区的表现取决于其具有吸引力的商业环境，包括良好的基础设施、充足的高技能劳动力和各类有效服务。尽管财政刺激和补贴对投资者来讲具有一定吸引力，但特殊经济区依旧可以不依赖于此而实现成功发展。相比之下，许多特殊经济区规划失败的首要原因是特殊经济区治理水平低、办事手续杂、服务设施差。特殊经济区的良性发展需要为企业切实解决各类问题，包括接收商业信息慢、区外人员缺乏进出特殊经济区的公共交通等。首要服务取决于特殊经济区的整体环境、建设目标以及投资者状况。例如，提供有效安保、仓储和物流皆可称为特殊经济区的竞争优势。

特殊经济区可通过促进与当地经济的集群与联动效应，形成协同与规模经济效应，由此提升对投资者的吸引力。垂直专业化的特殊经济区协同效应往往更强，但行业综合性特殊经济区则便于成本分摊，例如，仓储、运输等共享服务行业等。在大型综合性特殊经济区中，小范围的协同定位能使需要协同合作的企业间在物理距离上更近。面对区外中小企业的匹配和培训计划促成了这种联动，从而不仅有利于特殊经济区发挥更大作用，也有益于特殊经济区的长期繁荣。

拥有良好的法律、监管框架和制度以及较高的特殊经济区治理水平对特殊经济区的发展尤为关键。特殊经济区起初的法律基础设施（多数案例中为国家特殊经济区法）应稳定地保证特殊经济区政策可以连贯、透明、可预期执行。而且，对于投资者的需求，特殊经济区运营程序应给予实际且及时的响应。法律基础设施应制定特殊经济区投资规则、规章设计、财政刺激、税收管理、商业活动许可与监管、贸易便利化与海关管理以及争端解决机制。特殊经济区当局负责特殊经济区法律框架实施的执行效果尚不明确。但由公共部门和私人部门代表共同组成董事会领导的独立机构在过去的执行效果则显得更好。最后，良好的治理和法治，包括反腐程序，都至关重要。

特殊经济区当局、开发者以及投资促进机构一道整合投资促进措施是吸引潜在投资者的有效途径。规章建设和投资促进机构的角色在不同国家之间有所不同。对于多数特殊经济区来讲，投资促进机构的投资促进措施不会显著区别于区外。上述各方的共同努力会给特殊经济区在特定领域带来主动性，将有利于特殊经济区更好地与区外投资便利措施相联动，并与整个国家的投资促进战略无缝对接。明确划分职责非常重要，投资促进、流程审批、奖励发放以及合规监控等诸多职责应明确划分给不同主体。

（三）发展影响最优化

要使特殊经济区的积极影响得到最优化，首先要在特殊经济区表现、经济贡献、劳工权益以及社会与环境标准等方面设定清晰的目标。许多特殊经济区的规划在投资、出口和就业贡献等方面的目标设定较为宽泛。但是若想最大化发挥特殊经济区对生产力提升、产业发展以及技术革新的促进作用，则需将目标细分到资金支出、工艺水平、技能培训和当地含量等多个方面。这种目标也是构建激励计划、支持产业集群、实现投资促进与便利化、完成产业匹配与协同的要求。

清晰的目标也是落实有效监控和评估机制的

先决条件。第三节提出的特殊经济区的持续发展影响评估（或“损益表”）可为关键评估领域的确定提供参考。监控流程和矫正行动的范围和方式同样重要。这样的“结果管理”可在公共机构设计特殊经济区的初始阶段就将其引入，并纳入特殊经济区发展与运营的合同中。特殊经济区规划设计应有机制确保特殊经济区的建设与其发展战略规划相一致。

最后，正如上文提到的，不同政策区域的一致性以及国家和地方不同区域间协同效应的创造对特殊经济区发挥预期作用至关重要。作为良好治理的延伸，特殊经济区的管理有赖于不同部门和机构间的通力合作。

（四）系统与策略考量

除了关于特殊经济区规划、运营和影响最优化等方面的实际经验外，当前的特殊经济区发展趋势还提醒政策制定者进行一系列的系统性策略考量。

各国对国际流动投资的激烈竞争是特殊经济区在世界范围内兴起的主要驱动因素。在市场萎缩的大环境下，各国迫切需要国际流动投资来促进本国工业产能，尤其各国竞相推出“逐底竞争”的策略，以低税收、弱监管、松标准去吸引（主要来自国际的）投资者。

国际社会对于可持续发展的共识应遏制这样的“逐底竞争”趋势。但是，发展的含义尤为深远。多数国家的经济区规划拟定了全方位的投资促进手段，这使得先前存在的投资区位优势继续扩大，原有劣势国却难以改变现状，而这些国家正是最需要国际投资来促进本国工业发展的。此外，对效率导向型投资的差异化竞争迫使各国建立高成本高度专业化的经济区，并提供补贴服务，这也使得最不发达国家的劣势继续扩大。

此外，在某些发展中国家，经济区由于吸引一批制造业投资而形成了国际流动经济活动的飞地。那么，这样对本国企业和当地劳动力是否公平呢？尤其是在大型综合性经济区中包括当地城镇、居民区的情况下，这个问题就更加引人关注。特殊经济区的建立存在这样一个问题：经济区可以提升部分人口的收入，却不会使全体居民受益，甚至对部分居民有负面影响，例如那些依赖非正式行业生存的居民。许多国家，尤其是贫穷国家需要利用特殊经济区吸引国际投资，融入全球价值链，产生溢出、集聚与示范效应，实现进一步发展。各国需要有效地权衡对特殊经济区的这种需求与上述可能存在的负面影响。

上文提出的特殊经济区发展路径部分关注到了这个问题。文中提出建立低成本特殊经济区，利用集约方式发展和管理经济区是低收入国家的一种选择。限制补贴服务和奖励，同时基于投资者的可持续发展贡献给予财政奖励可进一步缓解“二元经济”的问题。这样做将使贸易和投资便利化措施成为特殊经济区唯一的永久性优势。

然而，政策制定者一般会质疑将特殊经济区中所有投资促进措施组合在一起的必要性。在某种情况下，对于特定类型的投资，单项促进措施已经足够。许多一般意义上的制约发展和投资的问题可通过该国经济体的一些通行政策解决，而非必须由特定区域内的政策措施解决。例如，如果没有充足的用地或基础设施不完善（是制约工业发展的关键因素），那么普通工业园区（没有特殊制度）就可作为解决该问题的合适政策。类似的，如果一国的首要目标是吸引某特定行业投资的话，提供有针对性的奖励，让投资者自行决定在该国的最佳投资区位，这种方式或许跟建立特殊经济区一样有效。甚至对于贸易（依赖性经济活动）的流程便利化措施也可通过其他方式提供，例如建立保税仓库或者实行退税计划。发展和投资的单一制约因素并非特殊经济区诞生的原因。

在低收入国家，其诞生多是因为投资与发展面临多重制约，其他替代方式难以有效解决问题。

相较于特殊经济区，此类替代方案的优势是更有利于促进整个国内改革而非仅将改革限制在区内，因而，能避免贸易、投资和税收上多重管理机制并存的局面。诚然，特殊经济区并不阻碍国家体制改革。那些早期建立特殊经济区的亚洲国家正是运用经济区作为一种手段，先形成经济双轨制，进而将改革推向整个经济体。其最终的目标仍是在更广的范围内发挥改革的积极效应，撬动整个经济体的改革。

最后，上文所述的特殊经济区方案设计也在不断根据情况进行调整，有些方案甚至出现了政策转向。这体现了政策制定者需要一个备选方案。他们需要在原有方案未达预期目标时，重新进行战略定位，在改变园区管理机制、更新利益分配模式时有所选择。

二、前瞻视角

本章引言部分提出了当前三大挑战：可持续发展势在必行、新工业革命和数字经济方兴未艾、国际生产和全球价值链模式变更。这三者使得重新进行战略定位、改变特殊经济区管理机制、更新利益分配模式的需要日趋迫切。表 4.18 提出了三大挑战的应对政策概览。

可持续发展日程日益引领着跨国公司的战略决策和运营模式，这应该被反映到特殊经济区和国际投资促进机构传递给投资者的价值取向中。松懈的社会和环境管控并非经济区吸引投资者的长久之计。相反，当特殊经济区陷入劳工或人权相关舆论漩涡时还会阻碍外界投资的流入，从而导致一个特殊经济区的运营失败。可持续发展方面的共享服务设施，例如公共健康与安全服务、废物管理和能源再利用设施等日趋重要。注重环保的特殊经济区（生态园区）已经悄然出现（UNTCAD，2016），而且对 ESG 的高标准强化逐渐成为特殊经济区的鲜明特征（见专栏 4.18）。

表 4.18　潜在挑战的政策回应概览

政策/标准	可持续发展势在必行	新技术革命和数字经济	国际生产模式变更
战略重新定位	● 特殊经济区规划设计中的可持续发展综合指标 ● 探索新的特殊经济区模式，着力孕育促进可持续发展的经济活动	● 整合数字技术，使特殊经济区服务提供模式现代化 ● 促进对数字化企业商业活动的投资 ● 与国际平台提供者合作，提升特殊经济区竞争力	● 专业化的园区集中力量发展与全球工业格局变更同步的服务业和制造业 ● 通过引入新国际合作模式等方式，将特殊经济区发展与区域整合连接
监管变革	● 为特殊经济区投资者建立、监测、强化 ESG 评价体系 ● 在特殊经济区推广国际标准	● 考虑特殊经济区政策框架和国家数字经济监管机制之间的联动关系	● 根据新的投资形式（国际生产的非股权模式）调整原有的便利化和监管机制 ● 预测国际规则、贸易偏好以及区域整合措施

续表

政策/标准	可持续发展势在必行	新技术革命和数字经济	国际生产模式变更
价值重新分配	● 提供 ESG 方面的支持服务和培训项目 ● 针对可持续发展贡献重新制定投资刺激计划	● 在园区中提供足够的数字化基础设施 ● 通过集群和联动项目促进数字化企业的启动 ● 调整 HRD 项目，使其包括数字化技术	● 促进出口升级与多样化 ● 强化企业家政策，促进本国企业家向特殊经济区转移，以此加速 FDI 流入园区 ● 提供特定或共享的制造、设计或测试场地和服务

专栏 4.18 利用特殊经济区促进绿色增长

特殊经济区在两大战略中起着重要作用。一是埃塞俄比亚的工业发展战略，二是强调节能减排的生态恢复绿色经济战略。该国宣布到 2025 年要建立 30 个工业园区，将制造业产出占该国 GDP 的份额从 5%提升至 20%。5 个工业园区已经投入运营，6 个以上正在建设当中。迄今为止，政府支出大概在 1.3 万亿左右。政府也鼓励私人投资者通过独立开发或者 PPP 的方式参与园区建设。目前，已经有三个私人园区正在运营，这些投资者可以得到和公立园区同等的奖励措施。

园区中的旗舰阿瓦萨生态工业园正是按照生态恢复绿色增长战略开发出来的。园区重点发展纺织服装工业，目前数家全球知名生产商在该区落户，其中包括美国奢侈品大型企业 PHV 公司，它的旗下品牌有汤米·希尔费格（Tommy Hilfiger）和卡尔文（Calvin Klein）。政府兴建了一个最先进的废水零排放污水共同处理工厂，这使得园区 90%的废水可以得到净化和循环使用，极大地降低了废水对周边土壤盐度、地下水和河体的影响。而且，经济区完全由可再生的水力发电，其经营场所中装有高能效的 LED 灯等先进设备。2018 年是阿瓦萨投入运营的第二整年，该工业园报告称 2018 年实现出口额近 5 000 万美元（整个工业园的出口收入为 1 亿美元），这一数字还将继续增长。鉴于整个埃塞俄比亚的出口额还不到 30 亿美元，其中该国消费品在整体出口中所占的份额一直很低（2016 年为 12.5%），所以，5000 万美元的出口额可谓卓越。

埃塞俄比亚的经验展现了环保可持续型经济区对国际投资者的潜在价值。在阿瓦萨园区的设计过程中，政府邀请了一些潜在投资者为规划和建设提出建议，因此园区符合最新的国际标准。针对创新元素，尤其是与环境和安全标准相关的建议是 PVH 公司提出的，该公司是迄今为止埃塞俄比亚最大的境外投资者（世界银行，2017b）。

资料来源：UNTCAD。基于埃塞俄比亚工业园区开发公司和埃塞俄比亚联邦民主共和国的信息（2011）整理。

将财政奖励拓展到一系列诸如社会、环保等指标，而非仅局限于就业、投资和出口业绩，可能成为提升特殊经济区 ESG 业绩和可持续发展影响的主要工具。激发这一潜能需要在园区规划设计中引入 ESG 指标和足够的监控能力。最终，特殊经济区模型可促进着力于可持续发展贡献的投资。这样的园区将专门从事类似可再生能源或创新产品等方面的制造业生产，这样可以为低收入国家提供低成本的社会和环境问题解决方式。

新工业革命正在改变原有制造业。其主要是指在工业领域广泛引入数字技术、先进机器人技术、3D打印、大数据和互联网技术等。相比之下，劳动力成本在投资区位选择中的重要性正在降低，这一点对于特殊经济区有重要影响。其发展规划的价值取向也需要据此有所更新。特殊经济区要着力通过与供应平台的伙伴关系来获取高技能资源、高度的信息通达性以及相关技术服务提供能力。对于潜在投资者来说，特殊经济区运营者提供的数字化服务（例如通过线上窗口完成行政流程手续），将成为越来越重要的吸引因素。在战略层面，特殊经济区将在数字化企业方面迎来新的机遇，应着力为电商企业的物流活动构建更强有力的后勤便利设施。特殊经济区可以学习孵化器模式，与当地园区内外数字化企业形成集聚与联动关系，实现园区向数字创新中心的转化。而抓住这一机遇，使特殊经济区新模式取得成功，则需要国家数字政策（例如，隐私保护法规、数据存储与安全等）与特殊经济区管理和制度框架相融合。

国家生产模式变更以及全球价值链，由于海外业务趋于无形化与轻资产化，传统上特殊经济区提供的物理上的生产优势变得无关紧要。在这种趋势下，更多的园区一方面专注于服务业，另一方面发展小规模制造业（例如，数字孪生，见WIR17）。这两方面的发展都将引领园区走上高科技和知识产权生产道路，也要求特殊经济区对产业升级和工业进步给予奖励措施，引导其对园区做出贡献。小规模制造业投资能提供与区外企业增强联动关系的机遇。政策因素也是驱动国际生产方式转变的一大动因。跨国公司不断地改进全球价值链以应对新贸易壁垒或优惠市场准入措施的变更。当前，贸易保护主义趋势抬头，国际贸易政策以及新区域贸易投资协定进展缓慢，这些都在严重影响特殊经济区的竞争力。目前的趋势更为倾向于区域化，而非多边经济合作，这将给区域性经济区、跨境经济区和其他形式的国际合作经济区发展注入新的动力。

三、可持续发展目标（SDG）示范区

本章记录了诸多新型特殊经济区示范区的出现，它们在战略重心（例如，高科技、金融服务和旅游业）、规划（例如，整合示范区域）、治理（例如，国际合作示范区）和运营（例如，新型共享 ESG 相关服务）方面都实现了一定的创新。

本章第三节提出的可持续发展无疑是当前政策制定者、经济区规划者和经营者面临的最紧迫的挑战。总的来说，应对政策为目前的特殊经济区提供了总体的方向。此类应对措施可较为合适地应用于目前世界上大多数的特殊经济区规划设计中。

2030 年日程计划是实现联合国可持续发展目标的计划。该计划将给新型特殊经济区的发展带来契机。从概念上讲，这类经济区将围绕三大关键要素建立：

- 重点吸引与可持续发展目标相关的投资。
- 最高级别的 ESG 标准与合规执行。
- 通过联动和溢出效应促进包容性增长。

生态环境、社会和公司治理合规性以及联动

和溢出效应已经是多数现有经济区的战略目标。但是，对于特殊经济区的回顾表明，需要做的还有很多。表 4.19 提供了创立可持续发展目标示范园区的政策选项概览。

可持续发展目标示范经济区将引入最严格的国际标准。定下基准，发挥催化剂作用，促进所有经济区以新方法去创新和实验，并以此取得长足进步。可持续发展目标示范经济区将被设计为零排放、低污染的园区（这一宏伟目标需要复杂的、周密的规划设计）。它们将努力促成可持续发展目标的实现，这一目标通常并不涵盖在特殊经济区绩效评估体系中，例如，性别平等基准或经济区对公共财政收入的贡献度指标等。

可持续发展目标示范经济区将提供服务措施，去推动和促进在园区内运营的企业在 ESG 方面取得优良的业绩。这类服务包括对健康和安全标准的检查服务以及为实现进步需要落实最佳实践、获得第三方认可而进行的培训和金融支持服务。对于环境绩效达标也是如此，园区需提供一系列服务，包括咨询服务、回收机会以及节能减排措施落实方案的鉴别认定服务等。

表 4.19　缔造可持续发展目标示范经济区的政策选择

政策选择	政策目标	焦点	促进/便利化措施
可持续发展目标投资策略	● 催化可持续发展目标的落实 ● 孵化促进可持续发展目标的商业活动	● 可持续性农业、食品安全和营养 ● 基础设施、公用事业、水和公共卫生服务 ● 卫生保健和基本医疗 ● 可再生能源与减轻气候变化 ● 教育	● 针对可持续发展目标行业，孵化可持续发展目标活动 ● 根据可持续发展目标贡献重新定位奖励计划 ● 为可持续发展目标项目提供支持 ● 为投资和社会企业家提供便利 ● 与发展伙伴合作
ESG 标准遵从度	● 促进生产与服务的可持续流程 ● 提升企业社会责任和良好的公司治理	● 远大目标：污染零排放，浪费最小化 ● 劳工、健康、安全方面的最高标准 ● 性别平等标准 ● 特殊经济区对公共财政收入贡献衡量	● 提供相关服务，促进标准的实行 ● 标准执行情况检查，交换最佳实践 ● 投资者认同园区行为准则并公开 ESG 执行情况
通过联动和溢出实现包容性增长	● 改变园区的封闭状况，提升上下游联动 ● 将可持续发展目标的最佳实践在整个经济体范围内推广	● 可再生能源装置惠及区外企业 ● 废弃物处理工厂的承载能力超越园区本身范围 ● 便利与服务设施（医疗、住房、教育）惠及更广大群体	● 强化企业家政策 ● 动员当地企业家促进 FDI 流入，鼓励跨国公司供应商投资 ● 推广奖励计划，支持当地供应商发展

资料来源：UNCTAD。

可持续发展目标示范区将提供能够惠及更广范围社区的便利设施，例如可再生能源装置，它既能服务园区又可以输送电网（或者为园区外供电），废物处理工厂，具有超出园区要求的承载力，或者其他将惠及区外的功效（例如，污水处理）；也将提供其他便利和服务设施，这些将服务更广范围的社区，包括居民区和公益住房、医疗和教育设施、娱乐场所和其他服务（例如，消防设施）。

可持续发展目标示范区将明确按照最高治理标准运营。这将涉及很多利益相关方群体，他们将支持有利于当地发展、经济增长和环境保护的创新思路。例如，他们将为园区中女性的就业问题提供便利，颁布反歧视法规，提供儿童保育设施，提供相关保护和培训并且促进女性企业家精神培养（UNTCAD，2014）。这类园区发展建设可引入在可持续发展方面具有相关利益的特定投资群体，确保对投资者 ESG 方面绩效的持续性监控和报告（例如通过性别平等审计）。在园区中经营的企业可志愿签署行为准则承诺，构建可持续发展目标示范区管理当局、园区开发者和投资者之间的伙伴关系。或者，将企业从特殊经济区获得的利益与其初始及后续认定的 ESG 绩效挂钩。

以如此高标准运营，可持续发展目标示范区应有效地从逐底竞争向各方面标准力争上游转型，使可持续发展影响成为地区新优势。

可持续发展目标经济区三大要素中最复杂的是战略性吸引可持续发展目标相关行业的投资。世界投资报告 2014 关于投资与可持续发展目标列举了可持续发展目标相关的十大领域（该报告出版于可持续发展目标形成前夕，估计了这些领域的总投资需求，估算表明尚有约 2.5 万亿美元的投资缺口；这对亚的斯亚贝巴为发展融资日程提供了议题）。这些领域广泛涵盖了基础设施、水和公共卫生、能源、缓解气候变化、食品安全以及教育和健康，这些在通常意义上讲并不是特殊经济区投资促进活动的重点。

特殊经济区的效益包括关税与税收减免、便利化服务和基础设施支持等，这些都在驱动更多国际流动投资去生产最具交易性的商品与服务。诚然，可持续发展目标相关行业大多是非交易性服务。此外，在大多数情况下，投资于可持续发展目标相关行业对于可持续发展的贡献高度依赖于投资资产的区位，投资资产周边的人口则需要相关的基础设施和服务。对于许多可持续发展目标相关行业，有针对性（非仅立足于园区）的奖励和便利化措施是更为合适的投资促进工具。

新型特殊经济区不断增加，包括一些由经济活动引导的而非专注于吸引国际流动投资的园区。上述经济活动包括当地中小企业（SME）的投资或其经济发展目标与可持续发展目标更为契合的一些经济活动，如提升贫困地区就业等。这类园区，包括美国和英国的一些企业园区、法国的城市免费区等，它们可能并不满足所有的一般特殊经济区标准，它们不一定是一个不同于区外的关税地区，也不一定提供了企业所得税减免，但它们无一例外是各国基于园区的一种发展工具。

此外，低收入国家的可持续发展目标示范经济区可以通过获得发达经济体的援助与其进行合作发展，也可利用南南合作机制谋求发展。特殊经济区国际合作的成功经验可为我们提供一个范例。国际发展机构，包括多边和地区发展银行也可发挥积极作用，为园区的建立和运营提供技术支持，弥补知识鸿沟并协助进行影响评估。

可持续发展目标示范园区可秉承传统特殊经济区发展模式，对于专业化园区，一系列有针对性的奖励措施和适宜的区位较为关键，而不一定必须临近基础设施中心。相反，可持续发展目标示范园区可以在传统特殊经济区强调吸引国际流动投资的基础上同时重点引进可持续发展目标行业的相关投资和社会企业。一种现实的延伸便是像美国一样发展次经济区，即特殊经济区由一个核心区和若干次区域组成，其中核心区是一个有特定地理界线的区域，而次区域在核心区周边，它们有各自适合发展的经济活动，次区域上的这些经济活动可以适用核心区同样的管理等便利政策。

根据本报告的调研，未来几年，大约 500 个特殊经济区正走在发展的道路上。这些新型特殊经济区的发展将面临不同于以往的国际环境。贸易政策环境利好出口导向型发展战略的程度大不如前。工业领域的科技化趋势正不断侵蚀多数特殊经济区赖以生存发展的主要竞争优势——低劳动力成本。可持续发展趋势不再允许园区管理者以不干扰投资者的名义对园区的运营不加作为。相反，迫使管理者积极追求并推广高标准的ESG绩效水平。

本章的结论部分总结了以往的经验，提供了一个前瞻视角，并萌生了可持续发展目标示范园区的先驱思路。总体来看，以往的经验和未来的政策选项可帮助政策制定者对现有特殊经济区进行激活与升级，并对将要开发的新经济区进行合理规划，避免踏上先前的弯路。

特殊经济区现代化以及建设可持续发展目标示范园区的过程得益于国际经验和最佳实践。同时，越来越多的园区通过国际伙伴关系发展起来，这种伙伴关系是一个国际平台，它将融资伙伴、特殊经济区开发者、东道国连接起来。在这样的合作发展过程中，引进投资促进机构和对外投资促进机构将其向可持续发展导向园区转变的速度加快。建立这种连接各方的国际平台，通过政策建议、技术支持和培训项目来支持伙伴关系，都需要 UNTCAD 发挥引领作用。关键目标是让特殊经济区服务于可持续发展目标——从特权飞地向普遍利益来源地转变。

注释：

[1] 关于各国使用的特殊经济区定义和术语的详细讨论，参见 Bost（2019）。

[2] 关于就业和公司的数据来源于美洲法语带联盟（Asociacion Zonas Francas de las Americas）。原始数据不包括一些被统计为特殊经济区的工业园区，但包括多米尼加和哥伦比亚未被统计为特殊经济区的单一企业自由点。

[3] 墨西哥新政府于 2019 年 4 月宣布撤销特殊经济区政策，并打算关闭自 2017 年起处于开发中的特殊经济区。

[4] 在 2010 年 1 月 12 日的地震中，太子港及其周边的一些服装厂受到严重损毁，其中一家雇用了近 4 000 名工人的大型服装厂倒塌。因此，美国国会通过了《海地经济援助计划法案》。该法案将《加勒比海国家贸易伙伴法案》（CBTPA）和《海地半球机会伙伴促进法案》（HOPE）的有效期延长至 2025 年 9 月 30 日。

[5] 乌克兰在 21 世纪头十年中期取消了特殊经济区的特权，并于 2016 年正式关闭了特殊经济区。

[6] 新加坡经济发展局，1995 年，引自 Pereira（2003：28）。

[7] 参见“在埃及建立俄罗斯工业区”，《埃及今日报》（Egypt Today），2019 年 2 月 1 日。www.egypttoday.com。

[8] 根据中新苏州工业园区管理委员会的资料，www.sipac.gov.cn。

[9] SCM 协议将补贴分为“可诉”和“禁止性”的补贴。

[10] 如果这种待遇只是为了使特殊经济区内的公司受益，那么它就不属于一般基础设施的定义。参见 SCM 协议第 1.1（a）（1）（III）条。

[11] 在一些 RTAs 中，原产地规则禁止对某些材料使用免税退税制度（例如，那些进口到特殊经济区所在国，被用于生产旨在向 RTA 缔约国出口并获得协定优惠待遇的产品）。

[12] SCM 协议的脚注 1。根据小组报告，欧盟-PET（巴基斯坦），第 7.36 和 7.37 段，退税计划下的超额减免（政府放弃收入或应付的资金）将受 SCM 规则的约束。另见相应的上诉机构报告（WT/DS486/AB/R）。

[13] 2007 年，总理事会通过了根据 SCM 协

定第 27.4 条延长淘汰期的程序（WTO，G/SCM/W/546/Rev.8）。延长的成员必须提供逐步取消时期的透明度通知。授予延期的决定取决于 SCM 委员会。

[14] 第 27.2（a）条及 SCM 协议附件的第 VII（a）条。

[15] TRIMs 协定第 5 条规定了与不符合 TRIM 措施有关的通知和过渡安排。发达国家成员过渡期为两年，发展中国家成员过渡期为五年，最不发达国家成员有七年时间取消任何与 TRIMs 协议不一致的措施。

[16] WTO 争端解决机构一致通过 DS348 决定；在 DS366 中，通过了一份未被上诉的小组报告。

[17] 根据 FIAS（2008）和 ILO（2017）的估计，推断出当前特殊经济区的数量。

[18] 越南特殊经济区的在线单一窗口可访问 https://vietnam.eregulations.org/。该网站是在 UNCTAD 商业便利化方案的支持下建立的。

[19] 详见“全球影响投资网络”（Global Impact Investment Network）的报告，theGIIN.org。

参考文献

[1] African Development Bank (2019). Africa Economic Outlook 2019. Abidjan: African Development Bank, www.afdb.org/fileadmin/uploads/afdb/Documents/Publications/2019AEO/AEO_2019-EN.pdf.

[2] Aggarwal A (2010). Economic Impacts of SEZs: Theoretical approaches and analysis of newly notified SEZs in India. Delhi: Department of Business Economics, University of Delhi.

[3] Angko W (2004). Analysis of the Performance of Export Processing Zones in Ghana. Journal of Business Administration and Education, 5(1): 1–43.

[4] AIR17. ASEAN Secretariat and UNCTAD (2017). ASEAN Investment Report 2017: Foreign Direct Investment and Economic Zones in ASEAN. Jakarta: ASEAN Secretariat and Geneva: UNCTAD.

[5] AIR18. ASEAN Secretariat and UNCTAD (2018). ASEAN Investment Report 2018: Foreign Direct Investment and the Digital Economy in ASEAN. Jakarta: ASEAN Secretariat and Geneva: UNCTAD.

[6] Asian Development Bank (2015). Asian Economic Integration Report. Manila: Asian Development Bank.

[7] Asian Development Bank (2018). The Role of Special Economic Zones in Improving Effectiveness of Greater Mekong Subregion Economic Corridors. Manila: Asian Development Bank.

[8] Bank of Jamaica (2019). Quarterly Monetary Policy Report, 19(3), February.

[9] Bank of Mauritius (2019). Gross Direct Investment Flows (Excluding Global Business Sector): 2018 (Preliminary estimates). Research and Economic Analysis Department, 22 April.

[10] Bank of the Republic of Zambia (2018). Foreign Private Investment and Investor Perceptions in Zambia 2018: Enhancing Investment for Export Promotion and Industrialisation Towards Exclusive Growth. Lusaka: The Balance of Payments Statistical Committee of the Government of the Republic of Zambia, www.boz.zm/ ForeignPrivateandInvestorPerceptionReport2018.pdf.

[11] Bank of Uganda (2018). Annual Report 2017/18, 30 June, www.bou.or.ug/bou/bou-downloads/publications/Annual_Reports/Rprts/All/Bank-of-Uganda-Annual-Report-2018.pdf.

[12] Bisan Center for Research and Development (2012). Jericho Agro-Industrial Park: A Corridor for Peace or Perpetuation of Occupation? Development Papers Series 8.

[13] Borga M and C Caliandro (2018). Eliminating the Pass-through: Towards FDI Statistics That Better Capture The Financial and Economic Linkages Between Countries. In The Challenges of Globalization in the Measurement of National Accounts. Cambridge, MA: National Bureau of Economic Research.

[14] Bost F (2010). Atlas Mondial Des Zones Franches. Paris: La Documentation Française/ CNRS.

[15] Bost F (2016). Free Zones: A State of the Art. The World of Free Zones. Towards a New Global Trade Order. Dubai: World Free Zones Organization.

[16] Burgaud J and T Farole (2011). When Trade Preferences and Tax Breaks Are No Longer Enough: The Challenges of Adjustment in the Dominican Republic's Free Zones. In Farole T and G Akinci (eds.), Special Economic Zones: Progress, Emerging Challenges, and Future Directions. Directions in Development Series. Washington, DC: World Bank, http://documents.worldbank.org/curated/en/752011468203980987/Special-economic-zones-progress-emerging-challenges-and-future-directions.

[17] Casella B (2019). Looking Through Conduit FDI in Search of Ultimate Investors—A Probabilistic Approach.Transnational Corporations, 26(1): 109–146.

[18] Central Asia Regional Economic Cooperation (CAREC) Secretariat and Asian Development Bank (2018). Strategic Framework for Special Economic Zones and Industrial Zones in Kazakhstan. Manila: Asian Development Bank.

[19] Central Bank of Seychelles (2018). Annual Report 2018, www.cbs.sc.

[20] Central Bank of Solomon Islands (2018). Quarterly Review, 30(4), December, www.cbsi.com.sb/wp-content/uploads/2019/04/Q4-DEC2018.pdf.

[21] Central Bank of the Bahamas (2019). 2018 Annual Report, www.centralbankbahamas.com/download/057641600.pdf. Central Bank of Trinidad and Tobago (2019). Economic Bulletin, 21(1), January.

[22] Chen X (2019). Change and Continuity in Special Economic Zones: A Reassessment and Lessons from the Chinese Experience. Transnational Corporations, 26(2), Forthcoming.

[23] Chen X and C Lin (2018). Foreign Investment across the Belt and Road Patterns, Determinants and Effects. Policy Research Working Paper, No. 8607.

[24] Cheng T (2019a). From Special Economic Zones to Greater Special Economic Region – Hong Kong Special Administrative Region as a Model for the Legal Infrastructure Design. Transnational Corporations, 26(2), Forthcoming.

[25] Cheng T (2019b). Special Economic Zones: A Catalyst for International Trade and Investment in Unsettling Times? Journal of World Investment & Trade, 20(1): 32–67.

[26] Colliers International, EY and the Polish Investment and Trade Agency (2018). Polish Investment Zone: Legal and Organizational Changes, www.paih.gov.pl.

[27] Coppens D (2013). How Special is the Special and Differential Treatment under the SCM Agreement? A Legal and Normative Analysis of WTO Subsidy Disciplines on Developing Countries. World Trade Review, 12(1): 79–109.

[28] Cuervo-Cazurra A (2018). Thanks But No Thanks: State-owned Multinationals from Emerging Markets and Host-country Policies. Journal of International Business Policy, 1: 128–156.

[29] Damgaard J and T Elkjaer (2017). The Global FDI Network: Searching for Ultimate Investors. IMF Working Paper, No. 17/258.

[30] Defever F, J Reyes, A Riano and M Sanchez-Martin (2017). Special Economic Zones and WTO Compliance: Evidence from the Dominican Republic. CESifo Working Paper Series, No. 6791. Munich: Ifo Institute.

[31] Eastern Caribbean Central Bank (2018). Quarterly Economic and Financial Review, 1(1), June.

[32] ECLAC (2018). Exploring New Forms of Cooperation between China and Latin America and the Caribbean. Santiago de Chile: ECLAC.

[33] Farole T (2010). Second Best? Investment Climate and Performance in Africa's Special Economic Zones. World Bank Policy Research Working Paper, No. 5447.

[34] Farole T (2011). Special Economic Zones: What Have We Learned? World Bank Economic Premise, No. 1-5.

[35] Farole T and G Akinci (2011). Special Economic Zones: Progress, Emerging Challenges, and Future Directions. Directions in Development Series. Washington, DC: World Bank.

[36] Farole T and J Kweka (2011). Institutional Best Practices for Special Economic Zones: An Application to Tanzania. Africa Trade Policy Notes, No. 25. Washington, DC: World Bank.

[37] Federal Democratic Republic of Ethiopia (2011). Ethiopia's Climate-Resilient Green Economy Strategy. Addis Ababa: Federal Democratic Republic of Ethiopia.

[38] FIAS (2008). Special Economic Zones: Performance, Lessons Learned, and Implications for Zone Development.Washington, DC: World Bank.

[39] Frick S A Rodríguez-Pose and M Wong (2019). Toward Economically Dynamic Special Economic Zones in Emerging Countries. Economic Geography, 95(1): 30–64.

[40] Gereffi G, S Frederick and P Bamber (2019). Diverse Paths of Upgrading in High-tech Manufacturing: Costa Rica in the Electronics and Medical Devices Global Value Chains. Transnational Corporations, 26(1): 1–30.

[41] ILO (2003). Employment and Social Policy in Respect of Export Processing Zones. Geneva: International Labour Organization.

[42] ILO (2007). ILO Database on Export Processing Zones. Geneva: International Labour Organization.

[43] ILO (2014). Trade Union Manual on Export Processing Zones. Geneva: International Labour Organization.

[44] ILO (2017). Promoting Decent Work and Protecting Fundamental Principles and Rights at Work in Export Processing Zones. Geneva: International Labour Organization.

[45] IMF (2017). Global Financial Stability Report. Washington, DC: International Monetary Fund.

[46] IMF (2019). World Economic Outlook: Growth Slowdown, Precarious Recovery. Washington, DC:

International Monetary Fund.

[47] Kheyfets B (2018). Deoffshorization and Anti-Russian Sanctions. Russian Foreign Economic Journal, 8: 15–30 (in Russian).

[48] Koyama N (2011). SEZs in the Context of Regional Integration : Creating Synergies for Trade and Investment. In Farole T and G Akinci (eds.), Special Economic Zones: Progress, Emerging Challenges, and Future Directions. Directions in Development. Washington, DC: World Bank.

[49] Kuznetsov A (2018). Evaluation Methods of Russian Direct Investments Abroad. Economics of Contemporary Russia, 4: 37–50 (in Russian).

[50] Kuznetsov A and O Kuznetsova (2019). Russian SEZs: from Failed Projects to Successful Industrial Sites. Transnational Corporations, 26(2), Forthcoming.

[51] Maldives Monetary Authority (2018). Annual Report 2018, mma.gov.mv/documents/Annual%20Report/2018/AR2018%20(English).pdf.

[52] Ministry of Commerce of the People's Republic of China, National Bureau of Statistics, State Administration of Foreign Exchange (2017). 2017 Statistical Bulletin of China's Outward Foreign Direct Investment. Beijing: Ministry of Commerce of the People's Republic of China, National Bureau of Statistics, State Administration of Foreign Exchange.

[53] Moberg L (2015). The Political Economy of Special Economic Zones. Journal of Institutional Economics, 11(01): 167–190.

[54] OECD/EUIPO (2018). Trade in Counterfeit Goods and Free Trade Zones: Evidence from Recent Trends. Illicit Trade, Paris: OECD Publishing.

[55] Pereira A A (2003). State Collaboration and Development Strategies in China: The Case of China-Singapore Suzhou Industrial Park (1992–2002). London: Routledge.

[56] Picard F, M Coulibaly and C Smaller (2017). The Rise of Agricultural Growth Poles in Africa. Investment in Agriculture Policy Brief, No. 6. Winnipeg: International Institute for Sustainable Development.

[57] Schrank A (2008). Homeward Bound? Interest, Identity and Investor Behavior in a Third world Export Platform. American Journal of Sociology Volume, 114(1): 1–34.

[58] Shadikhodjaev S (2011). International Regulation of Free Zones: An Analysis of Multilateral Customs and Trade Rules. World Trade Review, 10(2): 189–216.

[59] UNCTAD (2015a). Enhancing the Contribution of Export Processing Zones to the Sustainable Development Goals: An Analysis of 100 EPZs and a Framework of Sustainable Economic Zones. New York and Geneva: United Nations.

[60] UNCTAD (2015b). Promoting green FDI: Practices and Lessons from the Field. IPA Observer, No. 5. Geneva: UNCTAD.

[61] UNCTAD (2015c). Investment Policy Framework for Sustainable Development. New York and Geneva: United Nations.

[62] UNCTAD (2018a). Global Investment Trends Monitor, Special World Investment Forum Edition, No. 30, October 2018. New York and Geneva: United Nations.

[63] UNCTAD (2018b). UNCTAD's Reform Package for the International Investment Regime. New York and Geneva: United Nations.

[64] UNCTAD (2019a). Investment Trends Monitor, Special Davos Edition, No. 31, January 2019. New York and Geneva: United Nations.

[65] UNCTAD (2019b). Reforming Investment Dispute Settlement: A Stocktaking, IIA Issues Note, No. 1, March 2019. New York and Geneva: United Nations

[66] WIR02. UNCTAD (2002). World Investment Report 2002: Transnational Corporations and Export Competitiveness. New York and Geneva: United Nations.

[67] WIR12. UNCTAD (2012). World Investment Report 2012: Towards a New Generation of Investment Policies. New York and Geneva: United Nations.

[68] WIR13. UNCTAD (2013). World Investment Report 2013: Global Value Chains: Investment and Trade for Development. New York and Geneva: United Nations.

[69] WIR15. UNCTAD (2015). World Investment Report 2015: Reforming International Investment Governance. New York and Geneva: United Nations.

[70] WIR16. UNCTAD (2016). World Investment Report 2016: Investor Nationality: Policy Challenges. New York and Geneva: United Nations.

[71] WIR17. UNCTAD (2017). World Investment Report 2017: Investment and the Digital Economy. New York and Geneva: United Nations.

[72] WIR18. UNCTAD (2018). World Investment Report 2018: Investment and New Industrial Policies. New York and Geneva: United Nations.

[73] World Bank (2017a). Special Economic Zones: An Operational Review of Their Impacts. Washington, DC: World Bank.

[74] World Bank (2017b). Looking Beyond the Horizon: A Case Study of PVH's Commitment in Ethiopia's Hawassa Industrial Park. Washington, DC: World Bank.

附　　录

附件清单来源于联合国贸易和发展会议（www.unctad.org/wir）

附表 1. 2013—2018 年按区域和经济体列出的 FDI 流量(单位：百万美元)

区域/经济体	FDI流入量						FDI流出量					
	2013	2014	2015	2016	2017	2018	2013	2014	2015	2016	2017	2018
世界[a]	1 431 164	1 357 239	2 033 302	1 918 679	1 497 371	1 297 153	1 376 642	1 298 772	1 682 584	1 550 130	1 425 439	1 014 172
发达经济体	694 848	623 078	1 268 594	1 197 735	759 256	556 892	892 147	779 536	1 243 500	1 105 083	925 332	558 444
欧洲	351 197	283 392	715 017	611 693	384 023	171 878	389 705	232 181	774 860	579 563	375 472	418 363
欧盟	345 034	265 619	635 840	556 118	340 570	277 640	342 914	214 230	654 956	489 526	412 873	390 388
奥地利	5 720	4 577	1 488	−8 170	11 092	7 618	15 568	−726	7 026	−2 031	10 563	−747
比利时	25 125	−12 390	23 533	50 987	−5 763	4 873	29 484	−3 580	39 889	20 974	24 201	6 910
保加利亚	1 837	461	2 651	1 110	2 608	2 059	187	267	175	429	355	387
克罗地亚	961	2 879	270	1 808	2 037	1 159	−168	1 963	11	−338	687	354
塞浦路斯	−6 495	736	7 466	7 714	6 950	3 285	−6 898	−1 117	16 799	5 719	1 833	−2 237
捷克	3 639	5 492	465	9 815	9 522	9 479	4 019	1 520	2 487	2 182	7 560	5 277
丹麦	908	4 682	3 616	38	3 447	1 789	7 039	8 257	9 420	9 881	8 896	−3 690
爱沙尼亚	769	684	36	1 096	1 712	1 309	513	43	183	539	744	−22
芬兰	−169	18 304	1 484	9 250	−610	1 225	−2 402	1 182	−16 584	26 080	−320	10 961
法国	34 270	2 669	45 347	23 061	29 802	37 294	20 369	49 783	53 197	64 803	41 257	102 421
德国	15 572	4 864[b]	41 444[b]	23 500[b]	36 931[b]	25 706[b]	42 270	91 842[b]	109 892[b]	71 244[b]	91 799[b]	77 076[b]
希腊	2 817	2 683	1 268	2 763	3 611	4 257	−785	3 015	1 578	−1 666	580	848
匈牙利	3 402	7 807	−14 797	−5 753	3 261	6 389	1 886	3 868	−16 119	−8 303	1 119	1 991
爱尔兰	50 596	48 183	217 782	39 389	−1 250	−66 346	29 169	41 181	168 413	30 064	−39 091	13 272
意大利	24 273	23 223	19 628	28 449	21 969	24 276	25 134	25 316	22 310	17 751	25 673	20 576
拉脱维亚	903	780	708	174	732	879	412	387	68	148	140	150
立陶宛	469	−23	370	264	652	905	192	−29	85	108	33	838
卢森堡	16 003	18 867	12 495	31 878	−6 799	−5 615	24 322	24 356	17 307	30 150	34 679	1 373
马耳他	12 004	11 190	5 067	4 246	3 566	4 061	2 661	2 278	−5 161	−5 294	−7 052	−7 326

续表

区域/经济体	FDI流入量						FDI流出量					
	2013	2014	2015	2016	2017	2018	2013	2014	2015	2016	2017	2018
荷兰	51 105	44 974	178 785	64 329	58 189	69 659	69 704	59 357	246 223	188 039	28 026	58 983
波兰	2 734	14 269	15 271	15 690	9 179	11 476	−1 346	2 898	4 996	11 600	2 760	864
葡萄牙	2 702	2 999	6 926	6 310	6 946	4 895	−1 205	−519	5 573	2 716	−2 409	271
罗马尼亚	3 601	3 211	3 839	4 997	5 406	5 888	−281	−373	562	5	−96	13
斯洛伐克	−604	−512	106	805	2 277	475	−313	43	6	99	350	234
斯洛文尼亚	−151	1 050	1 674	1 245	782	1 419	−214	275	267	290	315	82
西班牙	37 436	25 238	11 911	27 658	20 918	43 591	12 823	33 837	40 264	43 621	39 964	31 620
瑞典	3 930	4 030	7 313	17 335	12 165	11 148	30 289	9 194	12 914	3 234	22 764	20 028
英国	51 676	24 690	39 186	196 132	101 238	64 487	40 486	−151 286	−66 821	−22 516	117 544	49 880
其他发达欧洲经济体	6 162	17 774	79 177	55 575	43 453	−105 763	46 791	17 950	119 904	90 037	−37 401	27 974
冰岛	397	447	709	−427	−41	−336	460	−257	−31	−1 147	−208	138
挪威	4 611	7 987	−1 932	−4 667	4 495	−18 215	7 792	18 254	32 431	2 656	−2 277	908
瑞士	1 155	9 340	80 400	60 670	39 000	−87 212	38 539	−47	87 504	88 528	−34 916	26 928
北美洲	270 784	260 666	511 450	507 784	302 090	291 439	360 813	393 211	331 783	359 209	380 202	−13 095
加拿大	69 391	58 933	43 825	35 992	24 832	39 625	57 381	60 197	67 424	69 948	79 824	50 455
美国	201 393	201 733	467 625	471 792	277 258	251 814	303 432	333 014	264 359	289 261	300 378	−63 550
其他发达经济体	72 867	79 019	42 127	78 257	73 142	93 576	141 629	154 144	136 857	166 311	169 658	153 177
澳大利亚	56 765	58 507	28 270	45 522	42 294	60 438	1 441	18 184	−10 219	328	3 320	3 635
百慕大群岛	93[c]	−3[c]	−143[c]	−73[c]	−288[c]	73[c]	51[c]	120[c]	−84[c]	95[c]	−42[c]	−31[c]
以色列	11 842	6 049	11 336	11 988	18 169	21 803	3 858	4 526	10 969	14 579	6 153	6 008
日本	2 304	12 030	2 976	17 751	10 430	9 858	135 749	130 843	136 249	151 301	160 449	143 161
新西兰	1 862	2 437	−311	3 069	2 538	1 404	530	471	−58	8	−223	404
发展中经济体[a]	652 551	677 400	728 814	656 290	690 576	706 043	408 699	446 898	407 000	419 874	461 652	417 554
非洲	50 075	53 906	56 874	46 482	41 390	45 902	11 119	10 533	9 654	9 497	13 252	9 801
北非	11 964	12 039	12 256	13 833	13 353	14 307	392	770	1 364	1 514	1 384	2 218

续表

区域/经济体	FDI流入量						FDI流出量					
	2013	2014	2015	2016	2017	2018	2013	2014	2015	2016	2017	2018
阿尔及利亚	1 697	1 507	−584	1 637	1 232	1 506	−268	−18	103	46	−4	880
埃及	4 256	4 612	6 925	8 107	7 409	6 798	301	253	182	207	199	324
利比亚	702	—	—	—	—	—	6	77	395	440	110	315[d]
摩洛哥	3 298	3 561	3 255	2 157	2 686	3 640	332	436	653	580	1 021	666
南苏丹	−793[d]	44[d]	−71[d]	−17[d]	80[d]	191[d]	—	—	—	—	—	—
苏丹	1 688	1 251	1 728	1 064	1 065	1 136	—	—	—	—	—	—
突尼斯	1 117	1 064	1 003	885	881	1 036	22	22	31	242	57	34
非洲其他地区	38 110	41 867	44 618	32 650	28 037	31 595	10 727	9 763	8 290	7 983	11 868	7 583
西非	14 480	12 148	10 185	12 721	11 194	9 565	1 757	2 193	2 224	2 188	2 171	2 367
贝宁	360	405	150	132	200	208	59	17	33	17	32	24
布基纳法索	490	356	232	390	3	480	58	69	14	50	10	69
佛得角	70	180	116	127	111	100	−14	−8	−4	−9	−14	−20
科特迪瓦	407	439	494	577	973	913	−6	16	14	29	674	318
冈比亚	26	36	13	−28	18	29[d]	−49	—	−23	−1	7	−6[d]
加纳	3 226	3 357	3 192	3 485	3 255	2 989	9	12	221	15	16	81
几内亚	134	77	53[d]	1 618[d]	577[d]	483[d]	1	2	4[d]	−4[d]	1[d]	—
几内亚比绍	20	29	19	24	16	17	—	3	2	0.5	0.3	1
利比里亚	1 061	277	627	453	248	122[d]	327[d]	−16[d]	30[d]	168[d]	54[d]	84[d]
马里	308	144	275	356	562	366	3	1	82	97	15	55
毛里塔尼亚	1 126[d]	501[d]	502[d]	271[d]	587[d]	71[d]	19[d]	28[d]	0.2[d]	1[d]	10[d]	4[d]
尼日尔	719	822	529	301	338	460	101	39	34	40	29	44
尼日利亚	5 608	4 694	3 064	4 449	3 503	1 997	1 238	1 614	1 435	1 305	1 286	1 381
塞内加尔	311	403	409	472	587	629	33	27	31	224	82	73
塞拉利昂	430	375	252	138	129	599[d]	—	—	—	—	—	—
多哥	184	54	258	−46	88	102	−21	358	349	257	−32	259

续表

区域/经济体	FDI流入量						FDI流出量					
	2013	2014	2015	2016	2017	2018	2013	2014	2015	2016	2017	2018
中非	5 428	5 306	8 307	5 390	9 102	8 848	39	172	333	290	291	171
布隆迪	7	47	7	0.1	0.3[d]	1[d]	0.2	—	0.2	—	—	—
喀麦隆	567[c]	727[c]	627[c]	664[c]	814[c]	702[d]	-138[c]	-10[c]	-11[c]	-39[c]	22[c]	-9[d]
中非共和国	2	3	3	7	7[d]	18[d]	—	—	—	—	—	—
乍得	520[d]	-676[d]	560[d]	245[d]	335[d]	662[d]	—	—	—	—	—	—
刚果	609	1 659	3 803	1 611	4 406	4 313	-14	-21	-16	10	45	14[d]
刚果民主共和国	2 098	1 843	1 674	1 205	1 340	1 494	401	344	508	272	292	209
赤道几内亚	583[d]	168[d]	233[d]	54[d]	304[d]	396[d]	—	—	—	—	—	—
加蓬	771[d]	1 048[d]	991[d]	1 241[d]	1 498[d]	846[d]	-225[d]	-146[d]	-150[d]	45[d]	-84[d]	-63[d]
卢旺达	258	459	380	342	356	398	14	2	—	—	16	18
圣多美和普林西比	12	27	29	22	41	17[d]	1	4	3	1	0.3	2[d]
东非	7 253	6 615	6 873	7 694	8 665	8 966	341	255	353	196	347	254
科摩罗	4	5	5	4	4	8[d]	—	—	—	—	—	—
吉布提	286[c]	153[c]	124[c]	160[c]	165[c]	265[d]	—	—	—	—	—	—
厄立特里亚	44[d]	47[d]	49[d]	52[d]	55[d]	61[d]	—	—	—	—	—	—
埃塞俄比亚	1 344	1 855	2 627	3 989	4 017	3 310[d]	—	—	—	—	—	—
肯尼亚	1 119	821	620[d]	681	1 275	1 626	199	75	242	157	257	164
马达加斯加	551	314	436	451	389	349[d]	6	-4	1	0.1	-1[d]	0.1[d]
毛里求斯	293	456	216	379	443	372	168	141	100	28	86	83
塞舌尔群岛	170	230	195	155	192	124	16	16	10	10	6	6
索马里	258[d]	261[d]	303[d]	334[d]	384[d]	409[d]	—	—	—	—	—	—
乌干达	1 096	1 059	738	626	803	1 337	-47	27	0.3	0.2	0.3	0.3
坦桑尼亚联合共和国	2 087	1 416	1 561	864	938	1 105[d]	—	—	—	—	—	—
南非	10 949	17 798	19 254	6 844	-925	4 217	8 590	7 144	5 379	5 308	9 058	4 791
安哥拉	-7 120	3 658	10 028	-180	-7 397	-5 732	922	887	-785	273	1 352	3

续表

区域/经济体	FDI流入量						FDI流出量					
	2013	2014	2015	2016	2017	2018	2013	2014	2015	2016	2017	2018
博茨瓦纳	67	515	379	122	177	229	82	105	180	318	333	125
斯威士兰	85	26	41	21	-56	25	-4	1	-1	-5	65	-11
莱索托	84	66	41	48	43	39	—	—	—	—	—	—
马拉维	89	387	510	116	90	102	-34	4	4	4	5	6
莫桑比克	6175	4 902	3 867	3 093	2 293	2 711	522	97	2	35	26	-19
纳米比亚	770	441	933	354	461	196	18	15	88	4	-59	76
南非	8300[c]	5 771[c]	1 729[c]	2 235[c]	2 007[c]	5 334[c]	6 649[c]	7 669[c]	5 744[c]	4 474[c]	7 366[c]	4 552[c]
赞比亚	2100	1 489	1 305	663	1 108	569	409	-1 706	125	177	-72	32
津巴布韦	400	545	421	372	349	745	27	72	22	29	42	27
亚洲	415 405	459 982	514 424	473 325	492 713	511 707	362 731	412 231	372 558	399 125	411 913	401 467
东亚和东南亚	339 457	386 906	432 029	387 040	411 986	428 216	314 837	377 760	324 192	352 800	361 660	341 075
东亚	221 276	257 500	317 753	270 271	267 808	279 522	232 934	288 710	255 212	302 716	290 829	271 474
中国	123 911	128 500	135 610	133 710	134 063	139 043	107 844	123 120	145 667	196 149	158 290	129 830
中国香港	74 294	113 038	174 353	117 387	110 685	115 662[b]	80 773	124 092	71 821	59 703	86 704	85 162[b]
朝鲜	119[d]	102[d]	79[d]	89[d]	-13[d]	52[d]	—	—	—	—	—	—
韩国	12 767[c]	9 274[c]	4 104[c]	12 104[c]	17 913[c]	14 479[c]	28 318[c]	27 599[c]	23 687[c]	29 890[c]	34 069[c]	38 917[c]
中国澳门	4 527	3 421	1 121	1 876	375	1 113[d]	1 673	681	-684	-986	165	-496[d]
蒙古国	2 060	338	94	-4 156	1 494	2 174	41	107	11	14	49	37
中国台湾	3 598[c]	2 828[c]	2 391[c]	9 261[c]	3 291[c]	6 998[c]	14 285[c]	12 711[c]	14 709[c]	17 946[c]	11 552[c]	18 024[c]
东南亚	118 181	129 406	114 276	116 768	144 177	148 694	81 903	89 050	68 980	50 085	70 832	69 601
文莱·达鲁萨兰国	776	568	173	-150	460	504	—	—	—	—	—	—
柬埔寨	2 068	1 853	1 823	2 476	2 788	3 103	62	82	88	79	115	124
印度尼西亚	18 817	21 811	16 641	3 921	20 579	21 980	6 647	7 077	5 937	-12 215	2 077	8 139
老挝	427	721[c]	1 119[c]	997[c]	1 599[c]	1 320[c]	-29[c]	7[c]	40[c]	15[c]	10[c]	-[c]
马来西亚	12 115	10 877	10 082	11 336	9 399	8 091	14 107	16 369	10 546	8 011	5 638	5 280

续表

区域/经济体	FDI流入量						FDI流出量					
	2013	2014	2015	2016	2017	2018	2013	2014	2015	2016	2017	2018
缅甸	584	946	2 824	2 989	4 341	3 554	—	—	—	—	—	—
菲律宾	2 280	5 285	4 447	6 915	8 704	6 456	2 189	6 299	4 347	1 032	1 752	602
新加坡	56 672	73 287	59 700	73 863	75 723	77 646	45 279[c]	52 477[c]	45 223[c]	39 782[c]	43 696[c]	37 143[c]
泰国	15 493	4 809	5 624	1 815	6 478	10 493	11 679	5 575	1 687	12 367	17 064	17 714
东帝汶	50	49	43	5	7	48	13	13	13	13	—	—
越南	8 900	9 200	11 800	12 600	14 100	15 500	1 956	1 150	1 100	1 000	480	598
南亚	35 606	41 429	51 167	54 220	52 345	54 200	2 179	12 020	7 816	5 521	11 493	11 217
阿富汗	38	44	163	94[c]	53[c]	139[d]	1	—	1	15[c]	11[c]	6[d]
孟加拉国	1 599	1 551	2 235	2 333	2 152	3 613	34	44	46	41	142	23
不丹	22	22	4	-7	-10	6	—	—	—	—	—	—
印度	28 199[c]	34 582[c]	44 064[c]	44 481[c]	39 904[c]	42 286[c]	1 679[c]	11 783[c]	7 572[c]	5 072[c]	11 141[c]	11 037[c]
伊朗伊斯兰共和国	3 050	2 105	2 050	3 372	5 019	3 480[d]	189	3	120	104	76[d]	75[d]
马尔代夫	361[c]	333[c]	298[c]	457[c]	493[c]	552[c]	—	—	—	—	—	—
尼泊尔	71	30	52	106	129	161	—	—	—	—	—	—
巴基斯坦	1 333	1 868	1 621	2 488	3 232	2 352	212	122	25	52	52	8
斯里兰卡	933	894	680	897	1 373	1 611	65	67	53	237	72	68
西亚	40 342	31 647	31 228	32 065	28 383	29 291	45 715	22 451	40 550	40 804	38 760	49 175
巴林	3 729	1 519	65	243	1 426	1 515	532	-394	3 191	-880	229	111
伊拉克	-2 335	-10 176	-7 574	-6 256	-5 032	-4 885	227	242	148	304	78	188
约旦	1 947	2 178	1 600	1 553	2 030	950[c]	16	83	1	3	7	-8[c]
科威特	1 434	953	311	419	348	346	16 648	-10 468	5 367	4 528	9 013	3 751
黎巴嫩	2 661	2 863	2 159	2 568	2 522	2 880[d]	1 976	1 241	660	1 005	1 317	1 058[d]
阿曼	1 612[c]	1 287[c]	-2 172[c]	2 265[c]	2 918[c]	4 191[d]	934[c]	1 358[c]	336[c]	356[c]	2 424[c]	567[d]
卡塔尔	-840	1 040	1 071	774	986	-2 186	8 021	6 748	4 023	7 902	1 695	3 523
沙特阿拉伯	8 865	8 012	8 141	7 453	1 419	3 209	4 943	5 396	5 390	8 936	7 280	21 219

续表

区域/经济体	FDI流入量						FDI流出量					
	2013	2014	2015	2016	2017	2018	2013	2014	2015	2016	2017	2018
巴勒斯坦国	176	160	103	297	203	226	48	−187	−73	45	19	75
土耳其	13 463	12 972	18 989	13 705	11 478	12 944	3 536	6 685	4 811	2 893	2 633	3 608
阿拉伯联合酋长国	9 765	11 072	8 551	9 605	10 354	10 385	8 828	11 736	16 692	15 711	14 060	15 079
也门	−134	−233	−15	−561[d]	−270[d]	−282[d]	5[d]	12[d]	4[d]	1[d]	6[d]	4[d]
拉丁美洲和加勒比[a]	184 392	161 205	155 912	135 349	155 405	146 720	34 707	23 990	24 898	11 132	36 380	6 515
南美洲	124 510	116 751	105 539	90 394	107 741	100 855	19 014	18 250	12 969	9 419	31 806	−1 117
阿根廷	9 822	5 065	11 759	3 260	11 517	12 162	890	1 921	875	1 787	1 156	1 911
玻利维亚	1 750	657	555	335	712	255	—	−33	−2	89	80	−89
巴西	59 089	63 846	49 514	52 751	67 583	61 223	−478	−3 261	−7 686	−5 934	16 678	−13 036
智利	20 326	23 671	20 011	11 942	6 856	7 160	9 390	12 735	14 886	6 801	6 175	3 027
哥伦比亚	16 209	16 167	11 723	13 850	13 836	11 010	7 652	3 899	4 218	4 517	3 690	5 122
厄瓜多尔	727	772	1 322	767	618	1 401	—	—	—	—	—	—
圭亚那	214	255	122	58	212	495	—	—	—	26	—	—
巴拉圭	245	412	308	371	456	454	—	—	—	—	—	—
秘鲁	9 800	4 441	8 272	6 863	6 769	6 175	137	801	189	1 156	500	19
苏里南	188	164	267	309	161	190	—	—	—	—	—	—
乌拉圭	3 460	2 328	917	−1 181	−911	−626	671	−184	89	−63	1 294	273
委内瑞拉玻利瓦尔群岛	2 680	−1028	769	1068	−68	956[d]	752	2 373	399	1 041	2 234	1 655[d]
中美洲	58 315	40 903	46 961	41 540	43 286	42 887	15 716	5 759	11 796	1 417	4 437	7 465
伯利兹	95[c]	153[c]	65[c]	44[c]	24[c]	120[c]	1[c]	3[c]	0.5[c]	2[c]	0.3[c]	1[c]
哥斯达黎加	2 741	2 927	2 752	2 204	2 742	2 134	340	109	211	77	159	58
萨尔瓦多	179	306	397	347	889	840	0.1	−0.1	0.3	−0.4	0.2	—
危地马拉	1 353	1 166	1 176	1 175	1 013	1 056	91	−117	72	107	12	235
洪都拉斯	1 060	1 417	1 204	1 139	1 186	1 226	68	103	252	239	173	80
墨西哥	48 504	29 591	35 863	30 865	32 091	31 604	14 735	5 238	10 632	713	4 090	6 858

续表

区域/经济体	FDI流入量						FDI流出量					
	2013	2014	2015	2016	2017	2018	2013	2014	2015	2016	2017	2018
尼加拉瓜	816	884	950	899	772	359	150	94	45	65	65	75
巴拿马	3 567	4 459	4 556	4 866	4 569	5 549	331	329	584	214	-62	158
加勒比[a]	1 567	3 551	3 412	3 416	4 377	2 979	-23	-20	133	296	137	167
安圭拉	42[b]	73[b]	79[b]	60[b]	54[b]	56[b]	—	-15[b]	11[b]	-2[b]	-1[b]	-1[b]
安提瓜和巴布达	95[b]	46[b]	107[b]	81[b]	113[b]	116[b]	—	3[b]	10[b]	12[b]	13[b]	9[b]
阿鲁巴	227	208	-27	28	162	136	4	-35	10	0	83	27
巴哈马	1 590	3 704	865	1 260	1 037	943	277	2 679	170	359	130	119
巴巴多斯	56	559	69	230	286	195[d]	39	-213	141	-10	-28	34[d]
英属维尔京群岛	113 424[d]	55 756[d]	25 360[d]	49 738[d]	57 635[d]	44 244[d]	104 600[d]	85 821[d]	79 624[d]	33 724[d]	54 710[d]	56 019[d]
开曼群岛	68 000[d]	49 833[d]	86 944[d]	59 647[d]	25 559[d]	57 384[d]	20 014[d]	23 386[d]	72 184[d]	19 668[d]	29 281[d]	40 378[d]
库拉索	-2	69	146	133	173	124[d]	-16	44	19	38	-148	45[d]
多米尼克	23[b]	14[b]	13[b]	41[b]	-2[b]	-37[b]	—	-2[b]	-12[b]	—	—	—
多米尼加共和国	1 991	2 209	2 205	2 407	3 571	2 535	—	—	—	—	—	—
格林纳达	113[b]	89[b]	151[b]	95[b]	112[b]	127[b]	—	6[b]	9[b]	5[b]	9[b]	15[b]
海地	162[c]	99[c]	106[c]	105[c]	375[c]	105[c]	—	—	—	—	—	—
牙买加	545[c]	582[c]	925[c]	928[c]	888[c]	775[c]	-86[c]	-2[c]	4[c]	214[c]	43[c]	13[c]
蒙特塞拉特	4[b]	5[b]	5[b]	2[b]	2[b]	2[b]	—	—	—	—	—	—
圣基茨和尼维斯	136[b]	163[b]	120[b]	94[b]	51[b]	85[b]	—	5[b]	-6[b]	-1[b]	-0.4[b]	-0.5[b]
圣卢西亚	92[b]	60[b]	114[b]	129[b]	131[b]	135[b]	—	68[b]	21[b]	5[b]	6[b]	13[b]
圣文森特和格林纳丁斯	160[b]	123[b]	58[b]	153[b]	98[b]	100[b]	—	—	—	-9[b]	-5[b]	-5[b]
圣马丁岛	47	48	28	42	33	-145[d]	3	1	0.1	2	2	5[d]
特立尼达和多巴哥	-1 130[c]	661[c]	177[c]	-24[c]	-456[c]	-436[d]	63[c]	-18[c]	128[c]	83[c]	94[c]	155[d]
大洋洲	2 679	2 307	1 603	1 133	1 069	1 713	142	144	-110	120	107	-229
库克群岛	—	—	5	9	1	5[d]	—	—	0.2	0.3	0.3	0.3[d]
斐济	243	380	205	390	386	344	4	38	-33	-16	-2	-4

续表

区域/经济体	FDI流入量						FDI流出量					
	2013	2014	2015	2016	2017	2018	2013	2014	2015	2016	2017	2018
法属波利尼西亚	99	62	26	62	79	59[d]	65	31	23	24	15	22[d]
基里巴斯	1[c]	3[c]	-1[c]	2[c]	1[c]	1[d]	0.2[c]	0.1[c]	0.1[c]	0.1[c]	0.1[c]	0.1[d]
马绍尔群岛	33[c]	-8[c]	-6[c]	-3[c]	5[c]	-1[d]	—	—	—	—	—	—
密克罗尼西亚联邦	—	20	—	—	—	—	—	-1	—	—	—	—
新喀里多尼亚	2 167	1 757	1 210	605	659	874[d]	61	58	58	93	83	83[d]
帕劳	19	41	36	36	27	22[d]	—	—	—	—	—	1[d]
巴布亚新几内亚	18	-30	28[c]	-40[c]	-180[c]	335[c]	—	—	-174[c]	—	—	-343[c]
萨摩亚	14	23	27	3	9	17	0.1	4	4	15	0.1	—
所罗门群岛	53	22	32	39	43	12	3	1	5	1	7	9
汤加	51	56	12	9	14	8[d]	7	11	5	1	1	1[d]
图瓦卢	0.3	0.3[d]	0.3[d]	0.3[d]	0.3[d]	0.3[d]	—	—	—	—	—	—
瓦努阿图	-19	-18	29	22	24	38[d]	0.5	1	2	1	1	1[d]
转型经济	83 764	56 762	36 394	64 654	47 538	34 218	75 796	72 338	32 085	25 173	38 454	38 174
东南欧	4 749	4 626	4 935	4 613	5 515	7 366	501	482	525	235	311	622
阿尔巴尼亚	1 266	1 110	945	1 100	1 146	1 294	40	33	38	64	26	83
波斯尼亚和黑塞哥维那	276	550	361	319	448	468	44	18	73	35	76	18
黑山	447	497	699	226	557	490	17	27	12	-185	11	103
北马其顿	335	272	240	374	205	737	30	10	15	24	2	3
塞尔维亚	2 053	1 996	2 347	2 350	2 871	4 126	329	356	346	250	146	363
独立国家联合体	77 995	50 318	29 807	58 475	40 129	25 620	75 176	71 450	31 250	24 531	37 874	37 211
亚美尼亚	346	404	178	338	250	254	27	16	17	66	22	-12
阿塞拜疆	2 632	4 430	4 048	4 500	2 867	1 403	1 490	3 230	3 260	2 574	2 564	1 761
白俄罗斯	2 230	1 828	1 668	1 238	1 279	1 469	246	39	122	114	70	36
哈萨克斯坦	10 321	8 489	4 057	8 511	4 669	3 817	2 287	3 815	795	-5 235	913	-1 103
吉尔吉斯斯坦	626	248	1 142	616	-107	47	—	—	-1	—	-29	1

续表

区域/经济体	FDI流入量						FDI流出量					
	2013	2014	2015	2016	2017	2018	2013	2014	2015	2016	2017	2018
摩尔多瓦共和国	233	338	228	91	163	228	22	37	19	9	14	31
俄罗斯	53 397	29 152	11 858	37 176	25 954	13 332	70 685	64 203	27 090	26 951	34 153	36 445
塔吉克斯坦	215	432	559	344	270	317[d]	—	—	—	35	159	57[d]
土库曼斯坦	2 861[d]	3 830[d]	3 043[d]	2 243[d]	2 086[d]	1 985[d]	—	—	—	—	—	—
乌克兰	4 499	410	2 961	3 284	2 601	2 355	420	111	-51	16	8	-5
乌兹别克斯坦	635[d]	757[d]	66[d]	134[d]	98[d]	412[d]	—	—	—	—	—	—
格鲁吉亚	1 021	1 818	1 653	1 566	1 894	1 232	120	407	309	407	269	340
备注												
最不发达国家（LDCs）[e]	20 881	27 176	37 634	25 769	20 702	23 833	2 813	372	612	1 776	2 118	1 027
内陆发展中国家（LLDCs）[f]	29 591	28 564	23 831	22 472	23 147	22 641	4 477	5 851	4 616	-1 684	4 237	1 058
小岛屿发展中国家（SIDS）[g]	3 035	7 801	3 836	4 632	4 058	3 663	492	2 752	573	703	348	433

资料来源：©UNCTAD，FDI / MNE 数据库（www.unctad.org /fdistatistics）。

a: 不包括加勒比金融中心（安圭拉、安提瓜和巴布达、阿鲁巴、巴哈马、巴巴多斯、英属维尔京群岛、开曼群岛、库拉索岛、多米尼克、格林纳达、蒙特塞拉特、圣基茨和尼维斯、圣卢西亚、圣文森特和格林纳丁斯、圣马丁、特克斯和凯科斯群岛）。

b: 以资产/负债定向基准计算。

c: 资产/负债基准。

d: 估计值。

e: 最不发达国家包括阿富汗、安哥拉、孟加拉国、贝宁、不丹、布基纳法索、布隆迪、柬埔寨、中非共和国、乍得、科摩罗、刚果民主共和国、吉布提、赤道几内亚、厄立特里亚、埃塞俄比亚、冈比亚、几内亚、几内亚比绍、海地、基里巴斯、老挝人民民主共和国、莱索托、利比里亚、马达加斯加、马拉维、马里、毛里塔尼亚、莫桑比克、缅甸、尼泊尔、尼日尔、卢旺达、圣多美和普林西比、塞内加尔、塞拉利昂、索马里、南苏丹、苏丹、东帝汶、多哥、图瓦卢、乌干达、坦桑尼亚联合共和国、瓦努阿图、也门和赞比亚。

f: 内陆发展中国家包括阿富汗、亚美尼亚、阿塞拜疆、不丹、玻利维亚、博茨瓦纳、布基纳法索、布隆迪、中非共和国、乍得、埃塞俄比亚、哈萨克斯坦、吉尔吉斯斯坦、老挝人民民主共和国、莱索托、前南斯拉夫马其顿共和国、马拉维、马里、摩尔多瓦共和国、蒙古国、尼泊尔、尼日尔、巴拉圭、卢旺达、南苏丹、斯威士兰、塔吉克斯坦、土库曼斯坦、乌干达、乌兹别克斯坦、赞比亚和津巴布韦。

g: 小岛屿发展中国家包括安提瓜和巴布达、巴哈马、巴巴多斯、佛得角、科摩罗、多米尼克、斐济、格林纳达、牙买加、基里巴斯、马尔代夫、马绍尔群岛、毛里求斯、密克罗尼西亚联邦、瑙鲁、帕劳、巴布亚新几内亚、圣基茨和尼维斯、圣卢西亚、圣文森特和格林纳丁斯、萨摩亚、圣多美和普林西比、塞舌尔、所罗门群岛、东帝汶、汤加、特立尼达和多巴哥、图瓦卢和瓦努阿图。

附表 2. 2000 年、2010 年及 2018 年按区域与经济体列出的 FDI 存量(单位：百万美元)

区域/经济体	FDI 流入存量			FDI 流出存量		
	2000	2010	2018	2000	2010	2018
世界 [a]	7 377 272	19 751 909	32 272 043	7 408 782	20 310 855	30 974 931
发达经济体	5 779 574	12 959 145	20 789 577	6 699 287	16 933 320	23 049 237
欧洲	2 454 519	7 687 693	11 309 164	3 174 007	9 758 915	12 972 401
欧盟	2 322 122	6 850 500	10 113 762	2 907 116	8 515 254	11 507 069
奥地利	31 165	160 615	209 098	24 821	181 638	228 082
比利时	—	366 407	522 348	—	328 660	577 960
比利时和卢森堡	195 219	—	—	179 773	—	—
保加利亚	2 704	44 970	49 276	67	2 583	2 712
克罗地亚	2 664	31 517	32 884	760	4 443	6 634
塞浦路斯	2 846	198 097	224 284	557	197 454	211 141
捷克	21 644	128 504	155 024	738	14 923	34 759
丹麦	73 574	96 136	114 532 [b]	73 100	163 133	190 095 [b]
爱沙尼亚	2 645	15 551	24 342	259	5 545	7 952
芬兰	24 273	86 698	67 335	52 109	137 663	94 297
法国	184 215	630 710	824 915	365 871	1 172 994	1 507 821
德国	470 938	955 881	939 033 [b]	483 946	1 364 565	1 645 415 [b]
希腊	14 113	35 026	33 637	6 094	42 623	19 114
匈牙利	22 870	90 845	88 736	1 280	22 314	29 019
爱尔兰	127 089	285 575	909 509	27 925	340 114	912 166
意大利	122 533	328 058	431 020	169 957	491 208	548 835
拉脱维亚	1 691	10 935	17 310	19	895	1 993
立陶宛	2 334	13 403	17 748	29	2 107	4 232
卢森堡	—	172 257	164 806	—	187 027	261 434

续表

区域/经济体	FDI 流入存量			FDI 流出存量		
	2000	2010	2018	2000	2010	2018
马耳他	2 263	129 770	206 685	193	60 596	70 707
荷兰	243 733	588 077	1 673 814	305 461	968 105	2 427 345
波兰	33 477	187 602	231 848[b]	268	16 407	28 510[b]
葡萄牙	34 224	114 994	135 777	19 417	62 286	55 074
罗马尼亚	6 953	68 699	94 021	136	2 327	745
斯洛伐克	6 970	50 328	57 109	555	3 457	3 689
斯洛文尼亚	2 389	10 667	16 809	772	8 147	6 749
西班牙	156 348	628 341	659 038	129 194	653 236	562 931
瑞典	93 791	352 646	322 439	123 618	394 547	371 131
英国	439 458	1 068 187	1 890 384	940 197	1 686 260	1 696 529
其他发达的欧洲国家	132 397	837 193	1 195 402	266 891	1 243 661	1 465 332
冰岛	497	11 784	9 131	663	11 466	5 253
挪威	30 265	177 318	123 444[b]	34 026	188 996	196 636[b]
瑞士	101 635	648 092	1 062 827	232 202	1 043 199	1 263 443
北美洲	3 108 255	4 406 182	8 358 637	3 136 637	5 808 053	7 799 704
加拿大	325 020	983 889	893 959	442 623	998 466	1 325 014
美国	2 783 235	3 422 293	7 464 678	2 694 014	4 809 587	6 474 690
其他发达经济体	216 801	865 270	1 121 775	388 643	1 366 352	2 277 131
澳大利亚	121 686	527 728	682 866	92 508	449 740	490 986
百慕大群岛	265[b]	2 837[c]	2 346[c]	108[b]	925[c]	268[c]
以色列	20 426	60 086	148 045	9 091	67 893	103 602
日本	50 323	214 880	213 754[b]	278 445	831 076	1 665 200[b]
新西兰	24 101	59 738	74 764	8 491	16 717	17 075
发展中经济体[a]	1 545 734	6 094 494	10 678 872	689 883	3 008 453	7 523 731
非洲	153 062	613 557	894 678	39 885	130 158	318 116

续表

区域/经济体	FDI 流入存量			FDI 流出存量		
	2000	2010	2018	2000	2010	2018
北非	45 590	201 105	284 137	3 199	25 777	37 276
阿尔及利亚	3 379[b]	19 540[b]	30 602	205[b]	1 513[b]	2 744
埃及	19 955	73 095	116 385	655	5 448	7 750
利比亚	471[b]	16 334	18 462[b]	1 903[b]	16 615	20 598[b]
摩洛哥	8 842[b]	45 082	64 227	402[b]	1 914	5 731
苏丹	1 398	15 690	27 669	—	—	—
突尼斯	11 545	31 364	26 792	33	287	453
非洲其他地区	107 472	412 452	610 542	36 687	104 381	280 840
西非	33 010	100 005	194 605	6 381	10 553	26 608
贝宁	213	604	2 257	11	21	276
布基纳法索	28	354	2 707	0	8	413
佛得角	192[b]	1 252	1 989	—	1	-73
科特迪瓦	2 483	6 978	10 234	9	94	1 152
冈比亚	216	323	407[b]	—	—	—
加纳	1 554	10 080	36 126	—	83	463
几内亚	263[b]	486	4 797[b]	12[b]	144	71[b]
几内亚比绍	38	63	199	—	5	11
利比里亚	3 247[b]	10 206	8 703[b]	2 188	4 714	4 646[b]
马里	132	1 964	4 464	1	18	289
毛里塔尼亚	146[b]	2 372[b]	7 408[b]	4[b]	28[b]	88[b]
尼日尔	45	2 251	6 534	1	9	330
尼日利亚	23 786	60 327	99 685	4 144	5 041	15 666
塞内加尔	295	1 699	5 304	22	263	784
塞拉利昂	284[b]	482[b]	2 002[b]	—	—	—
多哥	87	565	1 790	-10	126	2 491

续表

区域/经济体	FDI 流入存量			FDI 流出存量		
	2000	2010	2018	2000	2010	2018
中非	5 053	39 227	90 986	1 721	2 330	3 954
布隆迪	47[b]	13	243[b]	2[b]	2	3[b]
喀麦隆	917[b]	3 099[b]	7 224[b]	1 252[b]	971[b]	836[b]
中非共和国	104	511	658[b]	43	43	43[b]
乍得	576[b]	3 594[b]	6 101[b]	70[b]	70[b]	70[b]
刚果	1 893[b]	9 261[b]	25 566[b]	40[b]	34[b]	57[b]
刚果民主共和国	617	9 368	24 021	34	229	2 766
赤道几内亚	1 060[b]	9 413[b]	14 111[b]	—	—	—
加蓬	-227[b]	3 287[b]	10 335[b]	280[b]	946[b]	112[b]
卢旺达	55	422	2 265	—	13	61
圣多美和普林西比	11[b]	260[b]	462[b]	—	21[b]	6[b]
东非	7 202	37 855	91 537	387	1 685	3 156
科摩罗	21[b]	60[b]	122[b]	—	—	—
吉布提	40	878	2 219[b]	—	—	—
厄立特里亚	337[b]	666[b]	1 055[b]	—	—	—
埃塞俄比亚	941[b]	4 206[b]	22 253[b]	—	—	—
肯尼亚	932[b]	5 449[b]	14 421[b]	115[b]	494[b]	1 913[b]
马达加斯加	141	4 383	6 360[b]	9[b]	14[b]	16[b]
毛里求斯	683	4 658	5 313[b]	132	864	851[b]
塞舌尔	515	1 701	3 023	130	247	294
索马里	4[b]	566[b]	2 725[b]	—	—	—
乌干达	807	5 575	13 333	—	66	81
坦桑尼亚联合共和国	2 781	9 712	20 712[b]	—	—	—
南非	62 208	235 365	233 413	28 198	89 813	247 122
安哥拉	7 977	32 458	23 704	-8	1 870	5 130

续表

区域/经济体	FDI 流入存量			FDI 流出存量		
	2000	2010	2018	2000	2010	2018
博茨瓦纳	1 827	3 351	4 826	517	1 007	1 011
斯威士兰	536	927	802	87	91	125
莱索托	330	929	614[b]	—	—	—
马拉维	358	963	1 399	-5	45	126[b]
莫桑比克	1 249	4 331	40 664	1	3	9
纳米比亚	1 276	3 595	6 727	45	722	554
南非	43 451[c]	179 565[c]	128 809[c]	27 328[c]	83 249[c]	237 976[c]
赞比亚	3 966	7 433	20 435[b]	—	2 531	1 585[b]
津巴布韦	1 238	1 814	5 433	234	297	607
亚洲	1 052 044	3 880 238	7 639 452	596 576	2 464 938	6 544 910
东亚和东南亚	952 016	3 018 872	6 389 152	579 262	2 199 734	5 936 155
东亚	694 413	1 874 552	4 007 720	495 206	1 599 149	4 538 676
中国	193 348	587 817[b]	1 627 719[b]	27 768	317 211	1 938 870
中国香港	435 417	1 067 520	1 997 220[d]	379 285	943 938	1 870 112[d]
朝鲜民主主义人民共和国	53[b]	160[b]	898[b]	—	—	—
韩国	43 738[c]	135 500[c]	231 409[c]	21 497[c]	144 032[c]	387 591[c]
中国澳门	2 801[b]	13 603	29 308[b]	—	550	1 892[b]
蒙古国	182	8 445	20 223	—	2 616	533
中国台湾	18 875	61 508[c]	100 943[b]	66 655	190 803[c]	339 678[b]
东南亚	257 603	1 144 320	2 381 432	84 056	600 585	1 397 480
文莱·达鲁萨兰国	3 868[b]	4 140	6 702	—	—	—
柬埔寨	1 580	6 329	23 741	193	345	993
印度尼西亚	25 060	160 735	226 335	6 940	6 672	72 279
老挝人民民主共和国	588[b]	1 888[b]	8 665[b]	26[b]	68[b]	159[b]
马来西亚	52 747	101 620	152 510	15 878	96 964	118 886

续表

区域/经济体	FDI 流入存量			FDI 流出存量		
	2000	2010	2018	2000	2010	2018
缅甸	3 752[b]	14 507[b]	31 360	—	—	—
菲律宾	13 762[b]	25 896	82 997[c]	1 032[b]	6 710	51 902[c]
新加坡	110 570	632 760[c]	1 481 033[c]	56 755	466 129[c]	1 021 124[c]
泰国	30 944	139 286	222 733	3 232	21 369	121 358
东帝汶	—	155	365	—	94	112
越南	14 730[b]	57 004[b]	144 991[b]	—	2 234[b]	10 668[b]
南亚	30 743	268 963	522 909	2 761	100 441	173 794
阿富汗	17[b]	930	1 569[b]	—	16	23[b]
孟加拉国	2 162	6 072	17 062	68	98	310
不丹	4	56	138	—	—	—
印度	16 339	205 580[c]	386 354[c]	1 733	96 901[c]	166 193[c]
伊朗伊斯兰共和国	2 597[b]	28 953[b]	56 968[b]	411[b]	1 713[b]	3 894[b]
马尔代夫	128[b]	1 114[b]	4 259[b]	—	—	—
尼泊尔	72[b]	239[b]	1 938[b]	—	—	—
巴基斯坦	6 919	19 828	41 865	489	1 362	1 940
斯里兰卡	2 505	6 190	12 757	60	351	1 433
西亚	69 286	592 403	727 391	14 553	164 763	434 961
巴林	5 906	15 154	28 997	1 752	7 883	19 344
伊拉克	-48	7 965	—	—	632	2 674
约旦	3 135	21 899	35 109[c]	44	473	611[c]
科威特	608	11 884	14 742	1 428	28 189	32 852
黎巴嫩	14 233	44 285	66 187[b]	352	6 831	16 055[b]
阿曼	2 577[b]	14 987[b]	28 207[b]	—	2 796[b]	10 876[b]
卡塔尔	1 912	30 564[b]	32 743[b]	74	12 545[b]	56 406[b]
沙特阿拉伯	17 577	176 378	230 786	5 285	26 528	105 656

续表

区域/经济体	FDI 流入存量			FDI 流出存量		
	2000	2010	2018	2000	2010	2018
巴勒斯坦国	1 418[b]	2 176	2 721	—	241	347
阿拉伯叙利亚共和国	1 244	9 939[b]	10 743[b]	—	5[b]	5[b]
土耳其	18 812	188 447	134 524	3 668	22 509	49 935
阿拉伯联合酋长国	1 069[b]	63 869	140 319	1 938[b]	55 560	139 529
也门	843	4 858	2 313[b]	13[b]	571[b]	669[b]
拉丁美洲和加勒比[a]	338 774	1 585 989	2 116 095	53 172	412 530	658 698
南美洲	186 641	1 085 149	1 414 501	43 634	287 349	491 704
阿根廷	67 601	85 591	72 784	21 141	30 328	42 335
玻利维亚	5 188	6 890	11 851	29	8	815
巴西	—	640 330	684 213[b]	—	149 333	229 066[b]
智利	45 753	160 904	269 298	11 154	61 126	119 312
哥伦比亚	11 157	82 977	188 751	2 989	23 717	60 628
厄瓜多尔	6 337	11 858	18 678	—	—	—
圭亚那	756	1 784	3 680	1	2	28
巴拉圭	1 219	3 254	6 482	—	—	—
秘鲁	11 062	42 976	104 411	505	3 319	5 467[b]
苏里南	—	—	2 185	—	—	—
乌拉圭	2 088	12 479	29 036	138	345	7 003
委内瑞拉玻利瓦尔共和国	35 480	36 107	23 131[b]	7 676	19 171	27 051[b]
中美洲	139 768	453 143	635 404	8 534	122 884	165 460
伯利兹	294[c]	1 461[c]	2 244[c]	42[c]	49[c]	58[c]
哥斯达黎加	2 809	15 936	39 290	22	1 135	3 224
萨尔瓦多	1 973	7 284	9 705	104	1	2
危地马拉	3 420	6 518	16 365	93	382	1 191
洪都拉斯	1 392	6 951	16 255	—	857	2 410

续表

区域/经济体	FDI 流入存量			FDI 流出存量		
	2000	2010	2018	2000	2010	2018
墨西哥	121 691	389 571	485 807	8 273	116 906	152 524
尼加拉瓜	1 414	4 681	11 064	—	181	701
巴拿马	6 775	20 742	54 675	—	3 374	5 351
加勒比[a]	12 365	47 697	66 191	1 004	2 297	1 535
安圭拉	—	—	660[d]	—	—	66[d]
安提瓜和巴布达	—	—	969[d]	—	—	81[d]
阿鲁巴	1 161	4 567	4 369[b]	675	682	757[b]
巴哈马	3 278	13 438	21 577[b]	452	2 538	4 636[b]
巴巴多斯	308	4 970	7 273[b]	41	4 058	4 088[b]
英属维尔京群岛	30 289[b]	265 783[b]	745 449[b]	69 041[b]	376 866[b]	898 200[b]
开曼群岛	27 316[b]	151 519[b]	525 493[b]	21 643[b]	75 212[b]	289 607[b]
库拉索	—	527	1 352[b]	—	32	56[b]
多米尼克	—	—	288[d]	—	—	2[d]
多米尼加共和国	1 673	18 793	39 105	—	—	—
格林纳达	—	—	1 125[d]	—	—	73[d]
海地	95	625[c]	1 850[c]	2[b]	2[c]	2[c]
牙买加	3 317[c]	10 855[c]	16 589[c]	709[c]	176[c]	590[c]
蒙特塞拉特	—	—	28[d]	—	—	—[d]
荷属安的列斯群岛	277	—	—	6	—	—
圣基茨和尼维斯	—	—	1 683[d]	—	—	21[d]
圣卢西亚	—	—	1 066[d]	—	—	221[d]
圣文森特和格林纳丁斯	—	—	1 384[d]	—	—	65[d]
圣马丁岛	—	256	280[b]	—	10	23[b]
特立尼达和多巴哥	7 280	17 424	8 647[b]	293	2 119	943[b]
大洋洲	1 854	14 710	28 646	249	827	2 006

续表

区域/经济体	FDI 流入存量			FDI 流出存量		
	2000	2010	2018	2000	2010	2018
库克群岛	—	—	79[b]	—	—	13[b]
斐济	356	2 978	4 781	39	47	90
法属波利尼西亚	146[b]	442[b]	1 115[b]	—	144[b]	395[b]
基里巴斯	—	5[b]	14[b]	—	2[b]	2[b]
马绍尔群岛	20[c]	120[c]	186[b]	—	—	—
密克罗尼西亚联邦	—	7	235[b]	—	—	5[b]
新喀里多尼亚	-41[b]	5 726[b]	15 523[b]	2[b]	304[b]	810[b]
帕劳	173	232	442[b]	—	—	—
巴布亚新几内亚	935	3 748	4 563[b]	194[b]	209[b]	473[b]
萨摩亚	77	220	90[b]	—	13	18[b]
所罗门群岛	106[b]	552	557	—	27	67
汤加	19[b]	220[b]	446[b]	14[b]	58[b]	109[b]
图瓦卢	—	5	8[b]	—	—	—
瓦努阿图	61[b]	454	607[b]	—	23	25[b]
转型经济体	51 964	698 270	803 594	19 611	369 082	401 964
东南欧	1 237	43 479	71 861	16	2 912	5 701
阿尔巴尼亚	247	3 255	7 902	—	154	563
波斯尼亚和黑塞哥维那	450	6 709	8 330[b]	—	195	529[b]
黑山	—	4 231	5 559[b]	—	375	331[b]
北马其顿	540	4 351	5 961	16	100	80
塞尔维亚	—	22 299	39 833	—	1 960	3 805
独立国家联合体	49 965	646 314	714 107	19 477	365 322	393 656
亚美尼亚	513	4 405	5 511	0	122	606
阿塞拜疆	1 791	7 648	31 060	1	5 790	23 684
白俄罗斯	1 306	9 904	20 761	24	205	860

续表

区域/经济体	FDI 流入存量			FDI 流出存量		
	2000	2010	2018	2000	2010	2018
哈萨克斯坦	10 078	82 648	149 254	16	16 212	16 726
吉尔吉斯斯坦	432	1 698	3 917	33	2	7
摩尔多瓦共和国	449	2 957	4 047	23	90	253
俄罗斯联邦	29 738	464 228	407 362	19 211	336 355	344 090
塔吉克斯坦	136	1 146	2 760[b]	—	—	—
土库曼斯坦	949[b]	13 442[b]	36 012[b]	—	—	—
乌克兰	3 875	52 872	43 757	170	6 548	7 430
乌兹别克斯坦	698[b]	5 366[b]	9 667[b]	—	—	—
格鲁吉亚	762	8 477	17 626	118	848	2 607
备注						
最不发达国家（LDCs）[g]	36 035	160 061	353 771	2 676	11 487	21 657
内陆发展中国家（LLDCs）[h]	33 846	179 669	391 122	1 095	29 221	47 629
小岛屿发展中国家（SIDS）[i]	16 546	60 681	83 499	1 811	10 287	12 223

资料来源：©UNCTAD，FDI / MNE 数据库（www.unctad.org /fdistatistics）。

a: 不包括加勒比金融中心（安圭拉、安提瓜和巴布达、阿鲁巴、巴哈马、巴巴多斯、英属维尔京群岛、开曼群岛、库拉索岛、多米尼克、格林纳达、蒙特塞拉特、圣基茨和尼维斯、圣卢西亚、圣文森特和格林纳丁斯、圣马丁、特克斯和凯科斯群岛）。

b: 估计值。

c: 资产/负债基准。

d: 以资产/负债定向基准计算。

e: 最不发达国家包括阿富汗、安哥拉、孟加拉国、贝宁、不丹、布基纳法索、布隆迪、柬埔寨、中非共和国、乍得、科摩罗、刚果民主共和国、吉布提、赤道几内亚、厄立特里亚、埃塞俄比亚、冈比亚、几内亚、几内亚比绍、海地、基里巴斯、老挝人民民主共和国、莱索托、利比里亚、马达加斯加、马拉维、马里、毛里塔尼亚、莫桑比克、缅甸、尼泊尔、尼日尔、卢旺达、圣多美和普林西比、塞内加尔、塞拉利昂、索马里、南苏丹、苏丹、东帝汶、多哥、图瓦卢、乌干达、坦桑尼亚联合共和国、瓦努阿图、也门和赞比亚。

f: 内陆发展中国家包括阿富汗、亚美尼亚、阿塞拜疆、不丹、玻利维亚、博茨瓦纳、布基纳法索、布隆迪、中非共和国、乍得、埃塞俄比亚、哈萨克斯坦、吉尔吉斯斯坦、老挝人民民主共和国、莱索托、前南斯拉夫马其顿共和国、马拉维、马里、摩尔多瓦共和国、蒙古国、尼泊尔、尼日尔、巴拉圭、卢旺达、南苏丹、斯威士兰、塔吉克斯坦、土库曼斯坦、乌干达、乌兹别克斯坦、赞比亚和津巴布韦。

g: 小岛屿发展中国家包括安提瓜和巴布达、巴哈马、巴巴多斯、佛得角、科摩罗、多米尼克、斐济、格林纳达、牙买加、基里巴斯、马尔代夫、马绍尔群岛、毛里求斯、密克罗尼西亚联邦、瑙鲁、帕劳、巴布亚新几内亚、圣基茨和尼维斯、圣卢西亚、圣文森特和格林纳丁斯、萨摩亚、圣多美和普林西比、塞舌尔、所罗门群岛、东帝汶、汤加、特立尼达和多巴哥、图瓦卢和瓦努阿图。

注释说明

本报告中使用的“国家/经济体”是为了适当地说明领土和地区。使用的名称以及编排材料的介绍并不代表联合国秘书处对任何国家、领土、城市或地区或主管当局的法律地位或者对其边界划分有任何意见。此外，国别名称的使用完全是为了便于统计和分析，并非对某一国家或地区在发展进程中所处阶段的评判。本报告所采用的主要国别名称沿用联合国统计处的分类，即：

- 发达经济体：经济合作和发展组织成员国（除智利、墨西哥、韩国和土耳其共和国），非经济合作和发展组织成员国的欧盟新成员国（保加利亚、克罗地亚、塞浦路斯、立陶宛、马耳他和罗马尼亚），以及安道尔、百慕大、列支敦士登、摩纳哥和圣马力诺，以及法罗群岛、直布罗陀、格陵兰岛、根西岛和泽西岛的领土。
- 转型经济体：东南欧国家、独立国家联合体和格鲁吉亚。
- 发展中经济体：泛指上述未提到的所有经济体。出于统计的目的，中国的数据不包括中国香港特别行政区、中国澳门特别行政区和中国台湾的数据。

FDI 与跨国公司详细资料统计方法可参考本报告网站（unctad/diae/wir）。

联合国贸易与发展会议对报告中提及的公司及活动并不提供支持。

报告中显示的边界和名称以及地图中使用的称谓，并不代表联合国官方认可。

报告中表格所用符号含义如下：

- 两个圆点（. .）表示没有数据或无法得到单独的数据。在一些案例中，如果某行的任何一项均无数据，则予以删除。
- —表示该数据等于零或其值可忽略不计。
- 除非另有说明，表中空白表示该项不适用。
- 年份之间的斜线（/）代表年，例如：2010/11，表示一个财政年度。
- 代表年份的数字间适用连接符（—），例如：2010—2011，表示参与了一个完整的周期，包括起始和终止年份。
- 除非另有说明，否则提及“$”是指美元。

除非另有说明，年增长率或变化率均指年复合增长率。

表中数据和百分比由于四舍五入的原因，可能合计数与总计数不等。

世界投资报告历史期刊

2018 年世界投资报告： 投资及新产业政策
2017 年世界投资报告： 投资与数字经济
2016 年世界投资报告： 投资者国籍：政策挑战
2015 年世界投资报告： 重构国际投资机制
2014 年世界投资报告： 投资于可持续发展目标：行动计划
2013 年世界投资报告： 全球价值链：投资和贸易促进发展
2012 年世界投资报告： 建立新一代投资政策框架
2011 年世界投资报告： 国际生产和发展的非股权模式
2010 年世界投资报告： 低碳经济投资
2009 年世界投资报告： 跨国公司、农业生产与发展
2008 年世界投资报告： 跨国公司与基础设施的挑战
2007 年世界投资报告： 跨国公司、采掘业与发展
2006 年世界投资报告： 来自发展中和转型经济体的外国直接投资：对发展的影响
2005 年世界投资报告： 跨国公司与研发活动的国际化
2004 年世界投资报告： 转向服务业
2003 年世界投资报告： 以发展为目标的 FDI 政策：国家与国际视角
2002 年世界投资报告： 跨国公司和出口竞争力
2001 年世界投资报告： 促进联结
2000 年世界投资报告： 跨国并购与发展
1999 年世界投资报告： 外国直接投资和发展的挑战
1998 年世界投资报告： 趋势与决定因素
1997 年世界投资报告： 跨国公司市场结构与竞争政策
1996 年世界投资报告： 投资、贸易与国际政策安排
1995 年世界投资报告： 跨国公司与竞争力
1994 年世界投资报告： 跨国公司、就业与工作环境
1993 年世界投资报告： 跨国公司与一体化国际生产
1992 年世界投资报告： 跨国公司：经济增长的引擎
1991 年世界投资报告： 国际直接投资的组合

部分 UNCTAD 的投资与企业项目

世界投资报告
worldinvestmentreport.org

世界投资论坛
unctad-worldinvestmentforum.org

UNCTAD 关于可持续发展的投资政策框架
investmentpolicyhub.unctad.org/ipfsd

UNCTAD 创业政策框架
unctad.org/en/PublicationsLibrary/diaeed2012d1_en.pdf

可持续证券交易所倡议
sseinitiative.org

商业促进计划
businessfacilitation.org

商学院影响倡议
business-schools-for-impact.org

投资政策中心
investmentpolicyhub.unctad.org

FDI 数据库
unctad.org/fdistatistics

投资趋势和政策监管
unctad.org/diae

国际投资协定
unctad.org/lia

投资政策评论
unctad.org/ipr

ISAR 企业透明度和会计问题
unctad.org/isar

《跨国公司》期刊
unctad.org/tnc

worldinvestmentreport.org

译后语

《世界投资报告》是联合国贸易和发展组织（UNCTAD）关于全球外国直接投资流动趋势和政策的年度报告，也是 UNCTAD 最重要的出版物之一。为便于我国相关政府部门和企业界的研究和决策人士以及外国投资研究领域的专家学者更便捷地使用这份报告，南开大学跨国公司研究中心受 UNCTAD 的委托及联合国出版局的知识产权许可，组织翻译了《世界投资报告 2019：特殊经济区》中文版。

本报告翻译分工如下：冼国明、葛顺奇总校译；周朝鸿（云南师范大学经济与管理学院）、田珍（郑州轻工业大学经济与管理学院）、关乾伟、林乐负责翻译序言、前言、内容摘要、第一章及附表；郭宏、仝如琼、孙春艳、张嘉斐、王豪、叶启明（河南财经政法大学）负责翻译第二章；王璐瑶（广东外语外贸大学国际关系学院）负责翻译第三章；万淑贞、陈江滢、李凌睿、王云廷翻译第四章；图表制作与翻译由李川川、文晨润负责。

南开大学跨国公司研究中心主任冼国明教授、国务院发展研究中心副主任隆国强研究员、联合国贸易和发展组织投资和企业司司长兼报告总撰稿人詹晓宁博士、中国国际投资促进会马秀红会长对报告的翻译及出版工作进行了全面指导。商务部合作司刘明强副司长、陈明霞处长，发改委外资司袁锋处长，厦门市会展局王琼文局长，为本报告的翻译工作提供了大力支持和帮助，使本报告得以顺利完成。南开大学出版社王乃合、周敏编辑认真负责，高质量地完成了编辑排版工作，在此一并致谢。

《世界投资报告 2019》英文版于 2019 年 6 月向全球发布。从英文版发布到翻译完成，仅一月有余，翻译和审校人员付出了巨大努力。因时间仓促，如有疏漏之处，敬请读者谅解。

南开大学跨国公司研究中心、南开大学教育基金会“智德基金”为本报告中文版的翻译和出版工作提供了资助。

2019 年 7 月 30 日